Monsieur Laby de St-Aumont, propriétaire,
Miélan.

OEUVRES COMPLÈTES

DE

LORD BYRON.

IMPRIMERIE DE DONDEY-DUPRÉ,
Rue St.-Louis, n° 46, au Marais.

ŒUVRES COMPLÈTES
DE
LORD BYRON,

AVEC NOTES ET COMMENTAIRES,

COMPRENANT

SES MÉMOIRES PUBLIÉS PAR THOMAS MOORE,

ET ORNÉES D'UN BEAU PORTRAIT DE L'AUTEUR.

Traduction Nouvelle

PAR M. PAULIN PARIS,

DE LA BIBLIOTHÈQUE DU ROI.

TOME ONZIÈME.

Paris.

DONDEY-DUPRÉ PÈRE ET FILS, IMPR.-LIB.
RUE SAINT-LOUIS, N° 46,
ET RUE RICHELIEU, N° 47 *bis*.

1831.

LETTRES
DE LORD BYRON,
ET
MÉMOIRES SUR SA VIE,
Par Thomas MOORE.

MÉMOIRES

SUR LA VIE

DE LORD BYRON.

C'est pendant le printems de cette année que Lord Byron et sir Walter-Scott eurent, pour la première fois, occasion de se connaître personnellement. M. Murray, ayant fait une visite au dernier, en reçut un superbe poignard turc, pour l'offrir en présent à Lord Byron; et le noble poète, à son retour à Londres, la seule fois qu'il eut jamais occasion de se trouver dans la société de sir Walter, lui offrit en retour un vase rempli d'ossemens humains, trouvé sous les ruines des anciens murs d'Athènes. Le lecteur aimera mieux sans doute avoir tous ces détails de la plume de sir Walter-Scott lui-même, qui, avec cette bonté qui le rend aussi aimable qu'il est admirable pour son talent, a trouvé, au milieu de ses immortels travaux, le loisir de me communiquer ce qui suit [1].

[1] On a omis, au commencement de ces souvenirs, quelques passages contenant des détails relatifs à la mère de lord Byron, et qui ont déjà été donnés dans la première partie de cet ouvrage. Parmi ces derniers, cependant, se trouve une anecdote dont on pardonnera facilement la répétition en faveur de l'accroissement d'intérêt et de l'authenticité qui s'attachent

« Mes rapports avec Lord Byron commencèrent
» d'une manière assez peu agréable. Loin d'être
» pour rien dans l'acerbe critique de la *Revue d'É-*
» *dimbourg*, j'avais fait quelques observations à l'é-
» diteur, mon ami, pour l'empêcher de la publier,
» parce qu'il me semblait que les *Heures de Loisir* y
» étaient jugées avec trop de sévérité. Elles me pa-
» raissaient, écrites comme presque toutes les pre-
» mières productions des jeunes gens, plutôt d'après
» le souvenir de ce qui leur a plu dans les autres,

à ses détails, racontés par un témoin oculaire tel que sir Walter-Scott :
« Je me rappelle, dit-il, avoir vu la mère de lord Byron avant son ma-
» riage, et un incident survenu dans cette occasion rendit cette circons-
» tance assez remarquable. C'était la première ou la seconde fois que
» Mrs. Siddons venait jouer à Édimbourg, et lorsque cette admirable ac-
» trice, par l'harmonie de sa voix, de son regard, de son geste et de sa
» personne, produisait l'effet le plus puissant qu'une créature humaine
» puisse jamais exercer sur ses semblables. Je n'ai jamais rien vu dans ce
» genre qui puisse en approcher de cent lieues. Le désir qu'on avait de
» la voir était encore irrité par la difficulté d'obtenir des places, et par le
» tems énorme que les spectateurs se résignaient à attendre avant que la
» pièce commençât. Lorsque la toile tombait, la plus grande partie des
» dames avaient des attaques de nerfs.

» Je me rappelle surtout que miss Gordon de Ghight jeta l'effroi dans
» la salle par les cris terribles qu'elle poussa en répétant l'exclamation
» de Mrs. Siddons dans le rôle d'Isabelle : *Oh! mon Byron! Oh! mon*
» *Byron!* Un médecin très-connu, le bon docteur Alexander Wood,
» s'empressa d'offrir ses soins, mais la foule empêcha long-tems le doc-
» teur et la malade de se rapprocher. Le plus remarquable de l'affaire,
» c'est que la demoiselle n'avait pas encore vu alors le capitaine Byron,
» qui, ainsi que sir Toby, la fit finir par un *Oh!* comme elle avait com-
» mencé. »

(*Note de Moore.*)

» que sous l'inspiration de leur propre génie. Tou-
» tefois, je crus distinguer dans les *Heures de Loisir*
» quelques passages de la plus noble espérance ; et
» j'étais tellement frappé de cette idée que je pensai
» à écrire à l'auteur : ce que je ne fis pas cependant,
» par suite de rapports exagérés sur l'originalité de
» son caractère, et de ma répugnance naturelle à
» donner mon avis quand on ne me le demandait pas.

» Quand Byron composa sa fameuse satire, j'y
» reçus des étrivières en compagnie de gens qui va-
» lent mieux que moi. Mon crime était d'avoir écrit
» un poème (*Marmion*, je crois) pour mille livres
» sterling, ce qui n'était vrai qu'en ce sens que je
» l'avais vendu cette somme. Sans dire ici que je ne
» vois pas trop comment un auteur peut être blâmé
» de tirer de ses ouvrages la somme que l'éditeur
» consent à lui donner, surtout si celui-ci ne se plaint
» pas ensuite de son marché, j'avouerai qu'en s'oc-
» cupant ainsi de mes affaires particulières, il me
» paraissait être sorti tout-à-fait du domaine de la
» critique littéraire. D'un autre côté, Lord Byron,
» dans différens passages, me donnait des éloges
» si fort au-dessus de ce que je pouvais mériter,
» qu'il aurait fallu que je fusse d'un caractère plus
» irascible sur ces matières que je ne l'ai jamais été,
» pour ne pas me trouver content en somme et ne
» plus songer à cette affaire.

» Je fus frappé, comme tout le monde, de la force
» et de la vigueur d'imagination déployées dans les

» premiers chants de *Childe Harold* et les autres
» productions brillantes que Lord Byron lança dans
» le public avec une rapidité qui tenait de la profu-
» sion. Ma propre popularité comme poète commen-
» çait alors à décliner, et sincèrement je fus charmé
» de voir entrer un autre dans la carrière avec tant
» d'imagination et d'énergie. M. John Murray vint
» en Écosse à cette époque. Je lui parlai du plaisir
» que j'aurais à faire connaissance avec Lord By-
» ron ; il eut l'obligeance de faire connaître ce désir
» à sa seigneurie, ce qui amena entre nous un com-
» merce de quelques lettres.

» Me trouvant à Londres pendant le printems de
» 1815, j'eus l'honneur d'être présenté à Lord By-
» ron. Je m'étais, d'après les rapports d'autrui, pré-
» paré à trouver un homme d'étranges habitudes,
» d'un caractère violent ; et je doutais que notre so-
» ciété pût nous convenir réciproquement. Je fus
» agréablement détrompé ; je trouvai dans Lord By-
» ron un homme extrêmement affable et même ex-
» trêmement bon. Nous nous réunîmes une heure
» ou deux presque tous les jours dans le cabinet de
» M. Murray, et la conversation ne languissait pas.
» Nous nous vîmes aussi fréquemment le soir dans
» diverses assemblées ; en sorte que, pendant deux
» mois, j'eus l'avantage de vivre très-intimement
» avec ce grand homme. Nous étions généralement
» d'accord, excepté sur la religion et la politique,
» sujets sur lesquels je suis porté à croire qu'il n'eut

» jamais des idées bien fixes. Je me rappelle lui avoir
» dit un jour, que, s'il vivait quelques années de
» plus, je croyais qu'il changerait de sentimens. Il
» me répondit assez brusquement : Ainsi, vous êtes
» un de ces prophètes qui annoncent que je me ferai
» méthodiste ? —Non, répliquai-je ; je ne pense pas
» que votre conversion soit d'un genre si commun.
» Je serais plutôt porté à croire que vous chercherez
» un asile dans le sein de l'église catholique, et que
» vous vous distinguerez par l'austérité de votre pé-
» nitence. Il faut que la religion à laquelle vous
» vous attacherez infailliblement un jour ou un au-
» tre, soit de nature à exercer beaucoup d'empire
» sur l'imagination. — Il sourit gravement, et sem-
» bla reconnaître que je pourrais avoir raison.

» En politique, il débitait beaucoup de ces senti-
» mens qu'on appelle maintenant *libéraux* ; mais je
» crus remarquer qu'il le faisait moins par con-
» viction des principes qu'il professait, que par
» l'occasion qu'il y trouvait d'exercer son esprit sa-
» tirique contre certains individus à la tête des af-
» faires. Il était certainement fier de son rang et de
» l'ancienneté de sa famille, et, sous ce rapport,
» aussi aristocrate que pouvaient le lui permettre
» son bon sens et sa bonne éducation. Il me parut
» que quelques dégoûts reçus, je ne sais comment,
» lui avaient donné cette singulière manière de pen-
» ser, et avaient mis ces contradictions dans son es-
» prit ; mais au fond du cœur, je n'hésite pas à le

» dire, Lord Byron était essentiellement patricien.
» Lord Byron n'avait pas beaucoup lu, soit en
» poésie, soit en histoire. J'avais l'avantage sur lui
» à cet égard, particulièrement d'avoir lu ce que
» peu de gens s'avisent de lire, ce qui me mettait
» souvent à même d'attirer son attention sur des ou-
» vrages et des choses qui avaient pour lui l'intérêt
» de la nouveauté. Je me rappelle particulièrement
» lui avoir un jour récité le beau poème de *Har-*
» *dyknute,* imitation d'une vieille ballade écossaise,
» dont il fut si fort affecté, que quelqu'un qui se
» trouvait dans le même appartement me demanda
» ce que je pouvais avoir dit à Lord Byron pour le
» mettre dans une telle agitation.

» Je vis Byron pour la première fois en 1815, à
» mon retour en Angleterre. Nous déjeunâmes ou dî-
» nâmes ensemble chez Long dans Bond-Street. Ja-
» mais je ne l'ai revu, depuis, si gai et de si bonne hu-
» meur; il est vrai que la présence de M. Matthews,
» le comédien, y contribuait beaucoup. Le pauvre
» Terry y était aussi. Après l'une des parties les
» plus gaies où je me sois jamais trouvé, mon com-
» pagnon de voyage, M. Scott de Gala, et moi, par-
» tîmes pour l'Écosse, et depuis je n'ai plus revu
» Lord Byron. Nous continuâmes à nous écrire de
» tems en tems, peut-être une fois tous les six mois.
» Nous nous fîmes des présens réciproques comme
» les héros d'Homère; je donnai à Byron un magni-
» fique poignard monté en or, qui avait appartenu

» au terrible Elfi-Bey. Mais je devais jouer le rôle
» de Diomède dans l'*Iliade*, car Byron m'envoya
» quelque tems après un grand vase sépulcral en
» argent. Il était plein d'ossemens humains, et il y
» avait des inscriptions sur deux des côtés de sa
» base. L'une portait :

» Les ossemens contenus dans cette urne ont été trouvé[s]
» dans de vieux tombeaux au pied des murs d'Athènes, dans
» le mois de février 1811.

» L'autre portait les deux vers de Juvénal :

» *Expende...... quot libras in duce summo*
» *Invenies?*
     Mors sola fatetur
» *Quantula...... hominum corpuscula.*
       (Juv. X.)

» A ces deux inscriptions, j'en ai ajouté une troi-
» sième :

» Donné par Lord Byron à Walter-Scott [1].

» L'envoi de cette urne était accompagné d'une let-
» tre que je regardais comme bien plus précieuse
» encore, à cause des sentimens que ce grand homme
» y exprimait pour moi. Je crus naturellement ne
» pouvoir mieux faire que de laisser la lettre dans

---

[1] Au moment où Byron faisait ce présent, M. Murray lui avait dit qu'une inscription de cette nature ajouterait beaucoup de valeur à ce vase; mais Byron s'y refusa avec une admirable modestie, disant que cela aurait un air d'ostentation de sa part, et qu'il valait mieux l'envoyer tel qu'il était, sans y rien graver davantage.
       (*Note de Moore.*)

» l'urne; mais elle a disparu. La nature de ce vol
» ne permettant pas de soupçonner qu'il ait été com-
» mis par quelque domestique, je me vois forcé d'en
» accuser l'indélicatesse de quelque visiteur d'un
» rang plus élevé, indélicatesse bien gratuite; car
» je ne suppose pas que, d'après ce que je viens de
» dire, personne s'avise de se vanter d'avoir en sa
» possession cette curiosité littéraire.

» Nous rîmes beaucoup, je me le rappelle, de ce
» que le public pourrait penser et dire sur la nature
» triste et sombre de nos présens réciproques.

» Je ne crois pas qu'il me reste rien à ajouter à
» mes souvenirs de Byron. Il était souvent mélanco-
» lique, presque chagrin. Quand je le voyais dans
» cette disposition d'esprit, j'avais coutume ou d'at-
» tendre qu'il revînt de lui-même, ou qu'il se pré-
» sentât quelqu'occasion naturelle de le faire cau-
» ser : alors les nuages qui avaient obscurci son
» visage se dissipaient, comme ceux que le soleil
» dissipe le matin ; car dans la conversation il était
» toujours très-animé.

» Je profitai de toutes les occasions de me trou-
» ver avec lui en société, sa manière d'être à mon
» égard me donnant l'orgueil de croire que mon
» commerce ne lui était pas désagréable. Je me rap-
» pelle bien des parties délicieuses que nous avons
» faites ensemble, une entre autres chez sir George
» Beaumont, où cet homme, si aimable lui-même,
» avait pris soin de réunir des hommes du talent le

» plus distingué. Il me suffira, parmi les convives,
» de citer feu sir Humphry Davy, dont le goût en
» littérature n'était pas moins remarquable que l'em-
» pire qu'il a exercé si long-tems dans les sciences
» exactes. MM. Richard Sharpe et Rogers étaient
» aussi présens.

» Je crois aussi avoir remarqué dans le caractère
» de Lord Byron quelque chose de soupçonneux,
» quand il semblait s'arrêter et réfléchir un moment
» pour voir s'il n'y avait pas un sens caché et peut-
» être offensant dans quelque chose qu'on lui disait
» par hasard. Dans ces occasions, je jugeais que ce
» qu'il y avait de mieux à faire était de laisser son
» esprit, comme un ruisseau troublé, s'éclaircir de
» lui-même : ce qu'il ne manquait pas de faire en
» une minute ou deux. J'étais, comme vous vous le
» rappelez, beaucoup plus âgé que notre noble ami :
» je n'avais aucune raison de craindre qu'il se mé-
» prît sur mes sentimens à son égard, et je n'ai ja-
» mais douté non plus qu'il ne me les rendît avec la
» plus grande franchise. Si, d'un côté, j'eusse pu
» être mortifié de voir son génie s'obscurcir si com-
» plètement, toute espèce de prétentions que j'eusse
» pu alors avoir à cet égard, j'aurais pu me conso-
» ler en réfléchissant que la nature m'avait, en com-
» pensation, accordé en plus grand nombre les élé-
» mens du bonheur.

» Je me tourmente en vain pour rappeler en ce
» moment des souvenirs qui, en d'autres tems, se

» présentent d'eux-mêmes à ma mémoire ; de ces
» petits traits, de ces mots qui rappellent son re-
» gard, sa manière, son ton et ses gestes ; et je per-
» siste à croire qu'il était arrivé à une crise qui de-
» vait lui ouvrir un nouveau chemin à la renommée,
» et que, s'il avait pu y survivre, il aurait effacé le
» souvenir de certaines parties de sa vie que ses
» amis souhaiteraient oublier. »

LETTRE CCXX.

A M. MOORE.

23 avril 1815.

« Lord Wentworth est mort la semaine dernière. La masse de sa fortune, qui consiste en 7 ou 8,000 livres sterling de rente, est substituée à lady Milbanke et à lady Byron. La première est partie pour le comté de Leicester, afin d'en prendre possession, et d'assister aux funérailles aujourd'hui . . . .
. . . .
» J'ai parlé de la manière dont lord W. avait disposé de ses biens, parce que les journaux, avec leur exactitude ordinaire, ont commis toutes sortes de méprises dans le rapport qu'ils en ont fait. Son testament est tel qu'on s'y attendait. La plus grande partie de ses propriétés revient à lady Milbanke (aujourd'hui Noël) et à Bell. Il laisse, de plus, une terre qui doit être mise en vente pour le paiement de ses dettes (qui ne sont pas considérables), et des legs qu'il fait à son fils et à sa fille naturels.

» La tragédie de madame *** est tombée hier au soir. On peut essayer de la jouer une seconde fois, et on le fera probablement; mais elle n'en est pas moins tombée. Il a été impossible d'entendre un seul mot du dernier acte; j'y allai, quoique j'eusse dû rester chez moi sous le sac et la cendre, à cause de mon oncle; mais je ne sais pas résister à une première représentation vue d'un coin retiré et paisible de ma loge : ainsi donc j'ai été témoin de toute l'affaire. Les trois premiers actes, accompagnés de quelques applaudissemens passagers, se sont traînés pesamment, et ont été écoutés avec patience. Je dois dire que la pièce était mal jouée, surtout par ***, qui fut hué dans le troisième acte, pour quelque chose qu'il dit à propos d'*horreur*, et cette horreur fut la cause qu'on le siffla. Eh bien! le quatrième acte s'embourba d'une manière terrible; mais le cinquième, que Garrick appelait assez sottement la *concoction* d'une pièce, le cinquième, dis-je, s'arrêta tout court à la prière du roi. Vous savez qu'il dit que « jamais il ne se couche sans la faire, et qu'il ne veut » pas y manquer en ce moment; » mais il ne fut pas plus tôt à genoux, que les spectateurs se levèrent. Le maudit parterre se mit à hurler, à huer, à siffler de toute sa force. Cela, pourtant, s'apaisa un peu; mais la scène des brigands, les paysans faisant pénitence, et le meurtre de l'évêque et de la princesse lui donnèrent le coup de grâce. La toile tomba sur les acteurs qu'on n'écoutait plus, et ce fut tout aussi infructueusement que Kean essaya d'annoncer le spectacle pour lundi. Mrs. Bartley avait si peur, que, quoique le public fût passablement tranquille, l'épilogue fut inintelligible pour la moitié de la salle. Enfin — vous savez tout. Quant à moi, j'ai applaudi jusqu'à m'écorcher les mains, et sir James Mackintosh, qui était avec moi dans ma loge, en a fait autant. Tout l'univers était dans la salle, à commencer par les Jersey et les Grey. Mais cela n'y a rien fait. Après tout, ce n'est pas une pièce jouable ; elle est bien écrite, mais elle manque d'énergie.

» Les femmes, à l'exception de Joanna Baillie, ne peuvent pas faire de tragédies. Elles n'ont pas assez vu, assez connu la vie pour cela. Je crois que Sémiramis, ou Catherine II (si elles eussent pu cesser d'être reines) auraient été capables de composer une fameuse tragédie.

» Quoi qu'il en soit, c'est une bonne leçon pour ne pas risquer de tragédies. Je n'y ai jamais été transporté ; mais je l'aurais été, que ceci m'en eût guéri.

» A jamais, *carissime* Thom.

» Tout à toi, »

BYRON.

LETTRE CCXXI.

A M. MURRAY.

21 mai, 1815.

« Vous avez dû trouver très-étrange, sinon très-ingrat de ma part, de ne pas vous avoir parlé des dessins ¹, lorsque j'ai eu le plaisir de vous voir ce matin. Le fait est que je ne les avais pas encore vus, et ne savais pas qu'ils fussent arrivés. Ils avaient été portés dans la bibliothèque où je ne fais que d'entrer en ce moment, et on n'en avait pas parlé. Ce présent est si magnifique, que..... bref, que je laisse à lady Byron le soin de vous en remercier, et ne vous écris ce billet que pour m'excuser de la négligence, bien involontaire, dont j'ai dû vous paraître coupable ce matin.

» Votre, etc. »

BYRON.

LETTRE CCXXII ².

A M. MOORE.

« Je n'ai aucune excuse à vous offrir en faveur de mon silence, si ce n'est la paresse invétérée qui me tient. Je suis trop apathique pour inventer un mensonge, sans quoi j'y aurais certainement recours, étant honteux de la vérité. K***, j'espère, est parvenu à apaiser la sublime indignation qu'avaient excitée en vous ses sottises. Je vous ai désiré et vous désire encore de tout mon cœur, dans le comité ³.

---

¹ M. Murray avait fait présent à lady Byron de douze dessins de Stothard, dont les sujets étaient pris dans les poèmes de lord Byron.
(*Note de Moore.*)

² Cette lettre et celle qui suit me furent adressées en Irlande, où j'étais depuis le milieu du mois précédent.
(*Note de Moore.*)

³ Il était devenu depuis peu membre du comité composé, indépendamment de lui, des personnes citées dans cette lettre qui s'étaient

C'est une affaire qui paraît si désespérée, que la compagnie d'un ami serait du moins une consolation. — Mais nous en parlerons plus au long à notre première rencontre. En attendant, vous êtes instamment prié de décider Mrs. Esterre à s'engager. Je crois qu'on lui a déjà écrit à ce sujet; mais il est probable que votre influence, soit que vous la voyiez en personne, ou que vous en chargiez un intermédiaire, aura plus de poids que nos propositions. Je ne vous dirai pas en quoi consistent celles-ci; mes nouvelles fonctions se bornant à écouter le désespoir de Cavendish Bradshaw, les espérances de Kinnaird, les désirs de lord Essex, les plaintes de Whitbread, et les calculs de Peter Moore, qui me semblent tous en parfaite contradiction les uns avec les autres.

» C. Bradshaw voudrait éclairer le théâtre au gaz, ce qui (si l'on en croit le vulgaire) empoisonnerait la moitié des spectateurs et tous les personnages en scène. Essex a cherché à persuader à K*** [1] de ne plus s'enivrer, et depuis ce moment il n'a pas cessé d'être ivre une minute. Kinnaird, avec autant de succès, a voulu faire entendre à Raymond qu'il avait de trop forts appointemens. Whitbread veut que

---

chargées de la direction du théâtre de Drury-Lane; son désir avait été, depuis la première formation du comité, de m'avoir pour collègue : c'est à une méprise qui fut faite dans la manière dont on me communiqua cette proposition, qu'il fait allusion dans la phrase précédente.

(*Note de Moore.*)

[1] Il est sans doute question ici du célèbre acteur Kean, alors à Drury-Lane, et qui buvait beaucoup.

(*Note du Trad.*)

nous augmentions encore le parterre de six sous, proposition insidieuse qui finira par tout mettre en combustion. Pour couronner le tout, l'huissier priseur R***, n'a-t-il pas l'impudence d'être mécontent de ne pas recevoir de dividende! Le coquin est propriétaire d'actions, et de plus il est orateur de longue haleine dans nos assemblées. On m'a dit qu'il avait prédit notre incapacité ; conclusion qui n'est pas neuve, et dont j'espère bien lui donner des preuves signalées avant que nous ayons fini.

» Nous donnerez-vous un opéra? Je jurerais que non, et cependant je le voudrais . . . .
. . . .
. . . .

» Pour en finir avec le monde poétique, je vous dirai que Walter-Scott est retourné en Écosse. Je vous dirai que Murray le libraire a été cruellement maltraité, par de mauvais coquins, à Newington Butts, pendant qu'il s'en retournait chez lui, après avoir dîné dans le voisinage. Imaginez-vous qu'on lui a volé trois ou quatre bons de quarante livres sterling chacun, et une bague à cachet de son grand-père, qui vaut un million; voilà du moins sa version. Mais il y a des gens qui prétendent que c'est D'Israeli, avec lequel il avait dîné, qui l'a terrassé en lui jetant à la tête sa nouvelle publication « *Des querelles des Auteurs,* » à la suite d'une dispute sur le prix du manuscrit. Quoi qu'il en soit, les journaux ont retenti de son *injuria formæ,* et depuis il est dans les fomentations, et ne voit personne que son apothicaire.

» Lady B. est sur le chemin de la maternité, depuis un peu plus de trois mois, et nous espérons qu'elle arrivera heureusement au terme. Nous sommes allés très-rarement dans le monde cet hiver, à cause de sa position qui demande de la tranquillité. Son père et sa mère ont changé leur nom contre celui de Noel, pour se conformer au testament de lord Wentworth, et par reconnaissance pour le bien qu'il leur a laissé.

» J'ai appris que vous aviez été reçu en triomphe par les Irlandais, et cela vous était bien dû. Mais ne souffrez pas qu'ils vous tuent à force de claret et d'attentions, dans le dîner national qui, à ce que j'ai entendu dire, se prépare en votre honneur. Si vous voulez m'en désigner le jour, je m'enivrerai moi-même de ce côté de l'eau, et vous enverrai un hoquet approbateur par-delà le canal.

» En fait de politique, on n'entend autre chose que le cri de guerre, et C...h prépare sa tête pour la pique sur laquelle nous la verrons porter avant que tout ceci ne soit fini. L'emprunt a mis tout le monde de mauvaise humeur. Je reçois souvent des nouvelles de Paris, mais elles sont en contradiction directe avec les rapports que nous font dans l'intérieur nos journalistes gagés.

» Quant aux affaires de la société, nous n'avons rien de neuf depuis lady D***. Il n'est pas question d'un seul divorce, quoiqu'il s'en prépare un bon nombre, à en juger par les mariages qui se font.

» Je vous envoie ci-jointe[1] une épître que j'ai reçue ce matin, de je ne sais pas qui, mais je pense qu'elle vous amusera. Celui qui l'a écrite doit être un drôle d'original.

» *P. S.* Un monsieur d'Alton (non pas le Dalton que vous connaissez) m'a envoyé un poème national intitulé : *Dermid.* La même cause qui m'a empêché de vous écrire a étendu son influence sur le désir que j'aurais eu de lui adresser une lettre de remerciemens. Si vous le voyez, dites-lui toutes sortes de belles choses pour moi, et assurez-le que je suis le plus paresseux et le plus ingrat des mortels.

---

[1] Voici la lettre dont il parle ici :

Darlington, 3 juin 1815.

« MILORD,

» Je viens d'acheter un exemplaire de vos œuvres, et je suis très-fâché
» que vous n'en ayez pas retranché l'*Ode à Bonaparte* ; elle a certaine-
» ment été écrite avec trop de précipitation, et sans y avoir sérieusement
» réfléchi. La Providence vient de le ramener pour régner de nouveau sur
» des millions d'hommes, tandis que cette même Providence tient, en
» quelque sorte, en garnison un autre souverain, que, suivant l'expres-
» sion de M. Burke, il précipita du trône. Voyez si vous ne pouvez
» trouver un moyen de réparer votre manque de jugement. Songez que,
» presque sur tous les points, la nature humaine est la même, dans tous
» les climats, à toutes les époques, et n'agissez pas ici en *jeune écervelé*.
» Est-ce aux Anglais à parler du despotisme des tyrans, pendant que des
» torrens de sang répandus dans les Indes Orientales appellent à grands
» cris la vengeance du ciel? Apprenez, mon bon Monsieur, à ne pas
» jeter la première pierre. Je suis le serviteur de votre seigneurie.

» J. R*** »

(*Note de Moore.*)

» Encore un mot. Ayez soin que sir John Stevenson ne parle pas du prix de votre premier poëme ; autrement on viendrait vous demander votre part de l'impôt sur les propriétés. Je parle très-sérieusement, car je viens d'entendre une longue histoire sur ces coquins de collecteurs, qui ont forcé Scott à payer sa taxe sur le sien. Ainsi, prenez-y garde ; 300 livres sterling sont une diable de déduction à faire sur 3,000. »

LETTRE CCXXIII.

A M. MOORE.

7 juillet 1815.

« *Grata superveniet*, etc. Je vous avais encore écrit, mais commençant à vous croire sérieusement fâché de ma paresse, et ne sachant pas trop comment vous prendriez les bouffonneries que contenait ma lettre, je l'avais brûlée. Depuis, j'ai reçu la vôtre, et tout est au mieux.

» J'avais abandonné tout espoir d'en recevoir de vous. A propos, mon *grata superveniet* aurait dû être au présent, car je m'aperçois maintenant qu'il a l'air de faire allusion au présent griffonnage, tandis que c'est à la réception de votre lettre de Kilkenny, que j'ai fait l'application de ce respectable sentiment.

» Le pauvre Whitbread est mort hier matin. C'est une perte aussi grande que soudaine. Sa santé était chancelante, mais ne donnait pas lieu de craindre une attaque aussi fatale. Il est tombé, et n'a plus parlé depuis, je crois. Je vois que Perry attribue sa mort à Drury-Lane, opinion très-encourageante, et d'une grande consolation pour le nouveau comité. Je n'ai pas de doute que ***, qui est d'un tempérament apoplectique, ne se fasse saigner de suite, et comme j'ai moi-même, depuis mon mariage, perdu en grande partie ma pâleur, et, *horresco referens* (car je hais jusqu'à un *modeste* embonpoint) cette heureuse maigreur à laquelle j'étais parvenu lorsque je fis votre connaissance, cet arrêt du *Morning-Chronicle* ne me laisse pas sans inquiétude. Tout le monde doit regretter Whitbread. C'était assurément un homme supérieur, et un excellent homme.

» Paris est pris pour la seconde fois. Je présume qu'à l'avenir cela lui arrivera tous les ans. J'ai, ainsi que tout le monde, perdu un parent dans les derniers combats. C'est le pauvre Frédéric Howard, le meilleur de sa race. Je n'avais, depuis quelques années, que fort peu de relations avec sa famille; mais je n'ai jamais vu ou entendu dire que du bien de lui. Le frère d'Hobhouse a été tué;—bref la mort n'a pas épargné une seule famille.

» Tout espoir d'une république est évanoui, et nous continuerons de vivre sous le vieux système ; mais je suis profondément las de la politique et du carnage, et le bonheur dont la Providence s'est plue à combler lord *** ne fait que prouver le peu de valeur que les dieux attachent à la prospérité, puisqu'ils ont permis à un..... tel que lui, et à ce vieil ivrogne de Blucher, de battre des hommes qui valent mieux qu'eux. Wellington, cependant, mérite une exception : celui-là est un homme et le Scipion de notre Annibal ; ce qui n'empêche pas qu'il doit rendre grâce aux glaces de la Russie, qui ont détruit la véritable élite de l'armée française pour le faire vaincre à Waterloo.

» Bon Dieu, Moore, comme vous blasphémez « le Parnasse et Moïse ! » en vérité, vous me faites honte. Ne ferez-vous rien pour l'art dramatique ? — Nous vous demandons en grâce un opéra. La méprise de Kinnaird a été en partie la mienne. Je voulais à toute force que vous fussiez du comité et lui aussi ; mais nous sommes bien aises maintenant que vous ayez été plus sage que nous, car je commence à soupçonner que c'est une fâcheuse affaire.

» Quand vous verra-t-on en Angleterre ? Sir Ralph Noël (ci-devant Milbank ; et il ne paraît pas disposé à ensevelir de sitôt le nom de Noël avec lui) s'étant aperçu qu'un homme ne pouvait pas habiter deux maisons, m'a donné sa terre, située dans le nord, pour en faire ma résidence, et c'est là que lady B. menace d'accoucher en novembre. Sir R. et madame ma belle-mère établiront leurs quartiers à Kirby, qui appartenait jadis à lord Wentworth. Peut-être viendrez-vous avec Mrs. Moore nous rendre une visite cet automne. Dans ce cas, vous et moi (sans nos femmes), prendrons notre vol vers Édimbourg, pour aller embrasser Jeffrey. Ce n'est pas à beaucoup plus de cent milles de chez nous. Mais nous causerons de ceci, et d'autres affaires importantes, à notre première entrevue, qui aura lieu, je l'espère, sitôt votre retour. Nous ne quittons Londres qu'au mois d'août.

» Tout à vous. »

LETTRE CCXXIV.

A M. SOTHEBY.

15 septembre 1815, Piccadilly Terrace.

Cher Monsieur,

« *Ivan* est accepté, et sera mis à l'étude aussitôt l'arrivée de Kean.

» Les acteurs sont pleins de confiance dans le succès de la pièce. Je ne sache pas qu'il soit nécessaire d'y faire des changemens pour la représentation; mais, dans le cas où il en faudrait, cela se réduirait à peu de chose, et vous en seriez averti à tems. Je vous conseillerais de n'assister qu'aux dernières répétitions, les directeurs, du moins, m'ont chargé de vous donner cet avis. Vous pouvez les voir, c'est-à-dire Dibdin et Rae, quand bon vous semblera, et en attendant je ferai tout ce que vous jugerez convenable de suggérer.

» Mrs. Mardyn n'a pas encore paru, et l'on ne peut rien décider avant son premier début, c'est-à-dire, quant à sa capacité pour le rôle dont vous parlez, et qui, sans aucun doute, n'est pas dans *Ivan*, *Ivan* me paraissant pouvoir être très-bien joué sans elle. Mais nous en reparlerons plus tard.

» Votre très-sincèrement dévoué. »

BYRON.

» *P.S.* Vous serez sans doute bien aise d'apprendre que la saison a commencé d'une manière brillante. — La salle est constamment pleine ; les recettes excellentes, — les acteurs en très-bonne harmonie avec le comité, ainsi qu'entre eux. — Enfin, il y règne autant d'intelligence qu'il est possible d'en entretenir dans une administration aussi compliquée et aussi étendue que celle de Drury-Lane.

A M. SOTHEBY.

25 septembre 1815.

Cher Monsieur,

« Je crois qu'il vous sera utile de voir les acteurs et directeurs aussitôt que vous le pourrez, car il y a des points sur lesquels vous devez avoir besoin de conférer avec eux. L'observation que je vous ai rapportée vient du côté des acteurs ; elle est générale et non particulière à cette circonstance. J'ai cru bien faire en vous la communiquant de suite ; cela ne vous empêchera pas sans doute de voir quelques-unes des répétitions.

» Je serais tenté de croire que Rae a jeté son dévolu sur le rôle de Naritzin. C'est un acteur plus en faveur que Bartley, et certainement il donnera plus de force au caractère. D'ailleurs, c'est un des directeurs, et il portera plus d'intérêt à la pièce, s'il peut y jouer doublement un rôle. Mrs. Bartley représentera Petrowna; quant à l'impératrice, je ne sais qu'en penser et qu'en dire. La vérité est que nous ne sommes pas très-bien pourvus d'actrices tragiques, mais choisissez ce que nous avons de mieux, et tirez-en le meilleur parti possible. Nous avons tous beaucoup d'espoir que la pièce réussira, et mettant à part toute autre considération, nous le désirons ardemment, cette tragédie étant la première qu'on aura représentée à Drury-Lane, depuis l'ancien comité.

» A propos, j'ai un procès à vous faire, et comme le grand M. Dennis, qui s'écria dans une semblable occasion : « De par Dieu, vous m'avez pris mon tonnerre, » je m'écrierai, moi : « Voici mon éclair! » dans la scène entre Petrowna et l'impératrice, où se trouve une pensée semblable à celle de Conrad dans le troisième chant du *Corsaire*, et exprimée presque de la même manière. Ce que j'en dis, cependant, n'est pas pour vous accuser, mais pour me justifier moi-même de tout soupçon de plagiat, mon poème ayant été publié six mois avant que vos tragédies n'eussent paru [1].

[1] Malgré cette précaution du poète, l'analogie qui existe entre ces deux passages fut citée quelques années après d'une manière triomphante, à l'appui d'une accusation de plagiat portée contre lui par quelques écrivailleurs; voici les vers de M. Sotheby.

« Je me suis élancé avec transport de la pierre qui me sert de couche,

» Georges Lambe avait l'intention de vous écrire. Si vous ne voulez pas avoir maintenant de conférence avec les directeurs, indiquez-moi ce que vous désirez qu'on fasse, et j'aurai soin que cela soit exécuté.

» Votre très-sincèrement dévoué. »

BYRON.

LETTRE CCXXV.

A M. TAYLOR.

13 Piccadilly Terrace, 25 sept. 1815.

Cher Monsieur,

« Je suis très-fâché que vous vous affectiez d'une circonstance [1] dont je ne me tourmente nullement. Il m'est fort indifférent, si cela amuse votre journaliste, ses correspondans et ses lecteurs, d'être le sujet de toutes les chansons qu'il peut insérer dans sa feuille, pourvu, toutefois, que, dans les produits de ses veilles, il ne soit question que de moi.

---

pour saluer le tonnerre éclatant au-dessus de ma tête, et accueillir l'éclair dont la lueur jaillissante faisait étinceler mes fers. »

(*Note de Moore.*)

[1] M. Taylor ayant inséré dans *le Soleil* (dont il était alors principal propriétaire) un sonnet adressé à lord Byron, en retour du présent que le noble lord lui avait fait d'un exemplaire de ses œuvres richement relié, il parut le lendemain dans le même journal (de la plume d'une personne qui avait acquis quelqu'autorité sur cette feuille), une parodie de ce sonnet, où il était fait allusion à lady Byron d'une manière fort peu respectueuse. C'est à cette circonstance, dont M. Taylor avait donné l'explication en écrivant à lord Byron, que se rapporte la lettre ci-dessus, qui fait tant d'honneur aux sentimens du noble époux.

(*Note de Moore.*)

» Il y a long-tems que ces choses-là ne m'effrayent plus, et je ne sache pas qu'une attaque de ce genre pût m'exciter à me défendre, à moins qu'elle ne s'étendît à ceux qui me touchent de près, et dont les qualités sont de nature, j'espère, à les mettre à l'abri d'un pareil outrage, aux yeux même des gens qui ne me veulent aucun bien. En supposant qu'un tel cas se présentât, je dirai, renversant le sens des paroles du docteur Johnson, que si les lois ne peuvent me rendre justice, je me la rendrai moi-même, quelles qu'en soient les conséquences.

» Je vous renvoie, avec tous mes remerciemens, Colman et les lettres. — Quant aux poèmes, je me flatte que votre intention est que je les garde, c'est du moins ce que je ferai jusqu'à ce que vous me disiez le contraire.

» Très-sincèrement à vous. »

A M. MURRAY.

25 septembre 1815.

« Voulez-vous publier *la Pie voleuse* de Drury-Lane, ou, ce qui serait mieux encore, voulez-vous donner cinquante ou même quarante guinées du manuscrit? Je me suis chargé de vous faire cette question dans l'intérêt du traducteur, et je désire que vous y consentiez. On nous en offre partout ailleurs dix livres sterling de moins, et connaissant votre libéralité, je me suis adressé à vous, et serai bien aise d'avoir votre réponse.

» Tout à vous. »

LETTRE CCXXVI.

A M. MURRAY.

27 septembre 1815.

« Voilà qui est beau et généreux, digne enfin d'un éditeur dans le grand genre. M. Concanen, le traducteur, va être enchanté, et il paiera sa blanchisseuse, tandis que moi, en récompense de votre libéralité dans cette circonstance, je ne vous demanderai plus de rien publier pour Drury-Lane, ni pour aucun autre [1] Lane. Vous n'aurez de moi ni tragédie ni autre chose, je vous en réponds, et vous devez vous trouver heureux d'être débarrassé de moi pour tout de bon, sans plus de dommage. En attendant, je vais vous dire ce que nous pouvons faire pour vous; — nous allons jouer l'*Ivan* de Sotheby, qui réussira; et alors vos publications présentes et futures des drames de cet auteur se débiteront tant que vous voudrez, et si nous avons quelque chose de très-bon, vous aurez la préférence, mais on ne vous présentera plus de pétition.

» Sotheby a dans sa pièce une pensée, et presque les mêmes paroles qui se trouvent dans le troisième chant du *Corsaire*, qui, comme vous le savez, fut publié six mois avant sa tragédie. C'est à l'occasion de l'orage qui éclate dans la cellule de Conrad. J'ai écrit à M. Sotheby pour la réclamer, et comme Den-

---

[1] *Lane* signifie petite rue, ruelle.

(*Note du Trad.*)

nis qui criait dans le parterre : « De par Dieu, voilà mon tonnerre ! » ainsi ferai-je et m'écrierai-je : « De par Dieu, voilà mon éclair! » — Car c'est de ce fluide électrique qu'il est question dans ledit passage.

» Vous aurez, pour mettre en tête de la pièce, un portrait de Fanny Kelly, dans la *Pie voleuse*, qui vaut bien, en conscience, deux fois l'argent que vous a coûté le manuscrit. Dites-moi, je vous prie, ce que vous avez fait de la note que je vous ai donnée sur Mungo-Park.

» Toujours tout à vous. »

LETTRE CCXXVII.

A M. MOORE.

13 Piccadilly-Terrace, 28 octobre 1815.

« Il paraît que vous voilà revenu en Angleterre, à ce que j'apprends de tout le monde, excepté de vous. Je présume que vous vous tenez sur la réserve, parce que je n'ai pas répondu à votre dernière lettre d'Irlande. Quand avez-vous quitté le « cher pays ? » C'est égal, allez, je vous pardonne, ce qui est une grande preuve de — de je ne sais pas quoi, mais c'est pour donner le démenti à ce vers :

» Celui qui a tort ne pardonne jamais. »

» Vous avez écrit à ***. Vous avez aussi écrit à Perry, qui laisse entrevoir l'espérance que vous nous donnerez un opéra. Coleridge nous a promis une tragédie. Or, si vous tenez la parole que nous a donnée Perry, et que Coleridge remplisse la sienne, en voilà assez pour mettre Drury-Lane sur pied, et il faut dire qu'il a terriblement besoin qu'on vienne à son aide : nous avons commencé au grand galop, et nous voilà déjà rendus. — Quand je dis *nous*, c'est-à-dire Kinnaird, qui est ici l'homme capable, et sait compter ce qui est plus que n'en peut faire le reste du comité.

» C'est réellement fort amusant, quant à ce qui est du mouvement que se donnent matin et soir ces gens-ci, les uns se carrant, les autres pestant. Et si l'on parvient jamais à payer cinq pour cent, cela fera honneur à l'administration. M. *** a fait recevoir une tragédie, dont la première scène commence par le sommeil, non pas de l'auteur, mais du héros. Elle nous a été présentée comme étant prodigieusement admirée par Kean ; mais le susdit Kean étant interrogé, nie cet éloge, et proteste contre son rôle. — Je ne sais pas comment cela finira.

» Je ne vous parle autant du théâtre, que parce que Londres est mort dans cette saison. Tout le monde en est parti excepté nous, qui y restons pour accoucher en décembre, ou peut-être plus tôt. Lady B. est énorme et en état de prospérité, du moins en apparence ; je voudrais que le moment fût passé et bien passé. —

» J'ai devant les yeux une pièce d'un personnage qui se signe *Hibernicus*. — Le héros est Malachi, le roi Irlandais, et le traître usurpateur c'est Turgesius le

Danois. Le dénouement est beau. Turgesius est enchaîné par la jambe à un pilier sur le théâtre, et le roi Malachi lui adresse un discours qui ne ressemble pas mal à ceux de lord Castlereagh sur l'équilibre du pouvoir et le droit de légitimité, discours qui jette Turgesius dans un accès de rage, comme le feraient ceux de Castlereagh, si son auditoire était enchaîné par les jambes. — Il tire un poignard et s'élance sur l'orateur ; mais, se voyant au bout de sa corde, il le plonge dans sa propre carcasse, et meurt en disant qu'il a accompli une prophétie.

» Or, voilà des faits exacts et sérieux, et la partie la plus grave d'une tragédie qui n'a pas été faite dans l'intention de la rendre burlesque. L'auteur a l'espoir qu'elle sera jouée. — Mais, qu'est-ce que l'espoir ? rien que le fard dont nous parons la face de la vie, le moindre souffle de vérité le détruit, et nous voyons alors, sans déguisement, comme elle a les joues creuses. Je ne suis pas bien sûr de ne pas avoir déjà fait cette belle réflexion-là ; mais n'importe, elle ira encore cette fois à la tragédie de Turgesius, à laquelle je puis l'appliquer.

» Eh bien ! comment va la santé, ô toi, poète, non des mille, mais des trois mille ! J'aurais bien voulu que votre ami, sir John Forté-Piano, eût gardé cela pour lui, et ne l'eût pas publié au jugement du marchand de chansons de Dublin, et je vais vous dire pourquoi : il y a de la libéralité à Longman de vous avoir donné ce prix, et il est honorable pour vous de l'avoir obtenu, mais ceci va déchaîner, contre l'heureux auteur, tous les juges faméliques et décharnés. Après tout, qu'ils aillent au diable ! — Jeffrey et Moore, réunis, peuvent défier le monde avec leur plume. — A propos, le pauvre C...e, qui est un homme d'un talent admirable, et de plus dans le malheur, est sur le point de publier deux volumes de poésie et de biographie. — Il a été plus maltraité par les critiques que nous ne l'avons été nous-mêmes. Voulez-vous me promettre, si son ouvrage paraît, de faire un article en sa faveur, dans la *Revue d'Édimbourg ?* Je pense bien que vous ne pourrez faire autrement que de lui donner des louanges ; mais il faut aussi le bien louer, ce qui, de toutes les choses, est la plus difficile. — Cela fera sa réputation.

» Ceci doit rester secret entre nous, car il serait possible que ce projet ne plût pas à Jeffrey, ni probablement à C...e lui-même. Mais mon avis est qu'il n'a besoin que de quelqu'un qui lui prépare les voies, et d'une étincelle ou deux de courage pour fournir glorieusement sa carrière.

» Votre très-affectionné,

B.

» *P. S.* Voici un ennuyeux griffonnage, mais ma première sera « plus de ce monde. »

Comme, après cette lettre, on ne trouve plus, dans sa correspondance, que des allusions très-rares à la part qu'il eut dans l'administration de Drury-Lane, je profiterai de cette occasion pour donner quelques extraits de ses *Pensées détachées* où l'on trouve ses souvenirs sur ses relations de courte durée avec l'intérieur du théâtre...

« Lorsque j'appartenais au comité de Drury-Lane,
» et faisais partie de la direction, il y avait environ
» cinq cents pièces dans les cartons. Imaginant que,
» dans le nombre, il devait y en avoir de bonnes,
» j'en fis l'examen en personne, et avec l'aide de mes
» collègues. Je ne sache pas que, de toutes celles qui
» me passèrent par les mains, il y en eût une seule
» qu'on pût décemment supporter. — On n'a jamais
» rien vu de semblable à quelques-unes d'elles.!
» Mathurin m'avait été très-pressamment recom-
» mandé par sir Walter Scott à qui j'eus recours,
» d'abord dans l'espoir qu'il ferait lui-même quel-
» que chose pour nous, et puis me flattant, dans mon
» désespoir, qu'il pourrait nous indiquer quelqu'au-
» teur, jeune ou vieux, qui nous promettrait du
» succès. Mathurin m'envoya son *Bertram* avec une
» lettre, mais sans son adresse, ce qui m'empêcha
» d'abord de lui répondre. Lorsque je découvris
» enfin son adresse, je lui envoyai une réponse fa-
» vorable, avec quelque chose de plus substantiel.
» Sa pièce réussit ; mais j'étais à cette époque hors
» d'Angleterre.

» Je m'adressai aussi à Coleridge ; — mais il n'a-
» vait rien de convenable sur le métier pour le mo-

» ment. M. Sotheby nous offrit obligeamment toutes
» ses tragédies, et je m'engageai et réussis, en dé-
» pit de quelques discussions avec mes confrères du
» comité, à faire accepter *Ivan*. On en fit lecture;
» et les rôles furent distribués. Mais voilà que, lors-
» que tout était en train, un peu de tiédeur de la part
» de Kean, ou de chaleur du côté de l'auteur, porte
» ce dernier à retirer sa pièce Sir J.-B. Burgess nous
» avait aussi présenté quatre tragédies et une petite
» pièce, et j'avais mis tout en mouvement dans le
» comité et les coulisses, pour les faire recevoir;
» mais ce fut inutilement.

» Bon Dieu, par quelles scènes il m'a fallu passer!
» — Les auteurs, mâles et femelles, les modistes
» et les sauvages irlandais, les gens de Brighton,
» de Blackwall, de Chatham, de Cheltenham, de Du-
» blin, de Dundee, qui venaient me tomber sur le
» dos, et qu'il était convenable de recevoir poliment,
» d'écouter, et dont même quelquefois il fallait sup-
» porter une lecture. Le père de Mrs. ***, maître de
» danse irlandais, à l'âge de soixante ans, vint me
» trouver pour me prier de lui faire jouer Archer en
» bas de soie blancs, par une journée de gelée, afin
» de montrer ses jambes qui, certainement, étaient
» belles et bien irlandaises pour son âge, et qui
» avaient encore été mieux; — miss Emma une
» telle, se présentant avec une pièce intitulée: *le Bri-*
» *gand de Bohême*, ou quelque titre de ce genre; —
» M. O'Higgins, alors résidant à Richmond, avec

» une tragédie irlandaise, où les unités ne pouvaient
» manquer d'être observées, puisque l'un des per-
» sonnages principaux était enchaîné par la jambe
» à un pilier, pendant la plus grande partie de la
» pièce. C'était un homme à l'aspect farouche et
» sauvage, et le seul moyen de s'empêcher de lui
» éclater de rire au nez, était de réfléchir aux ré-
» sultats probables d'une telle gaîté.

» Comme je suis naturellement un individu hon-
» nête et poli, et qui ne peut souffrir faire de peine
» à personne, quand il en peut être autrement, —
» je les ai renvoyés tous à Douglas Kinnaird, qui
» est un homme d'affaires, et n'est pas embarrassé
» de dire non : je les ai donc laissés s'arranger en-
» semble ; et comme, au commencement de l'année
» suivante, je suis parti pour l'étranger, j'ai été fort
» peu au fait depuis de la marche des théâtres....

» On dit que les acteurs sont des gens intraitables,
» et c'est vrai ; mais j'avais trouvé moyen d'éviter
» toute espèce de discussion avec eux, et à l'excep-
» tion d'un démêlé[1], qui s'éleva entre Byrne l'aîné

---

[1] Un correspondant d'un des *Monthly Miscellanies* rapporte cette circonstance de la manière suivante :

« Pendant l'administration de Lord Byron, Byrne l'aîné composa un
» ballet dans lequel miss Smith (depuis Mrs. Oscar Byrne) avait un pas seul.
» Cette demoiselle désira que ce pas fût introduit vers la fin du ballet ; le
» maître de ballets s'y refusa, et la demoiselle jura qu'elle ne danserait
» pas du tout. La musique qui annonçait le pas commença, et la demoi-
» selle sortit majestueusement du théâtre ; les deux parties se précipitè-

» et miss Smith, au sujet de son pas de... j'oublie
» le terme technique, je ne me rappelle pas m'être
» jamais mêlé de leurs querelles. Je protégeais ha-
» bituellement miss Smith, parce qu'elle ressemblait
» de figure à lady Jane Harley, et que les ressem-
» blances ont beaucoup de pouvoir sur moi; mais en
» général j'abandonnais ces choses-là à mes collè-
» gues, qui prenaient à tout cela une part plus
» active que moi, et me reprochaient très-sérieu-
» sement de ne pouvoir me mêler de ces sortes d'af-
» faires sans plaisanter avec les histrions, et m'ac-
» cusaient de mettre tout en désordre par la légèreté
» avec laquelle je traitais ces importantes bagatelles.

» Puis venaient le petit comité et le haut comité.
» — Nous n'étions pas beaucoup, mais nous n'étions
» jamais d'accord. — C'était Peter Moore qui contre-
» disait Kinnaird, et Kinnaird qui contredisait tout
» le monde. : — et puis nos deux directeurs, Rae et
» Dibdin, et notre secrétaire Ward; et cependant

» rent dans les coulisses pour exposer leur affaire à Lord Byron, la seule
» personne qui s'y trouvât alors. Le noble membre du comité prononça
» en faveur de miss Smith, et les deux plaignans, irrités, s'élançaient
» dehors au moment où j'entrais moi-même. — Si vous étiez arrivé une
» minute plus tôt, me dit Lord Byron, vous m'auriez entendu prononcer
» dans une affaire curieuse, sur une question de danse, moi, ajouta-t-il
» en jetant un regard sur son pied difforme, moi à qui la nature, dès
» ma naissance, a défendu de faire un seul pas. Son front se rembrunit
» après avoir prononcé ces paroles, comme s'il eût regretté d'en avoir
» trop dit, et il y eut des deux côtés un moment d'un silence embarras-
» sant. »

(*Note de Moore.*)

» nous étions tous très-zélés pour le bien du théâtre,
» et le désirions de très-bonne foi. *** nous avait
» fourni des prologues pour la reprise de nos vieilles
» pièces anglaises, mais il n'a pas été content de
» moi, parce que je lui ait fait le compliment qu'il
» était l'Upton de notre théâtre (c'est M. Upton
» qui était le poète d'Astleys [1]), et cela est cause
» qu'il a presque renoncé aux prologues.

» Dans la pantomime qu'on joua en 1815 et 16,
» on avait introduit une représentation du bal mas-
» qué, donné par nous autres jeunes gens du club
» de Watier à Wellington et compagnie. Douglas
» Kinnaird, avec deux ou trois autres et moi-même,
» nous nous masquâmes et montâmes sur le théâtre
» avec οἱ πολλοί pour voir de la scène l'effet de la
» salle. — Cela me parut superbe. — Douglas se mit
» à danser parmi les figurans, et ils furent fort in-
» trigués de savoir qui nous étions, s'étant aperçus
» qu'ils étaient plus que leur nombre. Il est assez
» étrange que Douglas Kinnaird et moi nous ayons
» été tous deux présens au véritable bal masqué, et
» ensuite à la pantomime qui en fut donnée sur le
» théâtre de Drury-Lane. »

[1] Un des théâtres inférieurs de Londres, qui est dans le genre du Cirque de Franconi.

(*Note du Trad.*)

LETTRE CCXXVIII.

A M. MOORE.

Piccadilly Terrace, 3, oct. 1815.

« Je n'ai pas pu m'assurer d'une manière précise du tems que dure la vente des fonds, mais je crois que c'est un bon moment pour s'en défaire, et je l'espère d'abord, parce que je vous verrai, et ensuite parce que je recevrai certaines sommes au profit de lady B., qui contribueront essentiellement à me mettre à mon aise, car (pour parler le langage des créanciers) j'ai besoin de compléter une somme.

» Hier j'ai dîné dehors avec une assez nombreuse société dans laquelle se trouvaient Shéridan et Colman, Harry Harris de C. G. et son frère, sir Gilbert Heathcote, Douglas Kinnaird et d'autres personnes de marque. Comme dans d'autres réunions de ce genre, le silence régna d'abord, puis l'on parla, puis on argumenta, puis on disputa; enfin, tout le monde voulant parler à la fois, l'on ne s'entendit plus et l'on finit par se griser. Quand nous fûmes arrivés au dernier degré de cette glorieuse progression, ce ne fut pas chose facile que de descendre sans tomber; et pour couronner le tout, Kinnaird et moi, il nous fallut faire descendre à Shéridan un escalier en limaçon, qui a été certainement construit avant la découverte des liqueurs fermentées, et avec lequel il n'est pas de jambes, tant cagneuses qu'elles soient, qui puissent commodément

s'arranger. Nous le déposâmes enfin, sain et sauf, chez lui, où son domestique, qui paraît fort habitué à ces sortes d'affaires, l'attendait dans le vestibule. Lui et Colman avaient été, selon leur coutume, très-amusans; mais j'emportais avec moi beaucoup de vin, et ce vin avait précédemment emporté ma mémoire, en sorte que tout fut hoquet et allégresse pendant la dernière heure, et il ne m'est rien resté de la conversation. Peut-être avez-vous entendu rapporter la réponse que fit dernièrement Shéridan au watchman, qui le trouva privé de cette « divine particule d'air » appelée raison. . . . .
. . . .
. . . .

» Le watchman trouva donc Sherry dans la rue, ivre mort. « Qui êtes-vous, monsieur ? » Pas de réponse. « Quel est votre nom ? » Un hoquet. « Quel est votre nom ? » Alors il répond d'un ton grave, lent et flegmatique : « Wilberforce !!! » N'est-ce pas là tout Shéridan ? A mon avis, la réponse est excellente. Il a plus d'esprit dans son ivresse, que les autres à leur première pointe de gaîté. . . . .

» Mon papier est rempli, et j'ai un terrible mal à la tête. . . . .
. . . .

» *P. S.* Lady B. avance rapidement. Le mois prochain donnera la lumière (avec l'aide de « Junon Lucine, *fer opem* », ou plutôt *opes*, car ce dernier est plus nécessaire) à la dixième merveille du monde;

—Gil Blas étant la huitième, et le père de mon fils la neuvième. »

LETTRE CCXXIX.

A M. MOORE.

4 novembre 1815.

« Si vous ne m'aviez pas troublé la tête avec les fonds, votre lettre aurait eu une réponse immédiate. N'a-t-il pas fallu que j'aille dans la cité ? n'a-t-il pas fallu me rappeler, en arrivant là, ce que j'y venais faire, et ne l'avais-je pas oublié ?

» Je serais, sans aucun doute, enchanté de vous voir ; — mais je n'aime pas à employer mes goûts personnels pour combattre vos motifs. — Vous viendrez et bientôt, car rester ne vous sera pas possible. — Je vous connais depuis long-tems, vous avez trop du vieux levain de Londres, pour en pouvoir rester long-tems absent.

» Lewis va à la Jamaïque sucer ses cannes à sucre. Il s'embarque dans deux jours. Je vous envoie ci-joint son billet d'adieu. Je le vis hier au soir à D. L. T., pour la dernière fois avant son départ. Pauvre diable ! — c'est réellement un brave homme, un excellent homme. — Il m'a laissé sa canne et un pot de gingembre confit ; je ne mangerai jamais de ce dernier sans avoir les larmes aux yeux. — C'est si *brûlant !* — Nous avons un bruit de diable parmi nos *ballerinas*. — On a fait une injustice à miss Smith, au sujet d'un pas écossais. Le comité s'en est mêlé ;

mais le maudit maître de ballet n'a pas voulu en démordre. Je suis furieux, et Georges Lamb aussi. — Kinnaird est fort content, il ne sait pas trop pourquoi ; et moi je suis très-fâché, à peu près pour la même raison. Aujourd'hui je dîne avec Kinnaird, nous aurons encore Shéridan et Colman ; et demain encore une fois chez sir Gilbert Heathcote. . . . .
. . . .

» Leigh Hunt a composé un poème vraiment bon et très-original, et qui, je crois, fera sensation. Vous ne pouvez imaginer à quel point il est bien écrit, et je ne m'en serais pas fait une idée moi-même, si je ne l'avais pas lu. Quant à nous, Tom ; eh bien ! quand allons-nous paraître ? J'aimerais beaucoup mieux, si vous pensez que les vers en valent la peine, qu'ils fussent mêlés avec les *Mélodies Irlandaises*, que d'être imprimés séparément.—Mais quand votre chef-d'œuvre sera-t-il publié ? Quand verrons-nous votre *Shah Nameh?*—Jeffrey est bien bon d'aimer les *Mélodies Hébraïques*. Il y a des gens ici qui préfèrent *Sternhold* et *Hopkins*, et qui en conviennent. — Que le diable emporte leurs ames, pour les punir d'un tel goût !

» Il faut que j'aille m'habiller pour dîner.—Pauvre cher Murat ! quelle fin ! Vous savez, je pense, que son panache blanc était comme celui d'Henri IV, le point de ralliement pendant une bataille.—Il refusa un confesseur et le bandeau qu'on lui offrait, ne voulant pas souffrir qu'on aveuglât ni ses yeux, ni son ame. Vous en apprendrez davantage demain ou le jour suivant.

» A jamais, etc. »

LETTRE CCXXX.
A M. MURRAY.

4 novembre 1815.

« Quand vous serez en état de vous former une opinion sur le manuscrit de M. Coleridge, vous me ferez plaisir de me le rendre, parce que, dans le fait, je n'ai pas été autorisé à le laisser sortir de mes mains. J'en pense beaucoup de bien, et désirerais vivement que vous en fussiez l'éditeur; mais si vous n'y consentez pas, je ne désespère nullement de trouver quelqu'un qui s'en chargera.

» J'ai écrit à M. Leigh Hunt, pour l'informer que vous étiez disposé à traiter avec lui comme vous me l'avez fait entendre la dernière fois que je vous ai vu. Quant aux conditions et à l'époque, j'abandonne cela à sa volonté et à votre discernement. — Je dirai seulement que je regarde cette entreprise comme la plus sûre dont vous vous soyez jamais mêlé. Je vous parle comme à un spéculateur; si je devais vous parler comme lecteur et comme critique, je vous dirais que c'est une production admirable, qui n'a tout juste de défaut que pour en rendre les beautés plus remarquables.

» Et maintenant, pour en finir, parlons de mon poème, dont je suis honteux, après avoir nommé les autres. — Publiez-le ou non, comme vous voudrez, je n'y tiens pas le moins du monde. Si vous ne le publiez pas, il ne le sera jamais par aucun autre, et je n'y ai jamais songé que comme appartenant à la collection. S'il vaut la peine d'être mis dans le quatrième volume, placez-l'y, mais pas ailleurs ; sinon jetez-le au feu.

» Tout à vous. »

Les embarras dont il avait craint de se voir prochainement entouré, en faisant une revue de ses affaires avant son mariage, ne tardèrent pas à réaliser ses plus sinistres présages. L'augmentation de dépense que lui occasionnait son nouveau genre de vie, sans que ses moyens se fussent beaucoup accrus ; les arriérés d'anciennes obligations pécuniaires, et des engagemens qui, depuis lors, s'étaient graduellement accumulés, se réunirent pour l'accabler de tout leur poids, et lui firent plus d'une fois connaître les plus cruelles humiliations de la pauvreté. La nécessité de satisfaire ses créanciers l'avait réduit au pénible expédient de vendre ses livres. — Cette circonstance étant venue aux oreilles de M. Murray, ce dernier se hâta de lui envoyer 1,500 livres sterling, avec l'assurance qu'une pareille somme serait à son service dans quelques semaines, et que si ce secours ne suffisait pas, M. Murray était prêt à lui remettre, pour son usage, la valeur des manuscrits de tous ses ouvrages.

C'est à cette offre généreuse que lord Byron répond dans la lettre suivante.

LETTRE CCXXXI.
A M. MURRAY.

14 novembre 1815.

« Je vous renvoie vos billets que je n'accepte pas, mais qui n'en sont pas moins honorés. Je recevrais de vous ce service, si je devais le recevoir de personne ; mais si telle eût été mon intention, je puis vous assurer que je vous en aurais fait la demande franchement, et sans plus de réserve que vous n'en auriez mis à me le rendre, et je ne puis rien dire de plus de ma confiance et de vos procédés.

» Les circonstances qui me décident à me défaire de mes livres, quoiqu'assez pressantes, ne le sont pas d'une manière immédiate : je m'y suis résigné, ainsi n'en parlons plus.

» Si j'avais été disposé à abuser de la sorte de votre obligeance, je n'aurais pas attendu jusqu'à ce moment. Néanmoins je suis bien aise que vous m'ayez donné l'occasion de la refuser, puisque cela fixe mon opinion sur vous, et même me dispose à envisager la nature humaine sous un jour différent de celui où je m'étais habitué à la regarder.

» Croyez-moi très-sincèrement, etc. »

A M. MURRAY.

25 décembre 1815.

« Je vous envoie quelques vers écrits depuis long-tems, et destinés à servir d'ouverture au *Siège de Corinthe*. — Je les avais oubliés, et ne suis pas bien sûr même à présent, s'il ne vaudrait pas mieux les laisser de côté. — Mais vous et votre conseil en décideront.

» Tout à vous. »

Voici les vers dont il est question dans ce billet. Ils sont écrits avec toute la liberté de ce genre de mesure vagabonde, que son admiration pour la *Christabel* de M. Coleridge lui avait fait alors adopter, et peut-être avait-il eu raison de juger qu'ils ne convenaient pas à l'ouverture de son poème. Cependant ils sont trop pleins de verve et de force pour rester inconnus. Quoiqu'il les eût composés au milieu de l'épaisse atmosphère de Piccadilly, on voit aisément que son imagination errait bien loin de là, sur les riantes collines et dans les heureuses vallées de la Grèce, et que le contraste de la vie monotone qu'il menait alors donnait à ses souvenirs un nouvel essor, une nouvelle énergie.

En l'an 1810 depuis que Jésus mourut pour les hommes, je faisais partie d'une brave troupe qui parcourait le pays à cheval, ou naviguait sur la mer. Oh! que nous allions d'un joyeux train, tantôt traversant la rivière à gué, tantôt gravissant la haute montagne. Jamais nos coursiers ne se reposaient pendant un jour: soit qu'une grotte et qu'une hutte nous servît d'asile, sur le lit le plus dur, nous jouissions d'un doux sommeil étendus sur notre grossière capote ou sur la planche plus grossière encore de notre léger bateau, la tête reposant sur nos selles en guise d'oreiller, nous ne nous en réveillions pas moins frais et dispos le lendemain. Nous donnions un libre essor à nos pensées, à nos paroles ; nous avions en partage la santé et l'espérance, la fatigue, inséparable du voyage, mais nous ne connaissions pas le souci. Notre petite troupe était de toutes les langues, de toutes les croyances. Il y en avait qui disaient leurs chapelets, d'autres appartenaient à la mosquée, d'autres à l'église ; quelques-uns, si je ne me trompe, n'appartenaient à rien. Enfin dans le monde entier on aurait cherché en vain une troupe plus joyeuse et plus bigarrée.

Mais les uns sont morts, les autres partis. Il y en a qui sont dispersés et solitaires dans ce monde, d'autres sont révoltés sur les montagnes qui dominent les vallées de l'Épire [1], où la liberté rallie encore ses forces par momens, et fait payer aux oppresseurs de leur sang les maux qu'ils lui ont faits. Quelques-uns sont dans de lointains pays, d'autres passent dans leurs foyers une vie inquiète, mais jamais plus ils ne se réuniront en troupe joyeuse pour courir le pays et se divertir.

Ces jours de fatigue s'envolaient gaiement, et maintenant quand je les vois se succéder d'une manière si triste, mes pensées, comme de légères hirondelles, traversent en l'effleurant l'Océan, et transportent de nouveau mon esprit, semblable à l'oiseau sauvage et fugitif, au milieu des espaces de l'air. Voilà ce qui sans cesse inspire mes chants, dans lesquels souvent, oh ! trop souvent peut-être, j'implore ceux qui peuvent supporter mes vers, de me suivre dans cette terre lointaine.

Étranger, veux-tu m'accompagner maintenant et venir t'asseoir avec moi sur la montagne qui domine Corinthe ?

---

[1] Les dernières nouvelles qui me sont parvenues de Dervish (un des Arnautes qui m'avaient suivi) m'ont appris qu'il s'était insurgé dans les montagnes, à la tête de quelques bandes qu'on trouve communément dans ce pays en tems de troubles. (*Note de Byron.*)

LETTRE CCXXXII.

A M. MOORE.

5 janvier 1816.

« J'espère que Mrs. M. est entièrement rétablie. Ma petite fille est née le 10 décembre dernier; on l'a nommée Augusta *Ada* (le second de ces noms est très-ancien dans la famille, et n'a pas été porté, je crois, depuis le règne du roi Jean). Elle est venue au monde, et est encore très-grasse et en très-bon état : on dit même qu'elle est très-forte pour son âge. — Elle ne fait que crier et téter : — cela vous suffit-il? Quant à la mère, elle se porte très-bien, et elle a recommencé à se lever.

» Il y a eu un an le 2 de ce mois que je suis marié — hélas! — Je n'ai vu personne depuis peu qui vaille la peine d'être cité, à l'exception de S*** et d'un autre général des Gaules, avec lesquels je me suis trouvé une ou deux fois à dîner dehors. S*** est un beau cavalier, à la tournure étrangère, à l'air scélérat et spirituel; au total, c'est un homme très-agréable. Son compatriote, qui est plus jeune que lui, tient plus du petit-maître; mais je ne lui crois pas les mêmes facultés intellectuelles qu'au Corse, car vous savez que S*** l'est, et de plus cousin de Napoléon.

» Est-ce qu'on ne vous verra plus jamais en ville? A la vérité, il n'y a pas ici un seul des quinze cents individus qui remplissent ordinairement les salons où l'on étouffe, et qu'on appelle le monde à la mode. Nous avons été retenus ici par l'approche de ma paternité, afin d'y être à portée des médecins ; et quant à moi, il m'est aussi indifférent d'être ici que partout ailleurs, de ce côté du détroit de Gibraltar.

» J'aurais fait avec joie, ou plutôt avec tristesse, le chant funèbre que vous me demandez pour la pauvre fille [1] en question ; mais comment me serait-il possible d'écrire sur quelqu'un que je n'ai jamais vu ni connu ? D'ailleurs vous le ferez bien mieux vous-même. Moi, je ne puis composer sur rien sans en avoir quelque expérience personnelle ou en connaître les bases, à plus forte raison sur un sujet de cette nature. Pour vous, vous avez tout cela ; et vous ne l'auriez pas que votre imagination y suppléerait : — ainsi, vous ne pouvez jamais manquer de réussir.

» Voilà un griffonnage bien insipide, et je suis moi-même un insipide personnage. Je suis absorbé par cinq cents réflexions contradictoires, quoique n'ayant en vue qu'un seul objet. — Mais n'importe, comme on dit quelque part, « l'azur du ciel s'étend sur tout le monde. » Je voudrais seulement que celui qui s'étend sur moi fût un peu plus bleu, un peu plus semblable « au ciel azuré avec lequel se confond

---

[1] Je lui avais fait part d'un sujet digne d'exercer tout son talent pour le pathétique ; c'était un triste événement qui venait de se passer dans mon voisinage, et auquel j'ai fait allusion moi-même dans une des *Mélodies Sacrées* : « Ne la pleurez pas. »

(*Note de Moore.*)

le sommet bleuâtre de l'Olympe, » qui, par parenthèse, était tout blanc la dernière fois que je le vis.

» Toujours tout à vous. »

En lisant cette lettre, je fus frappé du ton de mélancolie qui y régnait; et sachant bien que celui qui l'écrivait avait coutume, lorsqu'il était tourmenté par quelque chagrin ou quelque dégoût, de chercher du soulagement dans ce sentiment de liberté qui lui disait qu'il existait pour lui au monde d'autres asiles, je crus apercevoir dans ses souvenirs du sommet bleuâtre de l'Olympe quelque retour de cet esprit inquiet et errant que le malheur ou l'irritation évoquait toujours en lui. Déjà, au moment où il m'envoya les vers mélancoliques : *Il n'y a point de plaisir que le monde puisse donner*, etc., etc., j'avais éprouvé quelque crainte vague sur cet accès d'abattement auquel je le voyais se livrer; et lui accusant réception de ses vers, j'avais cherché à l'en distraire par des plaisanteries. « Mais pourquoi donc » retombez-vous ainsi dans l'ornière de la mélanco- » lie, maître Stéphen? cela ne vaut rien du tout. — » Il y aurait de quoi envoyer en diable tous les de- » voirs positifs de la vie, et il faut que vous lui di- » siez adieu. La jeunesse est le seul tems où l'on » puisse être triste impunément; à mesure que la » vie elle-même devient sérieuse et sombre, la seule » ressource qui nous reste est d'être, autant que » possible, tout le contraire. »

— Mon absence de Londres, pendant tout le cours de cette année, m'avait privé de pouvoir juger par moi-même du degré de bonheur que lui promettait sa situation domestique. Je n'avais rien appris non plus qui pût me porter à croire que le cours de sa vie conjugale fût moins paisible que ne le sont ordinairement de pareilles unions, du moins en apparence. Les expressions vives et affectueuses dont il s'était servi dans quelques-unes des lettres que j'ai données, pour m'assurer de son bonheur (assurance que sa franchise ne pouvait me rendre douteuse), avaient aussi puissamment contribué à calmer les craintes que le sort qu'il s'était choisi avait excitées en moi à la première vue. Je ne pus cependant m'empêcher de remarquer que ces indices d'un cœur content ne tardèrent pas à cesser. Il ne parla plus que rarement et avec réserve de la compagne de son existence, et quelques-unes de ses lettres me parurent empreintes d'un esprit d'inquiétude et d'ennui qui réveilla en moi toutes les sombres appréhensions avec lesquelles j'avais d'abord envisagé son sort. Cette dernière lettre surtout me frappa comme remplie des plus tristes présages ; et dans le courant de ma réponse, je lui exprimai ainsi l'impression qu'elle avait faite sur moi. « Ainsi donc, il y a une année » entière que vous êtes marié!

» L'an dernier je te protestais encore cette douce impossibilité.

» Savez-vous, mon cher B., qu'il y a quelque

» chose dans votre dernière lettre, une espèce d'in-
» quiétude mystérieuse qui, jointe à l'absence totale
» de votre vivacité ordinaire, n'a cessé depuis de
» me tourmenter l'esprit de la manière la plus pé-
» nible? Il me tarde d'être près de vous pour con-
» naître réellement ce que vous éprouvez, car ces
» lettres ne disent rien du tout, et un mot, *a quat-
» tr'occhi*, vaut mieux que des rames entières de
» correspondance. En attendant, dites-moi seule-
» ment que vous êtes plus heureux que votre lettre
» ne m'a porté à le croire ; et je serai satisfait. »

Ce fut quelques semaines après cette lettre que lady Byron prit le parti de se séparer de lui. Elle avait quitté Londres à la fin de janvier pour aller voir son père dans le Leicestershire, et Lord Byron devait la suivre peu de tems après. Ils s'étaient séparés pleins de tendresse : — elle lui écrivit en route une lettre pleine d'enjouement et d'affection ; et aussitôt qu'elle fut arrivée à Kirkby Mallory, son père écrivit à Lord Byron pour lui apprendre qu'elle ne retournerait plus vivre avec lui. Au moment où il reçut ce coup inattendu, ses embarras pécuniaires, qui s'étaient rapidement augmentés pendant le cours de la dernière année (puisqu'il n'y avait pas eu moins de huit à neuf saisies dans sa maison durant cette époque), étaient parvenus à leur comble ; et au moment où, pour me servir de ses énergiques expressions, il était « seul dans ses foyers avec ses dieux pénates brisés et dispersés autour de lui, » il dut aussi recevoir la nouvelle foudroyante que la femme qui venait de le quitter en parfaite harmonie se séparait de lui — pour jamais.

Ce fut à peu près vers cette époque que le billet suivant fut écrit.

A M. ROGERS.
8 février 1816.

« Ne vous y méprenez pas ; — je vous ai réellement rendu votre livre, par la raison que je vous ai dite, et pas autre chose : il a trop de valeur pour un individu aussi insouciant. — Je me suis défait de tous mes livres, et très-positivement je ne veux pas vous priver de la moindre « particule de cet homme immortel. »

» Je serai bien aise de vous voir, si vous voulez venir, quoique je lutte maintenant contre les traits et les flèches de la fortune cruelle, dont quelques-uns m'ont atteint d'un côté d'où assurément je ne les attendais pas. Mais n'importe, « il y a un monde ailleurs, » et je ferai de mon mieux pour m'ouvrir un chemin dans celui-là.

» Si vous écrivez à Moore, dites-lui que je répondrai à sa lettre quand je pourrai en trouver le tems et la force.

» Toujours tout à vous. »
Bn.

Ce ne fut que plus d'une semaine après que le bruit de la séparation arriva jusqu'à moi, et je me

hâtai de lui écrire en ces termes : « Je suis extrême-
» ment anxieux d'avoir de vos nouvelles, quoique je
» ne sache pas trop si je dois parler du sujet qui
» cause toutes mes inquiétudes. Si cependant ce que
» j'ai appris hier par une lettre de Londres est vrai,
» vous comprendrez immédiatement ce que je veux
» dire, et vous m'en communiquerez autant ou aussi
» peu que vous croirez convenable ; seulement je
» voudrais en savoir quelque chose de vous-même,
» aussitôt que possible, afin de pouvoir me fixer sur
» la vérité ou l'imposture du rapport qui m'a été
» fait. » Voici la réponse qu'il me fit.

LETTRE CCXXXIII.

A M. MOORE.

29 février 1816.

« J'ai été quelque tems sans répondre à votre lettre ; et maintenant la réponse que j'aurais à faire à
une partie de son contenu serait d'une telle étendue
que je la retarderai jusqu'à ce que je puisse vous la
donner en personne, et alors je l'abrégerai autant
que possible.

» En attendant, je suis en guerre avec tout le
monde et ma femme, ou, pour mieux dire, tout le
monde et ma femme sont en guerre avec moi, et ne
m'ont pas encore écrasé, quoi qu'ils puissent faire.
Je ne sache pas que, dans le cours d'une vie pleine
de vicissitudes, je me sois jamais trouvé, chez moi
ou dehors, dans une position plus complètement dé-

nuée de plaisirs actuels et d'espérances futures. Je parle ainsi parce que c'est ainsi que je pense et que je sens; mais je n'en résisterai pas moins à cet état, malgré cette manière de l'envisager : — j'ai pris mon parti.

» Puisque nous en sommes là-dessus cependant, n'allez pas croire tout ce qu'on dit à ce sujet, et n'essayez pas de me défendre. — Si vous y réussissiez, ce serait me faire une offense mortelle ou, si vous voulez, immortelle. Qui peut supporter une réfutation? Je n'ai que très-peu de chose à répondre à ceux que cela regarde; et toute mon activité, jointe à celle de quelques amis énergiques, n'a pu encore découvrir aucun prétexte plausible de discuter cette affaire d'une manière expéditive avec personne, quoiqu'hier j'aie manqué d'en clouer un à la muraille, ce qu'il a évité par une explication satisfaisante, du moins au dire des individus présents : je parle des colporteurs de nouvelles, auxquels je ne porte pas d'inimitié, quoiqu'il me faille agir d'après le code ordinaire des usages, quand il m'arrive d'en rencontrer qui en valent la peine.

» Maintenant passons à un autre sujet, la poésie, par exemple. Le poème de Leigh Hunt est diablement bon : il est par-ci par-là un peu bizarre; mais avec le cachet d'originalité et la belle poésie qu'on y trouve, cet ouvrage doit rester. Je ne dis pas cela parce qu'il me l'a dédié, ce dont je suis au contraire très-fâché; car autrement, je vous aurais prié d'en faire la revue[1]. Il me semble digne de grands éloges ; et je pense qu'un article en sa faveur, dans la *Revue d'Édimbourg*, ne ferait que lui rendre justice, et le faire connaître aux yeux du public de la manière dont il mérite de l'être.

» Comment vous portez-vous, et où êtes-vous ? Je n'ai pas la moindre idée de ce que je vais devenir moi-même, et ne sais encore où j'irai et ce que je ferai. Il y a quelques semaines, je vous aurais écrit des choses qui vous auraient fait rire ; mais on me dit maintenant que le rire ne me convient plus : aussi ai-je été et suis-je encore depuis très-sérieux.

» J'ai été un peu incommodé de la maladie de foie, mais je me porte mieux depuis quinze jours, quoique encore soumis aux ordonnances des gens de l'art. J'ai vu depuis peu. . . . .
. . . .

» Il faut que j'aille m'habiller pour dîner. Ma petite fille est à la campagne. On me dit que c'est un très-bel enfant ; elle a maintenant près de trois mois : c'est lady Noël, ma belle-mère, qui la surveille à présent. Sa fille (ci-devant miss Milbanke) est, je crois, à Londres avec son père. Une certaine Mrs. C.

---

[1] Je retrouve la réponse que je fis à ce passage de sa lettre, relativement au poème de Hunt. « Quoiqu'il soit, je l'avoue, plein de beautés, et que j'en aime sincèrement l'auteur, je ne pourrais réellement entreprendre de le louer sérieusement. Il y a quelque chose qui prête tant au ridicule dans tout ce qu'il écrit, que je ne puis jamais prendre un ton vraiment pathétique en le lisant. ». (*Note de Moore.*)

(maintenant espèce de femme de chambre servant d'espion à lady N., et qui, dans un tems meilleur, a été blanchisseuse) est réputée, par les gens bien instruits, comme étant en grande partie la cause secrète de nos différends domestiques.

» Dans toute cette affaire, celui que je plains le plus c'est sir Ralph. Lui et moi sommes également punis, quoique *magis pares quam similes* dans notre affliction. Cependant, il nous est bien dur à tous deux de souffrir par la faute d'une seule personne; mais ainsi soit-il! je serai séparé de ma femme, et il gardera la sienne.

» Tout à vous. »

Dans ma réponse à cette lettre, écrite quelques jours après, il se trouve un passage où j'exprime une opinion qu'il eût été peut-être plus prudent de cacher, mais que je crois devoir extraire, parce que ceci amena, de la part de Lord Byron, un aveu singulièrement généreux, et également honorable pour les deux parties intéressées dans cette malheureuse affaire. Voici les termes dans lesquels je m'exprimais. « Je suis à peu près dans le même état que
» vous, relativement au sujet de votre lettre, ayant
» l'esprit rempli de beaucoup de choses que je ne
» sais comment écrire, et dont je remettrai la com-
» munication jusqu'à notre entrevue au mois de mai,
» où je vous appellerai en cause pour tous vos crimes
» et méfaits. En attendant, vous ne manquerez pas

» de juges, ni même de bourreaux, si on les en
» croyait. Le monde, dans son ardeur généreuse à
» embrasser le parti du plus faible, ne tarde pas à
» en faire le plus fort et le plus formidable. Je suis
» sincèrement affligé de ce qui s'est passé. Tous mes
» vœux et toutes mes théories sur l'influence que le
» mariage aurait sur votre vie en ont été renversés;
» car, au lieu de vous ramener, comme je l'espérais,
» dans un cercle régulier, il vous a rejeté encore
» une fois dans les espaces infinis, et vous laisse, à
» ce que je crains, dans un état bien pire que celui
» où vous étiez. Quant à votre défense, la seule per-
» sonne avec laquelle je l'aie encore entreprise, c'est
» moi-même; et considérant le peu que je sais de
» l'affaire, ou plutôt peut-être par cette même rai-
» son, j'y ai passablement réussi. Après tout, votre
» malheur fut dans le choix que vous fîtes : il ne m'a
» jamais plu. —Mais je m'égare ici dans l'ἀπόρρητα,
» et ferai mieux de changer ce sujet pour un autre
» plus agréable, vos derniers poèmes, par exem-
» ple, etc., etc. »

Le retour du courrier m'apporta la réponse suivante, qui, en excitant toute notre admiration pour
la noble candeur de celui qui l'écrivit, fait paraître
cette affaire sous un jour encore plus triste et plus
étrange.

LETTRE CCXXXIV.

A M. MOORE.

8 mars 1816.

« Je me réjouis de votre nomination de président et intendant d'une institution de charité : ce sont là des dignités qui n'appartiennent qu'aux gens vertueux. Mais aussi, rappelez-vous que vous avez trente-six ans ; j'en parle avec envie, non de votre âge, mais de l'honneur, de l'affection, de la déférence et des nombreux amis qui vous entourent. — Et moi, il me reste encore huit bonnes années à courir pour arriver à cette perfection grisonnante, à laquelle époque, si j'existe encore[1], je serai probablement dans un état de grâce et de mérite croissant.

» Je dois cependant vous redresser sur un point. La faute ni même le malheur ne vient pas de mon choix (à moins que mon tort n'ait été d'en faire un quelconque) ; car je dois déclarer, au milieu de toute l'amertume dont me remplit cette funeste affaire, que je ne crois pas qu'un être meilleur et plus doux, et doué de qualités plus aimables et plus brillantes que lady B., ait jamais existé. Je n'eus jamais aucun reproche à lui adresser tout le tems qu'elle vécut avec

[1] Ce triste doute, *si j'existe encore*, nous paraît aussi mélancolique qu'étrange, quand nous nous rappelons que ce fut effectivement à trente-six ans qu'il cessa d'exister, et à une époque où, comme ses ennemis eux-mêmes sont forcés d'en convenir, il était dans cet état de *mérite croissant* qu'il prévoit ici en plaisantant.

(*Note de Moore.*)

moi; s'il y a des torts, ils ne peuvent être que de mon côté, et si je ne puis les effacer, je dois savoir les supporter du moins.

» Ses plus proches parens sont ˙***. Mes affaires ont été et sont encore dans le plus grand désordre; ma santé aussi a été fort dérangée, et mon esprit inquiet et troublé pendant très-long-tems. Telles sont les causes (dont je ne cherche pas ici à me faire une excuse) qui m'ont souvent jeté dans des excès, et m'ont rendu peu susceptible des douceurs de la vie domestique. Resté mon maître de très-bonne heure, et ayant déjà passablement couru le monde, les habitudes indépendantes et volages que j'en ai contractées ont pu aussi y contribuer pour quelque chose. Je persiste cependant à penser que si les circonstances m'eussent été plus propices, ou que ma position eût été du moins supportable, j'aurais pu m'en tirer honorablement; mais cette dernière me paraît désespérée, et il est inutile d'en parler davantage. A présent, à l'exception de ma santé qui est meilleure (car il est étrange à quel point l'agitation et les contradictions d'un genre quelconque redonnent d'élasticité à mon esprit et me remontent momentanément), à présent, dis-je, j'ai à lutter contre toute espèce de désagrémens, contre toutes sortes de tourmens domestiques et pécuniaires.

» Je crois vous avoir déjà dit cela, mais je me hasarde à le répéter. Les privations de l'adversité, ou plutôt de la mauvaise fortune, ne sont rien pour moi, mais ce sont ses outrages qui révoltent mon orgueil. Cependant je n'ai pas à me plaindre de ce même orgueil qui, je pense, me servira d'égide contre tous les assauts. Si mon cœur avait pu se briser, il l'aurait été il y a quelques années, et par des événemens plus affligeans que ceux-ci.

» Je conviens avec vous (afin de changer ce sujet pour en revenir à notre boutique), je conviens, dis-je, que j'ai trop écrit. Mes derniers ouvrages cependant n'ont été publiés qu'avec beaucoup de répugnance de ma part, et par des motifs que je vous expliquerai quand nous nous verrons. Je ne sais pas pourquoi je me suis autant appesanti sur les mêmes scènes, à moins que, m'apercevant qu'elles s'affaiblissaient ou devenaient confuses dans ma mémoire, au milieu de tant de sensations tumultueuses, je n'aie désiré en fixer l'empreinte avant que la planche n'en fût usée. — Maintenant je la brise : c'est au milieu de ces pays-là et des événemens qui s'y rattachent que mes sensations vraiment poétiques ont commencé et fini. Je m'essaierais en vain sur tout autre sujet, et j'ai presque épuisé celui-là. « Malheur, dit Vol-
» taire, à celui qui a dit tout ce qu'il a pu dire sur
» un sujet. » Il en est sur lesquels j'aurais pu m'étendre davantage ; mais je renonce à tout cela maintenant, et ce n'est pas trop tôt.

» Vous rappelez-vous les vers que je vous ai envoyés au commencement de l'année dernière, et que vous avez encore ? Je ne prétends pas, comme M. Fitzgerald dans le *Morning-Post*, m'attribuer le caractère de Vates; mais n'étaient-ils pas, en quelque sorte, prophétiques? Je veux parler de ceux qui commencent ainsi : *Il n'est pas de plaisir que le monde puisse donner*, etc., etc. Je mets quelque gloire à ces vers, comme ce que j'ai écrit de plus vrai et de plus mélancolique dans ma vie.

» Quel griffonnage je vous envoie! Vous ne me dites rien de vous, à l'exception que vous êtes marguillier lancastrien, et le protecteur de la mendicité. Quand publiez-vous, et comment se porte votre famille? Mon enfant va bien, et son état est florissant, à ce qu'on me dit, mais il faut aussi que je le voie. Je ne suis pas très-porté à l'abandonner à la contagion de la société de sa belle-mère, quoiqu'il me répugne de l'enlever à sa mère. — Elle est sevrée, cependant, et il faut se décider à quelque chose.

» Toujours tout à vous, etc. »

Ayant déjà exposé à mes lecteurs une partie des opinions que je m'étais formées sur le mariage de Lord Byron, à une époque où, loin de prévoir que je deviendrais un jour son historien, je ne pouvais être aucunement influencé par la partialité qu'on suppose toujours attachée à ce caractère, il me sera peut-être encore permis d'extraire de ma réponse à la lettre précédente quelques phrases d'explication que son contenu m'avait semblé demander.

« Je n'avais certainement aucun droit de rien dire

» sur le malheur de votre choix, quoique je m'ap-
» plaudisse maintenant de l'avoir fait, puisque cette
» réflexion a amené de votre part un tribut qui,
» tout en rendant cette affaire plus mystérieuse et
» plus inexplicable que jamais, est également hono-
» rable aux deux parties. En vous exprimant mes
» doutes sur l'objet de votre choix, j'étais bien loin
» de vouloir attaquer le moins du monde un carac-
» tère que le monde s'accorde unanimement à trou-
» ver parfaitement aimable et estimable. Je craignais
» seulement qu'elle n'eût été trop parfaite, trop scru-
» puleusement parfaite, en un mot, un modèle de
» vertu trop sévère pour que vous pussiez vivre à
» votre aise avec elle; et qu'une personne d'une per-
» fection moins rigoureuse, et dont les vertus au-
» raient été tempérées par quelques-uns de ces char-
» mans défauts qui savent si bien inspirer l'amour,
» plus dépendante de votre protection, aurait eu
» plus de chance de bonheur avec vous, en raison
» de votre bonté naturelle. Quoi qu'il en soit, j'ai été
» amené à faire toutes ces suppositions par le dé-
» sir ardent que j'éprouve de vous justifier de tout
» ce qui pourrait ressembler à un abandon capricieux
» d'une telle femme; et, dans l'ignorance où je suis
» de toutes les circonstances relatives à votre sépa-
» ration, vous ne pouvez concevoir la sollicitude,
» l'inquiète sollicitude avec laquelle je me prépare à
» entendre de votre propre bouche, quand nous nous
» verrons, le récit de toute cette affaire, récit où je

» suis sûr de voir briller au moins une vertu : —
» votre noble candeur. »

Il me semble assez inutile, ayant, comme nous l'avons, sous les yeux le caractère des deux époux, d'aller chercher bien loin les causes secrètes qui amenèrent leur séparation. J'ai déjà, en me livrant à quelques observations sur le caractère des hommes de génie en général, essayé d'indiquer les singularités appartenantes à leur naturel et à leurs habitudes qui les rendaient la plupart du tems incapables de bonheur domestique. Il était impossible que, comme la classe fatalement privilégiée à laquelle il appartenait, Lord Byron n'eût pas hérité de quelques-uns de ces défauts, qui servent d'ombres au génie, et existent en proportion de son étendue. On verra, par l'anecdote suivante qu'il raconte lui-même, jusqu'à quel point une des propensions de son caractère, et la plus capable de flétrir le bonheur, avait été comprise par la personne la plus intéressée à l'observer.

« Quelques personnes se sont étonnées de la mé-
» lancolie qui règne dans mes écrits. D'autres ont
» été surprises de ma gaîté personnelle. Mais je me
» rappelle une réponse que me fit ma femme un jour
» que j'avais été extrêmement gai et de très-bonne
» foi, et même assez brillant dans la conversation.
» Je lui disais, sur la remarque qu'elle avait faite
» de ma gaîté : — Et cependant, Bell, on s'est obs-
» tiné à dire que j'étais mélancolique ; et vous avez

» dû voir souvent à quel point, cela était faux. —
» Non, Byron, me répondit-elle, vous êtes au fond
» du cœur le plus mélancolique des hommes, et sou-
» vent même quand vous en paraissez le plus gai. »

A ces défauts et à ces inégalités qui tenaient à la susceptibilité de ses sensations, il en ajoutait d'autres résultant d'une longue habitude d'indépendance, et les plus en opposition (si son bon naturel ne les eût adoucis) avec ce système de concessions et de sacrifices mutuels qui peut seul maintenir l'équilibre de la paix domestique. Quand nous réfléchissons à la carrière déréglée dont son mariage devait être le terme, à la manière errante et volage dont sa vie s'était écoulée, semblable à une traînée de feu, au milieu d'un enchaînement de courses lointaines, d'aventures, de bonnes fortunes, et de passions dont la fièvre n'était pas encore calmée; lorsqu'avec la même imprévoyante précipitation il conclut brusquement ce mariage, on doit peu s'étonner que, dans le court espace d'un an, il n'ait pas été capable de revenir tout-à-fait de ses écarts, et de conformer sa conduite à cette régularité monotone qu'en exigeaient les espions officieux de son intérieur. On aurait pu tout aussi bien s'attendre à voir un coursier comme celui de son *Mazeppa*,

Farouche et indompté comme le daim sauvage, n'ayant jamais été souillé par l'éperon ou la bride, et captif depuis un jour seulement, rester tranquille quand on le tenait en bride, sans s'irriter et ronger son frein. Quand bien même son nouvel état eût été rempli de prospérité et de douceur, il aurait encore fallu accorder quelque tems et quelqu'indulgence à un esprit aussi inquiet pour qu'il pût s'accoutumer au repos; mais son mariage, au contraire (probablement à cause du bruit qui courut qu'il avait épousé une héritière), fut le signal qui fit fondre sur lui toutes les dettes arriérées, et les anciens engagemens que l'embarras de ses affaires l'avait forcé d'accumuler. Sa porte était journellement assaillie par des créanciers, et sa maison fut neuf fois en un an au pouvoir des huissiers [1]; tandis que, pour ajouter

---

[1] On trouve dans son journal une anecdote qui se rapporte à cette circonstance.

« Quand l'huissier (car j'ai connu un peu de tout dans ma vie) vint, en 1815, faire une saisie chez moi (comme membre du parlement il n'avait aucun droit sur ma personne) je commençai par lui demander, étant naturellement un peu curieux, s'il avait encore d'autres saisies à exécuter. Là-dessus il m'en montra une pour 78,000 liv. st. sur une seule maison seulement. Je voulus savoir ensuite s'il n'avait rien contre Shéridan. « Oh! Shéridan, dit-il en tirant son portefeuille, oui, oui, j'ai ceci, etc.; » mais, Mylord, je suis resté une fois un an de suite chez Shéridan : c'est un » homme très-bien élevé, et qui sait comment on en use avec nous, etc. » Nous discutâmes ensuite notre affaire, ce qui n'était pas chose facile pour moi à ce moment; mais cet homme était poli, et, ce que j'aime mieux encore, communicatif. J'avais vu plusieurs de ses confrères, quelques années auparavant, dans des affaires qui concernaient des amis qui n'appartenaient pas à la noblesse, mais c'était la première ou la seconde fois que j'en voyais un pour mon propre compte. C'était un homme poli, qui fut payé en conséquence, et qui probablement s'y attendait. »

(*Note de Moore.*)

à toutes ces anxiétés, et, ce qu'il sentait bien plus profondément encore, à tous ces outrages de la pauvreté, il avait en outre le chagrin de croire, à tort ou à raison, qu'il était surveillé par des ennemis et des espions, jusque sous son propre toit, et que chaque parole, chaque regard qui lui échappait, était interprété de la manière la plus perfide.

Comme, en raison de leur peu de moyens, sa femme et lui ne voyaient que fort peu de monde, il n'avait de distraction, aux sombres pensées qu'excitaient en lui les difficultés dont sa vie était assiégée, que dans les occupations qui lui étaient imposées comme membre du comité de Drury-Lane. Et c'est à sa malheureuse liaison avec le théâtre qu'est attachée une des fatalités qui marquèrent sa courte année d'épreuve comme époux. D'après la réputation de galanterie qu'il s'était déjà faite, et l'insouciante légèreté à laquelle il s'abandonnait souvent, quand au fond son ame était rongée d'amertume, il ne fut pas difficile de jeter du soupçon sur quelques-unes des connaissances que ses rapports fréquens avec les coulisses l'avaient amené à faire, comme il arriva dans une circonstance où le nom d'une personne à laquelle il avait à peine adressé une fois la parole, fut compromis de la manière la plus offensante.

Cependant, malgré ce fatal concours de circonstances qui aurait dû pallier les écarts de caractère ou de conduite où il fut entraîné, je suis persuadé, après tout, que ce n'est pas à des causes aussi sérieuses, qu'il faut attribuer la malheureuse mésintelligence qui se termina bientôt par une séparation. « Dans tous les mariages que j'ai vus, dit Steele, et » qui, pour la plupart, ont été malheureux, la » grande cause du mal est souvent née des circons- » tances les plus frivoles; » et je crois qu'en examinant bien le fond des choses, celui dont nous nous occupons maintenant ne ferait pas une grande exception à cette remarque. Lord Byron, lui-même, étant à Céphalonie, quelque tems avant sa mort, exprima en quelques mots tout le fond du mystère. Un Anglais, avec lequel il causait de lady Byron, s'étant hasardé à lui énumérer les différentes causes auxquelles il avait entendu attribuer leur séparation, le noble poète, qui parut s'amuser beaucoup de tout ce qu'elles avaient de faux et de ridicule, lui dit, après l'avoir écouté jusqu'au bout : « Les causes, mon cher monsieur, étaient trop simples pour être aisément devinées. »

Dans le fait, les circonstances sans exemple qui accompagnèrent cette séparation, les dernières paroles pleines d'enjouement et d'affection que la femme adressa au mari en le quittant, tandis que l'époux abandonné ne cessa de parler de sa femme avec les plus tendres éloges, nous prouvent assez qu'au moment où ils se séparèrent, ils ne pouvaient éprouver, l'un contre l'autre, aucun ressentiment bien profond. Ce ne fut qu'après, qu'une force répulsive agit sur ces deux cœurs, lorsque la partie qui avait fait le premier pas décisif crut son orgueil engagé à persévérer avec dignité dans cette même route, et que cette inflexibilité provoqua, comme on devait s'y attendre, dans l'ame fière de l'autre, un profond ressentiment qui finit par se manifester par l'amertume et le dédain. S'il est néanmoins quelque vérité dans cet axiome qui dit « que » ceux qui ont commis l'offense ne pardonnent jamais, » Lord Byron, qui fut, jusqu'au dernier moment, disposé à une réconciliation, prouva du moins que sa conscience ne lui reprochait pas de torts bien graves comme agresseur.

Mais quoiqu'il eût été difficile peut-être aux victimes de cette désunion, d'en indiquer ou d'en définir une seule cause, outre cette incompatibilité d'humeur, qui est l'écueil ordinaire de tous les mariages de ce genre, le public, qui ne veut jamais être pris en défaut dans ces occasions, eut, comme de coutume, une bonne provision de motifs pour expliquer cette rupture, tous tendant à noircir le caractère du poète auquel il prêtait déjà des couleurs si sombres, et le représentant comme un monstre accompli de dépravation et de cruauté. La réputation de l'objet de son choix qui lui attribuait toutes les vertus possibles, cette réputation qui, je n'en doute pas, avait été pour lui une des causes déterminantes de ce mariage, par la vanité qu'il mit à obtenir un tel modèle de vertu (tout en passant dans le monde pour un réprouvé), fut ce qui donna à ses adversaires des armes contre lui, non-seulement pour en faire un contraste avec son propre caractère, mais comme si les perfections de la femme étaient des preuves positives de tous les méfaits dont il leur plaisait d'accuser le mari.

Cependant le silence inflexible que (par des motifs de générosité et de délicatesse, sans doute) sa femme elle-même ne cessait d'opposer aux demandes répétées qui lui étaient faites, de spécifier les torts qu'elle avait à lui reprocher, laissa à l'imagination et à la méchanceté le champ le plus vaste pour exercer leur activité. On rapporta donc, et on crut presqu'universellement, que la seconde proposition de mariage du noble lord à miss Milbanke n'avait été faite que dans le but de se venger de l'affront d'un premier refus, et qu'il le lui avait avoué lui-même en allant à l'église. A l'époque où, comme le lecteur l'a vu dans ses lettres écrites pendant sa lune de miel, il se croyait de la meilleure foi du monde au sein du bonheur, et se vantait même, dans l'orgueil de son imagination, que si le mariage se faisait à bail, il renouvellerait avec joie le sien pour quatre-vingt-dix-neuf ans, à cette même époque, s'il en faut croire ses véridiques historiens, il s'occupait à poursuivre le sombre projet de vengeance dont on vient de parler, et à tourmenter sa femme par toute espèce d'actions lâches et cruelles, — telles que de décharger des pistolets pour l'effrayer pendant qu'elle était au lit [1], et autres fantaisies de même genre.

J'ai déjà dit quelque chose de la fausseté des liaisons de coulisse qui lui furent attribuées, surtout avec une de nos belles actrices à qui il avait à peine parlé une fois. Mais l'extrême confiance avec laquelle ce conte fut mis en circulation et généralement cru donne un assez bon échantillon de l'espèce de témoignage dont le public se contente dans ses accès de vertueuse indignation. Il est cependant très-loin de mes intentions d'alléguer que, dans le cours de ses relations avec le théâtre, le noble poète ne fut pas quelquefois entraîné dans un genre de société inconvenant, sinon dangereux à la régularité de la vie conjugale. Mais les accusations portées contre lui sur ce point, en ce qu'elles attaquent son caractère d'époux, n'en sont pas mieux fondées, la seule cir-

---

[1] Il y avait cependant une espèce de fondement à ce conte, dans l'habitude qu'il avait prise dès son enfance d'avoir toujours des pistolets chargés auprès de lui la nuit, habitude qu'on regarda comme un penchant si bizarre, qu'elle fut ajoutée à la liste des symptômes (portés, je crois, au nombre de seize) qui furent soumis à l'opinion des médecins comme preuve d'un dérangement intellectuel. Un autre de ces symptômes était l'impression presque convulsive que Kean avait produite sur lui dans le rôle de sir Giles Overreach. Mais le motif le plus plausible (comme il en convenait lui-même) sur lequel reposait cette accusation de démence, était un acte de violence qu'il avait fait tomber sur une vieille montre qu'il possédait dès l'enfance, et qu'il avait portée en Grèce avec lui. Dans un accès de désespoir et de rage causé par quelqu'une de ces difficultés humiliantes auxquelles il était journellement en proie, il lança la montre avec fureur sur le foyer, et la brisa en mille morceaux au milieu des cendres avec les pincettes. (*Note de Moore.*)

constance qui eût pu réellement donner matière à cette imputation n'ayant eu lieu qu'après sa séparation.

Ne se contentant pas de ces charges ordinaires et palpables, la voix publique s'enhardit à aller encore plus loin, et se prévalant du mystérieux silence que gardait l'une des parties, elle osa se répandre en sombres suggestions, en insinuations vagues, que l'imagination de chaque auditeur fut libre d'interpréter comme il lui plut. La conséquence de toutes ces calomnies fut que le cri public s'éleva contre Lord Byron, comme on n'en avait peut-être jamais vu d'exemple dans la vie privée : et toute la gloire qu'il s'était acquise pendant le cours des quatre années qui venaient de s'écouler n'avait pas surpassé de beaucoup les reproches et les accusations calomnieuses qui, dans l'espace de quelques semaines, avaient fondu sur lui. Outre ceux qui croyaient de bonne foi à des excès que les apparences ne rendaient que trop probables, et qui les réprouvaient également, soit qu'ils le considérassent comme poète, ou comme homme du monde, il y avait aussi sans cesse sur le *qui vive*, cette classe nombreuse et active de gens qui regardent la haine des vices des autres comme équivalant à la vertu, ainsi que ces ennemis naturels de tous les succès qui, ayant long-tems souffert de la gloire du poète, purent alors, sous le masque de champions de l'innocence, accabler l'homme de toute leur malignité. Journaux, libelles, caricatures, tout fut employé pour livrer son caractère à la haine publique [1]. A peine une voix s'éleva-t-elle en sa faveur, ou fut-elle écoutée ; et, quoiqu'un petit nombre d'amis fût resté inébranlable à ses côtés, ils désespérèrent totalement, ainsi que lui-même, de parvenir à arrêter ce torrent, et, après s'être efforcés deux ou trois fois en vain de se faire entendre, ils se résignèrent au silence. Au nombre des tentatives qu'il fit pour confondre ses calomniateurs, est un appel (tel que celui qui est contenu dans le billet suivant) à quelques-uns de ceux avec lesquels il avait continué de vivre familièrement.

LETTRE CCXXXV.

A M. ROGERS

25 mars 1816.

« Vous êtes du petit nombre de ceux avec lesquels j'ai vécu dans l'intimité, et vous m'avez entendu converser quelquefois sur le pénible sujet de mes derniers chagrins domestiques. Je vous prie de me dire franchement si vous m'avez jamais entendu

---

[1] L'extrait suivant d'un poème qui fut publié à cette époque donnera quelque idée de la manière dont on l'injuriait.

« Loin de l'Angleterre, sa terre natale, qui toléra trop long-tems le
» continuel refrain de ses chants profanes, il va, déjà blanchi dans le vice
» à son début dans la vie, poursuivre une carrière toute pleine de crimes
» et de folies, et chercher sous un ciel étranger une existence plus en
» rapport avec la perversité de son ame, dans d'autres climats où son
» goût blasé et ses regards impies s'attendent à de nouveaux plaisirs. Il

parler d'elle d'une manière irrespectueuse ou défavorable, ou si je me suis jamais défendu à ses dépens, en reportant sur elle aucune imputation sérieuse? Ne m'avez-vous pas ouï dire que, lorsqu'il y avait entre nous tort ou raison, la raison était toujours de son côté? Je ne vous fais ces questions à vous et à mes autres amis, que parce que je suis accusé, dit-on, par elle et les siens, d'avoir eu recours à ces moyens-là pour me disculper.

» Toujours tout à vous, »

B.

Dans les Mémoires, ou, pour mieux dire, le *Memoranda* du noble poète qu'on crut devoir sacrifier pour divers motifs, il faisait le récit détaillé de toutes les circonstances qui se rattachaient à son mariage, depuis ses premières propositions à miss Milbanke, jusqu'à son départ d'Angleterre, après leur rupture. Quoique effectivement, le titre de *Mémoires* qu'il donnait quelquefois lui-même à ce manuscrit, nous transmette l'idée d'une biographie complète et régulière, c'était à cette époque particulière de sa

---

» fait sagement de chercher une plage ignorée, où on l'estimera d'autant
» plus qu'on le connaîtra moins. »

Dans un libelle rimé, intitulé *Épître poétique de Délia à lord Byron*, l'auteur s'exprime de cette charitable manière :

« Sans espoir de repos ici-bas, et, pensée accablante! éloigné de ce
» ciel qui repousse ceux qui ne le cherchent pas, ton éclat n'est que celui
» d'un phare, ton nom un opprobre; ta mémoire est condamnée à une
» honteuse et éternelle célébrité. Évité du sage, admiré du sot seule-
» ment, les bons pleureront sur ton sort, et les Muses te désavoueront. »

(*Note de Moore.*)

vie que cet ouvrage était surtout consacré, tandis que les anecdotes qui se rapportaient aux autres parties de sa carrière y tenaient non-seulement très-peu de place, mais étaient la plupart de celles qu'on trouve répétées dans les divers fragmens de journal, et les autres manuscrits qu'il laissa après sa mort. Le principal charme, en effet, de cette narration, est le ton d'enjouement mélancolique (je dis mélancolique, car on voit que toutes ces plaisanteries partaient d'un cœur blessé) avec lequel des événemens sans importance, et des personnages sans intérêt autre que leur rapport avec la destinée d'un tel homme, y sont représentés et décrits. Aussi franc que de coutume dans l'aveu de ses torts, et plein de générosité dans la justice qu'il rendait à celle qui avait partagé avec lui la douleur de cette désunion, l'impression que laissa son récit dans l'esprit de tous ceux qui l'entendirent, lui fut toute favorable, quoique le résultat qu'on en pût tirer, d'accord avec l'opinion que j'ai déjà exprimée, fût que les causes de cette séparation ne différaient pas beaucoup, par leur nature et leur importance, de celles qui portent la discorde dans la plupart des mariages de ce genre.

Quant aux détails eux-mêmes, quoique pleins d'importance pour lui à cette époque, comme se rattachant au sujet qui, plus que tout autre, occupait ses pensées, l'intérêt qu'ils pourraient offrir aux autres, maintenant que le premier attrait de la curiosité est passé, et que la plupart des individus auxquels ils se rapportent sont oubliés, serait trop faible pour me justifier de m'y arrêter, et de courir le risque d'offenser quelqu'un en les dévoilant. Dans tout ce qui concerne le caractère du poète illustre qui fait le sujet de cet ouvrage, je suis convaincu que le tems et la justice feront bien plus en sa faveur que tout ce commérage de détails. Pendant la vie d'un homme de génie, le monde n'est que trop porté à le juger d'après ce qui lui manque, plutôt que d'après ce qu'il possède, et même avec la conviction, comme dans le cas actuel, que ses défauts sont en partie les causes de sa grandeur, il s'obstine déraisonnablement à vouloir trouver en lui l'une exempte des autres. Si Pope n'avait pas été irritable et atrabilaire, nous n'aurions pas eu ses satires, et il fallait un tempérament impétueux et des passions indomptées, pour former un poète tel que Lord Byron.

C'est la postérité seule qui peut rendre pleine justice à ceux qui ont payé si cher la gloire d'y arriver. L'alliage qui se mêlait jadis à leur or disparaît, et les faiblesses et même les infortunes du génie sont effacées par sa grandeur. Qui s'inquiète maintenant de savoir si Dante avait tort ou raison dans ses démêlés domestiques? Et combien en est-il, parmi ceux dont l'imagination s'arrête avec complaisance sur sa *Beatrix*, qui se rappellent seulement le nom de sa *Gemma Donati*?

Tel court qu'ait été l'intervalle depuis la mort de Lord Byron, l'influence charitable du tems qui adoucit et souvent annule les jugemens rigoureux du monde contre le génie, se fait déjà sentir. On commence à comprendre et à reconnaître enfin, maintenant que son esprit a passé de ce monde, la totale déraison de vouloir juger un tel caractère d'après les règles ordinaires, et de s'attendre à trouver les élémens de l'ordre et du bonheur dans une ame des profondeurs de laquelle s'échappaient continuellement « des flots de lave. » En revenant sur les circonstances de son mariage, la balance est tenue d'une main plus juste, et tout en accordant un légitime tribut d'intérêt et de compassion à celle qui, pour la fatalité de son repos, fut enveloppée dans la même destinée, qui, avec les vertus et les talens qui auraient fait le bonheur d'un homme ordinaire, entreprit dans un funeste moment de maîtriser « le fougueux Pégase, » et échoua dans une tâche où il n'est pas sûr que la plus capable de l'accomplir eût réussi, — on juge enfin, avec plus d'indulgence, ce grand génie martyr de lui-même, chez qui tant d'autres causes, outre la flamme inquiète qui brûlait dans son sein, se réunissaient pour jeter le désordre dans son esprit, et comme il le dit lui-même si expressivement, « le rendre impropre au bonheur, » son sort fut d'être tel qu'il a été ou moins grand. — En domptant cette ame impétueuse, on eût peut-être éteint le feu sacré qui la dévorait, car il n'exista jamais un individu auquel, comme auteur ou comme homme, le vers suivant paraisse plus applicable :

Si non errasset, fecerat ille minus[1].

Pendant le cours de ces événemens, dont sa mémoire et son cœur conservèrent des traces si douloureuses pendant le reste de sa courte vie, il se présenta quelques circonstances relatives à sa vie littéraire, sur lesquelles nous appellerons maintenant l'attention du lecteur, éprouvant une espèce de soulagement à la détourner du pénible sujet sur lequel nous nous sommes arrêtés si long-tems.

La lettre qui suit est une réponse à une autre qu'il avait reçue de M. Murray, et dans laquelle ce dernier lui envoyait un bon de 1,000 guinées pour les manuscrits de ses deux poèmes, *le Siége de Corinthe* et *Parisina*.

LETTRE CCXXXVI.

A M. MURRAY.

2 janvier 1816.

« Votre offre est *libérale* à l'excès (vous voyez que je me sers de ce mot en parlant de vous, et à vous, quoique je n'aie pas voulu consentir à ce que vous vous l'appliquassiez avec M. ***). C'est beaucoup plus que les deux poèmes ne peuvent réellement valoir; mais je ne puis et ne veux l'accepter. Je vous laisse parfaitement libre de les joindre à la collection, sans aucune demande ou attente quelconque de ma part; mais je ne puis consentir à ce

---

[1] S'il n'avait pas erré, il eût fait bien moins de grandes choses.

qu'ils soient publiés séparément. Je ne veux pas risquer le peu de réputation (méritée ou non) que j'ai pu acquérir sur des compositions qui, dans mon opinion, sont très-inférieures à ce qu'elles devraient être (et, comme je m'en flatte même, à quelques-unes des autres), quoiqu'elles puissent fort bien passer comme des choses sans prétentions, et pour grossir la publication avec d'autres pièces fugitives.

» Je suis bien aise que l'écriture vous ait fait présager favorablement de la morale de l'ouvrage, — mais il ne faut pas vous fier à cela, car mon copiste écrit tout ce que je lui dicte, avec toute l'ignorance de l'innocence. J'espère cependant dans ce cas qu'il n'y a pas grand danger ni pour l'une ni pour l'autre.

» *P. S.* Je vous ai renvoyé votre bon déchiré, de crainte qu'il n'arrivât quelqu'accident en route. Je vous prie de ne pas faire naître les tentations sur la mienne. Ce n'est pas par mépris de cette idole universelle, ni qu'il y ait chez moi maintenant de superflu en fait de trésors ; mais ce qui est juste est juste, et ne doit pas céder aux circonstances. »

Malgré la ruine de sa fortune, le poète continua de regarder comme sacrée la résolution qu'il avait prise de ne pas se servir du produit de ses ouvrages, et il refusa, comme nous venons de le voir, la somme qui lui fut offerte des manuscrits du *Siége de Corinthe* et de *Parisina*, somme qui demeura intacte entre les mains de l'éditeur. Il arriva vers le même tems, à un écrivain célèbre sur la politique, de se trouver réduit, par quelque malheur, à de grands embarras pécuniaires, et cette circonstance étant venue à la connaissance de M. Rogers et de sir James Mackintosh, ils pensèrent qu'une partie de la somme que Lord Byron laissait ainsi sans emploi, ne pouvait être mieux placée qu'à venir au secours de cet auteur. Cette idée ne fut pas plus tôt suggérée au noble poète, qu'il agit immédiatement en conséquence, et la lettre suivante, adressée à M. Rogers, est relative à ses intentions à cet égard.

LETTRE CCXXXVII.

A M. ROGERS.

20 février 1816.

« Je vous ai écrit ce matin à la hâte, par le canal de Murray, pour vous dire que je ferai avec plaisir ce que vous et Mackintosh m'avez suggéré au sujet de M. ***. Mais comme je n'ai jamais vu M. *** qu'une seule fois, et n'ai aucun titre à sa connaissance, je pense qu'il vaudra mieux que sir J. et vous arrangiez cette affaire de la manière la moins offensante pour sa délicatesse, et sans qu'il y ait de ma part apparence d'intrusion ou de vouloir me montrer officieux. J'espère que vous y pourrez réussir, car il me serait très-pénible de rien faire à son égard qui pût paraître indélicat. La somme offerte par Murray est de 1,500 livres sterling ; — je l'ai refusée, d'abord parce que je l'ai regardée comme au-delà de la valeur que ces deux ouvrages pouvaient avoir pour Murray, et d'après quelques autres motifs de peu d'importance. J'ai cependant, d'après votre suggestion et celle de sir J., terminé avec Murray, et je propose de faire passer à M. *** la somme de 600 livres sterling, de la manière qui paraîtra la plus convenable à votre ami : je destine le reste pour d'autres objets.

» Comme Murray a offert librement cet argent en paiement des manuscrits, l'affaire peut être terminée de suite. Je suis prêt à signer et à apposer mon sceau immédiatement, et peut-être sera-ce aussi bien de n'y pas mettre de retard. Je serai charmé d'être de quelque utilité à M. *** ; seulement épargnez-lui les tourmens de ces sortes d'affaires, et la pensée d'avoir contracté une obligation, enfin tout ce qui amène les gens à se haïr.

» Votre très-sincèrement dévoué, »

B.

Les autres objets dont il parle ici ont rapport à l'intention où il était de partager le reste de cette somme entre deux auteurs célèbres dans la littérature, et qui avaient également besoin d'un tel secours, M. *** et M. Mathurin. Ce projet cependant, quoique conçu avec la plus grande sincérité par le poète, ne s'exécuta pas. M. Murray, qui connaissait bien les fâcheuses extrémités où Lord Byron lui-même se trouvait réduit, et qui prévoyait qu'il pourrait venir un tems où il serait bien aise de trouver cet argent, malgré la manière dont il était gagné, refusa d'en faire l'avance, lorsqu'il apprit l'usage auquel il était destiné, alléguant que, quoique engagé, non-seulement par sa parole, mais encore par sa volonté, à en payer le montant à Lord Byron, il ne se croyait pas obligé à s'en dessaisir en faveur des autres. On verra dans la lettre suivante combien le noble poète, menacé lui-même de saisies de tous côtés, mit de vivacité à le presser sur ce point.

LETTRE CCXXXVIII.

A M. MURRAY.

22 février 1816.

« Quand je refusai la somme que vous m'offriez, et même me pressiez d'accepter, c'était en raison d'une publication séparée, comme nous le savons, vous et moi; je suis convenu, et je conviens encore que cette somme était considérable, et ce fut un de mes motifs pour la refuser, jusqu'à ce que je fusse mieux instruit du parti que vous en pouviez tirer. Quant à ce qui s'est passé ou va se passer à l'égard de M. ***, c'est un cas qui ne diffère en aucune façon de la cession que j'ai faite précédemment à M. Dallas de mes premiers manuscrits. — Si je vous avais pris au mot, c'est-à-dire que j'eusse pris votre argent, j'aurais pu m'en servir comme bon m'aurait semblé, et il devait vous être également indifférent que j'en fisse cadeau à une fille ou à un hôpital, ou que j'en secourusse un homme de talent dans le malheur. Le fond de l'affaire est donc, à ce qu'il me semble, que vous avez offert plus que les poèmes ne valaient. Je l'ai dit et je l'ai pensé, mais vous savez, ou du moins devriez savoir votre métier mieux que moi ; et si vous vous rappelez ce qui s'est passé entre nous avant ceci, en fait de transactions pécuniaires, vous m'acquitterez certainement d'avoir jamais cherché à profiter de votre imprudence.

» Les ouvrages en question ne seront pas publiés du tout ; ainsi ne parlons plus de cette affaire.

» Votre, etc. »

La lettre qui vient après celle-ci donnera quelque idée des embarras dont il était lui-même accablé au moment où il s'occupait ainsi des besoins des autres.

LETTRE CCXXXIX.

A M. MURRAY.

6 mars 1816.

« J'ai envoyé chez vous aujourd'hui, par la raison que les livres que vous avez achetés sont encore saisis, et que, dans l'état des affaires, il vaut beaucoup mieux faire vendre tout d'un coup à l'encan [1]. Je dé-

---

[1] La vente de ces livres eut lieu le mois suivant, et on la représenta dans le catalogue comme « appartenant à un seigneur qui allait quitter l'Angleterre pour voyager. »

Il paraît, d'après un billet à M. Murray, qu'on avait d'abord annoncé qu'il allait en Morée.

« J'espère que le catalogue des livres, etc., etc., ne sera pas publié
» sans que je l'aie vu. Je veux m'en réserver quelques-uns, et il y en a
» plusieurs dont il ne doit pas être question. L'annonce ne sait ce qu'elle

sire vous voir pour vous rendre le billet que vous m'aviez fait, et qui, Dieu merci, n'est ni payé ni même échu : ce point une fois arrangé, en ce qui vous concerne (ce qui peut être et sera demain quand nous nous verrons), je ne m'embarrasse plus de cette affaire. Voilà à peu près la dixième saisie en autant de mois, de sorte que je commence à m'y habituer. Mais il est juste que je porte la peine des folies de mes ancêtres et des miennes propres ; et, quelles que soient mes fautes, je suppose qu'elles seront passablement expiées avec le tems — ou dans l'éternité.

» Toujours tout à vous.

» *P. S.* Je n'ai pas besoin de dire que je n'ai rien su de cette nouvelle saisie qu'au dernier moment : — je les avais sauvés des saisies précédentes, et croyais bien, quand vous les avez achetés, qu'ils étaient à vous.

» Vous aurez votre billet demain. »

Durant le mois de janvier et une partie de février, ses poèmes du *Siége de Corinthe* et de *Parisina* furent livrés à l'impression, et ce fut vers la fin de ce

» dit : je ne vais pas en Morée ; et quand même j'irais, autant vaudrait
» annoncer en Russie qu'un homme va partir pour le Yorkshire.

» Votre, etc. »

On vendit avec ses livres un meuble qui est à présent entre les mains de M. Murray. C'est un grand paravent couvert de portraits d'acteurs, de pugilistes, et représentant des combats de boxeurs, etc.

(*Note de Moore.*)

dernier mois qu'ils parurent. Les lettres suivantes sont les seules qui aient rapport à leur publication.

LETTRE CCXL.

A M. MURRAY.

3 février 1816.

« Je vous avais envoyé chercher *Marmion*, parce qu'il m'était venu dans la tête qu'il y avait quelque ressemblance entre une partie de *Parisina* et une scène semblable du second chant de *Marmion*. Je crains qu'elle n'existe, quoique je n'y eusse jamais pensé auparavant, et ne pusse guère former le vœu d'imiter ce qui est inimitable. — Je voudrais que vous demandassiez à M. Gifford s'il me conviendrait de dire quelque chose là-dessus : j'avais achevé l'histoire sur un passage de Gibbon qui conduit tout naturellement à une scène de ce genre, sans que j'y eusse songé, mais maintenant cette pensée qui m'est venue me rend fort mal à mon aise.

» Il y a dans le manuscrit quelques mots et quelques phrases que je voudrais changer avant l'impression : je le renverrai dans une heure.

» Tout à vous. »

LETTRE CCXLI.

A M. MURRAY.

20 février 1816.

. . . .

« Pour en revenir à notre affaire, vos lettres sont

en vérité très-agréables. Relativement au reproche de manque de soin, je pense, avec toute l'humilité possible, que le lecteur bénévole aura pris pour de la précipitation et de la négligence l'irrégularité qui appartient à ce genre de versification assez peu ordinaire. La mesure est différente de celle de tous mes autres poèmes que l'on a trouvés, je crois, passablement corrects, en s'en rapportant à Byshe et à ses doigts ou à son oreille, car c'est de cette manière que les poètes écrivent et que les lecteurs jugent. Une grande partie du *Siége de Corinthe* est écrite en *anapestes*, je crois, comme les appellent les savans (je n'en suis pas bien sûr pourtant, étant terriblement oublieux du mètre et des règles) ; plusieurs des vers aussi sont à dessein plus courts ou plus longs que ceux qui leur servent de rime, et la rime elle-même revient à des intervalles plus ou moins grands, suivant le caprice ou la convenance.

» Je ne veux pas dire par là que j'aie raison, et que cela soit bon, mais seulement que j'aurais pu être plus régulier si j'avais cru y gagner, et que c'est avec intention que j'ai dévié aux usages, quoique j'en sois fâché maintenant, car mon but est, sans aucun doute, de plaire. J'avais désiré faire quelque chose qui ne ressemblât pas à mes premiers essais, de même que j'ai cherché à rendre ceux-ci différens les uns des autres. La versification du *Corsaire* n'est pas celle de *Lara*, ni celle du *Giaour* la même que celle de *la Fiancée*; *Childe Harold* diffère encore de ceux-ci, et j'avais essayé de mettre quelque variation dans le dernier, afin qu'il ne ressemblât pas complètement à aucun des autres.

» Excusez toutes ces impertinences et ce maudit égoïsme : le fait est que je cherche plus à penser à ce que j'écris que je n'y pense réellement. — Je ne savais pas que vous fussiez venu chez moi ; — vous y êtes toujours admis et bien venu quand cela vous fait plaisir.

» Tout à vous.

» *P. S.* Il ne faut pas vous inquiéter ni vous chagriner à cause de moi. Si j'avais dû me laisser accabler par le monde, il est des choses auxquelles j'aurais succombé il y a des années. Parce que je ne fais pas de bravades, il ne faut pas me croire dans l'abattement, ni vous imaginer, parce que je sens profondément, que la force doive m'abandonner : mais en voilà assez pour le moment.

» Je suis fâché de cette querelle de Sotheby. — Quel, diable, peut en être le sujet ? Je croyais tout cela arrangé : — si je puis faire quelque chose pour lui ou pour *Ivan*, je suis tout prêt et tout disposé. Je ne crois pas très-convenable pour moi de fréquenter beaucoup les coulisses dans ce moment-ci ; mais je verrai le comité, et je le pousserai, si Sotheby le désire.

» Si vous voyez M. Sotheby, dites-lui, je vous prie, qu'en recevant son billet je me suis empressé d'écrire à M. Coleridge, et que j'espère avoir fait à ce sujet ce que désirait M. Sotheby. »

Ce fut vers le milieu d'avril que parurent dans les journaux ses deux célèbres pièces de vers, — *l'Adieu* et *l'Esquisse*. Le dernier de ces morceaux fut généralement et, il faut le dire, justement blâmé, comme une espèce d'attaque littéraire portée à une femme obscure, dont la situation aurait dû la mettre autant au-dessous de cette satire que la manière peu généreuse dont il l'attaquait la mettait au-dessus. Quant à l'autre poème, les opinions furent beaucoup plus partagées. Beaucoup de gens y virent l'effusion de la vraie tendresse conjugale, une espèce d'appel auquel il était impossible qu'une femme résistât, pour peu qu'elle eût un cœur; tandis que d'autres, au contraire, le regardèrent comme un fastueux étalage de sentiment, aussi difficile à la véritable sensibilité qu'il avait été facile à l'art et à l'imagination du poète, et jugèrent que cette composition était tout-à-fait indigne du profond intérêt attaché au sujet. J'avoue que moi-même alors je n'étais pas éloigné de partager cette opinion, et que, si je ne pouvais m'empêcher de mettre en doute le sentiment qui, dans un pareil moment, avait permis la composition de tels vers, je trouvais encore un plus grand manque de discernement dans le consentement donné à la publication de cet ouvrage. Cependant, en lisant plus tard le rapport qu'il fait de toutes ces circonstances dans son *Memoranda*, je reconnus que, de concert avec la majeure partie du public, j'avais été injuste à son égard sur ces deux points. Il y décrit, d'une manière dont la sincérité ne peut être douteuse, comment, rêvant un soir dans son cabinet, le cœur gonflé des plus tendres souvenirs, il composa ces stances sous leur influence, tandis que ses larmes tombaient avec abondance sur le papier, à mesure qu'il écrivait. Il paraît aussi, d'après ce récit, que si ces vers furent publiées, ce ne fut nullement d'après son désir ou son intention, mais par suite du zèle inconsidéré d'un ami auquel il avait permis de les copier.

La publication de ces poèmes donna une nouvelle violence aux sentimens de blâme et d'indignation qui étaient répandus contre lui dans le public, et le titre sous lequel différens éditeurs s'empressèrent d'annoncer ces deux ouvrages : *Poèmes de Lord Byron sur ses affaires domestiques*, suffisait seul pour faire comprendre toute l'inconvenance de livrer à la rime de tels sujets. Ce n'est effectivement que dans les émotions ou les passions dont l'imagination fait la partie dominante, telles que l'amour dans ses premiers rêves, avant que la réalité ne soit venue leur donner un corps ou les faire évanouir, ou la douleur parvenue à son déclin, et commençant à passer du cœur dans la tête, que la poésie devrait être employée comme interprète de nos sentimens; car pour l'expression de toutes les affections et de tous les chagrins qui prennent directement leur source dans les réalités de la vie, l'art du poète, par cela même qu'il est un art, aussi bien que par la couleur et la forme qu'il est habitué à donner à ses impressions, ne peut nous les retracer que d'une manière aussi fausse que faible.

Les ennemis de Lord Byron, par leur infatigable activité, étaient parvenus à déconsidérer tellement son caractère privé, que, même parmi cette classe à laquelle on suppose le plus d'indulgence pour les irrégularités domestiques, il ne fallait pas avoir un courage médiocre pour l'inviter en société. Une dame très-distinguée et du grand ton se hasarda cependant, au moment où le poète allait quitter l'Angleterre, à former une réunion tout exprès pour lui. Il ne fallut rien moins peut-être que le rang élevé que lui a assuré dans le monde une vie aussi irréprochable que brillante, pour la mettre à l'abri des interprétations malignes auxquelles l'exposait une attention si marquée envers celui que poursuivait avec tant d'acharnement la réprobation publique : cette assemblée de lady J*** fut la dernière à laquelle il parut en Angleterre. Il donne dans son *Memoranda* d'amusans détails sur quelques personnages de la compagnie, et parle des différentes variations, toutes très-caractéristiques, que produisait, sur la température de leurs manières à son égard, l'influence du nuage sous lequel il se montrait. C'est peut-être un des passages de ces mémoires qu'il eût été le plus à

désirer de conserver, quoiqu'il n'eût été possible d'offrir au public qu'une petite partie de cette galerie d'esquisses toutes personnelles, et souvent même satiriques, jusqu'à ce que les originaux eussent depuis long-tems quitté la scène, et que l'intérêt qu'ils auraient pu jadis exciter se fût évanoui avec eux. Outre l'illustre hôtesse dont il n'oublia jamais la noble bienveillance dans cette occasion, il y avait là une autre dame (miss M***, maintenant lady K***), dont il se rappelle avec reconnaissance la franche et courageuse cordialité à son égard ce soir-là. Il ajoute, en consignant la mémoire d'un service encore plus généreux : — « C'est une femme d'un esprit élevé,
» et qui m'a témoigné plus d'amitié que je n'avais
» lieu d'en attendre d'elle. J'ai su aussi qu'elle m'a-
» vait défendu dans une nombreuse société, ce qui
» demandait alors plus de fermeté et de courage que
» les femmes n'en possèdent ordinairement. »

Comme nous touchons maintenant de très-près au terme de sa vie de Londres, j'achèverai de donner ici le petit nombre de souvenirs relatifs à cette époque, que m'ont fourni les restes de ce *Memoranda* auquel j'ai eu si souvent recours.

« J'aimais assez les dandys [1]. Ils furent toujours
» très-polis à mon égard, quoiqu'en général ils dé-

---

[1] Expression à la mode en Angleterre pour *petit-maître*, comme nous avons eu chez nous celle de *merveilleux*, *d'incroyable*, etc.
(*Note du Trad.*)

» testent les littérateurs, et qu'ils aient diablement
» persécuté et mystifié Mme de Staël, Lewis et autres.
» Ils avaient persuadé à Mme de Staël que A*** avait
» cent mille livres sterling de rente, si bien qu'elle
» en était venue au point de le louer en face sur sa
» beauté, et qu'elle avait jeté son dévolu sur lui
» pour ***, ce qui lui fit faire mille absurdités du
» même genre. La vérité est que, quoique j'y aie
» renoncé de bonne heure, j'avais avant ma majo-
» rité une teinte de fatuité [1]; et que j'en ai proba-
» blement gardé assez pour me concilier les grands
» de l'ordre. A vingt-cinq ans, j'avais joué, j'avais
» bu, et pris mes degrés dans la plupart des dissi-
» pations mondaines; et, n'ayant ni pédantisme, ni
» prétentions, nous nous accommodions fort bien
» ensemble. Je les connaissais tous plus ou moins,
» et ils me firent membre du club de Watier, club
» superbe à cette époque. J'étais, je crois, le seul
» littérateur qui y fût admis, à l'exception de deux
» autres, tous deux hommes du monde; c'étaient
» Moore et Spenser. Notre mascarade [2] fut magni-

---

[1] Il paraît que Pétrarque, dans sa jeunesse, fut aussi un petit-maître.
« Rappelez-vous, dit-il, dans une lettre à son frère, le tems où nous
» portions des habits blancs, sur lesquels la moindre tache et même un
» pli mal placé eût été pour nous un sujet de chagrins. Nous portions
» alors des souliers si étroits, qu'ils nous faisaient souffrir le martyre, etc. »
(*Note de Byron.*)

[2] Il alla à cette mascarade déguisé en caloyer, ou moine d'Orient, et
sous cet habit, qui semblait fait pour montrer dans tout son avantage la
beauté de sa noble figure, il fut, pendant cette nuit là, l'objet de l'admiration générale. (*Note de Moore.*)

» fique, ainsi que le bal des dandys, à la salle d'Ar-
» gyle. Mais ce dernier fut donné par les quatre
» chefs, B., M., A., P., si je ne me trompe pas.

» J'ai été aussi membre de l'Alfred, — mon élec-
» tion ayant eu lieu pendant que j'étais en Grèce.
» Il était agréable, quoique un peu trop sérieux, un
» peu trop littéraire ; et puis il fallait y supporter ***
» et sir Francis d'Ivernois ; mais en revanche on y
» rencontrait Peel et Ward et Valentia, et plusieurs
» autres personnes aimables et connues. Au total
» c'était une ressource honnête un jour pluvieux,
» lorsqu'il y avait disette de plaisirs, que le parle-
» ment ne siégeait pas et que la ville était déserte.

» Voici le nom des clubs ou sociétés auxquelles j'ai
» appartenu : l'Alfred, le Cacaotier, Watier, l'U-
» nion, la Fusée (à Brighton), le Pugilat, les Hi-
» boux (ou les Oiseaux de Nuit), le club whig de
» Cambridge, le club d'Harrow à Cambridge, et un
» ou deux autres clubs particuliers, le club poli-
» tique d'Hampden, et les Carbonari Italiens qui,
» bien que nommé le dernier, n'est pas le moindre.
» J'ai été reçu dans tous ceux-là, et ne me suis
» jamais, que je sache, mis sur les rangs pour en-
» trer dans aucun autre. Au contraire, j'ai refusé d'y
» être présenté, quoique vivement pressé de me faire
» porter candidat. »

« Lorsque je rencontrai H*** L***, le geôlier, chez
» lord Holland, avant son départ pour Sainte-Hélène,

» la conversation tomba sur la bataille de Waterloo.
» Je lui demandai si les dispositions de Napoléon
» étaient celles d'un grand général : il me répondit
» d'un air de dédain, qu'elles étaient fort *simples*.
» J'avais toujours pensé que la grandeur devait être
» accompagnée d'un degré de simplicité. »

« J'ai toujours été frappé de la simplicité des ma-
» nières de Grattan dans la vie privée ; elles étaient
» singulières, mais très-naturelles. Curran avait
» l'habitude de le contrefaire, remerciant Dieu, en
» s'inclinant jusqu'à terre de la manière la plus co-
» mique, de n'avoir rien de remarquable dans le
» geste ou dans la tournure ; et *** l'appelait habi-
» tuellement « un arlequin sentimental. »

« Curran ! oui, Curran est l'homme qui m'a le
» plus frappé[1]. Quelle imagination ! Je n'ai jamais

[1] On retrouvait dans son *Memoranda* les mêmes louanges enthousiastes de Curran. « Les richesses de son imagination irlandaise, dit-il, étaient
» inépuisables. J'ai trouvé plus de poésie dans la conversation de cet
» homme, que je n'en ai jamais rencontré dans les livres, quoique je ne le
» visse que rarement et en passant. J'étais chez Mackintosh lorsqu'on
» le présenta à Mme de Staël ; c'était le grand confluent du Rhône et de
» la Saône, et ils étaient tous deux si horriblement laids, que je me de-
» mandais avec étonnement comment les deux plus beaux esprits de la
» France et de l'Irlande avaient pu se choisir chacun de leur côté une
» telle résidence. »

Dans un autre passage cependant, il parle un peu plus favorablement du physique de Mme de Staël. « Sa taille n'était pas mal, dit-il, ses jambes

» rien vu, rien entendu dans ma vie qui pût en ap-
» procher. Sa vie qu'on a publiée, ses discours pu-
» bliés également ne vous donnent pas la moindre
» idée de ce qu'était l'homme : c'était une machine
» à imagination, comme quelqu'un a dit de Piron
» qu'il était une machine à épigrammes.

» Je n'avais pas beaucoup vu Curran avant 1813;
» mais depuis je le reçus chez moi (car il y venait
» souvent), et je le rencontrai en société, chez
» Mackintosh, chez le lord Holland, etc., etc., et il
» me parut toujours étonnant à moi qui avais vu
» tant d'hommes remarquables de l'époque. »

« *** (appelé communément *** le long, homme
» très-spirituel, mais bizarre) se plaignait à notre
» ami Scrope B. Davies, étant à cheval, qu'il avait
» un *point de côté*. « Je ne m'en étonne pas, lui ré-
» pondit Scrope, vous montez à cheval comme un
» tailleur. » Quiconque a vu *** avec sa grande
» taille, monté sur une petite jument, ne peut nier
» la justesse de cette répartie. »

« Quand B. fut obligé de se retirer en France à
» la suite de son affaire avec le pauvre M***, qui reçut
» de là le surnom de *Dick le tueur de dandys* (ils
» s'étaient battus, je crois, au sujet d'argent, de

» étaient passables et ses bras très-beaux. Au total, je conçois qu'elle ait
» pu inspirer des désirs, son ame et son esprit pouvant faire naître des
» illusions sur tout le reste. Elle aurait fait un grand homme. »

» dettes, etc., etc.), il ne savait pas un mot de
» français, et se mit à étudier la grammaire. Quel-
» qu'un ayant demandé à notre ami Scrope Davies si
» Brummel faisait des progrès dans la langue fran-
» çaise, il répondit que Brummel, de même que
» Buonaparte en Russie, avait été arrêté par les *élé-*
» *mens.*

» J'ai mis ce calembourg dans *Beppo*, et ce n'est
» pas un vol, mais un honnête échange, car Scrope
» a fait fortune à plusieurs dîners (il me l'a avoué
» lui-même), en répétant comme venant de son
» propre fonds quelques-unes des bouffonneries dont
» je l'avais régalé le matin. »

« *** est un brave homme et il rime bien, quoique
» il ne soit pas savant. C'est un de ces individus
» qui vous prennent au collet. Un soir, à un *rout*
» de Mrs. Hope, il s'était attaché à moi malgré des
» symptômes de détresse très-manifestes de ma part,
» car j'étais amoureux et je venais de saisir une mi-
» nute où il n'y avait ni mère, ni mari, ni rivaux,
» ni commères auprès de mon idole du moment, qui
» était aussi belle que les statues de la galerie où
» nous nous tenions alors. Je dis donc que *** me
» tenait par le bouton et par les cordes du cœur, et
» ne m'épargnait ni d'un côté ni de l'autre. W. Spen-
» ser, qui aime à plaisanter, et qui ne hait pas à tour-
» menter un peu les autres, vit ma situation, et
» s'avançant vers nous, il me fit ses adieux du ton

» le plus pathétique. Car, ajouta-t-il, je vois bien
» que c'en est fait de vous. — Là-dessus, *** s'en
» alla. *Sic me servavit Apollo.* »

« Je me rappelle avoir rencontré Blücher dans les
» assemblées de Londres, et je ne sache pas avoir
» jamais vu d'homme de son âge moins respectable.
» Avec la voix et le ton d'un sergent recruteur, il
» prétendait aux honneurs d'un héros, comme si
» nous devions adorer une pierre parce qu'un homme,
» en faisant un faux pas, est tombé dessus. »

Nous approchons maintenant du terme de cette
fatale époque de son histoire. Dans un billet [1] adressé
à M. Rogers, peu de tems avant son départ pour
Ostende, il dit : « Ma sœur est en ce moment près
» de moi, et elle repart demain. — Si jamais nous
» devons nous revoir, ce ne sera pas, du moins, de
» quelque tems ; et, dans de telles circonstances,
» j'espère que vous et M. Shéridan m'excuserez de ne
» pouvoir me rendre chez lui ce soir. »

Ce fut là dernière entrevue qu'il eut avec sa sœur,
la seule personne, en quelque sorte, dont il se séparât
avec regret. Il nous dit lui-même qu'il était incertain de savoir qui lui avait causé le plus de chagrin,
des ennemis qui l'attaquaient, ou des amis qui s'en
affligeaient avec lui. Ces vers si beaux et si tendres :

[1] Daté du 16 avril.

Quoique le jour de ma destinée soit évanoui, etc., furent le tribut d'adieux [1] qu'il adressa, en partant, à celle qui, au milieu de ses épreuves les plus amères, avait été sa seule consolatrice; et quoique connus à la plupart des lecteurs, ils peignent si bien les profondes blessures de sa sensibilité à cette époque, que je ne pense pas que le lecteur regrette d'en retrouver quelques stances ici.

. . . .

Quoique le roc sur lequel s'appuyait ma dernière espérance soit réduit en éclats, et que les fragmens en soient engloutis sous les ondes, quoique je sente que mon ame soit condamnée à la douleur, elle ne sera pas son esclave. Je suis réservé à plus d'une angoisse; on peut m'accabler, mais non pas m'avilir; on peut me torturer, mais non me soumettre : c'est de toi que je m'occupe, et non pas d'eux.

Quoiqu'appartenant à l'humanité, tu ne m'as pas trompé. Quoique femme, tu ne m'abandonnas pas ; quoique chérie, tu t'es abstenue de m'affliger, et lorsqu'on me calomnia tu restas toujours inébranlable. Je me fiais à toi, et tu n'as pas trahi ma confiance; si tu m'as quitté, ce n'était pas pour me fuir, et quand, attentive, tu me surveillais, ce n'était pas pour me diffamer, ni pour rester muette lorsque le monde m'attaquait.

Je recueillerai du moins quelque chose des débris du naufrage de mon bonheur passé. Il m'a appris que l'objet que je chérissais le plus était aussi celui qui méritait le plus d'être aimé. La fontaine qui jaillit dans le désert, l'arbre qu'on rencontre encore au milieu d'une lande nue et stérile ; l'oiseau

---

[1] On verra dans une lettre subséquente que la première stance de ces adieux si sincèrement affectueux : « *Ma barque est sur le rivage* » fut aussi composée à cette époque. (*Note de Moore.*)

gazouillant dans une solitude, te retraceront à mon ame, et lui parleront de toi.

Sur un bout de papier, je retrouve, écrite de sa main, en date du 14 avril, la liste suivante de ses gens, avec l'indication des pays qu'il se proposait de parcourir. « Domestiques, — Berger, Suisse, Wil-
» liam Fletcher et Robert Rushton. — John Wil-
» liam Polidori, médecin. — La Suisse, la Flandre,
» l'Italie, et peut-être la France. » On remarquera que les deux domestiques anglais étaient le même *paysan* et le même *page* qui étaient partis avec lui pour ses premiers voyages en 1809, et maintenant, pour la seconde fois, il fit ses adieux à sa patrie, le 25 d'avril 1816, et s'embarqua pour Ostende.

Les circonstances sous l'influence desquelles Lord Byron quittait l'Angleterre étaient de nature, s'il eût été question d'un homme ordinaire, à ne pouvoir être envisagées que comme aussi fatales qu'humiliantes. Dans le cours rapide d'une année, il avait éprouvé tous les genres de chagrins domestiques. Ses foyers avaient été profanés huit ou neuf fois par la présence des huissiers, et les priviléges de son rang l'avaient seuls préservé de la prison. Il s'était aliéné la tendresse de sa femme, si toutefois il l'avait jamais possédée ; et maintenant, rejeté par elle et condamné par le monde, il se livrait à un exil qui n'avait pas même le mérite de paraître volontaire, puisque l'espèce d'excommunication que prononçait contre lui la société, ne semblait pas lui laisser d'autre ressource. S'il eût appartenu à cette classe d'êtres insoucians et naturellement satisfaits d'eux-mêmes, contre la rude surface desquels les reproches d'autrui viennent s'émousser, il aurait pu trouver dans son insensibilité un refuge certain contre le blâme public ; mais, au contraire, cette même susceptibilité de sensations, qui le rendait si sensible aux louanges des hommes, acquérait un nouveau degré de force quand il s'agissait de leur censure. En dépit de l'étrange plaisir qu'il prenait à se peindre, aux yeux du monde, d'une manière défavorable, il ne put s'empêcher d'être à la fois surpris et affligé de voir que le monde l'avait pris au mot ; et, semblable à un enfant couvert d'un masque, qui se voit tout à coup dans une glace, lui-même recula d'effroi, lorsque le sombre déguisement qu'il avait affecté, en quelque sorte, en plaisantant, fut réfléchi soudainement à ses yeux, dans le miroir de l'opinion publique.

Ainsi entouré de chagrins qu'il sentait aussi profondément, nous ne craignons pas de dire que toute autre ame que la sienne aurait succombé dans cette lutte, et perdu peut-être sans retour cette estime de soi-même, le seul appui qu'on puisse opposer aux coups de la fortune. Mais chez lui, dont l'ame avait en réserve une force qui n'attendait que le moment d'être employée, la violence même du mal amena une espèce de soulagement, par la résistance proportionnée qu'il produisit. Si ses fautes et ses erreurs n'avaient trouvé que le châtiment qu'elles méritaient, il n'y a presque aucun doute que le résultat eût été bien différent : non-seulement ceci n'eût pas suffi pour éveiller les nouvelles facultés qui sommeillaient encore en lui; mais le sentiment de ses erreurs, qui était toujours si vivement présent à son esprit, s'il n'eût pas été exaspéré par d'injustes provocations, aurait exercé sur lui son influence accoutumée, en le disposant à la douceur et presque à l'humilité : heureusement, comme la suite le prouva, pour les triomphes qui attendaient son génie, on n'usa pas de tant de modération à son égard. Les torrens d'invectives si peu proportionnés aux fautes qu'il avait commises, et les basses calomnies qui, de toutes parts, s'attachèrent à son nom, ne laissèrent à son orgueil blessé d'autre ressource que de rassembler toute sa force, par ce même instinct de résistance à l'injustice qui avait fait éclore, pour la première fois, les facultés de sa jeune imagination, et qui était destiné à donner à son génie un essor plus hardi et plus élevé.

Ce ne fut pas sans vérité que Gœthe dit de lui qu'il était inspiré par le génie de la douleur; car, depuis le commencement jusqu'à la fin de sa carrière agitée, ce fut toujours à cette source amère qu'il alla puiser de nouvelles facultés. La cause principale qui l'excitait à se distinguer quand il était enfant était, comme nous l'avons déjà vu, cette marque de difformité, dont le sentiment pénible et profond le tourmentant sans cesse, produisit en lui le premier désir de devenir célèbre.[1]. Il fait évidemment allusion à son sort, lorsqu'il décrit lui-même cette sensation [2] :

La difformité est ambitieuse ; il est dans sa nature de chercher à atteindre les autres hommes, et de leur devenir égale et même supérieure. Il y a un aiguillon dans sa marche pénible et tardive, qui l'excite à devenir ce que les autres ne peuvent jamais être dans les choses qui sont également à leur portée, comme pour compenser le premier manque de libéralité de la nature marâtre !

Vint ensuite le chagrin d'une première passion trompée dans ses espérances, puis la fatigue et le remords d'excès prématurés ; enfin, les attaques grossières dirigées contre ses premiers essais : toutes circonstances formant autant d'anneaux de ce long enchaînement d'épreuves, d'erreurs et de souffrances, qui força graduellement, et d'une manière bien douloureuse, le développement des puissantes facultés de son esprit ; toutes ayant leur part respective dans l'accomplissement de cette destinée qui

---

[1] Dans une de ses lettres à M. Hunt, il exprime son opinion que le penchant à la poésie est très-généralement le résultat d'un esprit souffrant dans un corps souffrant. « La maladie ou la difformité, ajoute-t-il, a été
» le partage d'un grand nombre de nos meilleurs auteurs : Collins était
» fou ; Chatterton, je crois, fou ; Cowper fou ; Pope contrefait, Milton
» aveugle, etc., etc. »

[2] Dans le *Défiguré Transfiguré* (the Deformed Transformed).

(*Notes de Moore.*)

semblait avoir décrété que la marche triomphante de son génie aurait lieu à travers les ruines et la solitude de son cœur. Il semble lui-même avoir eu l'instinct secret que c'était de telles épreuves que devaient naître sa force et sa gloire, toute sa vie s'étant passée à rechercher l'agitation et les difficultés ; et lorsque les circonstances qui l'entouraient étaient trop paisibles pour lui offrir rien de semblable, il avait recours à son imagination ou à sa mémoire pour y chercher « des épines contre lesquelles il » pût reposer son sein. »

Mais le plus grand de ses chagrins, et en même tems de ses triomphes, était encore à venir. La dernière station de cette carrière glorieuse, mais pénible, où, à tous les pas, chaque nouvelle faculté de son âme en était arrachée par la douleur, fut celle à laquelle nous sommes maintenant arrivés, son mariage et ses résultats. Sans cet événement, qu'il paya de son repos et de sa réputation, sa carrière aurait été incomplète, et le monde ignorerait encore toute l'étendue de son génie. Il est en effet digne de remarque, que ce ne fut qu'au moment où son bonheur domestique commença à s'obscurcir, que son imagination, qui était restée long-tems oisive, reprit de nouveau son essor, le *Siége de Corinthe* et *Parisina* ayant été composés l'un et l'autre peu de tems avant sa séparation. On peut juger aussi, d'après quelques passages de lettres écrites par lui à cette époque, à quel point les agitations qui suivirent étaient le véritable élément de son esprit inquiet. Dans l'une de celles-ci, il dit même que sa santé s'est améliorée de tout ce tumulte de sensations. « Il est singulier, dit-il, que l'agitation et » les débats, n'importe de quel genre, redonnent » de l'élasticité à mes esprits, et me raniment pen- » dant leur durée. »

Ce fut cette ardeur, cette élasticité d'esprit dont l'action ne pouvait être arrêtée, qui lui permit de supporter alors non-seulement les attaques des autres, mais, ce qui était plus difficile encore, ses pensées et ses sensations personnelles. Le recueillement de toutes ses ressources intellectuelles auxquelles il avait été forcé d'avoir recours pour sa propre défense, ne servit qu'à lui révéler des facultés dont il n'avait jamais soupçonné l'étendue et la puissance, et lui inspira l'orgueilleuse confiance de briller un jour d'un éclat qui dissiperait les nuages de la calomnie, convertirait la censure en étonnement, et forcerait à l'admiration ceux même qui ne pouvaient l'approuver.

Le voyage qu'il entreprit alors à travers la Flandre et le long du Rhin, est décrit de manière à ne rien laisser à désirer dans ces vers incomparables qui dotent d'une portion de leur gloire tout ce qu'ils ont dépeint, et prêtent à des lieux déjà voués à l'immortalité par la nature et l'histoire, l'association non moins durable de leurs chants impérissables. A son départ de Bruxelles, il se passa un incident qui ne vaudrait pas la peine d'être rapporté, s'il n'offrait la preuve de l'application maligne avec laquelle on recueillait et répandait en Angleterre tout ce qui était à son désavantage. M. Pryce Gordon, qui paraît l'avoir vu souvent pendant son séjour à Bruxelles, raconte ainsi cette anecdote :

« Lord Byron voyageait dans un vaste carrosse,
» fait sur le modèle de la célèbre voiture de Napoléon,
» prise à Genappe avec d'autres objets. Indépendam-
» ment d'un lit de repos, il contenait une bibliothèque,
» un buffet à argenterie et tous les accessoires néces-
» saires pour y dîner. Il ne le trouva pas cependant
» assez grand pour son bagage et sa suite, et il acheta
» une calèche à Bruxelles pour ses domestiques. Cette
» calèche cassa en allant à Waterloo, et je lui con-
» seillai de la rendre, car elle me parut vieille et
» usée. Cependant, comme il avait laissé en dépôt qua-
» rante napoléons (ce qui était assurément le double
» de sa valeur), l'honnête Flamand ne voulut pas re-
» prendre sa machine roulante, à moins d'un dédom-
» magement de trente napoléons. Sa seigneurie de-
» vant repartir le lendemain, me pria d'arranger cette
» affaire de mon mieux. Il ne fut pas plus tôt parti,
» que le digne sellier inséra un article dans l'*Oracle*
» *de Bruxelles*, portant que le noble *milord anglais*
» avait disparu avec sa calèche valant 1,800 fr. »

Dans le *Courrier* du 13 mai, l'article de Bruxelles est ainsi copié :

« Voici un extrait de la malle-poste hollandaise,

» daté de Bruxelles : Dans le journal de la Belgique
» de ce jour, il y a une pétition d'un carrossier de
» Bruxelles, au président du tribunal de première
» instance, exposant qu'il a vendu une voiture à
» Lord Byron, pour la somme de 1,882 fr., sur
» laquelle il en a reçu 847; mais que sa seigneu-
» rie, qui part le même jour, refuse de payer les
» 1,035 fr. restant, et qu'il demande en consé-
» quence la permission de saisir la voiture. Cette
» permission lui ayant été accordée, il la remit à un
» officier de justice, qui fut en faire la significa-
» tion à Lord Byron, et apprit du maître de l'hôtel
» que sa seigneurie était partie sans lui rien lais-
» ser pour payer cette dette, sur quoi l'officier saisit
» une chaise appartenant à sa seigneurie, en garan-
» tie de la dette. »

Ce ne fut qu'au commencement du mois suivant, que cette fausseté fut démentie par une lettre de Bruxelles, signée L. Pryce Gordon, insérée dans le *Morning Chronicle*, et contenant les détails réels de cette affaire, tels que nous les avons déjà donnés.

Nous avons puisé dans cette même source, et nous rapportons, d'après une autorité aussi respectable, une anecdote d'un bien autre intérêt. Il paraît que les deux premières stances du morceau relatif à Waterloo : *Arrête, car tu foules aux pieds la pous-sière d'un empire* [1], furent écrites à Bruxelles, à

---

[1] *Childe Harold*, ch. III, st. 17.

la suite d'une excursion faite sur ce mémorable champ de bataille, et qu'elles furent copiées par Lord Byron, le lendemain matin, sur un album appartenant à l'épouse du monsieur qui nous communique cette anecdote.

« Quelques semaines après qu'il les eut écrites » (dit le narrateur), le célèbre artiste R. R. Reina- » gle, qui est un de mes amis, arriva à Bruxelles. — » Je l'invitai à dîner, lui montrai ces vers et le » priai de leur donner un nouveau prix, en dessi- » nant une vignette analogue au passage suivant :

C'est ici que l'aigle orgueilleuse prit son dernier essor, puis déchira de son bec sanglant la plaine fatale. Percée des traits des nations liguées, une vie entière d'ambition et de travaux, tout est devenu vain. — Il porte maintenant les fragmens brisés de la chaine dont il avait chargé le monde.

» M. Reinagle esquissa au crayon une aigle superbe, » enchaînée et déchirant la terre de ses serres. —

» Ayant eu besoin d'écrire à sa seigneurie, je lui » parlai de la vignette que j'avais obtenue de cet » habile artiste pour ses beaux vers, et de la liberté » qu'il avait prise de changer l'action de l'aigle. » Voici ce qu'il m'écrivit en réponse : Reinagle est » meilleur poète et meilleur ornithologiste que moi. » Les aigles et tous les oiseaux de proie attaquent » avec leurs serres, et non avec leur bec. — Aussi » ai-je ainsi changé le vers :

Puis déchira de ses serres sanglantes la plaine ravagée.

« Voilà, je crois, un meilleur vers outre qu'il a
» plus de justesse poétique. Je n'ai pas besoin d'a-
» jouter que, lorsque je communiquai ce compliment
» flatteur au peintre, il y fut excessivement sen-
» sible. »

De Bruxelles, le noble voyageur continua sa route
le long du Rhin, route sur laquelle il a semé toutes
les richesses de sa poésie, et en arrivant à Genève,
il alla se loger à l'hôtel Sécheron bien connu dans
cette ville. Après y avoir séjourné quelques semaines, il alla habiter une maison de campagne des environs appelée *Diodati*, et délicieusement située sur
les bords élevés du lac. Ce fut là qu'il établit sa résidence pour le reste de l'été.

Je donnerai maintenant le peu de lettres en ma
possession, qu'il écrivit à cette époque, et j'y join-
drai les anecdotes que j'ai pu recueillir, et qui se
rapportent au même tems.

LETTRE CCXLII.

A M. MURRAY.

Ouchy, près de Lausanne, 27 juin 1816.

« Me voilà retenu en route (par le mauvais tems)
et retardé dans mon retour à Diodati après un voyage
en bâteau autour du lac. Je vous envoie ci-inclus un
brin de l'acacia de Gibbon, et quelques feuilles de
roses de son jardin que je viens de voir avec une
partie de sa maison. Vous trouverez dans sa vie une
mention honorable de cet acacia, à propos de la

promenade qu'il fit le soir même où il termina son histoire. — Le jardin et le pavillon d'été où il composait, sont négligés, et ce dernier surtout tombe en ruines; mais on le montre encore comme lui ayant servi de cabinet, et il me parut qu'on en avait parfaitement conservé le souvenir.

» Mon voyage à travers la Flandre et le long du Rhin a rempli et même surpassé mon attente.

» J'ai traversé tout le pays décrit par Rousseau, son *Héloïse* à la main, et j'ai été frappé d'une manière inexprimable de l'énergie et de l'exactitude de ses descriptions, ainsi que de la beauté de leur réalité. Meillerie, Clarens, Vevay et le château de Chillon, sont des lieux dont je dirai peu de chose, car tout ce que j'en pourrais dire serait bien loin de donner une idée de l'impression qu'ils produisent.

» Il y a trois jours que nous manquâmes d'être submergés par un coup de vent près de Meillerie, et d'être jetés sur le rivage. Je ne courais aucun risque si près des rochers, étant bon nageur; mais notre compagnie fut mouillée, et passablement incommodée. Le vent était assez violent pour abattre des arbres, à ce que nous vîmes en débarquant; cependant tout est réparé et oublié, et nous voilà sur notre retour.

» Le docteur Polidori n'est pas ici, mais à Diodati, où nous l'avons laissé à l'infirmerie avec une foulure au pied, qu'il a gagnée en tombant d'un mur. — Il ne sait pas sauter.

» Je serai bien aise d'apprendre que vous êtes tous en bonne santé, et que vous avez reçu certains casques et épées expédiés de Waterloo que j'ai traversé avec un mélange de plaisir et de peine.

» J'ai terminé un troisième chant de *Childe Harold*, contenant cent dix-sept stances, plus long qu'aucun des deux précédens, et en quelques endroits peut-être meilleur, mais naturellement ce n'est pas moi qui puis décider de cela. — Je vous l'enverrai par la première occasion qui me paraîtra sûre.

» Votre, etc. »

LETTRE CCXLIII.

A M. MURRAY.

Diodati, près Genève, 22 juillet 1816.

« Je vous ai écrit il y a quelques semaines, et le docteur Polidori a reçu votre lettre; mais le paquet n'a pas paru, ni l'épître que vous nous annoncez devoir s'y trouver. Je vous envoie ci-incluse une annonce [1], qui a été copiée par le docteur Polidori,

---

[1] Voici l'annonce dont il est question :

« Imprimé avec soin et satiné, 2 sch. et demi. — Les *Adieux de*
» *lord Byron à l'Angleterre*, avec trois autres poèmes. — *Ode à*
» *Sainte-Hélène.* — *A ma fille, le jour de sa naissance*, et *Au Lis*
» *de France.* Imprimé par J. Johnston, Cheapside 335, Oxford 9.
» Ces beaux poèmes seront lus avec un intérêt d'autant plus vif, qu'il
» est probable que ce seront les derniers de l'auteur qui paraîtront en
» Angleterre. »

(*Note de Moore.*)

et qui paraît avoir trait à la plus audacieuse imposture qui soit jamais sortie de *Grub-street.*

» Je ne crois pas avoir besoin de dire que je ne connais rien de tout ce fatras, et ne sais quelle en peut être la source. — Des odes à Sainte-Hélène, des adieux à l'Angleterre, etc., — si cela peut être désavoué, en supposant que cela en mérite la peine, vous avez pleine autorité de le faire. Je n'ai jamais écrit ni composé un vers sur rien de semblable, pas plus que sur deux autres morceaux qu'on m'a mis sur le dos — quelque chose sur la Gaule, et l'autre au sujet de Mme Lavalette. Quant au lis de France, il me serait tout aussi bien venu en tête de célébrer un navet. — Le matin du jour de naissance de ma fille, j'avais autre chose à faire qu'à m'occuper de poésie, et je ne me serais jamais imaginé qu'on pût inventer pareille chose, si M. Johnston, et l'annonce de sa brochure, n'étaient venus me donner de nouvelles lumières sur les impostures et les jongleries du démon de l'imprimerie, ou plutôt des publications.

» J'avais espéré que quelque nouveau mensonge aurait fait oublier les mille et une calomnies qui ont été accumulées sur moi l'hiver dernier. Je sais pardonner tout ce qu'on peut dire de moi ou contre moi, mais non ce qu'on me fait dire ou écrire à moi-même. C'est assez d'avoir à répondre de ce que j'ai écrit, mais c'en serait trop pour la patience de Job lui-même que d'être chargé de ce qu'on n'a pas fait. Je soupçonne que lorsque le patriarche arabe désirait que son ennemi eût fait un livre, il ne prévoyait pas voir son propre nom en tête. — Je suis tout aussi ennuyé de cette niaiserie qu'elle le mérite, et plus que je ne le serais, si je n'avais mal à la tête.

» Mᵐᵉ de Staël m'a dit de *Glenarvon* (il y a dix jours, à Coppet) des choses surprenantes et affligeantes; mais je n'en ai rien vu que l'épigraphe, qui promet bien « pour nous et notre tragédie ¹. »
— Si telle est la devise, que doit être le reste ? Le moment choisi pour la publication avec tant de générosité, est probablement ce qu'il y a de plus bienveillant dans l'ouvrage. Le tems, en effet, a été bien trouvé. Quant au contenu, je n'en ai pas seulement la moindre idée, excepté d'après le rapport très-vague que j'en ai entendu faire.......

» Je devrais être honteux de l'égoïsme de cette lettre, mais ce n'est pas tout-à-fait ma faute, et je serai trop heureux de laisser ce sujet de côté, quand on me le permettra.

» Je suis en assez bonne santé, et je vous ai dit dans ma dernière lettre où j'en étais en fait de rimes. J'espère que vous prospérez, et que vos auteurs sont en bon état. D'après ce que j'ai entendu dire, je suppose que votre haras s'est augmenté. — Bertram doit être un bon cheval : le faites-vous courir aux premières courses? j'espère que vous remporterez le prix.   » Votre à jamais, etc. »

¹ Voici l'épigraphe : « Il laissa aux siècles à venir un nom auquel
» s'attachait une seule vertu et mille crimes. »

LETTRE CCXLIV.

A M. ROGERS.

Diodati, près Genève, 29 juillet 1816.

« Vous souvenez-vous d'un livre (les *Lettres de Mathieson*), que vous m'avez prêté, que j'ai encore et que j'espère bien rendre à votre bibliothèque ? Eh bien, j'ai rencontré, à Coppet et ailleurs, ce même Bonstetten, à qui j'ai prêté, pendant quelques jours, la traduction des épîtres de son correspondant. Tout le souvenir qu'il a conservé de Gray, c'est qu'il était, de tous les poètes du monde, le plus mélancolique, et celui qui avait le plus l'air d'un gentilhomme. Bonstetten, lui-même, est un beau vieillard fort gai et très-estimé de ses compatriotes. C'est aussi un littérateur de quelque réputation, et tous ses amis ont la manie de lui adresser des volumes de lettres, Mathieson, Muller l'historien, etc., etc. — Il est souvent à Coppet, où je l'ai rencontré plusieurs fois. Tout le monde s'y porte bien, excepté Racca, qui, je suis fâché de le dire, paraît être en très-mauvaise santé. Schlegel est dans toute sa force, et Madame aussi brillante que jamais.

» Je suis venu ici par les Pays-Bas, la route du Rhin, et Bâle, Berne, Morat et Lausanne. — J'ai fait le tour du lac par eau, et je vais à Chamouny au premier beau tems. — Mais, en vérité, nous avons depuis peu de si épais brouillards, des tems si sombres et si couverts, qu'on dirait que Castlereagh est aussi chargé des affaires étrangères du royaume du ciel. Je n'ai besoin de vous rien dire de ce pays, puisque vous l'avez déjà parcouru. Je ne songe pas à l'Italie avant septembre. J'ai lu *Glenarvon*, et j'ai lu aussi l'*Adolphe* de Benjamin Constant, et sa préface où il nie la réalité de ses personnages. Cet ouvrage, qui laisse une impression pénible, représente pourtant très-bien les conséquences de ne pas être amoureux, ce qui est peut-être l'état du monde le plus désagréable, après celui de l'être pour tout de bon. Je doute cependant que de tels *liens*, pour me servir de son expression, se terminent aussi malheureusement que ceux de son héros et de son héroïne.

» Il y a un troisième chant de *Childe-Harold*, plus long qu'aucun des deux autres, qui est suivi de quelques autres bagatelles; — entr'autres une histoire sur le château de Chillon. Je n'attends qu'une bonne occasion de les transmettre au grand Murray qui, j'espère, est dans un état florissant. Où est Moore? — Pourquoi ne voyage-t-il pas? — faites-lui mes amitiés, et assurez tous mes amis de ma parfaite considération et de mon souvenir, et en particulier lord et lady Holland, et votre duchesse de Sommerset.

» *P. S.* Je vous envoie un *fac simile*. — C'est un billet de Bonstetten. — Je pense que vous serez bien aise de voir l'écriture du correspondant de Gray. »

LETTRE CCXLV.

A M. MURRAY.

Diodati, 29 sept. 1816.

« Je suis très-flatté de la bonne opinion que M. Gifford a prise du manuscrit, et je le serai bien plus encore, s'il répond à votre attente, et justifie sa bienveillance. Il m'a plu aussi à moi-même, mais cela ne doit compter pour rien. Les sensations, sous l'influence desquelles j'en ai écrit la plus grande partie, ne doivent pas m'être enviées. Quant au prix, je n'en ai fixé aucun, mais j'ai laissé M. Kinnaird, M. Shelley et vous, arranger tout cela. Bien certainement ils feront de leur mieux, et pour vous, je sais bien que vous n'élèverez aucune difficulté. Cependant, je suis tombé parfaitement d'accord avec M. Shelley, que les dernières 500 livres sterling ne seraient que conditionnelles, et je désire pour moi-même, qu'il soit ajouté que le paiement n'en aura lieu que dans le cas où vous vendrez un certain nombre d'exemplaires, qui doit être fixé par vous-même. J'espère que cela est honnête. Dans toute affaire de ce genre, il y a des risques à courir, et jusqu'à ce qu'ils soient passés de façon ou d'autre, je ne voudrais pas y ajouter, particulièrement dans des tems comme ceux-ci, et surtout rappelez-vous bien, je vous prie, que je ne pourrais faire aucune perte qui m'affligeât autant que de vous en occasionner une dans une affaire que vous auriez faite avec moi.

» Le monologue sur la mort de Shéridan a été composé pour le théâtre, à la requête de M. Kinnaird. J'ai fait de mon mieux; mais lorsque je n'ai pas le choix du sujet, je ne prétends répondre de rien. M. Hobhouse et moi, nous arrivons d'un voyage à travers les lacs et les montagnes. Nous avons été visiter le Grindelwald et la Iungfrau, et nous sommes montés sur le sommet du Wengen. Nous avons vu des torrens de neuf cents pieds de profondeur, et des glaciers de toutes les dimensions. Nous avons entendu les pipeaux des bergers et le bruit des avalanches. — Nous avons vu les nuages s'élever en fumée des vallées au-dessous de nous comme la vapeur de l'océan, de l'enfer. — Nous avons parcouru, il y a un mois, Chamouny, et tout ce qui en dépend; mais quoique le Mont-Blanc soit plus haut, il n'est pas comparable, pour les effets sauvages, à la Iungfrau, aux Eighers, au Shreckhorn et aux glaciers du Mont-Rose.

» Nous partons pour l'Italie la semaine prochaine. La route est, depuis un mois, infestée de brigands, mais il faut en courir la chance, et prendre toutes les précautions qui seront nécessaires.

» *P. S.* Rappelez-moi particulièrement au souvenir de M. Gifford, et dites-lui de ma part tout ce que vous pensez que je puis lui dire. Je suis fâché que le portrait de Philippe n'ait pas plu à M. Maturin; je croyais qu'il passait pour un bon portrait.

S'il eût fait le discours sur l'original, peut-être eût-il obtenu plus facilement son pardon du propriétaire, et du peintre du portrait[1]. »

LETTRE CCXLVI.

A M. MURRAY.

Diodati, 30 sept. 1816.

« J'ai répondu hier à vos obligeantes lettres. Aujourd'hui, le monologue est arrivé avec sa page de titre, qui est, à ce que je présume, une publication séparée. — Je vous somme de vouloir bien faire effacer ces mots : « *A la requête d'un ami.* »

Pressé par la faim, et à la requête d'amis.

A moins qu'il ne vous plaise d'ajouter « par un » homme de qualité, » ou « par un homme d'esprit » et d'honneur de la ville. » Dites seulement : « Com- » posé pour être récité à Drury-Lane. »

» Demain, je dîne à Coppet. Après-demain, je lève le camp, et je pars pour l'Italie. Ce soir, étant sur le lac, dans mon bateau, avec M. Hobhouse, le mât qui porte la grande voile tomba comme on l'attachait, et me frappa si violemment à la jambe (et à la mauvaise, par malheur), que cela me fit faire une chose fort sotte, c'est-à-dire que je m'évanouis, mais que je m'évanouis complètement. Il faut que cela ait fait tressaillir quelque nerf, car l'os n'a pas

---

[1] Ce passage paraîtra un peu obscur au lecteur, lord Byron y faisant allusion à une circonstance dont il ne donne pas d'autre explication.

(*Note du Trad.*)

souffert, et je m'en ressens à peine. Il y a six heures que cela s'est passé. Il en a coûté à M. Hobhouse quelqu'inquiétude, et une grande quantité d'eau froide pour me faire revenir. La sensation que j'ai éprouvée est très-singulière : cela ne m'était jamais arrivé que deux fois dans ma vie auparavant, l'une par suite d'une blessure que je m'étais faite à la tête, il y a plusieurs années, et l'autre, il y a aussi bien long-tems, pour être tombé dans un grand tas de neige. — On éprouve d'abord une espèce de vertige; puis le néant, puis une perte totale de mémoire. Quand on commence à revenir, ce dernier point ne serait pas le plus désagréable, si l'on ne la retrouvait pas.

» Vous demandez le manuscrit original. M. Davies a la première copie nette que j'en ai faite, et j'ai ici la première composition, que je vous enverrai ou que je vous garderai, puisque vous le souhaitez.

» Quant à votre nouveau projet littéraire, s'il se présente quelque chose qui, dans mon opinion, puisse vous convenir, je vous l'enverrai. En ce moment, il faut que je songe à amasser, m'étant passablement épuisé par l'envoi que je vous ai fait. L'Italie ou la Dalmatie avec un autre été peuvent me remettre à flot. Je n'ai aucun plan et je suis presque aussi indifférent sur ce qui peut arriver que sur les lieux où je vais.

» Je vous prie de me rappeler de nouveau à M. Gifford et de lui réitérer mes remerciemens pour toute la peine qu'il a prise et pour son obligeance envers moi.

» D'après le commencement de cette lettre, n'allez pas croire que je garde la chambre. Je vous ai raconté cet accident faute d'avoir autre chose à vous dire ; mais il n'y paraît plus, et je me demande seulement, de par le diable, ce que je pouvais avoir.

» J'ai parcouru dernièrement les Alpes Bernaises et leurs lacs. Je trouve plusieurs de ces sites (dont quelques-uns ne sont pas ceux que les Anglais fréquentent le plus) plus beaux même que Chamouny que j'ai été voir quelque tems auparavant. Je suis retourné à Clarens et j'ai traversé les montagnes qui sont derrière. J'ai fait pour ma sœur un journal très-court de cette excursion que je lui ai envoyé hier en trois lettres. Elle ne vous lira pas tout, mais si vous aimiez la description du pittoresque, elle vous montrera, j'en suis sûr, ce qui a rapport aux rochers, etc., etc.

» Quant à *Christabel*, je ne veux pas que personne s'en moque ; c'est un poëme beau et original.

» M⁰. de Staël désire voir l'*Antiquaire*, et je vais le lui porter demain. Elle a fait de Coppet le lieu le plus agréable de la terre par ses talens et la société qu'elle y reçoit.

» Votre toujours dévoué, etc. »

N.

Je donnerai les extraits suivans du journal dont il est question dans la lettre précédente.

EXTRAITS
DU JOURNAL DE LORD BYRON.

18 septembre 1816.

« Hier, 17 septembre, je suis parti avec M. Hob-
» house pour une excursion dans les montagnes. »

17 septembre.

» Je me suis levé à cinq heures. — J'ai quitté
» Diodati vers sept heures dans une des voitures du
» pays (un char-à-banc). Nos domestiques étaient à
» cheval. — Le tems très-beau : le lac calme et lim-
» pide. Le Mont-Blanc et l'Aiguille d'Argentières se
» voyaient très-distinctement. Les bords du lac
» étaient magnifiques. Nous sommes arrivés à Lau-
» sanne avant le coucher du soleil, et avons passé
» la nuit à —. Je me suis couché à neuf heures, et
» j'ai dormi jusqu'à cinq. »

18 septembre.

« Mon courrier m'a appelé. — Je me suis levé.
» Hobhouse est parti devant. A un mille de Lau-
» sanne, nous avons trouvé la route inondée par le
» lac. Je suis monté à cheval et j'ai été jusqu'à un
» mille de Vevay. C'était une jeune jument, mais
» qui allait très-bien. J'ai rejoint Hobhouse, et nous
» sommes remontés dans la voiture qui est une voi-
» ture découverte. Nous nous sommes arrêtés deux
» heures à Vevay : c'était la seconde fois que je le
» visitais. Nous sommes allés voir l'église. — On a
» du cimetière une vue magnifique. Dans son en-
» ceinte se trouve le tombeau du général Ludlow

» le régicide. Il est en marbre noir avec une longue
» inscription latine, mais très-simple. Il avait été
» exilé trente-deux ans. C'était un des juges du roi
» Charles. Auprès de lui est enterré Broughton qui
» lut à Charles Stuart la condamnation du roi Char-
» les. Il a aussi une inscription assez bizarre et un
» peu dans le jargon puritain ; mais malgré tout
» cela, c'est une inscription républicaine. On nous
» a montré la maison de Ludlow. Elle conserve en-
» core son inscription : *Omne solum forti patria.*
» Nous sommes descendus jusqu'au lac. — Domes-
» tiques, voiture et chevaux, tous nous ont plantés
» là par l'effet de quelque méprise. Nous les avons
» suivis sur la route de Clarens. Hobhouse a couru
» en avant, et les a enfin rejoints. Je suis arrivé
» pour la seconde fois à Clarens ; la première, c'é-
» tait par eau. Nous sommes allés à Chillon par un
» pays digne de... je ne sais quel point de compa-
» raison trouver. Nous avons parcouru de nouveau
» le château. A notre retour, nous avons rencontré
» une société d'Anglais dans leur voiture. Il y avait
» entre autres une dame qui dormait profondément.
» — Dormir profondément dans le lieu du monde le
» plus anti-narcotique ! c'est excellent ! Je me rap-
» pelle, à Chamouny, avec le Mont-Blanc lui-même
» devant les yeux, avoir entendu une autre femme,
» anglaise aussi, s'écrier à sa société : — Avez-vous
» jamais rien vu de plus *champêtre ?* Comme s'il
» s'agissait d'Highgate, de Hampstead, de Brompton

» ou d'Hayes. *Champêtre!* vraiment? Des rochers,
» des pins, des torrens, des glaciers, des nuages,
» et au-dessus d'eux des sommets couverts de neiges
» éternelles, et tout cela est *champêtre!*..

» Après un court et léger dîner, nous avons visité
» le château de Clarens. C'est une Anglaise qui l'a
» loué. (Il ne l'était pas la première fois que je le
» vis.) Les roses se sont évanouies avec l'été; la
» famille était absente, mais les domestiques nous
» prièrent de visiter l'intérieur de la maison. Nous
» trouvâmes sur la table du salon les sermons de Blair
» et les sermons de je ne sais plus qui; puis autour
» une bande d'enfans bruyans. Nous vîmes tout ce
» qui en valait la peine, et puis descendîmes au
» *Bosquet de Julie*, etc., etc. Notre guide était plein
» de Rousseau qu'il confond perpétuellement avec
» Saint-Preux, ne faisant qu'un de l'homme et du
» livre. Nous sommes retournés à Chillon revoir le
» petit torrent de la montagne qui est derrière. Les
» rayons du soleil couchant se réfléchissaient dans
» le lac. Demain il faudra se lever à cinq heures
» pour traverser la montagne à cheval. Les voitures
» feront le tour. J'ai été logé dans ma vieille chau-
» mière. — Tout y est commode et hospitalier. J'é-
» tais bien fatigué d'une assez longue promenade
» avec le jeune cheval, puis ensuite du cahotement
» du char-à-banc et de mes efforts pour gravir la
» montagne par un soleil ardent.

» *Mém.* Le caporal qui nous a montré les mer-

» veilles de Chillon était aussi ivre que Blucher ;
» et, dans mon opinion, un aussi grand homme. Il
» est sourd aussi, et croyant que tout le monde avait
» la même infirmité, il vociférait les légendes du
» château d'une manière si effrayante que H. en
» prit de l'humeur. Cependant il nous montra tout,
» depuis la potence jusqu'aux cachots, et nous re-
» vînmes à Clarens avec plus de liberté qu'il n'y en
» avait au quinzième siècle. »

19 septembre.

« Je me suis levé à cinq heures. Nous avons tra-
» versé la montagne jusqu'à Montbovon à dos de
» cheval et de mulet, et aussi à l'aide des pieds et
» des mains ; la route d'un bout à l'autre est magni-
» fique comme un rêve, et le souvenir qui m'en
» reste est presque aussi vague. Je suis si fatigué !
» quoiqu'en bonne santé, je n'ai pas la force que
» je possédais il y a quelques années. Nous avons
» déjeûné à Montbovon. Ensuite, arrivés à une
» montée assez raide, j'ai mis pied à terre, je suis
» tombé et me suis fendu le doigt. Notre bagage
» aussi, s'étant détaché, roula le long d'un ravin,
» jusqu'à ce qu'étant arrêté par un gros arbre, nous
» pûmes nous en ressaisir. Mon cheval tombant de
» fatigue, j'ai pris un mulet. A l'approche du som-
» met de la Dent de Jamant, j'ai encore mis pied à
» terre, ainsi qu'Hobhouse et tout le reste de la so-
» ciété. Arrivés au lac, dans le sein même de la
» montagne, nous avons laissé nos quadrupèdes à

» un berger, et nous sommes montés plus haut.
» Parvenu à un endroit où il y avait çà et là des
» plaques de neige, les gouttes de sueur, qui cou-
» laient de mon front comme une pluie, en tombant
» dessus, y laissèrent une impression semblable aux
» trous d'un crible. L'âpreté du vent et le froid oc-
» casionné par la neige me donnèrent des étour-
» dissemens ; cependant je n'en continuai pas moins
» à grimper plus haut. Hobhouse gravit jusqu'à la
» cime la plus élévée ; je n'allai pas si loin, et m'ar-
» rêtai à quelques toises (à une ouverture du ro-
» cher). En descendant, notre guide tomba trois
» fois ; je me mis à rire et tombai aussi : heureuse-
» ment que la descente était unie, quoique rapide et
» glissante. Hobhouse tomba à son tour, mais per-
» sonne ne se fit de mal. L'ensemble de la montagne
» est superbe. Nous aperçûmes, sur une pointe très-
» haute et très-escarpée, un berger jouant du cha-
» lumeau. Il était bien différent des pasteurs de
» l'Arcadie, que j'ai vus armés de longs fusils, au
» lieu de houlettes, et avec des pistolets à leur cein-
» ture. Les sons du chalumeau de notre berger
» suisse étaient très-doux, et l'air qu'il jouait fort
» agréable. — Je vis une vache égarée, et j'appris
» que ces animaux se rompaient souvent le cou en
» tombant des rochers. Descendus à Montbovon,
» nous vîmes un joli petit village, tout rempli d'as-
» pérités, avec une rivière dont l'aspect a quelque
» chose de sauvage, et un pont de bois. Hobhouse a

» été pêcher, il a attrapé un poisson. Notre voiture
» n'est pas arrivée; nos chevaux et nos mules sont
» sur les dents; — nous-mêmes sommes très-fati-
» gués; mais tant mieux, je dormirai.

» La vue que nous avons eue aujourd'hui des plus
» hauts points de notre voyage embrassait d'un côté
» la plus grande partie du lac Léman, de l'autre les
» vallées et la montagne du canton de Fribourg, et
» une plaine immense avec les lacs de Neufchâtel et
» de Morat, et tout ce qui appartient aux bords du
» lac de Genève. Nous avions devant nous, réunis
» dans un seul point de vue, les deux côtés du Jura
» et des Alpes en abondance. En traversant un ra-
» vin, notre guide nous recommanda vivement de
» presser le pas, les pierres tombant avec beaucoup
» de rapidité, et causant quelquefois des accidens.
» Ce conseil était excellent; mais, comme la plupart
» des bons conseils, il était impraticable, car la
» route était si raboteuse que ni hommes ni chevaux
» n'y pouvaient avancer très-vite : nous passâmes
» pourtant sans fractures et sans en être menacés.
» Le son des cloches attachées au cou des vaches
» errant dans des pâturages bien plus élevés qu'au-
» cune montagne de l'Angleterre (car ici, comme
» chez les patriarches, toutes les richesses consistent
» en bestiaux), les bergers poussant des cris de
» rocher en rocher pour nous avertir, et jouant de
» leurs chalumeaux lorsque les cimes paraissaient
» presque inaccessibles; et tout cela joint au spec-

» tacle des lieux qui nous entouraient, réalisait tout
» ce que j'ai jamais entendu dire ou imaginé de la
» vie pastorale, — bien autrement que dans la Grèce
» et dans l'Asie-Mineure, car là on y est un peu trop
» de l'ordre du mousquet ou du sabre; et si vous
» voyez une main porter la houlette, vous pouvez
» être sûr que l'autre est armée d'un fusil : mais ici
» tout est pur et sans mélange, — solitaire, agreste
» et patriarcal. Lorsque nous nous en allâmes, ils
» jouèrent le *ranz des vaches* en guise d'adieux. —
» Je viens de repeupler mon esprit des scènes de la
» nature. »

20 septembre.

« Levés à six heures, partis à huit.

» Pendant toute cette journée, nous avons été,
» l'un dans l'autre, entre deux mille sept cents et
» trois mille pieds au-dessus du niveau de la mer.
» Cette vallée, la plus longue, la plus étroite, et re-
» gardée comme la plus belle des Alpes, est rarement
» traversée par les voyageurs. Nous avons vu le
» pont de La Roche. Le lit de la rivière, très-bas et
» très-profond, est renfermé entre d'immenses ro-
» chers, et il est aussi impétueux que la colère hu-
» maine. On m'a raconté qu'un homme et une mule
» y étaient tombés sans éprouver d'accident. La po-
» pulation paraît heureuse; libre et riche (ce der-
» nier avantage ne comporte avec lui aucun des deux
» premiers). Nous avons trouvé les vaches super-
» bes; un taureau a failli sauter dans notre char-à-

» banc : — c'eût été un agréable compagnon de
» voyage. Les chèvres et les moutons prospèrent
» beaucoup ici. A droite, nous avons vu une mon-
» tagne avec d'énormes glaciers : c'est le Klitzger-
» berg; plus loin, le Hockthorn ou Stockhorn, je
» crois. — Les jolis noms! comme ils sont doux!
» C'est une cime très-élevée et très-rocailleuse, par-
» semée de neige seulement et sans glaciers, mais
» flanquée et surmontée de nuages.

» Nous avons passé les limites du canton de Vaud,
» et sommes entrés sur celui de Berne : le plat alle-
» mand a remplacé le français. Ce district est re-
» nommé pour ses fromages, sa liberté, ses terres
» et son exemption de taxes. Hobhouse est allé pê-
» cher : — il n'a rien attrapé. J'ai été me promener
» sur les bords de la rivière; j'ai vu un petit garçon
» avec un chevreau qui le suivait comme un chien.
» Le chevreau ne pouvait venir à bout de passer par-
» dessus une palissade; j'ai voulu l'aider, et j'ai
» manqué de précipiter le chevreau et moi-même
» dans la rivière. Je suis rentré ici vers les six heures
» du soir; il est neuf heures, je vais me coucher. Je
» ne suis pas fatigué aujourd'hui, et malgré cela,
» j'espère dormir. »

21 septembre.

« Nous sommes partis de bonne heure, et avons
» continué la vallée de Simmenthal. L'entrée de la
» plaine de Thoun est très-étroite; on y voit de
» hauts rochers boisés jusqu'à la cime, une rivière

» et de beaux glaciers, le lac de Thoun, et une
» plaine étendue à laquelle les Alpes servent de cein-
» ture. Nous avons été à pied au château de Scha-
» dan : on a toute la vue du lac. Nous avons traversé
» la rivière dans une barque, et c'était des femmes
» qui ramaient. Thoun est une très-jolie ville. Tout
» le voyage de la journée s'est passé au milieu de la
» pompe des Alpes : il a été magnifique. »

22 septembre.

« Nous sommes partis de Thoun dans une barque
» qui nous a fait parcourir toute la longueur du lac
» en trois heures ; le lac est petit, mais les bords en
» sont beaux : les rochers descendent jusqu'au bord
» de l'eau. Débarqués à Newhause, nous avons tra-
» versé Interlachen, et sommes entrés dans une suite
» de paysages qui sont au-dessus de toute descrip-
» tion, et de tout ce que l'imagination aurait pu
» concevoir d'avance. Nous avons remarqué une ins-
» cription sur un rocher ; — il s'agit de deux frères
» dont l'un a assassiné l'autre : c'est précisément le
» lieu qu'il fallait pour cela. Après une quantité de
» détours, nous sommes arrivés auprès d'un roc im-
» mense : puis nous avons gagné le pied de la Iung-
» frau (ce mot signifie *la jeune fille*). Là, des gla-
» ciers, des torrens ; — un de ceux-ci a une chute
» visible de neuf cents pieds. Nous avons été logés
» chez le curé. Nous sommes partis pour voir la val-
» lée, et avons entendu la chute d'une avalanche
» avec un bruit semblable au tonnerre ; puis nous

» avons vu des glaciers énormes. Un orage est sur-
» venu, accompagné de tonnerre, d'éclairs et de
» grêle, tout cela en perfection et vraiment magni-
» fique. J'étais à cheval : le guide voulait porter ma
» canne, et j'allais la lui donner, lorsque je me rap-
» pelai que c'était une canne à dague ; et craignant
» qu'elle n'attirât sur lui la foudre, je préférai la
» garder, quoiqu'elle m'embarrassât passablement,
» étant trop lourde pour me servir de fouet ; et le
» cheval, étant pesant et poltron, s'arrêtait à chaque
» coup de tonnerre. Je rentrai sans être très-mouillé,
» ayant un bon manteau. Hobhouse, percé jusqu'aux
» os, se réfugia dans une chaumière ; et lorsque
» j'arrivai chez le curé, je lui envoyai un domesti-
» que avec un parapluie et un manteau. L'habitation
» d'un curé suisse est vraiment fort belle, et vaut
» beaucoup mieux que les maisons des ministres an-
» glais : celle où nous avons logé est tout en face du
» torrent dont j'ai parlé. Le torrent forme une cour-
» bure sur le roc, assez semblable à la queue d'un
» cheval blanc flottante au gré du vent, et telle qu'on
» pourrait imaginer celle du « pâle cheval » que monte
» la Mort dans l'Apocalypse [1] : ce n'est ni de l'eau

[1] Il est intéressant de remarquer l'usage que lord Byron fit plus tard de ces notes rapides dans son drame sublime de *Manfred*.

« Il n'est pas midi. Les rayons du soleil teignent encore le torrent des
» brillantes couleurs de l'arc-en-ciel, tandis qu'il roule sa mouvante co-
» lonne d'argent par-dessus la cime escarpée et perpendiculaire du pré-
» cipice, portant çà et là les flots de son écume lumineuse, semblable à

» ni du brouillard, mais quelque chose entre les
» deux. Son immense hauteur (de neuf cents pieds,
» comme je l'ai déjà dit) fait que tantôt il se courbe,
» tantôt se déploie, et tantôt se condense d'une ma-
» nière merveilleuse et impossible à décrire. Je crois,
» à tout prendre, que cette journée a été la plus in-
» téressante de toutes depuis le commencement de
» notre excursion. »

23 septembre.

« Avant de gravir la montagne, j'ai encore été
» au torrent, à sept heures du matin. Le soleil don-
» nait dessus, et formait de la partie inférieure un
» arc-en-ciel de toutes couleurs, mais où étincelaient
» surtout la pourpre et l'or : l'arc se mouvait lors-
» que vous vous mouviez vous-même ; je n'ai jamais
» rien vu de comparable à ceci, mais il faut que le
» soleil donne en plein. Nous avons gravi le mont
» Wengen. A midi, ayant atteint la vallée qui est
» sur la cime, nous quittâmes nos chevaux ; j'ôtai
» mon habit, et grimpai jusqu'au sommet le plus
» élevé, et qui est à sept mille pieds anglais au-des-
» sus du niveau de la mer, et à environ cinq mille
» au-dessus de la vallée que nous avons quittée ce
» matin. D'un côté, nos regards embrassaient la
» Iungfrau avec tous ses glaciers ; puis la Dent d'Ar-
» gent, brillante comme la vérité ; puis le Petit-Géant

» la queue flottante du pâle et gigantesque coursier qui doit être monté
» par la Mort, ainsi qu'il nous est dit dans l'*Apocalypse*. »
(*Note de Moore.*)

» (the Kleine-Eigher) et le Grand-Géant (the Grosse-
» Eigher), et enfin le Wetterhorn lui-même. La
» hauteur de la Iungfrau est de treize mille pieds
» au-dessus de la mer et de onze mille au-dessus de
» la vallée : c'est la cime la plus élevée de toute cette
» chaîne de montagnes. Nous entendions les ava-
» lanches tomber presque de cinq minutes en cinq
» minutes. Du point où nous nous tenions sur le mont
» Wengen, nous en avions la vue d'un côté, et de
» l'autre nous voyions les nuages s'élever en tourbil-
» lons de la vallée opposée, et tournoyer le long de
» précipices à pic, comme l'écume de l'infernal océan
» par une haute marée : c'était une vapeur blanche,
» sulfureuse, et qui s'engouffrait dans des profon-
» deurs qui paraissaient incommensurables. Le côté
» que nous avions gravi, bien entendu, n'était pas
» si escarpé ; mais, en arrivant au sommet, et en re-
» gardant de l'autre côté, nous ne voyions plus
» qu'une mer de nuages bouillonnante, se brisant
» contre les rochers sur lesquels nous étions, et qui,
» comme je l'ai dit, étaient, d'un côté, tout-à-fait per-
» pendiculaires. Nous restâmes là un quart-d'heure;
» ensuite nous commençâmes à descendre : nous
» nous trouvâmes tout-à-fait dégagés de nuages de
» ce côté de la montagne. En passant auprès de
» masses de neige, j'en fis une balle que je jetai à la
» tête d'Hobhouse.

» Nous allâmes reprendre nos chevaux ; et après
» avoir mangé quelque chose, nous remontâmes :

» nous entendîmes encore les avalanches. Arrivés
» à un marécage, Hobhouse mit pied à terre pour
» le traverser; je tâchai d'y faire passer mon che-
» val : l'animal s'y enfonça jusqu'au menton; et na-
» turellement, lui et moi, nous trouvâmes tous deux
» dans la boue; je ne fus que sali et pas blessé : j'en
» ris, et continuai ma course. Arrivés au Grindel-
» wald, nous dînâmes, remontâmes encore, et par-
» vînmes à cheval jusqu'au plus haut glacier, qui
» ressemble à un ouragan de glace [1]. La clarté des
» étoiles est magnifique, mais le chemin était dia-
» blement mauvais ! n'importe, nous sommes arri-
» vés sains et saufs. Il y a eu quelques éclairs; mais,
» sous le rapport du tems, la journée a été aussi
» belle que celle où le paradis fut créé. Nous avons
» traversé des forêts entières de pins morts, tous
» morts : leurs troncs dépouillés de leur écorce, leurs
» branches sans végétation et sans vie, et tout cela
» est le résultat d'un seul hiver [2]. Leur aspect m'a
» fait songer à moi et à ma famille. »

[1] « Avalanches, dont un souffle peut attirer la masse destructive, venez
» et m'écrasez ! J'entends à chaque instant, au-dessus, au-dessous de moi,
» le craquement produit par votre chute fréquente.
» Le brouillard bouillonne autour des glaciers; des nuages s'élèvent en
» ondoyant au-dessous de moi : leur couleur blanche et sulfureuse res-
» semble à l'écume de l'Océan infernal déchaîné contre nous ! » (MANFRED.)
» Nous effleurons légèrement les brisans escarpés de cette mer de glace,
» montagne transparente ressemblant à l'Océan soulevé par une tempête
» furieuse soudainement glacée. » (Idem.)

[2] « Comme ces pins frappés de mort, dépouillés de leur écorce et de
» leurs branches, débris d'un seul hiver. » (Idem.)

24 septembre.

« Levés à cinq heures, partis à sept. Nous avons
» traversé le glacier noir, avec le mont Wetterhorn
» à notre droite. Après avoir passé la montagne de
» Scheideck, nous sommes arrivés au glacier du
» mont Rose, qui passe pour le plus grand et le plus
» beau de la Suisse. Dans mon opinion, le glacier
» de Bossons à Chamouny est aussi beau : Hobhouse
» ne pense pas de même. A la chute de Reichen-
» bach, qui a deux cents pieds de haut, nous nous
» sommes arrêtés pour faire reposer nos chevaux.
» Arrivés dans la vallée d'Oberland, la pluie est
» survenue, et nous a un peu trempés ; cependant,
» en huit jours, nous n'avons eu que quatre heures
» de pluie. Nous avons atteint ensuite le lac de
» Brientz et la ville de Brientz, où nous avons changé
» de vêtemens. Dans la soirée, quatre paysannes
» suisses de l'Oberland sont venues nous chanter des
» airs de leur pays ; deux d'entre elles avaient de
» belles voix : les airs aussi avaient quelque chose
» de si original, de si sauvage et en même tems de
» si doux ! Les chants sont finis, mais j'entends en
» bas les sons d'un violon, qui ne présagent rien
» de bon pour ma nuit : je vais descendre voir la
» danse. »

25 septembre.

« Il paraît que toute la ville de Brientz s'était ras-
» semblée ici-dessous. La walse et la musique étaient
» délicieuses ; il n'y avait que des paysans, mais ils

» dansent beaucoup mieux qu'en Angleterre : les
» Anglais ne savent pas walser et ne le sauront ja-
» mais. Il y avait un homme qui tenait sa pipe à la
» bouche, ce qui ne l'empêchait pas de danser aussi
» bien que les autres : — il y en avait qui dansaient
» par deux, d'autres par quatre, mais tous très-bien.
» Je me suis couché, quoique la fête ait continué là-
» bas tard et matin. Brientz n'est qu'un village. —
» Je me suis levé de bonne heure, et me suis embar-
» qué sur le lac. Nous étions dans une longue bar-
» que avec des femmes pour ramer : lorsque nous
» avons atteint le rivage, une autre femme a sauté
» dedans. Il paraît que c'est ici l'usage que les bar-
» ques soient dirigées par les femmes ; car, de trois
» femmes et de cinq hommes que nous avions dans
» la nôtre, toutes les femmes prirent la rame, et il
» n'y eut qu'un seul homme qui en fit autant.

» Nous sommes arrivés à Interlachen en trois
» heures ; il y a un joli lac, pas si grand que celui
» de Thoun. Nous avons dîné à Interlachen ; une
» jeune fille m'a donné des fleurs, en m'adressant
» des paroles que je n'ai pas comprises, parce qu'elle
» parlait allemand : — je ne sais pas si ce qu'elle
» m'a dit était joli, mais je l'espère, car la fille l'é-
» tait. Nous nous sommes embarqués de nouveau sur
» le lac de Thoun ; j'ai dormi pendant une partie du
» chemin : nous avions fait faire le tour à nos che-
» vaux. Nous avons trouvé des gens sur le bord, qui
» faisaient sauter un rocher avec de la poudre. —

» L'explosion eut lieu tout près de notre barque, ne
» nous ayant avertis qu'une minute auparavant : —
» c'était pure sottise de leur part; mais un peu plus
» tôt, ils auraient pu nous faire tous sauter. J'ai été
» à Thoun dans la soirée. Le tems a été passable tout
» le jour ; mais comme la partie la plus sauvage de
» notre excursion est achevée, cela nous est à peu
» près égal : dans tous les endroits où cela nous im-
» portait le plus, nous avons eu un grand bonheur ;
» quant à la chaleur et à la sérénité de l'atmo-
» sphère. »

26 septembre.

« Étant sorti des montagnes, mon journal doit être
» aussi plat que ma route. De Thoun à Berne ; le
» chemin est beau ; des haies, des villages, de l'in-
» dustrie, et tous les signes possibles de notre insi-
» pide civilisation. De Berne à Fribourg ; canton
» différent et catholique. Nous avons traversé un
» champ de bataille où les Suisses ont battu les Fran-
» çais dans une des dernières guerres contre la ré-
» publique française. J'ai acheté un chien. — La
» plus grande partie de ce voyage s'est faite à che-
» val, à pied ou à dos de mulet. »

28 septembre.

« J'ai vu l'arbre planté en l'honneur de la bataille
» de Morat, il y a trois cent-quarante ans : il com-
» mencé à se sentir des ravages du tems. J'ai quitté
» Fribourg après avoir vu la cathédrale qui a une
» haute tour. Nous avons atteint les fourgons de ba-

» gage des religieuses de la Trappe, qui se trans-
» portent en Normandie; puis ensuite une voiture
» pleine de religieuses. Nous avons suivi les bords
» du lac de Neufchâtel, qui sont agréables et gra-
» cieux, mais pas assez montagneux, du moins le
» Jura ne paraît presque rien après avoir vu les
» Alpes bernoises. Nous sommes arrivés à Yverdun
» à la nuit; il y a une longue file de gros arbres sur
» le bord du lac, d'un très-beau sombre. L'auberge
» était presque pleine : — il y avait une princesse
» allemande; — nous avons trouvé des chambres. »

29 septembre.

« J'ai traversé un pays beau et florissant, mais
» pas montagneux. Le soir, nous sommes arrivés à
» Aubonne, dont l'entrée et le pont ressemblent un
» peu à Durham, et qui domine, sans contredit, la
» plus belle vue qu'on puisse avoir du lac de Genève.
» C'était à la clarté du crépuscule; nous avons vu la
» lune se réfléchir dans le lac, et un bois sur la hau-
» teur offrant de grands arbres très-majestueux. Ici
» Tavernier, le voyageur oriental, acheta ou fit
» bâtir le château, parce que le site lui parut res-
» sembler et être comparable à celui d'Érivan, ville
» frontière de la Perse. Ce fut ici qu'il termina ses
» voyages, et moi cette petite excursion; car je ne
» suis qu'à quelques heures de Diodati, et je n'ai
» plus grand'chose à voir, et encore moins à dire. »

Ce journal est terminé par le passage suivant qui
est plein de mélancolie.

« J'ai été fort heureux, quant au tems, dans ce
» petit voyage de treize jours; heureux aussi en
» compagnon, ayant avec moi M. Hobhouse; heu-
» reux dans tous nos projets, et exempts même de
» ces petits accidens et de ces retards qui rendent
» souvent les voyages désagréables dans des pays
» moins sauvages. Je suis un amant de la nature et
» un admirateur de la beauté; je puis supporter la
» fatigue et rire des privations, et j'ai vu quelques-
» uns des sites les plus majestueux du monde. Mais
» au milieu de tout ceci, des souvenirs amers, et
» surtout celui plus récent encore de chagrins do-
» mestiques, qui doit m'accompagner jusqu'à la
» tombe, m'ont poursuivi jusqu'ici; et ni la musique
» du berger, ni le craquement de l'avalanche, ni le
» torrent, ni la montagne, le glacier, la forêt ou le
» nuage n'ont pu un moment soulever le poids qui
» accable mon cœur, et parvenir à me faire oublier
» mon misérable individu, au milieu de la majesté,
» de la puissance et de la gloire de cette nature qui
» m'entourait de toutes parts. » . . . .
. . . . .

À son arrivée à Genève, Lord Byron avait trouvé,
parmi les habitans de Sécheron, M. et Mme Shelley,
qui, depuis quinze jours environ, étaient venus demeurer dans cet hôtel, avec une de leurs parentes.
C'était la première fois que Lord Byron et M. Shelley se voyaient, quoique long-tems auparavant, et
lorsque ce dernier était un tout jeune homme (ayant

quatre ou cinq ans de moins que lui), il eût envoyé au noble poète un exemplaire de sa *Reine Mab,* accompagné d'une lettre dans laquelle, après avoir rapporté, dans toute leur étendue, les accusations qu'il avait entendu porter contre lui, il ajoutait que, si ces accusations étaient dénuées de vérité, il se trouverait heureux et honoré de faire sa connaissance. Il paraît que le livre seul arriva à sa destination, — la lettre ayant été égarée, — et l'on sait que Lord Byron avait exprimé la plus haute admiration pour les vers qui ouvrent le poème.

Il n'y avait donc de part et d'autre aucun éloignement à faire connaissance, lorsqu'ils se rencontrèrent à Genève de cette manière : aussi se lièrent-ils presqu'aussitôt intimement. Entre les goûts qui leur étaient communs, celui de la promenade en bateau n'était pas le moins vif, et dans cette belle contrée tout les invitait à s'y livrer. Chaque soir, tant qu'ils habitèrent le même hôtel à Sécheron, ils s'embarquaient sur le lac, accompagnés des dames et de Polidori, et c'est aux sensations et aux idées qui lui furent inspirées dans ces excursions, qui se prolongeaient souvent pendant les heures du clair de lune, que nous devons quelques-unes de ces stances charmantes, dans lesquelles le poète s'est livré avec tant d'ardeur au sentiment passionné qu'il avait pour les beautés de la nature.

Ici s'exhale du rivage le parfum vivifiant des jeunes fleurs brillantes de la fraîcheur de l'enfance ; de la rame suspendue tombent une à une de légères gouttes d'eau dont le bruit vient caresser l'oreille. . . . .

Par intervalle quelqu'oiseau fait entendre du buisson un cri soudain, puis se tait. On dirait qu'il y a sur la montagne un murmure qui se répand dans les airs ; mais c'est un effet d'imagination, car c'est en silence que la rosée du soir épanche ses larmes avec amour, et se dissout elle-même en pleurs.

Une personne qui a été de ces parties, m'a décrit ainsi une de leurs soirées. « Quand la bise ou le » vent du nord-est souffle, les eaux du lac sont chas- » sées vers la ville, et, réunies au Rhône, qui suit » avec impétuosité le même cours, elles forment un » courant très-rapide dans le port. Un soir, nous » nous étions abandonnés sans réflexion à son cours, » lorsque nous nous trouvâmes presque jetés sur les » pilotis, et il fallut toute la force de nos rameurs » pour se rendre maître des flots. Les vagues, » grosses et agitées, étaient capables d'inspirer. — » Nous étions tous animés par notre lutte avec les » élémens. Je vais vous chanter une chanson alba- » nienne, s'écria Lord Byron ; ainsi disposez-vous » à être sentimental, et donnez-moi toute votre at- » tention. Il nous fit entendre une espèce de hur- » lement bizarre et sauvage, mais qui, disait-il, » était une parfaite imitation du genre albanien, » et se mit à rire en même tems de notre désappoin- » tement, car nous nous étions attendus à quelque » mélodie orientale bien mélancolique. »

Quelquefois la société débarquait sur le rivage

pour se promener, et dans ces occasions, Lord Byron restait en arrière des autres, traînant nonchalamment sa canne après lui, et tout en marchant, donnant une forme et une construction à la foule de ses pensées. Souvent aussi, étant dans le bateau, il s'appuyait sur un des côtés, d'un air distrait, et se livrait en silence à cette même occupation qui absorbait toute son attention.

La conversation de M. Shelley, tant par l'étendue de ses lectures poétiques que par les méditations bizarres et mystiques auxquelles son système de philosophie l'avait conduit, était d'un genre à intéresser vivement l'attention de Lord Byron, et à le détourner des idées et des objets qui le mettaient en rapport avec la société, pour le jeter dans une route moins battue, et des pensées plus abstraites. — S'il est vrai que le contraste soit un accessoire piquant dans des liaisons de ce genre, il eût été difficile de trouver deux êtres plus faits pour aiguiser leurs facultés par la discussion, car il était peu de points d'intérêt commun sur lesquels ils fussent du même avis, et pour être convaincu que cette différence provenait de la conformation respective de leur esprit, il ne faut que jeter les yeux sur le riche et brillant labyrinthe dans lequel nous égarent les vers de M. Shelley.

Dans Lord Byron, l'idéal ne faisait jamais oublier la réalité. Quoique l'Imagination eût mis à sa disposition son vaste domaine, il n'était pas moins homme de ce monde, que souverain privilégié du sien. C'est pourquoi les créations les plus subtiles et les plus fantastiques de son esprit sont toujours animées par un air de vérité et de vie. Il en était bien autrement de Shelley : son imagination (et il en avait assez pour tout une génération de poètes) était le prisme à travers lequel il contemplait tous les objets, les faits ainsi que les théories, et non-seulement la plus grande partie de ses vers, mais même les méditations politiques et philosophiques auxquelles il se livrait, toutes passées à ce même creuset, à force de raffinement, ne présentaient plus rien de réel. S'étant annoncé comme docteur et réformateur du monde à un âge où il ne pouvait connaître de ce monde que ce qu'il en avait imaginé, les persécutions qu'il essuya dès le début de cette entreprise de jeune homme ne firent que le confirmer davantage dans les vues paradoxales qu'il avait conçues des misères humaines et des moyens d'y remédier, et au lieu d'attendre des leçons de l'expérience, et de ceux qui peuvent former autorité, avec un courage admirable, si le but en eût été sage, il se mit à faire la guerre à l'une et aux autres. Il résulta de ce début dans le monde, marqué par une opiniâtreté malheureuse, que ses opinions et ses facultés reçurent une impulsion directement contraire à leur pente naturelle, et sa vie fut trop courte pour qu'il eût le tems d'y revenir. Avec une ame naturellement animée d'une piété ardente, il refusa toujours de reconnaître une providence suprême, et substitua à sa place un système idéal et abstrait d'amour universel. Appartenant à l'aristocratie par sa naissance, et aussi, comme je l'ai entendu dire, par sa tournure et ses manières, il était cependant en politique partisan de l'égalité, et porta ses idées d'utopie, jusqu'au point de devenir sérieusement l'avocat de la communauté des biens. Avec cette délicatesse de sentimens, poussée jusqu'au romanesque, qui répand tant de grâces sur ses moindres poëmes, il pouvait envisager entre les sexes un changement de relations qui aurait tendu à des résultats aussi grossiers que ses argumens étaient subtils et raffinés; et quoique généreux et bienfaisant à un degré qui semblait exclure toute idée d'égoïsme, il ne se faisait pas scrupule, dans l'orgueil de son système, d'inquiéter gratuitement la foi de ses semblables, et, sans lui présenter un bien équivalent, de ravir au malheureux une espérance, qui, fût-elle fausse, vaudrait encore mieux que les plus utiles vérités de ce monde.

Ce qui prouvait, de la manière la plus remarquable, les penchans opposés de ces deux amis, dont l'un avait depuis long-tems des opinions arrêtées et positives, et dont l'autre était toujours porté vers les innovations et les idées visionnaires, c'était la différence de leurs idées en fait de philosophie. Lord Byron croyait, avec la généralité du genre humain, à l'existence du bien et du mal, tandis que

Shelley avait raffiné sur la théorie de Berkeley, non-seulement au point de résoudre toute la création en esprit, mais jusqu'à ajouter à ce système métaphysique une espèce de principe régulateur de puissance imaginaire, d'amour et de beauté, que très-certainement l'évêque philosophe n'avait jamais songé à substituer à la divinité. C'était généralement sur ces sujets et sur la poésie, que roulait leur conversation, et comme on doit le supposer d'après la facilité de Lord Byron à recevoir de nouvelles impressions, les opinions de son ami n'étaient pas sans quelqu'influence sur son esprit. On trouve çà et là, au milieu des morceaux les plus énergiques, et des plus belles descriptions qui abondent dans le troisième chant de *Childe Harold*, des traces de cette mysticité d'expression, de cette sublimité d'idées qui se perd dans tout ce qu'elle a de vague, et qui forment le caractère bien prononcé des écrits de l'homme extraordinaire qui était devenu son ami. Dans une des notes de Lord Byron, nous trouvons cette allusion rapide au système favori de Shelley, sur la divinité universelle de l'amour : — « Mais ce » n'est pas tout, les sensations qui vous sont inspi-» rées par l'air qu'on respire à Clarens et aux ro-» chers de Meillerie, sont d'un ordre plus noble et » plus étendu que le simple intérêt qu'on peut pren-» dre à une passion individuelle. C'est un sentiment » de l'existence de l'amour dans tout ce que sa ca-» pacité a de plus vaste et de plus sublime, et de

» notre participation personnelle à ses bienfaits et
» à sa gloire : c'est le grand principe de l'univers,
» plus condensé dans ces lieux, mais non moins
» manifeste, et en présence duquel, bien que nous
» sachions en faire partie, nous oublions notre indi-
» vidualité, pour admirer la beauté de l'ensemble. »

Une autre preuve de la facilité avec laquelle il adopta les goûts et les prédilections de son nouvel ami, nous frappe encore dans la couleur assez prononcée d'un si grand nombre de ses plus belles strophes, et qui rappelle, d'une manière si évidente, la manière et le genre des pensées de M. Wordsworth. Étant naturellement, par sa passion pour l'abstrait et l'idéalisme, l'admirateur du poète des lacs, M. Shelley ne laissa échapper aucune occasion de faire remarquer à Lord Byron les beautés de son auteur favori, et il n'est pas étonnant qu'après s'être une fois laissé persuader de le lire, l'esprit du noble poète, en dépit de quelques préjugés politiques et personnels, qui survécurent malheureusement à ce court accès d'admiration, ait non-seulement subi l'influence, mais même, en quelque sorte, reflété les couleurs d'un des poètes les plus originaux et les plus inspirés que ce siècle (si fertile en rimeurs *quales ego et Cluvienus*) ait eu la gloire de produire.

Quand Polidori était de leur société, ce qui arrivait généralement (à moins que d'autres plaisirs ne l'attirassent ailleurs), les sujets métaphysiques, sur lesquels roulait ordinairement leur conversation, étaient presque toujours mis de côté pour faire place aux saillies originales de ce jeune homme bizarre, qui, par sa vanité, servait constamment de but aux railleries et aux sarcasmes de Lord Byron. Fils d'un gentilhomme italien des plus respectables, et qui, à ce que j'ai entendu dire, avait été dans sa jeunesse secrétaire d'Alfieri, Polidori paraît avoir été doué de talens et de dispositions qui, s'il eût vécu, auraient pu faire de lui un membre utile de sa profession et de la société. A l'époque dont nous parlons, cependant, il semblerait que son ambition des distinctions surpassait de beaucoup ses facultés et ses moyens d'y atteindre. C'est pourquoi son esprit, flottant entre un sentiment d'ardeur et d'insuffisance, était constamment possédé d'une fièvre de vanité, et il paraît avoir alternativement amusé et irrité son noble protecteur auquel il ne laissait souvent d'autre ressource, pour éviter de se livrer à la colère, que de se mettre à rire. Entr'autres prétentions, il s'était mis dans la tête de briller comme auteur, et un jour il arriva chez M. Shelley, avec un manuscrit de sa composition, et insista absolument pour qu'ils en subissent la lecture. Pour alléger un peu le poids de cette tribulation, Lord Byron se chargea de l'office de lecteur, et d'après ce que j'ai entendu dire, il dut être difficile de conserver son sérieux pendant cette scène. En dépit de l'œil jaloux que l'auteur tenait fixé sur tous les visages, il fut impossible au lecteur de retenir le sourire qui, malgré lui, se peignait sur ses traits ; et il n'eut d'autre ressource, pour s'empêcher d'éclater de rire, que de louer de tems en tems, avec chaleur, la sublimité des vers, et surtout ceux qui commençaient ainsi : *C'est ainsi que l'idiot goîtreux des Alpes,* ayant soin d'ajouter au bout de chaque éloge : « Je vous assure que, lorsque » je faisais partie du comité de Drury-Lane, on nous » a présenté de bien plus mauvaises choses. »

Après avoir passé une quinzaine sous le même toit que Lord Byron, à Sécheron, M. et Mme Shelley se transportèrent dans une petite maison sur le côté du Mont-Blanc qui borde le lac, et à environ dix minutes de marche de la villa, appelée *Bellerive,* que leur noble ami avait louée sur les bords élevés du lac, et qui était située directement derrière eux. Pendant les quinze jours que Lord Byron passa à Sécheron, après leur départ, quoique le tems eût changé et fût devenu sombre et orageux, il traversait tous les soirs le lac avec Polidori, pour aller les voir, et « pendant le retour (ajoute encore la personne de qui je tiens ces détails), lorsqu'il voguait encore sur les eaux du lac couvertes de ténèbres, le vent nous apportait de bien loin les accens de sa voix chantant un chant de liberté Tyrolien, que j'entendis alors pour la première fois, et qui, pour moi, est lié d'une manière inséparable avec son souvenir. »

Cependant Polidori était devenu jaloux de l'intimité croissante qui existait entre son patron et M. Shelley, et sa mortification fut complète quand il apprit qu'il avait projeté de faire tous deux sans lui le tour du lac. Dans l'irritation qu'il en éprouva, il se permit quelques reproches peu mesurés, que Lord Byron ressentit avec indignation, et chacun ayant dépassé les bornes ordinaires de la politesse, le renvoi de Polidori dut lui paraître à lui-même une chose inévitable. Avec cette perspective devant les yeux, qu'il considérait absolument comme sa ruine, le malheureux jeune homme fut, à ce qu'il paraît, sur le point de commettre l'action fatale qu'il accomplit effectivement deux ou trois ans plus tard. S'étant retiré dans sa chambre, il avait déjà sorti le poison de sa pharmacopée, et réfléchissait s'il n'écrirait pas une lettre avant de l'avaler, lorsque Lord Byron, quoique sans le moindre soupçon de ce dessein, frappa à sa porte, entra et lui présenta la main en signe de réconciliation. Le pauvre Polidori ne put supporter cette révolution soudaine; il fondit en larmes, et il a déclaré depuis, que rien ne peut surpasser la bonté et la douceur que Lord Byron employa pour calmer son esprit, et lui rendre sa tranquillité.

Peu de tems après, le noble poète alla habiter Diodati. En arrivant à Genève, dans l'intention bienveillante de produire Polidori dans le monde, il avait été dans quelques sociétés génevoises, mais cette tâche remplie, il s'en éloigna tout-à-fait, et ce ne fut même, comme nous l'avons vu, qu'à la fin de l'été qu'il alla à Coppet. Ses moyens pécuniaires étaient à cette époque très-bornés, et quoique son genre de vie ne fût nullement parcimonieux, cependant toute dépense inutile était évitée dans sa maison. Le jeune médecin, dès le principe, lui avait occasionné de grands frais, ayant l'habitude de louer une voiture, à un louis par jour, pour aller en soirée, car Lord Byron alors n'entretenait pas de chevaux, et il se passa quelque tems avant que son patron eût le courage de lui faire renoncer à ce luxe.

Les libertés que ce jeune homme prenait attirèrent même une fois au poète l'accusation de manquer d'hospitalité et de savoir vivre, accusation qui, comme tant d'autres, vraies ou fausses, tendant à noircir son caractère, fut mise en circulation avec le zèle le plus actif. Sans l'aveu du maître de la maison, Polidori s'était permis d'inviter quelques Génevois à dîner à Diodati (c'était MM. Pictet, je crois, et Bonstetten), et le châtiment que Lord Byron jugea à propos de lui infliger pour cette indiscrétion, fut que le docteur recevrait lui-même ses hôtes, puisqu'il les avait invités. Il ne fut pas difficile de convertir cette action, qui n'était que le résultat de la légèreté du jeune médecin, en une accusation sérieuse de caprice et de grossièreté contre le noble lord lui-même.

Il n'est pas étonnant que ces actes fréquens de légèreté (pour ne pas employer un terme plus dur), aient fini par inspirer à Lord Byron un sentiment d'éloignement pour son compagnon dont il disait un jour, que c'était exactement un de ces hommes auxquels, s'ils tombaient dans l'eau, on jetterait une paille pour essayer s'il y a de la vérité dans l'adage qui dit : « que les gens qui se noient, s'attachent à » un brin de paille. »

Quelques autres anecdotes, relatives à ce jeune homme, pendant son séjour chez Lord Byron, serviront à jeter du jour sur le caractère de ce dernier, et ne seront peut-être pas déplacées ici. Un jour que toute la société était en bateau, Polidori, en ramant, frappa par accident, mais avec violence, Lord Byron, à la rotule du genou, et celui-ci sans parler se détourna pour lui cacher la douleur qu'il en ressentait. Un moment après il lui dit : « Ayez » la bonté, Polidori, de faire un peu plus d'atten- » tion, car vous m'avez fait beaucoup de mal. — » J'en suis bien aise, répondit Polidori ; je suis » bien aise de voir que vous savez supporter la dou- » leur. » Lord Byron lui répondit d'un ton contenu et calme : « Laissez-moi vous donner un conseil, Po- » lidori ; une autre fois, quand vous aurez fait mal » à quelqu'un, évitez d'en exprimer votre satisfac- » tion. On n'aime pas à entendre dire à quelqu'un » qui nous a fait souffrir, qu'il en est bien aise, et » on ne peut pas toujours commander à sa colère. » J'ai eu de la peine à m'empêcher de vous jeter » dans l'eau, et sans la présence de M. et Mme Shel-

» ley, j'aurais probablement fait quelqu'acte de
» violence de ce genre. » Tout ceci fut dit sans humeur, et ce nuage se dissipa bientôt.

Une autre fois, la dame dont nous venons de parler montait la colline qui mène à Diodati. Il venait de tomber une averse. Lord Byron, qui la vit de son balcon, dit à Polidori qui était à côté de lui :
« Maintenant, vous qui voulez faire le galant, vous
» devriez sauter cette petite élévation, et aller offrir
» votre bras. » Polidori choisit le point le plus facile de la colline et sauta; mais la terre étant mouillée, son pied glissa, et il se donna une entorse. Lord Byron s'empressa d'aider à le transporter dans la maison, et de lui faire mettre le pied dans l'eau froide; et lorsque le docteur fut étendu sur le sopha, s'apercevant qu'il paraissait mal à son aise, il alla lui-même en haut lui chercher un oreiller, quoique monter lui fût une chose pénible à cause de l'infirmité de son pied. « Eh bien! je ne vous aurais pas
» cru tant de sensibilité, » lui dit Polidori, et cette aimable observation, comme on le pense bien, ne rembrunit pas médiocrement le front du poète.

Lord Byron lui-même rappelait un dialogue qui avait eu lieu entre eux pendant leur voyage sur le Rhin, et qui caractérise d'une manière très-amusante les deux interlocuteurs. « Après tout, lui disait
» le médecin, que faites-vous donc que je ne puisse
» faire aussi ? — Eh bien, puisque vous m'obligez

» à vous le dire, lui répondit le poète, je fais trois
» choses qui vous sont impossibles. » Polidori le défia
de les lui nommer. — « Je puis, dit Lord Byron,
» traverser cette rivière à la nage; je puis éteindre
» cette chandelle d'un coup de pistolet, à la distance
» de vingt pas; et enfin j'ai fait un poème dont qua-
» torze mille exemplaires ont été vendus en un
» jour [1]. »

La jalousie du docteur contre Shelley éclatait continuellement, et à l'occasion d'une victoire que ce
dernier avait remportée sur lui dans une joute sur
l'eau, il se mit dans la tête que son antagoniste l'a-
vait traité avec mépris; et, malgré les sentimens
bien connus de Shelley contre le duel, il alla jusqu'à lui faire une espèce de défi, dont, comme on
l'imagine bien, celui-ci ne fit que rire. Lord Byron
cependant, craignant que l'impétueux médecin ne
cherchât à se prévaloir encore davantage de cette
singularité de son ami, lui dit : « Rappelez-vous que
» si Shelley a quelques scrupules au sujet du duel,
» je n'en ai aucun, moi, et qu'en tout tems je serai
» prêt à le remplacer. »

La vie qu'il menait à Diodati offrait une routine
d'habitudes et d'occupations dans laquelle il retom-
bait toujours de lui-même lorsqu'il vivait seul. Il
déjeûnait tard, après quoi il allait faire une visite à
Shelley et une excursion sur le lac; à cinq heures,

[1] *Le Corsaire.*

il dînait [1], et ordinairement seul par préférence ; ensuite, si le tems le permettait, il faisait une nouvelle excursion. Lui et Shelley s'étaient réunis pour acheter une barque qui leur avait coûté vingt-cinq louis : c'était un petit bâtiment à voiles, construit pour résister aux ouragans habituels au climat, et le seul du lac qui eût une quille. Quand le tems ne leur permettait pas leur excursion de l'après-dîner, ce qui arriva fréquemment pendant cet été qui fut très-pluvieux, M. et Mme Shelley passaient la soirée à Diodati ; et lorsque la pluie leur rendait désagréable de s'en retourner chez eux, ils restaient à coucher. « Souvent, me disait quelqu'un qui n'était pas
» le moindre ornement de ce petit cercle, nous res-
» tions à causer jusqu'au point du jour. La conver-
» sation ne languissait jamais faute de sujets, graves
» ou gais, mais toujours intéressans. ».

Pendant une semaine de pluie, s'étant amusés à lire des contes de revenans allemands, ils finirent par convenir qu'ils écriraient quelque chose dans ce genre-là. « Vous et moi, dit Lord Byron à Mme Shel-
» ley, publierons ensemble ce que nous aurons fait. »
Ce fut alors qu'il commença son conte du *Vampire*, et qu'ayant arrangé le tout dans sa tête, il leur fit

---

[1] Son régime était réglé par une abstinence presqu'incroyable. A déjeuner une tranche de pain fort mince avec du thé, et à dîner des légumes et une bouteille ou deux d'eau de Seltz, teinte de vin de Grave ; le soir une tasse de thé vert, sans sucre et sans lait, voilà ce qui composait toute sa nourriture. Il apaisait les douleurs de la faim en mâchant secrètement du tabac et fumant des cigares. (*Note de Moore.*)

un soir l'esquisse de cette histoire [1]; mais la narration étant en prose, il ne mit pas beaucoup d'ardeur à s'en occuper. Le résultat le plus mémorable de cette convention d'écrire des contes, fut le *Frankestein* de Mme Shelley, roman plein d'imagination et d'énergie, et du nombre de ces conceptions originales qui s'emparent tout d'abord et pour jamais de l'esprit du public.

Vers la fin de juin, comme nous l'avons vu dans une des lettres précédentes, Lord Byron, accompagné de son ami Shelley, fit le tour du lac dans son bateau, et visita, avec l'*Héloïse* devant les yeux, tous les lieux qui entourent Meillerie et Clarens, lieux à jamais consacrés par une passion idéale, et par cette puissance qui n'appartient qu'au génie, de donner la vie à ses rêves, au point de les faire passer pour des réalités. Dans l'ouragan qu'ils essuyèrent à Meillerie, et dont il parle, ils coururent un danger sérieux [2]. S'attendant à tout moment à se jeter à la

---

[1] C'est d'après le souvenir de cette esquisse que Polidori fabriqua ensuite son étrange roman du *Vampire*, qui, dans la supposition que lord Byron en était l'auteur, fut accueilli en France avec tant d'enthousiasme. S'il est vrai, comme le disent quelques écrivains français, que ce fut ce conte extravagant qui attira d'abord l'attention de nos voisins sur le génie de Lord Byron, il y aurait, dans cette circonstance, de quoi affaiblir sensiblement le prix que nous attachons à la célébrité étrangère.
(*Note de Moore.*)

[2] « Le vent (dit le compagnon de voyage de lord Byron) augmenta
» graduellement de violence jusqu'à ce qu'il devint furieux ; et comme il
» venait de l'autre extrémité du lac, il soulevait les vagues à une hauteur
» effrayante, et en couvrait toute la surface d'écume. Un de nos bate-

nage pour échapper à la mort, Lord Byron avait déjà ôté son habit; et comme Shelley ne savait pas nager, il persistait à vouloir le sauver par un moyen quelconque. Shelley cependant se refusait positivement à cette offre; il s'assit tranquillement sur un coffre dont il saisit les anneaux de chaque bout, et les tenant fortement serrés, déclara sa résolution d'aller au fond dans cette position sans faire un effort pour échapper [1].

Shelley a joint à l'intéressant petit ouvrage intitulé : *Un voyage de six semaines*, une lettre écrite par lui-même, dans laquelle il rend compte de leur voyage autour du lac avec tout l'enthousiasme que des scènes semblables sont faites pour inspirer. En parlant d'un bel enfant qu'ils virent dans le village

» liers, qui était terriblement stupide, persistait à tenir la voile dans un
» moment où la barque était prête à être ensevelie sous les flots par l'ou-
» ragan. En reconnaissant son erreur, il la laissa entièrement aller, et le
» bateau refusa un instant d'obéir au gouvernail; en outre le gouvernail
» était si brisé, qu'il était très-difficile de le diriger; une vague entrant
» dans la barque, était immédiatement suivie d'une autre. »

[1] « J'éprouvais, avec cette perspective prochaine de mort devant les
» yeux, dit M. Shelley, un mélange de sensation dont la terreur faisait
» partie, mais où elle ne dominait pas. Ma situation eût été bien moins
» pénible si j'eusse été seul; mais je savais que mon compagnon ferait
» tous ses efforts pour me sauver, et j'étais accablé d'humiliation en son-
» geant qu'il pouvait risquer sa vie en sauvant la mienne. Lorsque nous
» arrivâmes à Saint-Gingoux, les habitants qui nous regardaient du ri-
» vage, peu habitués à voir une aussi frêle embarcation que la nôtre, et
» qui auraient craint de se hasarder n'importe comment sur une telle
» mer, échangèrent des regards de surprise et de félicitation avec nos
» rameurs, qui, ainsi que nous, n'étaient pas fâchés d'être à terre. »

de Nerni, il dit : «. Mon compagnon lui donna une
» pièce d'argent qu'il prit sans parler, avec un doux
» et franc sourire de remerciement; puis, sans té-
» moigner le moindre embarras, il retourna jouer. »
En effet, il n'y avait rien qui enchantât davantage
Lord Byron que de voir de beaux enfans se livrer à
leurs jeux; « et nombre de jolis enfans suisses,
» ajoute une personne qui le voyait alors tous les
» jours, ont reçu de lui des écus pour prix de leur
» grâce et de leur beauté. »

M. Shelley dit encore, en parlant de leurs loge-
mens à Nerni, qui étaient sales et obscurs : « En ren-
» trant à l'auberge, nous nous aperçûmes que le
» domestique avait arrangé nos chambres, et leur
» avait ôté en grande partie leur aspect triste et mi-
» sérable. Cette maison avait rappelé la Grèce à mon
» compagnon; il y avait cinq ans, me dit-il, qu'il
» n'avait couché dans de tels lits. »

Le hasard voulut que M. Shelley n'eût pas encore
lu l'*Héloïse*, et la lecture de cet ouvrage le fit jouir
encore bien mieux de la vue de ces beaux lieux.
Quant à son compagnon, quoique ce roman lui fût
dès long-tems familier, à l'aspect de cette contrée
qui avait vu naître une si profonde passion, et dont
l'empreinte se retrouvait à chaque pas, tout lui sem-
bla réellement animé d'une existence nouvelle. Tous
deux étaient sous le charme du génie du lieu, tous
deux pleins des plus vives émotions; et tandis qu'ils
marchaient en silence dans la vigne qui était autre-

fois le bosquet de Julie, Lord Byron s'écria soudain : « Grâce à Dieu, Polidori n'est point ici. »

Il paraît presque certain qu'il écrivit dans ces lieux mêmes les stances brûlantes qu'ils lui inspirèrent, du moins d'après une lettre adressée à M. Murray, pendant son retour à Diodati, et dans laquelle il lui annonce qu'il vient de terminer le troisième chant composé de cent dix-sept stances. Cette lettre est datée d'Ouchy, près Lausanne, où son ami et lui furent arrêtés deux jours dans une petite auberge par le mauvais tems; et ce fut là, et pendant ce court intervalle, qu'il composa *le Prisonnier de Chillon*, ajoutant ainsi un autre souvenir impérissable à ces bords du lac déjà immortalisés.

A son retour à Diodati, il trouva une occasion de se livrer à son penchant pour la plaisanterie, dans l'aveu que lui fit le jeune médecin qu'il était devenu amoureux. Le soir même, après avoir reçu cette tendre confession, ils allèrent tous deux voir M. Shelley. Lord Byron, dans un accès de gaîté presque enfantine, se frottait les mains en parcourant l'appartement; et avec cette incapacité de rien cacher, qui était un de ses faibles, il faisait, en plaisantant, de fréquentes allusions au secret qu'il venait d'apprendre. Le front du docteur se rembrunissait en proportion de la durée de ces plaisanteries ; et à la fin, d'un air irrité, il accusa Lord Byron de dureté de cœur. « Je n'ai jamais vu, dit-il, d'être plus insensi- » ble. » Cette sortie, que le poète s'était évidemment

attirée, le mortifia cependant profondément. « Moi
» dur? s'écria-t-il avec une émotion manifeste; moi
» insensible? vous pourriez aussi bien dire que la
» glace ne se casse pas, après l'avoir vue tomber du
» haut d'un précipice et se briser en éclats au pied! »

Ce fut au mois de juillet qu'il alla faire une visite
à Coppet. Il y fut reçu par la femme distinguée qui
en était propriétaire, avec une cordialité à laquelle il
fut d'autant plus sensible, que, sachant à quel point
il était mal jugé à cette époque, il n'avait presque
pas osé y compter [1]. Avec sa franchise ordinaire,
elle le sermonna sur sa conduite matrimoniale, mais
d'une manière qui le toucha et le disposa à suivre
ses conseils. Elle lui dit qu'il devait chercher à en
venir à une réconciliation avec sa femme, et devait
se résigner à ne pas lutter plus long-tems contre les
opinions de la société. Ce fut en vain qu'il lui cita
sa propre épigraphe de *Delphine* : « Un homme doit
» savoir braver l'opinion, une femme s'y soumettre. »
Sa réponse fut que tout cela pouvait être fort bon à
dire, mais que, dans la vie réelle, le devoir et la

---

[1] Dans le récit qu'il fait de sa visite à Coppet dans son *Memoranda*,
il parle dans les termes les plus flatteurs de la fille de son hôtesse, la duchesse actuelle de Broglie, et en disant combien elle paraît attachée à
son mari, il remarque que rien n'est plus intéressant que d'observer le
développement des affections domestiques dans une très-jeune femme.
Quant à Mme de Staël, il en parle ainsi : « Mme de Staël était réellement
» une bonne femme, et la plus spirituelle de son sexe, mais elle était
» gâtée par le désir d'être..... quoi? elle ne le savait pas elle-même.
» Chez elle, elle était aimable; dans toute autre maison, vous souhaitiez
» de la voir partie, ou de retour dans la sienne. » (*Note de Moore.*)

nécessité de céder appartenaient aussi à l'homme. Enfin, son éloquence eut tant de succès, qu'elle décida le poète à adresser une lettre à un de ses amis en Angleterre, dans laquelle il se déclarait encore disposé à se réconcilier avec lady Byron, concession qui n'étonna pas médiocrement ceux qui lui avaient entendu répéter si souvent et si dernièrement, qu'ayant fait tous ses efforts pour persuader à lady Byron de revenir avec lui, et ayant, dans cette vue, différé autant que possible de signer l'acte de séparation, maintenant que cette démarche avait été faite, ils étaient séparés pour jamais.

Je n'ai pas un souvenir très-exact des détails de la courte négociation qui eut lieu par suite des conseils de Mme de Staël, mais il n'est guère possible de douter que ce fut son manque de succès, après avoir fait une si grande violence à son orgueil pour en venir à une ouverture, qui fut la première cause de ce mélange de ressentiment et d'amertume qu'on remarqua depuis dans les sensations que lui occasionnaient ces pénibles différends. En effet, dès le commencement de son séjour à Genève, il n'avait cessé de parler de sa femme avec affection et regret, imputant à d'autres bien plus qu'à elle le parti qu'elle avait pris de se séparer de lui, et attribuant la petite part de blâme qu'elle pouvait avoir eu dans cette affaire à un motif tout simple et qu'il regardait comme le seul véritable, c'est qu'elle ne le comprenait pas du tout. « Je ne doute nullement, disait-il quelquefois, qu'elle ne m'ait cru réellement fou. »

Une autre résolution relative à ses affaires conjugales, et dans laquelle il déclarait alors souvent qu'il avait la ferme intention de persister, était de ne jamais se permettre de toucher à la fortune de sa femme. Un tel sacrifice sans doute dans sa situation eût été noble et délicat, mais quoique le penchant naturel de son caractère le portât à en prendre la résolution, il lui manqua, ce que peu d'hommes peut-être auraient eu à sa place, — le courage de la tenir.

On aperçoit le résultat des efforts qu'il fit intérieurement pour recueillir toutes ses ressources et toute son énergie dans la grande activité de son génie à cette époque ainsi que dans la riche variété de caractère et de coloris répandue dans ses ouvrages. Outre le troisième chant de *Childe Harold*, et *le Prisonnier de Chillon*, il composa aussi deux poèmes, les *Ténèbres* et le *Rêve*, dont le dernier lui coûta plus d'une larme, étant l'histoire d'une vie errante la plus mélancolique, la plus pittoresque qui soit jamais sortie de la plume et du cœur d'un homme. Les vers intitulés l'*Incantation*, qu'il plaça ensuite dans *Manfred* sans aucune liaison avec le sujet, furent aussi une production de cette époque, du moins la partie où règne le moins d'amertume. Comme ils furent écrits peu de tems après la tentative inutile qu'il fit pour amener une réconciliation, il est inutile de dire quel était l'objet présent à sa pensée lorsqu'il composa quelques-unes des premières stances.

Ton sommeil peut être profond, mais ton ame ne reposera pas. Il est des ombres qui ne veulent pas disparaître, des pensées que l'on ne peut bannir. Soumise à une puissance inconnue, jamais tu ne peux être seule ; captive au sein d'un nuage, tu es enveloppée de toutes parts comme dans des plis d'un drap mortuaire, et tu dois rester à jamais sous l'influence de ce charme.

Quoique tu ne me voies pas passer près de toi, tes yeux me devineront par un instinct secret, comme un objet qui fut long-tems à tes côtés, et qui, bien qu'inaperçu, doit y être encore ; et, lorsque, secrètement agitée de cette crainte, tu retourneras la tête pour me voir, tu t'étonneras de ne me pas trouver attaché comme ton ombre au même lieu que toi. Et c'est alors que tu reconnaîtras en toi-même l'action d'une puissance que tu dois n'avouer jamais.

Outre le *Vampire* qu'il ne termina pas, il commença aussi à cette époque un autre roman en prose, dont le sujet était le *Mariage de Belphégor*, et qui était destiné à peindre le sort qu'avait eu le sien. Il règne à peu près le même esprit dans sa description du caractère de l'épouse du démon, que dans la peinture qu'il a faite de celui de Donna Inès dans le premier chant de *Don Juan*. Cependant, tandis qu'il s'occupait à écrire cet ouvrage, il apprit par des lettres d'Angleterre que lady Byron était malade, et son cœur s'attendrissant à cette nouvelle, il jeta le manuscrit au feu, — tant les principes du bien et du mal qui existaient dans son caractère, se faisaient constamment la guerre pour parvenir à le dominer [1] !

Les deux poèmes suivans, si différens l'un de l'autre, le premier pénétrant avec un scepticisme effrayant au milieu des ténèbres de l'autre monde, et l'autre respirant les affections les plus tendres et les plus naturelles de celui-ci, furent aussi composés dans le même tems, mais n'ont jamais été publiés.

EXTRAIT D'UN POÈME INÉDIT.

Si je pouvais remonter le fleuve de mes ans jusqu'à la première source de nos sourires et de nos larmes, je ne voudrais pas en redescendre le cours entre les deux rives couvertes de fleurs fanées, mais je lui dirais de continuer de couler comme à présent, jusqu'à ce qu'il allât se perdre dans le nombre des fleuves innombrables.

. . . .

Qu'est-ce que la mort? Le repos du cœur ; un tout dont nous faisons tous partie ; car la vie n'est qu'une vision. — De tout ce qui existe, il n'y a que ce que je vois qui existe pour moi ; ainsi donc les absens sont les morts qui troublent notre tranquillité, et étendant à nos yeux un drap funèbre, envahissent nos heures de repos par de tristes souvenirs.

---

[1] Il écrivit à la même occasion des vers qui ne sont pas dictés par un esprit tout-à-fait aussi généreux, et dont je ne rapporterai que quelques-unes des premières lignes.

« Ainsi donc tu as connu la tristesse, et pourtant je n'étais pas près de
» toi ; tu as été malade, quoique je ne fusse pas là. J'aurais cru que la joie
» et la santé devaient seules régner aux lieux où je ne suis pas, et que la
» maladie et le chagrin devaient rester près de moi. Mais il en est ainsi,
» et ce que j'avais prédit s'accomplit, et s'accomplira plus encore, etc. »

(*Note de Moore.*)

Les absens sont les morts, car ils sont froids comme eux, et ne peuvent jamais redevenir ce que nous les avons vus. Ils sont changés et nous glacent, ou bien, si les êtres qu'on n'oublie pas ne nous ont pas non plus oubliés, qu'importe, puisqu'il faut en être ainsi séparés, que ce soit par la redoutable barrière de la terre ou de l'océan? tous deux peuvent se mettre entre nous, mais un jour doit amener la triste réunion d'une poussière insensible à une poussière insensible.

Les habitans des entrailles de la terre ne sont-ils que des millions d'individus réduits en poussière par la décomposition? les cendres de mille siècles, répandues sous les pieds de l'homme, en quelque lieu qu'il porte ses pas? ou habitent-ils chacun une cellule solitaire dans leurs silencieuses cités? ou ont-ils un langage qui leur est propre, et le sentiment d'une existence privée d'air, ténébreuse et funèbre comme la nuit dans sa solitude? — O terre! où sont les morts? et pourquoi reçurent-ils la naissance? Tu as fait d'eux tes héritiers; nous autres mortels ne sommes que des bulles d'air sur ta surface. La clef de tes profondeurs est dans la tombe, ainsi que la porte d'ébène de tes antres peuplés, que je voudrais parcourir en esprit pour voir ce que deviennent après leur dissolution les mystérieux élémens de notre être, approfondir des merveilles cachées, et examiner l'essence de ces grandes ames qui ne sont plus.

A AUGUSTA.

I.

Ma sœur! ma tendre sœur! s'il existait un nom plus cher et plus pur, il devrait t'appartenir. Quoique les montagnes et les mers nous séparent, je ne réclame de toi que de la tendresse et non des larmes en retour de celles que je répands. En quelque lieu que j'aille, tu seras à jamais pour moi l'objet chéri d'un regret auquel je ne voudrais pas renoncer. Il est deux choses que ma destinée me laisse encore, un monde à parcourir, et un asile auprès de toi.

II.

Le premier, je le compterais pour rien : s'il m'était donné de jouir du second, ce serait pour moi le port de la félicité. Mais d'autres liens, d'autres affections te réclament, et ce n'est pas moi qui voudrais jamais les affaiblir. Ton frère est voué à un sort étrange, qui ne peut plus subir ni changement ni réforme. Il offre le revers de celui de notre aïeul, qui jadis ne put trouver plus de repos sur mer que je n'en goûte moi-même sur la terre.

III.

Si, dans un autre élément, j'ai hérité des orages dont il fut le jouet; si, me jetant contre des écueils ignorés ou imprévus, j'ai supporté ma part des chocs auxquels on est exposé dans ce monde, la faute en est à moi, et je ne chercherai pas, par de vains paradoxes, à justifier mes erreurs; ingénieux à travailler à ma ruine, si ma barque a fait naufrage, c'est moi-même qui lui ai servi de pilote.

IV.

A moi les fautes, à moi seul la récompense! Ma vie entière n'a été qu'une lutte depuis le jour qui, en me donnant l'être, me donna aussi ce qui devait empoisonner ce don : une destinée ou une volonté qui devait sans cesse m'égarer. Souvent, trouvant cette lutte trop pénible, j'ai songé à me débarrasser de mes liens d'argile, et maintenant je veux vivre quelque tems de plus, ne fût-ce que pour voir ce qui peut m'arriver encore.

V.

Dans le peu de jours que j'ai passés sur la terre, j'ai survécu à des royaumes et à des empires, et cependant je ne suis pas vieux ; et quand je songe à cela, j'oublie mes propres chagrins, qui se sont succédé d'année en année comme les vagues furieuses dans une baie bordée de brisans. Quelque chose que je ne puis définir soutient encore en moi un reste de patience ; — ce n'est donc pas en vain, dans son intérêt même, que nous achetons la douleur.

VI.

Peut-être le désir de braver le sort agit-il sur moi ; peut-être est-ce ce froid désespoir qui succède à l'accumulation des peines ; peut-être, encore, le dois-je à un climat plus doux, à un air plus pur (car ces circonstances ont aussi de l'influence sur l'ame, et lui apprennent à supporter plus légèrement le poids de ses maux) ; mais j'éprouve une tranquillité qui m'étonne, et qui ne fut pas mon partage quand je jouissais d'un sort plus doux.

VII.

Je retrouve parfois les sensations de l'heureuse enfance ; les arbres, les fleurs, les ruisseaux, qui me rappellent les lieux que j'habitais avant que ma jeunesse fût sacrifiée à l'étude, se retracent à moi comme par le passé, et mon cœur s'attendrit à leur souvenir. Quelquefois même vient m'apparaître quelqu'objet vivant à chérir, mais aucun autant que toi...

VIII.

Ici sont ces paysages des Alpes qui offrent un fond si riche à la méditation ; l'admiration est une sensation rapide, et qui dure à peine, mais l'aspect de ces beaux sites inspire quelque chose de mieux. Ici on n'est point isolé dans la solitude ; je suis entouré des objets dont j'avais le plus désiré la vue ; j'ai surtout celle d'un lac plus beau, mais non pas plus cher que le nôtre d'autrefois.

IX.

Oh ! si tu étais près de moi ! Mais, hélas ! je deviens la

dupe de mes propres désirs, et j'oublie que ce seul motif de regret vient détruire toutes les louanges que j'ai données à ma solitude tant vantée ! Je puis avoir d'autres sujets de peine, mais, quoique je ne sois pas de ceux qui aiment à se plaindre, je sens décliner ma philosophie, et des larmes se glisser dans mes yeux.

X.

Je t'ai rappelé le souvenir de notre lac chéri auprès de ce vieux château qui, peut-être, maintenant, ne m'appartient plus. Celui de Léman est bien beau, mais ne crois pas que j'oublie la douce image d'une rive plus chère encore. A l'exception des ravages que le tems peut faire dans ma mémoire, mes yeux s'éteindront avant ton souvenir et le sien, quoique, ainsi que d'autres objets que j'ai aimés, nous soyons perdus l'un pour l'autre, ou du moins séparés par une grande distance.

XI.

Le monde est tout entier devant moi. Je ne demande à la nature que ce qu'elle peut m'accorder, de jouir des rayons de son soleil d'été, et de la sérénité de son ciel ; de voir son doux aspect sans masque, et de ne jamais le contempler avec indifférence. Elle fut ma première amie, et elle continuera de l'être, ma sœur, jusqu'à ce que je te revoie encore.

XII.

Je puis triompher de tous mes penchans, à l'exception de celui qui m'entraîne vers elle, et je le pourrais que je ne le voudrais pas ; car je reconnais enfin que des scènes de ce genre, semblables à celles où je passai mon enfance, et qui furent les premières que je connus, étaient aussi les seules qui fussent faites pour moi. Si j'avais appris plus tôt à éviter la foule, j'aurais été meilleur qu'il ne m'est possible de l'être à présent. Les passions qui m'ont déchiré sommeilleraient encore ; je n'aurais pas souffert, et tu n'aurais pas pleuré !

XIII.

Qu'avais-je affaire de l'ambition trompeuse? Ne pouvais-je me passer de l'amour, et surtout de la célébrité? Et cependant ces passions vinrent sans que je les eusse cherchées, elles s'emparèrent de moi, et en firent tout ce qu'elles peuvent faire, c'est-à-dire qu'elles ne me laissèrent plus qu'un nom. Etait-ce donc là le but que je me proposais d'atteindre? Oh, non; celui auquel j'aspirais autrefois était plus noble et plus beau; mais il est trop tard, et je vais ajouter encore un mortel à la masse de ceux qui furent avant moi la dupe de leurs illusions.

XIV.

Et quant à l'avenir, à l'avenir de ce monde, il ne demande pas de ma part un grand souci. Je me suis survécu à moi-même plus d'un jour, après avoir survécu à tant d'objets qui avaient eu l'être avant moi. Mon existence n'a pas connu le repos, elle a été la proie de veilles continuelles; j'avais assez vécu pour remplir un siècle, avant d'avoir atteint le quart des ans qui le composent.

XV.

Quant aux années qui peuvent me rester encore, j'y suis résigné, — et, relativement au passé, je ne suis pas ingrat; car, en faisant la somme totale de mes maux, je reconnais que des momens de bonheur se sont quelquefois glissés au milieu de mes sombres chagrins, et pour ce qui est du présent, je ne voudrais pas que mon ame s'engourdît davantage, car je ne cacherai pas que, malgré le changement qui s'est fait en elle, je puis encore contempler et adorer la nature avec une émotion profonde.

XVI.

Quant à toi, ma tendre sœur, je me sens assuré de ton cœur autant que tu l'es du mien : nous fûmes et nous sommes deux êtres dont l'un ne peut jamais renoncer à l'autre, — ensemble ou séparés, depuis le commencement de la vie jusqu'à son dernier déclin, nous sommes unis. — Que la mort vienne lentement ou qu'elle nous frappe vite, le lien qui nous attachait l'un à l'autre continuera d'être porté par le dernier des deux qui survivra.

Au mois d'août M. M.-G. Lewis vint passer quelque tems avec lui, et bientôt après il eut la visite de M. Richard Sharpe, dont il fait une mention si honorable dans le journal que nous avons déjà donné, et avec lequel, d'après ce que j'ai entendu dire à cette même personne, il parut prendre le plus grand plaisir à parler des amis communs qu'ils avaient en Angleterre. Parmi ces derniers celui qui semblait avoir produit sur lui l'impression la plus profonde d'intérêt et d'admiration était, comme le croiront aisément ceux qui connaissent cet homme distingué, sir James Mackintosh.

Peu de tems après l'arrivée de ses amis, MM. Hobhouse et S. Davies, il partit avec le premier, comme nous l'avons déjà vu, pour faire une excursion dans les Alpes Bernoises. Après avoir terminé ce voyage, et vers le commencement d'octobre, il se mit en route pour l'Italie accompagné du même ami.

La première des lettres suivantes fut, comme on le verra, écrite de Diodati quelques jours avant son départ.

LETTRE CCXLVII.

A M. MURRAY.

Diodati, 5 octobre 1816.

« Gardez-moi un exemplaire du *Richard III* de *Buck*, republié par Longman; mais ne m'envoyez plus de livres, j'en ai déjà trop.

» Le *Monody* a beaucoup trop d'alinéas, ce qui me le rend inintelligible. Si quelqu'un le comprend dans la forme qu'il a maintenant, il en sait beaucoup plus que moi : cependant, comme ceci ne peut être rectifié qu'à mon retour, et qu'il a déjà été publié, continuez de le donner dans la collection; il tiendra la place de l'épître qui manque.

» Effacez « à la prière d'un ami », car c'est vraiment pitoyable, et semble avoir été mis exprès pour jeter du ridicule sur le poème.

» Mettez tous vos soins à l'impression des stances qui commencent ainsi, et qui me paraissent assez bien comme composition : *Quoique le jour de ma destinée*, etc.

» *L'Antiquaire* n'est pas le meilleur ouvrage des trois, mais c'est ce qui a paru de mieux depuis vingt ans, à l'exception de ses frères aînés. Les *Mémoires* de *Holcroft* sont précieux en ce qu'ils montrent de quelle force de résistance un homme peut être capable, faculté qui vaut mieux que tous les talens du monde.

» Ainsi donc vous avez publié *Marguerite d'Anjou*, et un conte assyrien, après avoir refusé le *Waterloo* de W*** W*** et le *Cri Public* [1]; je ne sais pas ce qu'il faut le plus admirer en vous, d'avoir accepté les uns ou d'avoir refusé les autres. Je crois que la prose, après tout, est ce qui fait le plus d'honneur; car, certes, si l'on pouvait prévoir — mais je ne veux pas achever cette phrase. Quant à la poésie, c'est, je le crains, un mal incurable. Dieu me soit en aide si je continue dans cette manie d'écrire; j'aurai dépensé toutes les ressources de mon esprit avant d'avoir trente ans, mais cela me procure parfois un véritable soulagement. Pour aujourd'hui, bonsoir. »

LETTRE CCXLVIII.
A M. MURRAY.

Martigny, 9 octobre 1816.

« Me voici en route pour l'Italie. Nous venons de passer devant la Pisse-Vache, une des cascades les plus remarquables de la Suisse, et nous sommes arrivés à tems pour voir l'arc-en-ciel que les rayons du soleil y forment avant midi.

» Je vous ai écrit deux fois depuis peu. J'ai appris que M. Davies était arrivé; il vous apporte le manuscrit original que vous désiriez voir. Rappelez-vous que l'impression doit avoir lieu d'après celui que M. Shelley vous a remis; et n'oubliez pas non plus que les dernières stances de *Childe Harold*

---

[1] *Hue and Cry.*

adressées à ma fille et que je n'étais pas encore décidé à faire paraître lorsque je les écrivis d'abord (comme vous le verrez en marge du premier manuscrit), doivent être maintenant, d'après la résolution que j'en ai prise, publiées avec le reste de ce chant, conformément à la copie que vous avez reçue de M. Shelley, avant que je l'eusse envoyé en Angleterre.

» Le tems est très-beau, beaucoup plus beau que nous ne l'avons eu cet été. — J'attendrai de vos nouvelles à Milan. Adressez vos lettres, poste restante, à Milan, ou par Genève, sous le couvert de M. Hentsch, banquier. Je vous écris ce peu de lignes dans le cas où mon autre lettre ne vous parviendrait pas ; mais j'espère que vous recevrez l'une ou l'autre.

» *P. S.* Mes complimens distingués et amitiés à M. Gifford. Voulez-vous lui dire qu'il ne serait peut-être pas mal de joindre une courte note au passage relatif à Clarens, seulement pour dire que cette description ne s'applique pas tant à ce lieu en particulier qu'à tous les sites qui l'environnent ? Je ne sais pas si cela est nécessaire. Je laisse à M. Gifford d'en décider, comme mon éditeur ; il me permettra de l'appeler ainsi à une telle distance. »

LETTRE CCXLIX.

A M. MURRAY.

Milan, 15 octobre 1816.

« J'ai appris que M. Davies était arrivé en Angleterre, mais que de toutes les lettres qui lui avaient été confiées par M. H., la moitié seulement avaient été remises. Cette nouvelle me donne naturellement un peu d'inquiétude au sujet des miennes, et surtout pour le manuscrit que j'aurais voulu que vous pussiez comparer avec celui que je vous ai envoyé par l'entremise de M. Shelley. J'espère cependant qu'il sera arrivé sans accident ainsi que quelques petits articles de cristal du Mont-Blanc adressés à ma fille et à mes nièces. Ayez, je vous prie, la bonté de vous informer par M. Davies s'ils n'ont pas souffert à la douane ou été perdus en route, et veuillez me satisfaire sur ce point aussitôt que vous le pourrez sans vous gêner.

» Si je me le rappelle bien, vous m'avez dit que M. Gifford avait eu la bonté, à la demande que je lui en ai faite, de se charger de corriger les épreuves pendant toute mon absence, du moins je l'espère. Il ajoutera par là une nouvelle obligation à toutes celles que je lui ai déjà.

» Je vous ai écrit en route une courte lettre datée de Martigny. M. Hobhouse et moi sommes arrivés ici depuis quelques jours par le Simplon et le Lac Majeur. Il va sans dire que nous avons parcouru les Iles Borromées, qui sont belles, mais trop artificielles. Le Simplon est magnifique tant par l'art que par la nature : — Dieu et l'homme y ont fait merveille, pour ne rien dire du diable qui doit certainement avoir mis la main (ou, si l'on veut, la griffe) à quelques-uns de ces rochers et de ces ravins, à travers et par-dessus lesquels on a construit la route......

» Milan m'a frappé. — La cathédrale est superbe. La ville m'a rappelé Séville, quoiqu'elle lui soit un peu inférieure. Nous avions entendu des bruits divers qui nous avaient fait prendre des précautions sur la route, surtout vers la frontière, contre une bande de bons garçons qui battaient les grands chemins. On disait que, quelques semaines auparavant, dans le voisinage de Sesto ou Cesto, je ne me rappelle pas lequel, ils avaient dépouillé des voyageurs de leur argent et de leurs effets, outre la peur qu'ils leur avaient faite d'être assassinés, et que de plus ils avaient envoyé une vingtaine de chevrotines dans les reins d'un courrier de M. Hope pendant qu'il s'enfuyait. Mais nous n'avons pas été inquiétés, et n'avons, je crois, couru aucun danger, si ce n'est celui de faire quelques méprises, comme par exemple de préparer nos pistolets toutes les fois que nous voyions une vieille maison ou un taillis de mauvais augure, et de nous méfier de tems en tems des honnêtes gens de ce pays, qui ressemblent beaucoup aux voleurs des autres. Quant à la mine que peuvent y avoir les voleurs, je l'ignore et ne désire pas le savoir; car il paraît qu'ils se forment en troupes de trente à la fois, de sorte qu'il ne reste pas beaucoup de chance aux pauvres voyageurs. Cela rappelle à peu près ce qui se passe dans cette pauvre chère Turquie, à cela près que, dans ce pays, vous avez l'avantage d'être escortés par une troupe de garnemens assez nombreuse pour combattre celles des brigands réguliers. Mais ici on dit qu'il ne faut pas beaucoup compter sur les gens d'armes. Et l'on ne peut pourtant pas transporter son monde avec soi, armé, comme Robinson Crusoé, d'un fusil sur chaque épaule.

» J'ai été à la bibliothèque ambroisienne ; c'est une très-belle collection remplie de manuscrits, publiés ou inédits. Je vous envoie la liste de ceux qui ont paru depuis peu : voilà des matériaux pour vos littérateurs. Quant à moi, dans mon ignorance, j'ai été enchanté de la correspondance originale et amoureuse de Lucrèce Borgia, et du cardinal Bembo, qu'on a conservée ici. Je l'ai examinée ainsi qu'une boucle de cheveux blonds, les plus fins et les plus beaux que l'on puisse imaginer. Je n'en ai jamais vu de plus blonds. J'irai souvent lire et relire ces lettres, et j'essaierai s'il ne m'est pas possible d'obtenir un peu de ses cheveux par quelque moyen honnête. J'ai déjà persuadé un bibliothécaire de me donner des copies des lettres. — J'espère qu'il ne me manquera pas de parole. Elles sont courtes, mais pleines de naturel, de grâce et d'à-propos. Il y a aussi des vers espagnols de Lucrèce. La mèche de ses cheveux est longue, et, comme je l'ai déjà dit, très-belle. La galerie de Brera renferme quelques beaux tableaux, mais ce n'est pas là une collection. Je ne suis pas connaisseur en peinture, cependant j'aime un tableau du Guercin représentant Abraham renvoyant Agar et Ismaël. — J'y ai trouvé quelque chose de naturel et de majestueux. Je méprise, déteste, et abhorre l'école flamande telle que je l'ai vue en Flandre; ce peut être de la peinture, mais de la nature, non! Le genre italien est agréable et son idéal très-noble.

» Les Italiens que j'ai rencontrés ici sont aimables et spirituels. Dans quelques jours, je dois voir Monti. Par parenthèse, je viens d'entendre une singulière anecdote, au sujet de Beccaria, qui a publié des choses si admirables contre la peine de mort. Aussitôt que son livre parut, son domestique (qui l'avait lu, je présume) lui vola sa montre; et son maître, tout en corrigeant les épreuves de sa seconde édition, ne négligea rien pour le faire pendre, afin que cela lui servît de leçon.

» J'ai oublié de vous parler d'un arc de triomphe, commencé par Napoléon, et destiné à être une des portes de la ville. Il n'a pas été achevé, mais la partie finie est digne d'un autre siècle, et de ce pays. La société ici a de singulières habitudes. On se voit au théâtre, et seulement au théâtre qui répond à notre opéra. On s'y réunit comme dans une assemblée; mais en très-petits cercles. De Milan j'irai à Venise. Si vous m'écrivez, que ce soit à Genève, comme auparavant; la lettre me sera envoyée.

» Votre à jamais, etc. »

LETTRE CCL.

A M. MURRAY.

Milan, 1er. nov. 1816.

« Je vous ai assez souvent écrit depuis peu, mais sans avoir reçu de réponse de fraîche date. M. Hobhouse et moi nous partons dans quelques jours, et vous ferez bien de continuer à m'adresser vos lettres chez M. Hentsch, banquier à Genève, qui me les enverra.

» Je ne sais pas si je vous ai dit, il y a quelque tems, que je m'étais séparé du docteur Polidori, quelques semaines avant mon départ de Diodati. Je n'ai pas grand mal à en dire ; mais il était toujours prêt à se mettre dans l'embarras, et d'ailleurs trop jeune et trop étourdi pour moi. J'ai bien assez de m'occuper de mes propres affaires, et n'ayant pas le tems de lui servir de tuteur, j'ai pensé qu'il valait mieux lui donner son congé. Il était arrivé à Milan quelques semaines avant M. Hobhouse et moi, et il y a huit jours environ, qu'à la suite d'une querelle qu'il a eue au théâtre, avec un officier Autrichien, et dans laquelle il avait tous les torts, il a trouvé moyen de se faire renvoyer du territoire. Il est maintenant à Florence. Je n'étais pas présent à cette altercation qui se passait au parterre ; mais on vint me chercher dans la loge du chevalier Brême, d'où je regardais tranquillement le ballet, et je trouvai mon docteur entouré de grenadiers, et arrêté par les soldats qui l'entraînèrent dans un corps-de-garde, où l'on entendait force jurons en diverses langues. On l'y aurait retenu toute la nuit; mais m'étant nommé et ayant répondu qu'il reparaîtrait le lendemain matin, on l'en laissa sortir. Le jour suivant il reçut un ordre du gouvernement, de partir sous vingt-quatre heures, et en conséquence il s'en est allé il y a quelques jours. Nous fîmes tout ce que nous pûmes pour lui, mais sans effet, et vraiment c'est lui qui s'est attiré cela, du moins d'après ce que j'ai entendu dire, car je n'étais pas présent à la querelle. Je crois que c'est véritablement ainsi que se passa l'affaire, et je vous en fais part; parce que je sais que les nouvelles vous parviennent souvent, en Angleterre, sous une forme fausse ou exagérée. Nous avons trouvé beaucoup de politesse et d'hospitalité à Milan [1], et partons dans l'espoir

---

[1] Le fait est cependant que le noble voyageur était loin d'être satisfait de Milan et de la société qu'il y avait vue, et dans son *Memoranda* il parle du séjour qu'il y a fait, comme de la quarantaine imposée à un vaisseau. Parmi d'autres personnes qu'il rencontra dans cette ville, se trouve M. Beyle, l'ingénieux auteur de l'*Histoire de la peinture en Italie*, et qui décrit ainsi l'impression qu'il conserva de leur première entrevue.

« Ce fut pendant l'automne de 1816 que je le rencontrai au théâtre de
» la Scala à Milan, dans la loge de M. Louis de Brême. Je fus frappé des
» yeux de lord Byron au moment où il écoutait un *sestetto* d'un opéra
» de Mayer, intitulé *Elena*. Je n'ai vu de ma vie rien de plus beau, ni
» de plus expressif. Encore aujourd'hui, si je viens à penser à l'expres-
» sion qu'un grand peintre devrait donner au génie, cette tête sublime
» reparaît tout-à-coup devant moi. J'eus un instant d'enthousiasme, et
» oubliant la juste répugnance que tout homme un peu fier doit avoir à

d'en trouver autant à Vérone et Venise. J'ai rempli mon papier.

» Tout à vous. »

LETTRE CCLI.

A M. MOORE.

Vérone, 6 novembre 1816.

Mon Cher Moore,

« Je n'ai reçu que dernièrement la lettre que vous m'aviez écrite avant mon départ d'Angleterre, et qui m'était adressée à Londres. Depuis cette époque, j'ai parcouru une portion de cette partie de l'Europe que je n'avais pas encore vue. Il y a environ un mois que j'ai quitté la Suisse, par la route des Alpes, pour me rendre à Milan, d'où je ne suis parti

---

» se faire présenter à un pair d'Angleterre, je priai M. de Brême de m'in-
» troduire à lord Byron. Je me trouvai le lendemain à dîner chez M. de
» Brême avec lui et le célèbre Monti, l'immortel auteur de la *Basvi-*
» *gliana*. On parla poésie : on en vint à demander quels étaient les douze
» plus beaux vers faits depuis un siècle, en français, en italien, en an-
» glais. Les Italiens présens s'accordèrent à désigner les douze premiers
» vers de la *Mascheroniana* de Monti, comme ce que l'on avait fait de
» plus beau dans leur langue depuis cent ans. Monti voulut bien nous le
» réciter. Je regardai lord Byron. Il fut ravi. La nuance de hauteur, ou
» plutôt l'air d'un homme qui se trouve avoir à repousser une importu-
» nité, qui déparait un peu sa belle figure, disparut tout-à-coup pour
» faire place à l'expression du bonheur. Le premier chant de la *Masche-*
» *roniana*, que Monti récita presqu'en entier, vaincu par les acclamations
» des auditeurs, causa la plus vive sensation à l'auteur de *Childe Ha-*
» *rold*. Je n'oublierai jamais l'expression divine de ses traits. C'était l'air
» serein de la puissance et du génie, et, suivant moi, lord Byron n'avait
» en ce moment aucune affectation à se reprocher. »

que depuis quelques jours, et me voici sur la route de Venise, où je passerai probablement l'hiver. Hier j'ai été sur les bords du Benacus, avec son *fluctibus et fremitu*. Le *Sirmium* de Catulle conserve encore sa situation et son nom, et, grâce au poète, n'est pas encore oublié. Mais les grosses pluies d'automne, ainsi que les brouillards, nous ont empêchés de nous détourner de notre route (je veux parler de Hobhouse et de moi, qui voyageons maintenant ensemble), et il vaut beaucoup mieux ne pas l'avoir vu, que d'y être allés dans un moment si défavorable.

» J'ai trouvé sur le Benacus cette même tradition d'une ville encore visible, par un tems calme, au-dessous des eaux, que vous avez conservée de Lough Neagh, « Au déclin d'une nuit froide, étoilée. » Je ne sache pas qu'il en soit question dans aucune ancienne annale; mais on en raconte ici toute une histoire, et l'on vous assure que cette ville a été engloutie par un tremblement de terre. Nous avons traversé aujourd'hui la frontière pour aller à Vérone, par une route très-suspecte, par rapport aux voleurs — les gens prudens diront par rapport à la manière dont on y est escorté; mais nous n'avons éprouvé aucun accident. Je resterai ici un jour ou deux pour contempler, avec de grands yeux et la bouche béante, les merveilles ordinaires, l'amphithéâtre, les peintures et tous les impôts dont est généralement taxée l'admiration du voyageur. Mais je crois que Catulle, Claudien et Shakspeare ont plus fait pour Vérone, qu'elle n'a jamais fait elle-même. On prétend encore montrer, dit-on, les tombeaux des Capulets. — Nous verrons.

» Entr'autres choses que j'ai vues à Milan, il y en a une qui m'a fait un plaisir tout particulier, et c'est la correspondance (composée des plus jolies lettres d'amour qu'il y ait au monde) de Lucrèce Borgia et du cardinal Bembo, qui, dites-vous, fit un très-bon cardinal. On y trouve aussi une mêche des cheveux de Lucrèce, et quelques vers espagnols de sa composition. — Les cheveux sont blonds et superbes. J'en ai pris un que je conserve comme une relique, et j'aurais bien désiré avoir une copie d'une ou deux de ses lettres; mais cela est défendu, et c'est de quoi je ne me serais guère embarrassé, si malheureusement la chose n'eût été impraticable; je me suis donc contenté d'en apprendre quelques-unes par cœur. On les conserve dans la bibliothèque ambroisienne, à laquelle j'ai fait de fréquentes visites, pour lire et relire ces lettres, au grand scandale du bibliothécaire, qui aurait voulu éclairer mon esprit par la lecture de quelques précieux manuscrits traitant de sujets classiques, philosophiques et pieux. Mais je m'en suis tenu à la fille du pape, et j'aurais voulu être cardinal.

» J'ai vu les plus belles parties de la Suisse, le Rhin, le Rhône et les lacs Suisses et Italiens, pour la description desquels je vous renvoie au *Guide du*

Voyageur. Il y a peu d'Anglais dans le nord de l'Italie, mais on dit que le midi en fourmille. J'ai vu souvent Mme de Staël à Coppet, dont elle fait un séjour extrêmement agréable. Elle a été d'une bonté particulière à mon égard. J'ai été pendant quelques mois son voisin, habitant une maison de campagne appelée Diodati, que j'avais prise sur les bords du lac de Genève. Il y a encore beaucoup d'incertitude dans mes projets, cependant il est probable que vous me verrez en Angleterre au printems. J'y ai quelques affaires. Si vous m'écrivez, que ce soit, je vous prie, sous le couvert de M. Hentsch, banquier à Genève, qui reçoit mes lettres et me les envoie. Rappelez-moi au souvenir de Rogers, qui m'a écrit dernièrement, et m'a donné un rapide aperçu de votre poème qui, je l'espère, est prêt à paraître. Il en parle dans les termes les plus flatteurs.

» Ma santé est très-supportable, à l'exception que je suis sujet de tems en tems à des étourdissemens et à des faiblesses, ce qui ressemble tant à une petite maîtresse, que j'ai un peu de honte de cette maladie. Lorsque je me suis embarqué, j'avais avec moi un médecin, dont, après quelques mois de patience, j'ai jugé à propos de me séparer, quelque tems avant de quitter Genève. En arrivant à Milan, j'ai retrouvé mon monsieur en très-bonne société, où il prospéra pendant plusieurs semaines; mais ayant fini par se prendre de querelle au théâtre avec un officier autrichien, il fut renvoyé par le gouvernement dans l'espace de vingt-quatre heures. Je n'étais pas présent à cette affaire ; cependant, ayant appris qu'il était aux arrêts ; j'allai le tirer de prison, sans pouvoir empêcher son renvoi, qu'à la vérité il méritait en partie, le tort étant de son côté, et ayant commencé la querelle pour le plaisir de se faire une querelle. J'avais d'avance imité moi-même l'exemple du gouvernement autrichien, en lui donnant son congé à Genève. Ce jeune homme n'est pas méchant, mais il est fort étourdi, et il a la tête chaude : je le crois plus propre à occasionner des maladies qu'à les guérir ; Hobhouse et moi avons reconnu l'inutilité d'intercéder en sa faveur. Ceci est arrivé quelques jours avant notre départ de Milan : il est allé à Florence.

» A Milan, j'ai vu et reçu chez moi Monti, le plus célèbre des poètes italiens vivans. Il paraît avoir près de soixante ans ; et ressemble de figure à feu Cooke, l'acteur. Ses fréquentes fluctuations en politique lui ont ôté beaucoup de sa popularité. J'ai vu plusieurs autres de leurs littérateurs, mais aucun dont les noms soient connus en Angleterre ; à l'exception d'Acerbi. J'ai beaucoup vécu avec les Italiens, surtout avec la famille du marquis de Brême, composée d'hommes pleins de capacité et d'intelligence, surtout l'abbé. Il n'était bruit ici que d'un célèbre improvisateur, pendant le séjour que j'y ai fait. Son abondance m'a étonné ; mais quoique j'entende et parle l'italien avec plus de facilité que de pureté, je n'ai pu recueillir de ses improvisations que quelques images mythologiques fort usées, un vers sur Artémise, un autre sur Alger, soixante mots environ d'une tragédie tout entière sur Étéocle et Polynice. Il plaisait à quelques Italiens, d'autres appelaient ses improvisations *una seccatura* [1] (expression qui, par parenthèse, est diablement bonne); enfin tout Milan était en dispute à cause de lui.

» L'état des mœurs dans ce pays est un peu relâché. On me montra au théâtre une mère et son fils que la société milanaise a décidé appartenir à la dynastie thébaine; — mais ce fût tout : — celui qui me racontait cela, et qui est un des premiers personnages de Milan, ne me parut pas suffisamment scandalisé de ce goût ou de ce lien. Il n'y a de société à Milan qu'à l'opéra : chacun y a sa loge particulière, où l'on joue aux cartes, où l'on fait la conversation ou tout autre chose; mais, excepté au Cassino, il n'y a ni bals, ni maisons ouvertes, etc., etc.

. . . .

» Les paysannes ont toutes de très-beaux yeux noirs, et quelques-unes sont même belles. J'ai vu aussi deux corps morts dans un merveilleux état de conservation : — l'un des deux est celui de saint Charles Borromée, à Milan; l'autre, à Monza, n'est

---

[1] Expression italienne très-familière, qui répond à peu près à celle d'ennui, et vient du verbe *seccare*, qui veut dire *sécher*. C'est donc, à proprement parler, quelque chose qui fait sécher d'ennui.

(*Note du Trad.*)

pas celui d'un saint, mais d'un capitaine nommé Visconti : tous deux sont des objets fort agréables. Dans une des îles Borromées (l'*Isola Bella*), il y a un grand laurier, le plus grand que l'on connaisse, et sur lequel Buonaparte, qui se trouvait là la veille de la bataille de Marengo, grava avec son couteau le mot *Battaglia* ; j'ai vu les lettres, maintenant à moitié effacées, et dont il ne reste plus qu'une faible trace.

» Excusez la longueur de cette lettre. — Les vieillards et les absens ont le privilége d'être quelquefois ennuyeux : — j'en profite en vertu du dernier titre, — et quant à l'autre, je le suis devenu avant le tems. Si je ne vous parle pas de mes affaires personnelles, ce n'est pas manque de confiance, mais par pitié pour vous et pour moi. Mes beaux jours sont passés ; — eh bien ! que voulez-vous ? j'en ai joui pendant leur durée ! A la vérité, je l'ai abrégée, et je n'aurais pas mal fait, je crois, d'en user de même à l'égard de cette lettre ; mais vous me pardonnerez ce tort, sinon les autres.

» Votre à jamais affectionné.

B.

7 novembre 1816.

» *P. S.* J'ai parcouru Vérone. L'amphithéâtre est merveilleux : il surpasse même les monumens de la Grèce. — On y soutient avec une grande ténacité la vérité de l'histoire de Juliette ; on en assigne la date à 1303, et l'on vous montre sa tombe. C'est un simple sarcophage ouvert, et tombant de vétusté, dans lequel il y a quelques feuilles mortes, et qui est situé au milieu du jardin désert et négligé d'un couvent qui fut autrefois un cimetière, dont il ne reste plus aujourd'hui que des ruines ; ce lieu, où planent la destruction et la mort, m'a frappé comme très en rapport avec leur histoire, et ayant eu le même sort que leurs amours : j'en ai rapporté quelques morceaux de granit pour donner à ma fille et à mes nièces. Quant aux autres merveilles de cette ville, c'est-à-dire les peintures, les antiquités, etc., à l'exception du tombeau des princes Scaliger, je n'ai pas la prétention d'en juger. Le monument gothique consacré à ces derniers m'a fait plaisir, mais je suis « un pauvre virtuose », et

» Votre à jamais, etc. »

On peut avoir remarqué dans ce que j'ai rapporté de la vie de Lord Byron avant son mariage, que, sans passer tout-à-fait sous silence certaines affaires de galanterie dans lesquelles il passait pour être engagé, et qui étaient en effet trop publiques pour que je pusse éviter d'en dire quelque chose, j'avais cru devoir m'abstenir d'en donner les détails dans ma narration, et supprimer aussi les passages de son journal et de ses lettres qui se rapportaient d'une manière trop personnelle et trop particulière à ce sujet délicat. Quoique ces omissions aient laissé incomplète l'histoire étrange de son esprit et de son cœur dans un de ses chapitres les plus intéressans, j'ai cru cependant, tout en le regrettant, devoir faire ce sacrifice, par déférence pour les notions de bienséance de ce pays, où l'on regarde le récit de fautes de ce genre comme un crime presque aussi grand que de les avoir commises, et surtout à cause des égards dûs aux vivans qu'il ne faut pas, par une légèreté blâmable, faire souffrir des erreurs des morts.

Mais maintenant nous avons changé de lieu, et nous le suivons dans un pays où moins de précaution est nécessaire. Là, d'après la manière différente dont on juge les mœurs des femmes, si le peu d'importance attachée à leur conduite ne les excuse pas un peu, du moins en est-ce assez pour diminuer nos scrupules vis-à-vis de celles qui se trouvent dans ce cas ; et quelque réserve que nous jugions à propos de conserver encore en parlant de leurs faiblesses, c'est moins par ménagement pour elles que par égard pour nos opinions et nos coutumes.

Profitant à ce dernier titre de la latitude un peu plus grande qui m'est accordée, je m'écarterai désormais du plan que j'ai suivi jusqu'ici, et donnerai, en n'y faisant que peu de suppressions, les lettres du noble poète relatives à ses aventures en Italie. Jeter un voile sur les irrégularités de sa vie privée (en supposant que la chose fût possible) serait peindre son caractère d'une manière partiale, tandis que, d'autre part, lui enlever l'avantage de raconter lui-même ses erreurs (lorsque ses aveux ne peuvent faire de tort à personne) serait lui ravir le moyen d'atténuer lui-même des faiblesses où l'entraînèrent le feu de son imagination, son amour passionné de la beauté, et surtout ce profond besoin d'être aimé qui se mêle à ses attachemens les moins délicats. Il n'y a pas non plus grand'chose à redouter de l'autorité ou de la séduction d'un tel exemple. Celui qui osera s'appuyer du nom de Lord Byron pour justifier ses erreurs, devra d'abord prouver qu'elles proviennent de la même source — de cette sensibilité dont les excès même prouvèrent la force et la profondeur, — de cette étendue d'imagination qui fut portée peut-être jusqu'au dernier point où elle puisse aller dans l'homme, sans que sa raison en soit ébranlée ; — enfin de cette réunion entière de facultés sublimes, mais inquiètes, qui pouvait seule atténuer un tel déréglement; mais qui, dans celui-là même auquel la nature avait accordé des dons aussi dangereux, n'était pas suffisante pour lui servir d'excuse.

Ayant cru nécessaire de commencer par ces observations, je vais maintenant mettre sous les yeux du lecteur sa correspondance pendant cette année et les deux suivantes d'une manière moins interrompue.

LETTRE CCLII.

A M. MOORE.

Venise, 17 nov. 1816.

« Je vous ai écrit l'autre jour de Vérone étant en route pour me rendre ici, et j'espère que vous recevrez cette lettre. Je me rappelle qu'il y a à peu près trois ans, vous me dites avoir reçu une lettre de notre ami Sam, datée *à bord de sa gondole* : ma gondole, en ce moment, m'attend sur le canal, mais je préfère vous écrire dans la maison, car nous sommes dans l'automne, et celui que nous avons ici ressemble passablement à ceux d'Angleterre. Mon intention est de rester ici tout l'hiver, probablement parce que ce fut toujours le pays qui, après l'Orient, avait le plus occupé mon imagination. Cette ville ne m'a pas trompé dans mon attente, quoique sa vétusté eût produit peut-être cet effet sur tout autre ; mais il y a trop long-tems que je suis familiarisé avec les ruines pour que leur aspect mélancolique me déplaise. D'ailleurs je suis [1] *tombé amoureux*, ce qui, à l'exception de tomber dans le canal (ce qui ne me servirait pas beaucoup, puisque je sais nager), était la meilleure ou la pire chose que je pusse faire. J'ai loué un très-bel appartement dans la maison d'un marchand de Venise, qui est fort occupé de ses affaires, et qui a une femme dans sa vingt-deuxième année. Marianna, c'est son nom, représente exactement une antilope. Elle a ces grands et beaux yeux noirs qu'on voit en Orient, avec l'expression qui leur est particulière, qu'on trouve rarement chez les Européennes, même en Italie, et que les femmes turques se donnent en se teignant les paupières, art

---

[1] *Fallen in love.* — On a conservé cette expression tout anglaise à cause de la phrase suivante, dans laquelle elle se trouve répétée.

(*Note du Trad.*)

inconnu hors de ce pays, je crois. Cette expression, elle l'a naturellement, et quelque chose de plus. Bref, je ne puis vous décrire l'effet que produisent ces yeux-là, au moins sur moi. Ses traits sont réguliers et ont quelque chose d'aquilin; — sa bouche est petite; sa peau claire et douce, et animée d'une couleur vive; son front est d'une beauté remarquable; ses cheveux noirs, brillans et bouclés, de la nuance de ceux de lady J***; sa taille est souple et légère; et de plus, elle est célèbre par son chant, qui est celui d'une virtuose; sa voix, dans la conversation, a un accent plein de douceur, et la naïveté du dialecte vénitien est toujours agréable dans la bouche d'une femme. »

23 novembre 1816.

« Vous vous apercevrez que ma description, qui a été faite avec toute la minutie d'un passeport, a été interrompue pendant quelques jours. Dans l'intervalle. . . . .

5 décembre.

» Depuis mes dernières dates, je ne crois pas avoir grand'chose à ajouter sur ce sujet, et heureusement je n'ai rien non plus à en rabattre, car je suis plus charmé que jamais de ma Vénitienne, et je commence à m'y attacher très-sérieusement, — et tellement que je garderai désormais le silence sur ce point. . . . .
. . . .

» Je vais, pour me divertir, étudier tous les jours

la langue arménienne. Je me suis aperçu que mon esprit avait besoin d'être aiguisé sur quelque chose de dur, et j'ai choisi ceci comme ce que j'ai trouvé ici de plus difficile en fait d'amusement, pour me forcer à l'attention. C'est une langue riche cependant, et qui récompenserait amplement celui qui se serait donné la peine de l'apprendre. J'essaie toutefois, et continuerai; mais je ne réponds de rien, ni de mes intentions, ni surtout de mes succès. Il y a dans ce monastère des manuscrits ainsi que des livres très-curieux; il y a aussi des traductions du persan et du syriaque, et d'originaux grecs maintenant perdus, indépendamment des ouvrages des moines qui l'habitent. Il y a quatre ans que les Français fondèrent ici une classe pour l'enseignement de l'arménien; vingt élèves se sont présentés, lundi matin, pleins de la confiance de la jeunesse et d'une ardeur de travail inébranlable. Ils persévérèrent avec une constance digne de leur nation et de son esprit de conquête universelle, jusqu'à jeudi, où quinze, sur les vingt, succombèrent à la vingt-sixième lettre de l'alphabet. Il faut dire aussi en leur faveur que c'est le *Waterloo* des alphabets. — Mais il est complètement dans le caractère des Français de se dégoûter de tout et de tout abandonner, comme ils l'ont fait à l'égard de leurs souverains : ce sont les pires des animaux, après leurs conquérans.

» J'ai appris que H——n était votre voisin, ayant une cure dans le Derbyshire. Vous trouverez en lui un garçon d'un excellent cœur, comme aussi de beaucoup d'esprit : son élévation dans l'église et ses premières habitudes d'instruire la jeunesse lui ont donné peut-être un vernis un peu trop scolastique. Outre cela, il a gagné cette maladie épidémique de bonheur domestique, et il est tout rempli de beaux sentimens sur l'amour et la constance (cette monnaie de l'amour qu'on exige si scrupuleusement, qu'on reçoit avec tant d'alliage, et qu'on rend en espèces plus mauvaises encore). Malgré tout cela, c'est un très-brave homme, qui vient de prendre une jolie femme, et qui doit avoir un enfant par le tems qui court. Veuillez, je vous prie, me rappeler à lui, et lui dire que je ne sais qu'envier le plus, de lui, de son voisinage ou de vous.

» Je vous dirai peu de chose de Venise ; — vous devez en avoir lu de nombreuses descriptions, et elles se ressemblent presque toutes : c'est un lieu poétique et classique pour nous, à cause de Shakspeare et d'Otway. Je ne me suis encore rendu coupable d'aucun vers contre elle, ayant perdu la voix depuis que j'ai traversé les Alpes, et ne sentant encore aucune renaissance de l'*estro*. A propos, je suppose que vous avez lu *Glenarvon* : Mme de Staël me l'a prêté l'automne dernier. Il me semble que si l'auteur avait écrit la vérité, rien que la vérité et toute la vérité, le roman non-seulement eût été plus romanesque, mais même plus amusant. Quant au portrait qu'elle a voulu faire, la ressemblance n'en peut être exacte, car je n'ai pas posé assez long-tems. Quand vous aurez le tems, donnez-moi de vos nouvelles, et croyez-moi sincèrement et à jamais votre très-affectionné.

» *P. S.* A propos, et votre poème, a-t-il paru ? J'espère que Longman vous a donné quelques milliers de livres sterling ; mais ne faites pas comme le père de H*** T***, qui, ayant gagné de l'argent par un voyage in-quarto, se fit marchand de vinaigre, et puis son vinaigre ayant tourné au sucre, le diable est qu'il fut ruiné. Ma dernière lettre datée de Vérone était sous l'enveloppe de Murray ; — l'avez-vous reçue ? adressez-moi les vôtres ici, poste restante. Il n'y a pas d'Anglais dans cette ville à présent : — il y en avait quelques-uns en Suisse, et des femmes aussi ; mais, excepté lady Dalrymple Hamilton, la plupart aussi laides que la vertu, au moins celles que j'ai vues. »

LETTRE CCLIII.

A M. MOORE.

Venise, 24 déc. 1816.

« Je suis, à votre égard, dans un de ces accès de rage épistolaire, qui présagent bien pour les ports de lettres. — Je vous en ai adressé une de Vérone, une de Venise, encore une de Venise, en voilà trois. C'est à vous-même que vous êtes redevable de ceci, car il m'était revenu que vous vous plaigniez de mon silence : — ainsi voilà maintenant du bavardage.

» J'espère que vous avez reçu mes deux autres lettres. Mon genre de vie est devenu d'une grande régularité. Le matin, je vais dans ma gondole balbutier l'arménien avec les moines du couvent de Saint-Lazare, et aider l'un d'eux à corriger l'anglais d'une grammaire anglaise et arménienne qu'il va publier. Le soir, je fais un des mille et un riens qu'on fait ici ; — je vais au théâtre ou à quelques *conversazione* [1]. Ces *conversazione* sont la même chose que nos *routs*, et même pires, car les femmes se tiennent assises en demi-cercle à côté de la maîtresse de la maison, et les hommes restent debout dans le salon. A la vérité, ils raffinent sur nous en une chose : c'est qu'au lieu de présenter de la limonade avec les glaces, on offre du punch au rum très-fort, et qui emporte le gosier ; ils croient que c'est à l'anglaise : — je ne voudrais pas les désabuser d'une si agréable illusion pour la possession de Venise.

» Hier au soir, j'ai été chez le comte ***, gouverneur de Venise, qui, bien entendu, reçoit la meilleure société ; société qui ressemble à toutes les assemblées nombreuses de tous les pays sans en excepter le nôtre, à la différence qu'au lieu de l'évêque de Winchester, vous avez le patriarche de Venise, et une foule bigarrée d'Autrichiens, d'Allemands, de nobles Vénitiens et d'étrangers ; et quand vous voyez une caricature, vous êtes sûr que c'est un consul. Oh ! à propos, j'ai oublié, en vous écrivant de Vé-

---

[1] Mot italien pour *assemblée* ; ou *rout* en anglais.

rone, de vous dire qu'à Milan, j'ai rencontré un de vos compatriotes, un certain colonel ***, bon et excellent garçon, qui connaît et montre tout ce qu'il y a à Milan, comme s'il en était natif. Il est surtout très-poli envers les étrangers, et voici son histoire ou tout au moins un épisode :

» Il y a vingt-six ans que le colonel ***, alors enseigne, se trouvant en Italie, devint amoureux de la Marchesa ***, qui le paya de retour. La dame doit être au moins son aînée de vingt ans. La guerre éclata, il revint en Angleterre pour servir, non son pays, car il est d'Irlande, mais l'Angleterre, ce qui est tout-à-fait différent. Quant à elle, Dieu sait ce qu'elle fit. En 1814, le traité définitif de paix (et de tyrannie) fut annoncé à la Milanaise, étonnée par l'arrivée soudaine du colonel qui, se jetant tout de son long aux pieds de madame de.***, murmura dans un baragoin moitié italien et moitié irlandais, l'inviolable serment d'une constance éternelle. La dame jeta un cri, et lui demanda : « Qui êtes-vous? » Le colonel s'écria : « Eh quoi! ne me reconnaissez-» vous pas? Je suis un tel, etc., etc., etc., » jusqu'à ce qu'enfin la marquise, repassant dans sa mémoire tous les amans qu'elle avait eus depuis vingt-cinq ans, arriva, de souvenir en souvenir, à se rappeler le *povero* sous-lieutenant. Elle dit alors : « Vit-on » jamais une pareille vertu ? » (ce furent ses propres paroles), et comme elle était devenue veuve, elle lui donna un appartement dans son palais, le réintégra dans tous ses droits, et le proclama, à la grande admiration de toute la société, comme un miracle de fidélité amoureuse, comme l'Abdiel inébranlable de l'absence.

» Il me semble que voilà un aussi joli conte moral qu'aucun de ceux de Marmontel : en voici un autre. La dame en question avait fait une escapade, il y a quelques années, avec un Suédois, le comte de Fersen (le même qui fut lapidé et massacré par la populace de Stockholm, il n'y a pas très-longtems). Ils arrivèrent un samedi soir à une *osteria* [1], sur la route de Rome ou dans ses environs; pendant qu'ils étaient à souper, ils furent soudainement régalés par une symphonie de violons, qui partait d'un appartement voisin, et qui était si bien exécutée, que, désirant l'entendre plus distinctement, le comte se leva, et entrant dans l'assemblée musicale : « Mes-
» sieurs, dit-il, je suis sûr que vous êtes tous trop
» galans pour ne pas être charmés de déployer vos
» talens devant une dame qui désire ardemment vous
» entendre, etc. » Les musiciens s'empressent d'y consentir, tous les instrumens furent à l'instant accordés, et commençant un de leurs airs les plus divins, toute la troupe suivit le comte dans l'appartement de la dame. A la tête marchait le premier violon, qui s'avança, jouant de son instrument, et saluant en même tems. Miséricorde ! c'était le marquis lui-même qui s'occupait de sérénades, pendant

[1] Hôtellerie.

que son épouse faisait une fugue en son absence. Le reste peut s'imaginer. Mais d'abord la dame chercha à lui persuader qu'elle était venue là tout exprès à sa rencontre. — En voilà assez de ce commérage, qui m'a amusé et que je vous transcris dans l'espoir qu'il aura sur vous le même effet. Maintenant, revenons à Venise.

» Après demain, jour de Noël, le carnaval commence. Je dîne en société avec la comtesse Albrizzi, et je vais à l'opéra. Ce jour-là doit avoir lieu l'ouverture du *Phénix* (il n'est pas question ici de *la Compagnie d'Assurance*, mais du théâtre de ce nom). J'ai loué une loge pour la saison, et pour deux motifs, dont le premier est que la musique y est excellente. La comtesse Albrizzi, dont je viens de vous parler, est la Mme de Staël de Venise. Ce n'est pas une jeune femme, mais c'est une femme instruite, bonne et sans prétention, très-polie envers les étrangers, et que je ne crois pas corrompue comme la plupart des femmes de ce pays. Elle a écrit de fort bonnes choses sur les ouvrages de Canova; elle a publié un volume de *caractères* et quelques autres bagatelles. Elle est de Corfou, mais elle s'est mariée à un Vénitien mort, mort, s'entend, depuis son mariage.

» Ma flamme, ma Donna, ma Marianna, dont je vous ai parlé dans ma dernière lettre, est toujours ma Marianna, et je suis toujours ce qui lui plaît. Elle est, sans contredit, la plus jolie femme que j'aie vue ici, et la plus aimable que j'aie rencontrée en aucun lieu, aussi bien que la plus originale. Je crois vous avoir déjà raconté l'origine et les progrès de notre liaison dans une lettre précédente; mais dans le cas où elle ne vous serait pas parvenue, je vous dirai seulement qu'elle est Vénitienne; qu'elle a vingt-deux ans, est femme d'un négociant qui fait bien ses affaires; — qu'elle a de grands yeux noirs comme ceux des femmes d'Orient, et qu'elle tient tout ce que ses yeux promettent. Je ne sais si c'est l'amour que j'ai pour elle, qui m'a cuirassé; mais je n'ai pas vu beaucoup d'autres femmes qui m'aient semblé belles. Chez la noblesse, surtout, on voit de tristes figures. — La bourgeoisie est un peu mieux. Et maintenant, que fais-tu?

Que fais-tu, maintenant? oh, Thomas Moore! que fais-tu maintenant? oh, Thomas Moore! tu passes ta vie à soupirer, à courtiser, à rimer, à roucouler, à faire l'amour; que fais-tu de tout cela, Thomas Moore?

» N'êtes-vous pas près des Luddistes? De par le ciel, s'il y a du tintamarre, je voudrais être au milieu de vous! Comment vont les tisserands, les brise-métiers, ces luthériens, ces réformateurs en politique?

I.

De même que les fils de la liberté achetèrent jadis sur mer le premier des biens, au prix facile de leur sang, de même, enfans, nous mourrons[1] en combattant, ou vivrons libres; et à bas tous les rois, excepté le roi Ludd.

[1] Il y a ici un jeu de mots qu'il est impossible de rendre en français, le mot *die*, *mourir*, voulant dire aussi *teindre*.

II.

Quand la trame que nous tissons sera achevée, et que nous changerons la navette pour l'épée, nous jetterons notre toile sur le tyran étendu à nos pieds comme pour lui servir de linceul, et nous la teindrons dans le sang qu'il aura fait répandre.

III.

Quoique sa couleur soit aussi noire que son cœur, puisque ses veines ne sont que corruption, cependant ce sera la rosée qui fera refleurir l'arbre de la liberté planté par Ludd.

» Voilà une belle chanson pour vous et tout impromptue. — Je l'ai faite exprès pour scandaliser votre voisin *** qui est tout clergé et loyauté, innocence et bonheur, eau et lait [1].

Mais le carnaval de Thomas Moore approche; il approche, le carnaval de Thomas Moore. Les mascarades, le chant, le tambour, le fifre et la guitare; oh! vous allez vous en donner, Thomas Moore.

» L'autre soir j'ai vu une nouvelle pièce, et j'ai vu aussi celui qui l'a faite. Le sujet était le *Sacrifice d'Isaac*. La pièce réussit, et on demanda l'auteur, suivant la coutume du continent; il parut. C'est un noble Vénitien, qui s'appelle, je crois, Mali ou Malapiero; — mais si Mala est son nom, *Pessima* [2] est sa production : au moins j'en ai jugé ainsi, et je dois m'y connaître, ayant lu près de cinq cents ouvrages,

---

[1] *Milk and water.*
[2] *Pessima* signifie très-mauvaise.

(*Notes du Trad.*)

présentés à Drury-Lane, pendant que je faisais partie de son comité et de ses soupers.

» Quand doit paraître votre ouvrage, ce poème des poèmes? J'ai appris que la E. R. avait déchiré la *Christabel* de Coleridge, et s'était déclarée contre moi pour l'avoir louée. Si j'en ai dit du bien, c'est, en premier lieu, parce que j'en pensais; — secondement, c'est que Coleridge était dans le malheur, et qu'après avoir fait pour lui le peu que j'ai pu pour lui procurer l'essentiel, j'ai cru que l'aveu public de la bonne opinion que j'avais de son ouvrage pourrait lui être encore de quelqu'utilité, du moins auprès des libraires. — Je suis très-fâché que J*** l'ait attaqué, car le pauvre diable en souffrira moralement et du côté de la bourse. Quant à moi, il est bien libre : — je n'en estimerai pas moins J***, malgré tout ce qu'il pourra dire contre moi ou mes ouvrages à l'avenir.

» Je suppose que Murray vous a envoyé, ou vous enverra (car je ne sais s'ils ont paru ou non) mon poème et mes poésies de l'été dernier. Par la messe, cela est sublime. — *Ganion Coheriza*. — Qui osera me démentir? Donnez-moi, je vous prie, de vos nouvelles, et du moins faites-moi savoir si vous avez reçu ces trois lettres. Adressez tout droit ici, poste restante.

» *P. S.* J'ai appris l'autre jour un joli tour d'un libraire, qui a publié quelques abominables sottises, dont il jure que je suis le père, et qu'il assure m'avoir payées 500 livres sterling. Il ment; — je n'ai jamais écrit un pareil galimathias, n'ai jamais vu ni les poèmes ni l'éditeur, et de ma vie n'ai eu de communication directe ou indirecte avec cet homme. Répétez bien cela, je vous prie, s'il en est besoin. J'ai écrit à Murray pour qu'il démente cette imposture. »

LETTRE CCLIV.

A M. MURRAY.

Venise, 25 nov. 1816.

« Il y a plusieurs mois que je n'ai ni lettres ni nouvelles de vous. Je crois n'en pas avoir reçu depuis mon départ de Diodati. Je vous ai écrit une ou deux fois de Milan; mais je ne suis ici que depuis peu de tems, et mon intention est d'y passer l'hiver sans en bouger. J'ai été fort content du lac de Garda et de Vérone; surtout de l'amphithéâtre, ainsi que d'un sarcophage, dans un jardin de couvent, qu'on montre comme celui de Juliette, en insistant sérieusement sur la vérité du fait. Depuis mon arrivée à Venise, la femme du gouverneur autrichien m'a appris qu'entre Vérone et Vicence on voit encore les ruines du château de Montecchi, et une chapelle appartenant jadis aux Capulets. Il paraît, d'après la tradition, que Roméo était de Vicence, mais j'avoue que j'ai été très-surpris de leur voir une foi si grande dans le roman de *Bandello*, qui semble véritablement être fondé sur un fait.

» Venise m'a plu autant que je me l'étais imaginé, et mon imagination avait été loin. C'est un de ces lieux que je connaissais avant de les avoir vus, et dont, après l'Orient, l'image m'a le plus poursuivi. J'aime la sombre gaîté de ses gondoles, et le silence de ses canaux. Je ne hais pas même la décadence visible de cette ville, quoique je regrette la singularité de l'ancien costume. — Cependant il lui en reste encore assez, et de plus, le carnaval approche.

» C'est surtout la nuit que Saint-Marc, et même Venise, offrent l'aspect le plus vivant et le plus gai. Les théâtres ne s'ouvrent qu'à neuf heures, et la société se couche tard en proportion. Tout cela est de mon goût; mais la plupart de vos compatriotes regrettent le roulement des carrosses, sans lequel ils ne peuvent dormir.

» J'ai un très-bel appartement dans une maison particulière; je vois quelques Vénitiens, ayant eu un bon nombre de lettres pour cette ville. J'ai une gondole. Heureusement que je lisais un peu l'italien, et le parlais depuis long-tems plus facilement que correctement. J'étudie par curiosité le dialecte vénitien, qui est doux, naïf et original, quoique pas du tout classique. Je sors souvent, et je suis fort satisfait.

» Un buste de l'*Hélène* de Canova, qui est chez Mme la comtesse d'Albrizzi, une de mes connaissances, est à mon avis, sans exception, la plus parfaitement belle de toutes les conceptions humaines, et elle surpasse toutes mes idées des facultés humaines par son exécution.

Dans ce marbre admirable, supérieur à toutes les œuvres, à toutes les conceptions humaines, voyez ce que la nature aurait pu et n'a pas voulu faire, et ce qu'ont fait Canova et la Beauté. Plus belle que l'imagination n'a pu se le figurer, et que le poète vaincu dans son art ne pourra jamais le décrire, avec l'immortalité pour sa dot, contemplez l'*Hélène du cœur*.

» En parlant du cœur, cela me rappelle que je suis devenu amoureux, passionnément amoureux, — mais de peur que vous ne portiez trop haut vos conjectures, et qu'il ne vous arrive de m'envier la possession de quelques-unes de ces princesses ou comtesses, dont vos voyageurs anglais se vantent de gagner les affections, je prendrai la liberté de vous dire que ma déesse n'est que la femme d'un marchand de Venise; mais qu'elle est aussi jolie qu'une antilope, et âgée de vingt-deux ans seulement; qu'elle a de grands yeux noirs, dans le genre oriental, avec la physionomie italienne, et des cheveux noirs et brillans, bouclés comme ceux de lady J*** et de la même teinte; puis qu'elle a la voix d'un luth et le chant d'un Séraphin (quoique pas tout-à-fait aussi saint), outre un long catalogue de grâces, de vertus et de talens suffisant pour fournir un nouveau chapitre au *Cantique de Salomon* : mais son plus grand mérite est d'avoir deviné le mien. — Il n'y a rien de si aimable que le discernement.

» La race des femmes me paraît belle en général ; mais en Italie, comme presque partout sur le continent, les classes les plus élevées ne sont pas à beaucoup près les plus favorisées de la nature ; bien au contraire, elles sont considérées, par leurs compatriotes mêmes, comme en étant fort maltraitées. Il y a quelques exceptions ; mais la plupart de ces femmes sont laides comme la vertu même.

» Si vous m'écrivez, adressez-moi vos lettres ici poste restante, car j'y passerai probablement l'hiver. Je ne vois jamais de journaux, et ne sais rien de ce qui se passe en Angleterre, excepté de tems à autre, par une lettre de ma sœur. Je n'ai eu aucune nouvelle du manuscrit que je vous ai envoyé, si ce n'est que vous l'avez reçu, et que vous allez le publier, etc. Mais quand, où et comment? c'est ce que vous me laissez à deviner : toutefois, il importe peu.

» Je suppose que vous avez une multitude d'ouvrages qui vous passent entre les mains, pour l'année prochaine. Quand le poème de Moore paraît-il ? Je vous ai adressé l'autre jour une lettre pour lui. »

LETTRE CCLV.

A M. MURRAY.

Venise, 4 déc. 1816.

« Je vous ai écrit si souvent depuis peu, que vous trouvez sans doute que je vous assomme de lettres, et moi, de mon côté, je vous tiens pour fort impoli de ne pas avoir répondu à celles que je vous ai adressées de Suisse, de Milan, de Vérone et de Venise. Il y a des choses que je désirais et désire encore savoir; par exemple, si M. Davies, de négligente mémoire, vous avait ou non remis le manuscrit qui lui a été confié dans ce but, parce que, dans le cas contraire, vous verrez qu'il en aura généreusement donné des copies à tous les curieux de sa connaissance, et alors vous vous trouverez probablement prévenu dans votre publication par la chronique de Cambridge ou d'autres. — En second lieu, — j'oublie ce que je voulais dire en second lieu; mais pour le troisième point, je veux savoir si vous avez déjà publié, ou quand vous avez l'intention de le faire, et pourquoi vous ne l'avez pas fait plus tôt, parce que dans votre dernière lettre, datée de septembre (vous devez être honteux de cette date), vous parliez de publier sans délai.

» Je n'ai pas de nouvelles d'Angleterre et ne sais rien de rien, ni de personne. Je n'ai qu'un seul correspondant (excepté M. Kinnaird, qui m'écrit de tems en tems pour affaire), et ce correspondant est une femme, de sorte que je ne sais de votre île ou de votre ville que ce que la version italienne des papiers français veut bien nous en dire, ou les annonces de M. Colburn pour l'année suivante, attachées au bout de la *Revue du Trimestre*. Je vous ai écrit assez longuement la semaine dernière, et j'ai peu de chose à ajouter, si ce n'est que j'ai commencé et que je continue l'étude de la langue arménienne que j'apprends aussi bien que je peux dans un couvent arménien où je vais tous les jours prendre des leçons d'un moine fort savant. J'ai acquis quelques connaissances assez singulières, et pas tout-à-fait inutiles, sur la littérature et les mœurs de ce peuple de l'Orient. Il a ici un établissement, une église et un couvent de quatre-vingt-dix moines dont quelques-uns sont des hommes pleins d'instruction et de talent. Ils ont aussi une imprimerie, et font de grands efforts pour éclairer leur nation. Je trouve que cette langue (qui est double, la littérale et la vulgaire) présente de grandes difficultés, mais non pas insurmontables, au moins je l'espère, et je la continuerai. J'ai senti la nécessité d'appliquer mon esprit à quelque étude un peu rude, et celle-ci étant la plus difficile que j'aie pu trouver servira de lime au serpent.

» J'ai l'intention de rester ici jusqu'au printems, ainsi adressez-moi directement à Venise, poste restante. M. Hobhouse est allé pour le moment à Rome avec son frère, la femme de son frère et sa sœur qui l'ont rejoint ici. Il revient dans deux mois. J'y serais allé aussi, mais je suis devenu amoureux, et il faut que je reste jusqu'à ce que ce soit passé. Je pense que de ceci, et de l'alphabet arménien, il y en aura pour tout l'hiver. Heureusement pour moi la dame a été moins difficile que la langue, car entre les deux j'y aurais perdu les restes de ma raison. Par parenthèse, elle n'est pas Arménienne, mais Vénitienne, comme je crois vous l'avoir dit dans ma dernière. Quant à l'italien, je le parle assez facilement; y compris même le dialecte vénitien qui ressemble un peu à l'anglais qu'on parle dans le comté de Sommerset; et je n'ai pas oublié pendant mes voyages ce que j'ai pu savoir auparavant des dialectes plus classiques.

» Tout à vous sincèrement et à jamais.

B.

» *P. S.* Rappelez-moi à M. Gifford. »

LETTRE CCLVI.

A M. MURRAY.

Venise, 9 déc. 1816.

« J'apprends par une lettre d'Angleterre qu'un homme, appelé Johnson, a pris la liberté de publier quelques poèmes intitulés : *Pèlerinage à Jérusalem, la Tempête* et *une Prière à ma Fille*, et qu'il me les attribue en soutenant qu'il me les a payés cinq cents guinées. Ma réponse à ceci sera courte. Je n'ai jamais écrit ces poèmes; je n'ai jamais reçu la somme mentionnée, ni aucune autre de ce côté-là; et (autant qu'un homme peut être moralement sûr d'une chose) je n'ai jamais eu directement ou indirectement la moindre communication avec Johnson de toute ma vie, ne connaissant pas même son existence avant que cette nouvelle fût venue m'apprendre qu'il y avait au monde un tel individu. Rien ne m'étonne, autrement ceci en serait capable, et je m'amuse en général de tout, sans quoi ceci ne m'amuserait guère. Par rapport à moi, cet homme ne s'est rendu coupable que d'un mensonge, et c'est naturel ; des gens qui sont au-dessus de lui lui en ont bien donné l'exemple ; mais par rapport à vous, je crains que son assertion ne fasse du tort à vos publications, et je désire qu'elle soit contredite de la manière la plus formelle et la plus publique. Je ne crois pas qu'il y ait de châtiment pour des choses de cette espèce, et s'il y en avait, je ne me sentirais disposé à poursuivre cet ingénieux charlatan, qu'autant qu'il faudrait pour le confondre. — Mais il peut être nécessaire d'aller jusque-là..

» Vous ferez l'usage qu'il vous plaira de cette lettre ; et M. Kinnaird, qui est autorisé à agir pour moi en mon absence, s'empressera, j'en suis sûr, de faire avec vous les démarches qui peuvent être nécessaires par rapport à l'absurde imposture de ce pauvre homme. Comme vous devez avoir reçu depuis peu plusieurs lettres de moi, écrites sur la route de Venise, ainsi que deux que je vous ai adressées depuis mon arrivée ici, je ne vous en dirai pas davantage aujourd'hui.

» Toujours à vous. »

» *P. S.* Faites-moi savoir, je vous prie, que vous avez reçu cette lettre. — Adressez les vôtres à Venise, poste restante.

» Pour empêcher que de semblables fabrications

n'aient encore lieu, vous pouvez dire que je ne me rends responsable d'aucune publication, depuis 1812 jusqu'à ce moment, qui ne serait pas sortie de votre presse. Je dis depuis cette époque, parce qu'auparavant Catwhorn et Ridge ont tous deux imprimé de mes compositions. Un *Pèlerinage à Jérusalem !* et comment diable aurais-je écrit un pèlerinage à Jérusalem où je n'ai jamais été? Quant à *la Tempête*, je n'ai pas eu de tempête, mais une brise très-fraîche à mon départ d'Angleterre ; et pour ce qui est du poème adressé à ma petite Ada (qui, par parenthèse, aura un an demain), je n'ai jamais rien écrit à son sujet, excepté dans *les Adieux* et le troisième chant de *Childe Harold.* »

LETTRE CCLVII.

A M. MURRAY.

Venise, 27 déc. 1816.

« Puisque le démon du silence paraît s'être emparé de vous, j'ai résolu, moi, de m'en venger en vous faisant payer des ports de lettres. Celle-ci est la sixième ou septième que je vous écris depuis la fin de l'été et mon départ de Suisse. Ma dernière contenait une injonction de démentir et de livrer à la honte cet imposteur de Cheapside, qui (à ce que j'ai appris par une lettre de votre île) a jugé à propos de joindre mon nom à ses poésies bâtardes dont je ne sais rien, non plus que de l'achat prétendu qu'il a fait du manuscrit et de son droit de propriété. J'espère que vous avez enfin reçu cette lettre.

» Comme les nouvelles de Venise doivent vous intéresser beaucoup, je vais vous en régaler.

» Hier étant le jour de la Saint-Étienne, tout le monde était en mouvement. On n'entendait que le son du violon et des orgues ; on ne voyait que jeux et divertissemens sur tous les canaux de cette ville aquatique. Je dînai avec la comtesse Albrizzi et une société de Padoue et de Venise, et ensuite nous fûmes à l'opéra au théâtre de la *Fenice*, qui ouvrait ce jour-là pour le carnaval ; c'est le plus beau que j'aie jamais vu : il laisse bien loin derrière lui tous nos théâtres pour la beauté et les décorations, et ceux de Milan et de Brescia doivent lui céder la prééminence. L'opéra et ses sirènes ressemblent beaucoup à tous les opéras et à toutes les sirènes du monde ; mais le sujet du susdit avait quelque chose d'édifiant. L'intrigue est fondée sur un fait raconté par Tite-Live, de cent cinquante femmes mariées qui empoisonnèrent leurs cent cinquante maris dans les bons vieux tems. Les célibataires de Rome regardèrent cette étonnante mortalité comme l'effet ordinaire du mariage ou d'une épidémie ; mais les époux qui survécurent étant tous saisis de la colique, examinèrent à fond l'affaire, et s'aperçurent qu'on avait drogué leur breuvage ; or il s'en suivit beaucoup de scandale et plusieurs procès. Voilà, en toute vérité, le sujet de l'opéra qu'on a donné l'autre jour à la *Fenice*, et vous ne pouvez imaginer toutes les jolies choses qui sont introduites dans le chant, et le récitatif au sujet de l'*orrenda strage*.[1] Le dénouement est, qu'une dame se voit sur le point d'avoir la tête coupée par un licteur. Mais je suis fâché de dire qu'il la lui laisse, et qu'elle vient en avant chanter un trio avec les deux consuls, pendant que le sénat, qui est dans le fond, forme le chœur. Le ballet n'avait rien de remarquable, excepté que la première danseuse est tombée en convulsion, parce qu'elle n'était pas applaudie à son premier début, et que le directeur a paru pour demander s'il se trouvait « un médecin dans la salle. » J'avais un Grec dans ma loge à qui j'aurais voulu persuader de lui offrir ses services, étant sûr que dans ce cas ce seraient les dernières convulsions qu'aurait la *ballerina*[2]; mais il ne s'en soucia pas. La foule était énorme ; et en sortant, comme j'avais une dame sous le bras, je fus presque obligé, pour m'ouvrir un passage, de battre un Vénitien et d'attenter à l'état, car je me vis forcé de régaler un individu, qui me gênait, d'un coup de poing dans le ventre (à l'anglaise) qui l'envoya aussi loin que le passage voulut le permettre. Il n'en attendit pas un second ; mais, avec de grands signes d'épouvante et de mécontentement, il en appela à ses compatriotes qui se moquèrent de lui.

» Je continue d'étudier l'arménien tous les ma-

---

[1] De l'*horrible carnage*.
[2] *Danseuse*.

tins, et d'aider à activer une partie d'une grammaire anglaise et arménienne qu'on publie maintenant dans le couvent de Saint-Lazare.

» Le supérieur des moines est un évêque. — C'est un beau vieillard qui a une barbe semblable à la queue d'une comète. Le frère Pascal est aussi un homme pieux et instruit. Il a passé deux ans en Angleterre.

» Je suis encore terriblement amoureux de la dame adriatique dont je vous ai parlé dans une lettre précédente (et non dans celle-ci, car la seule femme dont il y est question est âgée et savante, deux choses que j'ai cessé d'admirer); et l'amour dans cette portion du monde n'est pas une sinécure. C'est aussi la saison où tout le monde arrange ses intrigues pour l'année suivante et où l'on choisit son partenaire pour la première partie.

» Maintenant, si vous ne m'écrivez pas, je ne sais pas ce que je ne dirai ou ne ferai pas, ni ce que je dirai ou ferai. Donnez-moi des nouvelles, et de bonnes.

» Votre très-sincèrement, etc.

» *P. S.* Rappelez-moi au souvenir de M. Gifford, en lui présentant mes devoirs.

» J'ai appris que la *Revue d'Édimbourg* avait déchiré la *Christabel* de Coleridge, et moi aussi, par contre-coup, pour l'avoir louée. Ceci ne me paraît présager rien de bon pour le chant qui a paru ou va paraître, et pour le *Château de Chillon*. Ma veine de bonheur de l'année dernière semble avoir changé de toute façon. — Mais n'importe, je finirai par m'en sortir ; et sinon je me retrouverai toujours où j'étais en commençant. En attendant, je ne suis pas fâché d'être où je suis, c'est-à-dire à Venise. Ma nymphe de l'Adriatique vient d'entrer ici, c'est pourquoi il faut que je suspende cette lettre. »

LETTRE CCLVIII.

A M. MURRAY.

Venise, 2 janvier 1817.

« Votre lettre est arrivée. — Dites-moi, je vous prie, en publiant le troisième chant, n'avez-vous pas omis quelque passage ? je vous avais écrit en traversant les Alpes pour prévenir un pareil accident. Dites-moi dans votre première lettre si le chant a été publié en totalité tel qu'il vous a été envoyé. Je vous ai écrit encore l'autre jour et deux fois, je crois, et je serais bien aise d'apprendre la réception de ces lettres.

» Aujourd'hui est le 2 janvier. De ce même jour, il y a trois ans, date, je crois, la publication du *Corsaire* dans ma lettre à Moore. Ce même jour, il y a deux ans, je me mariai (le Seigneur châtie ceux qu'il aime). — Il n'y a pas de danger que j'oublie de sitôt ce jour ; et il est assez singulier que je reçoive aujourd'hui une lettre de vous qui m'annonce la publication du *Childe Harold*, etc., etc., etc., à la même date que *le Corsaire*, et que j'en aie reçu aussi une de ma sœur, écrite le 10 décembre, jour de naissance de ma fille, et en partie relative à cet enfant, qui m'arrive ce même jour, 2 de janvier, anniversaire de mon mariage, et dans le mois de ma naissance, et avec beaucoup d'autres rapports astrologiques que je n'ai pas le tems d'énumérer.

» A propos, vous ferez bien d'écrire à Hentsch le banquier de Genève, pour vous informer si les deux paquets confiés à ses soins ont été ou non remis à M. Saint-Aubyn, ou s'ils sont encore entre ses mains. L'un contient des papiers, des lettres, et tous les manuscrits originaux de votre troisième chant, tel qu'il fut d'abord conçu, et l'autre renfermait des os ramassés à Morat. Bien des remerciemens de toutes vos nouvelles, et surtout de la gaîté avec laquelle votre lettre est écrite.

» Venise et moi sommes très-bien d'accord, mais je ne crois pas qu'il y ait ici rien de neuf si ce n'est le nouvel opéra dont je vous ai parlé dans ma dernière lettre. Le carnaval commence, et il y a de tous côtés beaucoup de gaîté sans compter les affaires, car tout le monde ici renouvelle ses intrigues pour la saison ; on change, et l'on commence un nouveau bail. Je me trouve très-bien de Marianna, qui n'est pas du tout une personne à m'ennuyer, d'abord parce que je ne me fatigue jamais d'une femme à cause de sa personne, mais parce qu'elles ont presque toujours des caractères insupportables ; secon-

dement parce qu'elle est aimable et qu'elle possède un tact que n'a pas toujours cette belle moitié de la création ; troisièmement parce qu'elle est très-jolie ; et quatrièmement — mais il n'y a pas besoin d'en spécifier davantage. . . . .
Jusqu'à présent nous sommes fort contens l'un de l'autre, et quant à l'avenir je ne l'anticipe jamais. — *Carpe diem*. — Le passé au moins nous appartient, ce qui est une raison pour s'assurer du présent. En voilà assez sur ma liaison.

» L'état général des mœurs est ici à peu près le même que du tems des doges. Une femme est vertueuse, suivant le code, quand elle se borne à son mari et à un amant ; celles qui en ont deux, trois ou plus sont un peu légères ; mais il n'y a que celles qui sont déréglées sans distinction, et forment des liaisons basses comme la princesse de Galles avec son courrier (qui, par parenthèse, a été fait chevalier de Malte), qui passent pour franchir les bornes de la réserve imposée par le mariage. Les nobles Vénitiens épousent fréquemment des danseuses et des chanteuses : il est vrai de dire que les femmes de leur classe sont loin d'être belles ; mais en général la race des femmes du second ordre, et d'autres inférieures, celles des marchands, des propriétaires, et des gens à la mode, mais sans titre, ont la plupart [1] *il bel'sangue*, et c'est parmi elles que se for-

---

[1] Un *beau sang*.

ment ordinairement les liaisons amoureuses. Il y a aussi de prodigieux exemples de constance. Je connais une femme de cinquante ans qui, n'ayant jamais eu qu'un amant, qui mourut jeune, devint dévote et renonça à tout, à l'exception de son mari. Elle se glorifie, comme on peut bien le croire, de cette fidélité miraculeuse ; et elle en parle quelquefois avec certaines réflexions morales qui sont assez amusantes. Il n'y a pas moyen ici de convaincre une femme qu'elle enfreint le moins du monde les règles de la vertu ou des convenances en ayant un *amoroso*. Le plus grand mal semble consister à le cacher ou à en avoir plus d'un à la fois, à moins pourtant que cette extension de prérogative ne soit connue et approuvée du premier en titre, etc.

» Je vous envoie dans un autre paquet quelques feuillets d'une grammaire [1] anglaise et arménienne à l'usage des Arméniens, dont j'ai encouragé et

---

[1] Le fragment intéressant que nous allons donner, et qui fut trouvé parmi ses papiers, paraît avoir été destiné à servir de préface à la *Grammaire arménienne* dont il est ici question.

« Le lecteur anglais sera probablement étonné de trouver mon nom as-
» socié à un ouvrage de ce genre, et sera peut-être disposé à avoir de mes
» connaissances, comme linguiste, une opinion que je suis loin de mériter.

» Comme je ne voudrais pas volontairement l'induire en erreur, je
» rapporterai, aussi brièvement que possible, de quelle manière j'ai par-
» ticipé à cette compilation, et les motifs qui m'y déterminèrent. A mon
» arrivée à Venise, en 1816, je m'aperçus que l'état de mon esprit me
» faisait un besoin de l'étude et d'un genre d'étude qui laissât peu d'es-
» pace à l'imagination, et présentât quelques difficultés.

» A cette époque je fus très-frappé, comme l'ont été sans doute tous
» les voyageurs, de la communauté du couvent de Saint-Lazare, qui me

même déterminé la publication (il ne m'en coûte que 1,000 francs). Je continue mes leçons dans cette langue sans faire aucun progrès rapide, mais avançant un peu chaque jour. Le père Pascal, avec un peu d'aide de ma part pour la traduction de son italien en anglais, s'occupe aussi d'une grammaire manuscrite pour faciliter aux Anglais l'étude de l'ar-

» parut réunir tous les avantages d'une institution monastique sans aucun
» de ses vices.

» L'ordre, la propreté, la douceur, la véritable dévotion, les talens
» et les vertus qu'on trouve chez les frères de cet ordre, sont bien capa-
» bles d'imprimer à l'homme du monde la conviction qu'il en existe un
» autre et un meilleur.

» Ces hommes sont les prêtres d'une nation noble et opprimée qui a
» partagé la proscription et l'esclavage des Juifs et des Grecs. Sans être
» intraitable comme les uns et servile comme les autres, ce peuple a
» amassé des richesses sans usure, et obtenu tous les honneurs auxquels
» on peut parvenir dans l'esclavage, sans intrigue. Toutefois ils ont fait
» partie, depuis long-tems, de la « Maison de Captivité » qui, depuis
» peu, a pris une si grande extension. Il serait difficile peut-être de trouver
» dans les annales d'aucune nation, moins de crimes que dans celles des
» Arméniens, dont les vertus ont toutes été pacifiques, et dont les vices
» ont été l'effet de la violence. Mais quelle qu'ait pu être leur destinée,
» et elle a été cruelle, quelle qu'elle puisse être à l'avenir, leur pays sera
» à jamais un des plus intéressans du globe, et leur langue n'a besoin
» peut-être que d'être un peu plus connue pour présenter plus d'attrait.
» Si l'on explique bien l'Écriture, c'est en Arménie que le paradis fut
» placé, dans cette Arménie qui a payé aussi cher que tous les descendans
» d'Adam, la participation passagère de son sol à la félicité de celui qui
» avait été créé de sa poussière. Ce fut en Arménie que le déluge s'apaisa
» d'abord, et que la colombe s'abattit. Mais de la disparition du paradis
» lui-même, on peut presque faire dater le malheur de ce pays; car, bien
» qu'il ait formé long-tems un royaume puissant, il n'a presque jamais joui
» de l'indépendance, et les satrapes de la Perse et les pachas de la Turquie
» ont également ravagé la contrée où Dieu avait créé l'homme à son
» image. »

ménien; et nous la ferons imprimer aussi quand elle sera terminée.

» Nous voulons savoir s'il se trouve en Angleterre, soit à Oxford, Cambridge ou ailleurs, aucuns types ou caractères d'imprimerie arméniens? Vous savez, je présume, qu'il y a bien des années, les deux Whistons publièrent, en Angleterre, un texte original d'une *Histoire d'Arménie*, avec leur version latine; ces types existent-ils encore, et où sont-ils? informez-vous-en, je vous prie, aux savans de votre connaissance.

» Quand cette grammaire (je parle de celle qu'on imprime maintenant) sera terminée, consentiriez-vous à en prendre quarante ou cinquante exemplaires qui ne vous coûteront pas plus de 5 à 10 guinées, pour les mettre en vente, et faire ainsi l'épreuve de la curiosité des savans? Dites oui ou non, comme il vous plaira. Je puis vous assurer que ces moines possèdent des livres et des manuscrits très-curieux, et qui sont la plupart des traductions d'originaux grecs maintenant perdus: c'est d'ailleurs une communauté savante et fort respectée, et l'étude de leur langue avait été embrassée avec beaucoup d'ardeur par quelques littérateurs français, du tems de Bonaparte.

» Je n'ai pas écrit une rime depuis que j'ai quitté la Suisse, et je ne me sens pas l'*estro* pour le moment. Je crois que vous craignez d'avoir un quatrième chant avant septembre, et un autre manuscrit à payer; mais soyez tranquille, je n'ai en ce moment aucune intention de reprendre ce poème ni d'en commencer un autre. Si j'écris, j'ai envie d'essayer de la prose; mais je crains d'introduire des personnages vivans, ou des caractères dont on pourrait faire l'application à des caractères vivans. Peut-être, un jour ou l'autre, serai-je tenté d'écrire quelque ouvrage d'imagination en prose, qui offrirait la peinture des mœurs italiennes et des passions humaines. Quant à la poésie, la mienne n'est que le rêve des passions qui sommeillent; une fois réveillées, je ne sais plus parler leur langage que dans leur somnambulisme, et dans ce moment elles ne dorment pas.

» Si M. Gifford veut avoir carte blanche pour le *Siége de Corinthe*, il l'a, et peut en faire ce qu'il lui plaît.

» Je vous ai adressé l'autre jour une lettre renfermant un démenti au sujet de cet homme de *Cheapside*, qui a inventé le conte dont vous me parlez. Mes complimens les plus sincères à M. Gifford, et à ceux de mes amis que vous pourrez voir chez vous. Je vous souhaite à tous beaucoup de prospérité, et vous offre mes vœux pour la nouvelle année.

» Toujours votre, etc. »

LETTRE CCLIX.

A M. MOORE.

Venise, 28 janvier 1817.

« J'ai devant les yeux votre lettre du 8. Il y a un remède tout simple à votre pléthore : c'est l'abstinence. J'ai été obligé d'y avoir recours, il y a quelques années, c'est-à-dire en fait de régime ; et, à l'exception de quelques jours, de quelques semaines (mettons même parfois de quelques mois), je m'en suis toujours tenu depuis à Pythagore : malgré tout cela, apprenez-moi que vous êtes mieux. Il ne faut pas vous permettre cette vilaine bière, ni le porter non plus, ni les soupers : ces derniers surtout sont le diable pour ceux qui dînent. . . . .
. . . .

» Je suis véritablement affligé du malheur de votre père : c'en est un cruel dans tous les tems, mais surtout dans un âge avancé. Cependant, vous aurez du moins la satisfaction de faire votre devoir à son égard, et, croyez-moi, cela ne sera pas sans fruit. La fortune, à la vérité, est une femme ; mais elle n'est pas une si grande [1]..... que les autres (en exceptant votre femme et ma sœur de ces termes un peu violens), car elle finit toujours par montrer quelque justice. Je ne lui en veux pas, quoiqu'avec elle

---

[1] *B****. Nous ne croyons pas devoir remplir le mot laissé en blanc par lord Byron, et dont la traduction n'est rien moins qu'honnête dans notre langue. (*Note du Trad.*)

et Némésis j'aie eu quelques lances à rompre; — quoi qu'il en soit, j'ai fait mon possible pour ne pas mériter pis. Elle est fort en arrière à votre égard; mais elle reviendra, vous le verrez. Vous avez pour vous toute l'énergie que peuvent donner le talent, l'indépendance, le courage et une bonne réputation. Vous avez fait et ferez toujours tout ce que vous êtes capable de faire dans vos intérêts; et assurément il y a des gens dans le monde qui ne seraient pas fâchés de vous servir, si vous vouliez leur permettre de vous être utile ou du moins de le tenter.

» Je songe à aller en Angleterre ce printems. S'il y a du bruit, de par le sceptre du roi Ludd, j'en serai, et s'il n'y en a pas, et que ce soit seulement la continuation de « ces tems d'une paix débonnaire, » j'irai prendre une chaumière à cent toises sud de votre habitation; et devenu votre voisin, nous composerons ensemble des cantiques, et nous tiendrons des conversations qui deviendront la terreur du tems (sans en excepter le journal de ce nom), et qui seront l'objet de l'admiration et des louanges du *Morning-Chronicle* et de la postérité.

» Je me réjouis d'apprendre que vous allez publier en février, quoique je tremble pour l'éclat que vous attribuez à ce nouveau *Childe Harold*. Je suis bien aise qu'il vous plaise : c'est un beau morceau de poésie, mais où quelque chose de vague et de sombre indique les ravages du désespoir. Pendant tout le tems qu'en a duré la composition, j'étais à moitié fou entre la métaphysique, les montagnes, les lacs, un amour inextinguible, de ces pensées qu'on n'exprime pas, et le cauchemar de mes propres méfaits. Plus d'une fois je me serais senti capable de me brûler la cervelle, sans le souvenir du plaisir que cela aurait fait à ma belle-mère; et même alors, si j'eusse été certain que mon ombre la poursuivrait, — mais je ne veux pas m'appesantir sur ces petites affaires de famille.

» Venise est dans l'*estro* de son carnaval; et j'ai passé les deux dernières nuits à la redoute, à l'opéra, et dans tous ces genres de plaisir. Maintenant, voici une aventure. Il y a quelques jours qu'un gondolier m'apporta un billet sans adresse, dans lequel on exprimait le désir de me rencontrer en gondole ou dans l'île de Saint-Lazare, ou à un troisième lieu de rendez-vous qu'on indiquait. « Je connais bien le carac- » tère du pays; » à Venise « on ne craint pas de laisser » voir au ciel ce qu'on n'ose pas montrer, etc., etc. » Ainsi, pour toute réponse, je dis qu'aucun des trois endroits indiqués ne me convenait, mais que je serais seul chez moi à dix heures du soir, ou à la redoute à minuit, où l'on pouvait venir me trouver masqué. A dix heures j'étais chez moi, seul; Marianna étant allée avec son mari à une *conversazione*. Tout-à-coup la porte de mon appartement s'ouvre, et je vois entrer une belle femme, d'environ dix-neuf ans, blonde, quoique Italienne, et qui m'apprend qu'elle est mariée au frère de *mia amorosa,* et désire avoir un entretien avec moi. Je réponds d'une manière honnête, et nous commençons à causer en italien et en romaïque, sa mère étant native de Corfou, quand, au bout de quelques minutes, entre, à ma très-grande surprise, Marianna S***, *in propria persona*, qui, après avoir fait à sa belle-sœur et à moi une révérence très-polie, saisit, sans dire un seul mot, la susdite belle-sœur par les cheveux, et lui applique une douzaine de claques dont le bruit vous aurait déchiré les oreilles. Je n'ai pas besoin de parler des cris qui s'en suivirent : l'infortunée visiteuse prit la fuite. Je m'emparai de Marianna qui, après avoir fait plusieurs efforts pour m'échapper, afin de poursuivre son ennemie, finit par se trouver mal dans mes bras; et en dépit de tous mes raisonnemens, d'un déluge d'eau de Cologne, de vinaigre, d'eau pure, et de je ne sais combien d'autres eaux encore, resta dans cet état jusqu'après minuit.

» Après avoir maudit mes domestiques de laisser entrer chez moi sans m'en avertir, je découvris que Marianna avait vu le matin, sur l'escalier, le gondolier de sa belle-sœur; et ne soupçonnant rien de bon de sa présence, était revenue de son propre mouvement; ou bien avait été avertie par quelqu'une de ses femmes, ou par quelqu'autre espion de sa maison, pendant la *conversazione*, qu'elle avait quittée pour venir accomplir ce haut fait de pugilat. J'avais vu des attaques de nerfs auparavant, comme aussi quelques petites scènes du même genre, dans notre île et ailleurs : mais ce n'était pas tout. Au bout d'une heure environ, qui nous arrive encore ? le signor S*** lui-même, qui me trouve avec sa femme défaillante sur un sofa, et toutes les apparences du désordre : des cheveux épars, des chapeaux par terre, avec des mouchoirs, des sels, des flacons, et la dame elle-même, pâle comme la mort, sans mouvement et sans connaissance. Sa première question fut : « Que veut dire tout cela ? » La dame ne pouvait pas répondre ; ce fut donc moi qui m'en chargeai. Je lui dis que ce serait la chose du monde la plus facile à expliquer ; mais qu'en attendant, il valait beaucoup mieux s'occuper de faire revenir sa femme — (au moins de faire revenir ses sens). Elle les reprit, après avoir passé un tems convenable en soupirs et en sanglots.

» Vous n'avez pas besoin de vous alarmer : — la jalousie n'est pas à l'ordre du jour à Venise, et les poignards y sont passés de mode, tandis que les duels pour affaires d'amour y sont inconnus. Mais malgré tout cela, ma situation était gauche ; et quoiqu'il eût dû savoir que je faisais la cour à Marianna, je crois que, jusqu'à ce soir là, il ne s'imaginait pas que les choses eussent été jusque-là. On sait très-bien que toutes les femmes mariées ont des amans, mais la coutume est de conserver les apparences, comme chez les autres nations. Je ne savais donc que diable dire : — je ne pouvais laisser percer la vérité par égard pour elle, et je ne me souciais pas de mentir par rapport à moi : d'ailleurs la chose parlait d'elle-même. Je pensai que le meilleur parti serait de la laisser s'expliquer comme elle le voudrait (une femme n'est jamais embarrassée, elle a toujours le diable à son service), seulement je résolus de la protéger et de l'emmener en cas de quelque violence du signor ; mais je vis qu'il était fort calme. Elle alla se coucher; et le lendemain — comment cela s'arrangea-t-il entre eux? je ne sais, mais cela s'arrangea. C'est bien, mais il me restait encore une explication à donner à Marianna au sujet de cette belle-sœur que je ne pourrai jamais assez maudire, et j'en vins à bout par des sermens répétés de mon innocence et d'une constance éternelle, etc., etc., etc. Cependant la belle-sœur, fort irritée d'avoir été traitée de la sorte (sans s'inquiéter de sa propre honte), a raconté l'affaire à la moitié de Venise, et les domestiques, attirés par le combat et les attaques de nerfs, l'ont apprise à l'autre moitié; mais ici, personne ne s'occupe de ces bagatelles que pour s'en amuser. Je ne sais pas si cela produira sur vous le même effet, mais voilà que j'ai rempli une longue lettre de toutes ces folies.

» Croyez-moi toujours, etc. »

LETTRE CCLX.

A M. MURRAY.

Venise, 24 janvier 1817.

. . . .

« La comtesse Albrizzi m'a prié de lui donner un

exemplaire de mes œuvres ; je vous prie donc de m'en envoyer un, afin que je puisse la satisfaire. Vous pouvez y comprendre les dernières publications, dont je n'ai rien vu et ne connais rien, excepté d'après votre lettre du 13 décembre.

» Mrs. Leigh me dit que la plupart de ses amis préfèrent les deux premiers chants. Je ne sais pas si c'est là l'opinion générale (ce n'est pas la *sienne* au moins), mais cela me paraîtrait assez naturel. Quant à moi, je pense différemment, ce qui est naturel aussi ; mais qui a tort ou raison, est ce qui importe fort peu.

» J'ai appris par une lettre de Pise, du docteur Polidori, qu'il était sur le point de retourner en Angleterre pour aller au Brésil faire une spéculation médicale avec le consul danois. Comme vous êtes en faveur auprès des puissances du jour, ne pourriez-vous pas lui procurer quelques lettres de recommandation de vos amis ministériels pour quelques-uns des colons portugais ? Il connaît bien sa profession, et ne manque pas de mérite en général : — ses défauts sont ceux de la jeunesse et d'une vanité bien pardonnable. Il était impossible qu'il restât davantage avec moi : j'avais assez à faire de me tirer de mes propres embarras ; et comme des préceptes sans exemple ne peuvent produire un très-bon effet, j'ai cru qu'il valait mieux lui donner son congé, mais je lui connais peu de défauts et quelques qualités. Il a des talens et de l'esprit, entend très-bien sa profession, est honorable dans sa conduite, et n'est pas du tout méchant. Je crois qu'avec quelque bonne chance, il deviendra un membre utile de la société (dont il retranchera tous les membres malades) et de la Faculté de Médecine. Si vous pouvez lui être utile, ou que vous connaissiez quelqu'un qui soit dans ce cas, employez-vous pour lui, je vous prie, car il a sa fortune à faire. Il a fait à Pise un journal de médecine, sous les yeux de Vacca (le premier chirurgien du continent); Vacca l'a corrigé, et il doit renfermer quelques renseignemens précieux sur la pratique du pays. Si vous pouvez l'aider aussi à publier ce journal, par votre influence sur vos confrères, ne manquez pas de le faire; — je ne vous demande pas de le publier vous-même, cette prière faite d'une manière aussi directe étant trop embarrassante. Il a aussi une tragédie que je n'ai pas vue, et dont par conséquent je ne dirai rien; mais la circonstance même d'avoir été capable d'une telle entreprise à vingt-et-un ans (en supposant qu'il n'ait pas d'autre mérite) prouve en sa faveur, et annonce en lui des dispositions à se cultiver. Ainsi, si par le moyen de vos recommandations vous pouvez le servir auprès de vos amis ministériels, dans le but qu'il se propose, je désire que vous le fassiez; il me semble que quelques-uns de vos gens de l'amirauté doivent se trouver dans le cas de le pouvoir. »

LETTRE CCLXI.

A M. MURRAY.

Venise, 15 février 1817.

« J'ai reçu vos deux lettres, mais non pas le paquet que vous m'annoncez. Puisque les dépouilles de Waterloo sont arrivées, je vous en fais présent, si vous voulez bien les accepter : faites-moi, je vous prie, ce plaisir.

» Je n'ai pas exactement compris, d'après votre lettre, ce qui a été omis ou non dans la publication, mais je la verrai probablement quelque jour. Je ne puis attribuer à M. Gifford ou à vous qu'un bon motif pour cette omission; cependant, comme notre manière de voir en politique est directement opposée, nous ne serions probablement pas du même avis sur ces passages : toutefois, s'il ne s'agit que d'une note ou de plusieurs notes, ou seulement d'un vers ou deux, cela ne peut avoir d'importance. Vous parlez d'un poème ; quel poème ? dites-le-moi dans votre première.

» Je ne connais, de la querelle de M. Hobhouse avec la *Quarterly Review*, que l'article lui-même, qui certainement est assez dur; mais je suis aussi d'avis qu'il eût mieux valu ne pas répondre, surtout après que M. W*** W***, qui ne vous tourmentera plus, vous avait déjà tracassé [1]. J'ai été fort contra-

---

[1] Il y a ici beaucoup d'obscurité dans le texte, peut-être causée par une faute d'impression. (*Note du Trad.*)

rié de ce que Hobhouse m'a dit que sa lettre ou sa préface devait m'être adressée. Lui et moi sommes amis d'ancienne date ; je lui ai beaucoup d'obligations, et il ne m'en a aucune qui n'ait été effacée et plus qu'acquittée. Mais M. Gifford et moi sommes amis aussi, et il s'est montré le mien en littérature, en dépit de mille inconvéniens et malgré la différence de nos âges, de nos mœurs, de nos habitudes, et même de nos opinions politiques : c'est pourquoi je me trouve dans une situation très-gauche entre M. Gifford et mon ami Hobhouse, et ne puis que souhaiter qu'ils n'eussent pas ensemble de différend, ou que celui qu'ils ont pût s'arranger. Quant à la réponse, je ne l'ai pas vue. Une chose assez singulière, c'est que, liés aussi intimement que nous le sommes, M. Hobhouse et moi, nous soyons si réservés sur nos affaires littéraires. Par exemple, l'autre jour, il désirait avoir un manuscrit du troisième chant pour le lire à son frère : je le lui ai refusé. Je n'ai jamais vu son journal, ni lui le mien (je n'ai fait que celui que j'ai envoyé à ma sœur, et qui n'est qu'une description très-rapide des montagnes) ; je ne sache pas non plus que l'un de nous deux ait jamais vu les productions de l'autre avant leur publication.

» Je n'ai pas vu l'article de la *Revue d'Édimbourg* sur Coleridge ; mais que je sois attaqué ou non dans celui-là ou dans quelqu'autre de la même revue, cela ne m'en donnera pas une plus mauvaise opinion de M. Jeffrey, et ne me fera jamais oublier que sa conduite envers moi a été des plus généreuses depuis quatre ans et plus.

» J'ai oublié de vous dire que je viens de terminer une espèce de poème ou de drame en dialogue [1] et en vers blancs, que j'avais commencé l'été dernier en Suisse, et dont l'*Incantation* est un fragment. Il est en trois actes, mais d'un genre sombre, métaphysique et indéfinissable. Presque tous les personnages, à l'exception de deux ou trois, sont des esprits de la terre, de l'air et des eaux. La scène est dans les Alpes : le héros est une espèce de magicien tourmenté par des remords, dont la cause n'est qu'à demi expliquée. Il erre en invoquant ces esprits qui lui apparaissent, et ne lui servent à rien. Enfin, il pénètre jusque dans la demeure du Mauvais Principe lui-même, pour évoquer une ombre qui paraît, et lui donne une réponse ambiguë et désagréable ; et, au troisième acte, ses domestiques le trouvent expirant dans une tour où il a étudié son art. Vous devez voir par cette esquisse que je n'ai pas grande opinion de ce caprice d'imagination ; mais du moins j'ai fait en sorte d'en rendre la représentation impossible, mes relations avec Drury-Lane m'ayant donné le plus grand dégoût pour le théâtre.

» Je ne l'ai pas même mis au net, et me sens en ce moment trop enclin à la paresse pour en com-

---

[1] *Manfred.*

mencer la copie. — Quand je l'aurai, je vous l'enverrai, et vous pourrez le jeter au feu, ou non. »

LETTRE CCLXII.

A M. MURRAY.

Venise, 25 février 1817.

« Je vous ai écrit l'autre jour en réponse à votre lettre; maintenant je viens vous importuner pour que vous me fassiez une commission, si vous voulez être assez bon pour vous en charger.

» Vous connaissez peut-être M. Love, le bijoutier d'Old-Bond-street. En 1813, ayant l'intention de retourner en Turquie, j'achetai chez lui, et lui payai argent comptant, une douzaine de tabatières environ, de plus ou moins de valeur, pour faire des présens à quelques Musulmans de ma connaissance. Je les ai maintenant avec moi. L'autre jour, ayant eu besoin de faire faire un changement au couvercle de l'une de ces boîtes (pour y placer un portrait), il s'est trouvé que c'était de l'argent doré au lieu d'or, quoiqu'elle ait été vendue et payée pour telle. J'ai, bien entendu, repris la boîte pour la conserver *in statu quo*. Ce que je désire de vous, est que vous voyiez le susdit M. Love, pour l'informer de cette circonstance; en ajoutant, de ma part, que j'aurai soin que sa fraude ne reste pas impunie.

» S'il n'y a pas de remède devant les tribunaux, il y a du moins celui très-équitable de faire connaître son crime [1], c'est-à-dire son argent doré, et que le diable l'emporte ensuite !

» Je conserverai soigneusement, jusqu'à mon retour, tout ce que j'ai acheté chez lui dans cette occasion, puisque la peste, qui règne en Turquie, est une barrière au voyage que je voulais y faire, ou plutôt à cause de la quarantaine sans fin qu'il faudrait subir avant de débarquer au retour. Exposez-lui, je vous prie, l'affaire avec toute l'inflexibilité convenable.

» Je vous ai envoyé, l'autre jour, quelques extraits d'une espèce de drame, que j'ai commencé en Suisse, et fini ici. Vous me direz si vous les avez reçus. — Ils étaient contenus dans une seule lettre. Je n'ai pas encore eu le courage de le recopier, autrement je vous l'enverrais sous enveloppe en plusieurs fois.

» Le carnaval est terminé il y a aujourd'hui huit jours.

» M. Hobhouse est encore à Rome, à ce que je crois. Je suis en ce moment un peu indisposé : les veilles, la dissipation et quelques autres accessoires, m'ont un peu troublé le sang ; mais j'ai en perspective la tranquillité et la tempérance du carême.

» Croyez-moi, etc.

» *P. S.* Rappelez-moi au souvenir de M. Gifford. Je n'ai pas reçu votre *paquet de paquets.* Cherchez

---

[1] Il y a ici un jeu de mot intraduisible : le mot *guilt*, qui veut dire crime, se prononce comme *gilt* (argent doré), et cette double acception forme dans le texte un calembourg, mais pour l'oreille seulement.

(*Note du Trad.*)

pour moi, dans *un Coup-d'œil sur l'Italie*, par Moore (le docteur Moore); vous y trouverez une notice sur le doge Valière (ce devrait être *Faliéri*), et sa conspiration, ou les motifs qui l'y portèrent. Faites-moi copier cela et envoyez-le moi dans une lettre le plus tôt possible. J'en ai besoin, et ne puis trouver ici de narration aussi bonne de cette affaire; quoique le patriote voilé et le lieu où il fut couronné et décapité ensuite, existe encore, et qu'on vous les montre. J'ai fouillé dans toutes leurs histoires; mais la politique de l'ancienne aristocratie est la cause du silence que gardent les historiens sur les motifs qui déterminèrent ce doge, et qui n'étaient autre qu'une injure particulière que lui avait faite un des patriciens.

» J'ai envie d'écrire une tragédie sur ce sujet, qui me paraît très-dramatique : — un vieillard, jaloux et conspirant contre un état dont il est le chef régnant. Cette dernière circonstance rend ce fait le plus remarquable de l'histoire de toutes les nations, et le seul de ce genre qu'on puisse y trouver. »

LETTRE CCLXIII.

A M. MOORE.

Venise, 28 février 1817.

« Vous vous plaignez peut-être autant maintenant de la fréquence de mes lettres, que vous vous plaigniez autrefois de leur rareté. Je crois que celle-ci est la quatrième depuis autant de mois. Je suis impatient de recevoir de vos nouvelles, et même plus que de coutume, parce que votre dernière m'annonçait que vous ne vous portiez pas bien. A présent je suis moi-même à un régime de malade; je suis un peu sur les dents par suite du carnaval, c'est-à-dire des derniers jours, et d'avoir passé une partie des nuits; — mais c'est fini, — et maintenant nous avons le carême avec son abstinence et sa musique sacrée.

» Le carnaval s'est terminé par un bal masqué à la *Fenice*, où je suis allé, ainsi qu'à la plupart des redoutes, etc., etc.; — et quoiqu'au total je n'aie pas été très-dissipé, je m'aperçois pourtant que la lame use le fourreau, je ne fais cependant que d'entrer dans ma vingt-neuvième.

Ainsi donc, nous n'irons plus courir si tard la nuit, quoique le cœur soit toujours aussi tendre, et le clair de lune aussi beau; car, de même que la lame use le fourreau, l'âme use le sein qui la renferme, il faut au cœur une petite pause pour respirer, et l'amour lui-même a besoin de repos. Ainsi donc, quoique la nuit soit faite pour aimer, et que le jour revienne trop tôt, nous n'irons plus courir si tard à la clarté de la lune.

» J'ai eu dernièrement des nouvelles en fait de *littératoure*, ainsi que j'ai entendu prononcer ce mot une fois par l'éditeur du *Monthly*. J'ai appris que W. W. a publié et répondu aux attaques du *Quarterly*, dans la *Chronique* du savant Perry. J'ai lu ses poésies l'automne dernier, et entr'autres j'y ai trouvé une épitaphe sur son boule-dogue, et une

autre sur moi-même ; mais je prends la liberté de l'assurer (comme l'astrologue Partridge), que non-seulement je suis encore vivant, mais même que je l'étais au moment où il la composa. . . . .
. . . Hobhouse, aussi, à ce que j'apprends, a décoché une lettre contre le *Quarterly* qui m'est adressée. Je me trouve dans une position embarrassante entre lui et Gifford, qui sont tous deux mes amis.

» Et voici le mois où vous allez paraître. — Par le corps de Diane (c'est un juron vénitien), j'éprouve autant d'impatience (quoique sans aucune crainte pour vous), que si j'avais moi-même un ouvrage dans le genre plaisant prêt à être publié, ce qui serait, comme vous savez, les antipodes de mes compositions précédentes. Je ne crois pas que vous ayez autre chose à craindre que votre propre réputation. Il faut la soutenir. Comme vous ne m'avez jamais montré un vers de votre ouvrage, je ne sais pas même le rhythme que vous avez adopté; mais il faut que vous m'en envoyiez un exemplaire par Murray, et alors vous saurez ce que j'en pense. Je gage que vous vous faites petit : — réellement vous êtes, de tous les auteurs, le seul vraiment modeste que j'aie rencontré, ce qui paraîtrait assez étrange à ceux qui se rappellent vos mœurs quand vous étiez jeune, — c'est-à-dire quand vous étiez extrêmement jeune ; — je ne veux vous reprocher ni votre âge, ni votre moralité.

» Je crois vous avoir dit que la E. R. m'avait attaqué dans un article sur Coleridge (que je n'ai pas lu). — « *Et tu*, Jeffrey ? Il n'y a que perfidie dans » la vile espèce humaine. » Cependant je l'absous de toute attaque présente et future ; car je trouve qu'il a déjà poussé jusqu'au dernier point la clémence à mon égard, et j'aurai toujours bonne opinion de lui. Je m'étonne seulement qu'il n'ait pas commencé plus tôt, la ruine de mon bonheur domestique offrant à tout le monde une belle occasion, et dont tous ceux qui l'ont pu, ont bien fait de profiter.

» Si je vis encore dix ans, vous verrez pourtant que tout n'est pas fini pour moi. — Je ne dis pas en fait de littérature, car cela compte pour rien, et quelqu'étrange que cela puisse vous paraître, je ne crois pas que ce soit là ma vocation ; — mais vous verrez que je ferai quelque chose (les tems et la fortune le permettant) qui, comme la cosmogonie ou création du monde, embarrassera les philosophes de tous les siècles. Cependant je doute que ma constitution tienne jusque-là, je l'ai parfois diablement exercée [1].

» Je n'ai pas encore fixé l'époque de mon retour, mais je crois que ce sera au printems. Il y aura un an au mois d'avril que je suis absent. Vous ne me parlez jamais de Rogers, ni de Hodgson, ni de votre voisin l'ecclésiastique qui a obtenu dernièrement

---

[1] Il y a dans le texte *exorcised*, qui veut dire exorcisée, à la place d'*exercised* (exercée), l'o qui est italique étant placé là par plaisanterie.

(*Note du Trad.*)

une cure auprès de vous. A-t-il aussi un enfant? C'était tout ce qui lui manquait la dernière fois que je l'ai vu. . . . .
. . . .

» Donnez-moi de vos nouvelles, je vous prie, à vos momens de loisir, et croyez-moi toujours sincèrement et affectueusement votre, etc. »

LETTRE CCLXIV.
A M. MURRAY.

Venise, 3 mars 1817.

« En vous accusant la réception de l'article du *Quarterly* [1], qui est arrivé il y a trois jours, je ne puis employer de meilleurs termes que ceux de ma sœur Augusta, qui dit qu'il est dicté par les sentimens les plus bienveillans. Il est, à mon avis, quelque chose de plus, et autant que le sujet me permet d'en juger, il me semble très-bien écrit comme composition, et ne déparera pas la revue, car ceux même qui blâmeront son indulgence seront forcés de louer sa générosité. Tant de gens ont été disposés à traiter la question sous un point de vue différent, et moins favorable, qu'en considérant d'ailleurs l'opinion publique et la politique, il n'y a qu'un homme plein de courage et de bonté qui ait

---

[1] Article qui porte le numéro 31 dans cette *Revue*, qui fut écrit, comme lord Byron le découvrit bientôt, par sir Walter-Scott, et mérite bien, par l'esprit de générosité et de bienveillance qui y règne, la reconnaissance ardente et durable qu'il fit naître dans le noble poète.

(*Note de Moore.*)

pu écrire un pareil article dans un tel ouvrage, et à une telle époque, même en gardant l'anonyme. De telles actions, cependant, portent avec elles leur récompense, et j'ose me flatter que cet écrivain, quel qu'il soit (et je n'en ai pas le moindre soupçon) ne regrettera pas de m'avoir fait éprouver, par la lecture de cet article, autant de satisfaction que pouvait m'en causer un morceau de ce genre, et beaucoup plus qu'aucun autre m'en ait jamais donné, quoique dans mon tems j'en aie beaucoup vu, tant pour, que contre. Ce n'est pas la louange seulement, mais il y règne un tact et une délicatesse, non pas tant par rapport à moi, que par rapport aux autres, que n'ayant jamais trouvés ailleurs, j'avais jusqu'à présent douté de rencontrer nulle part.

» Peut-être, un jour ou l'autre, saurez-vous le nom de l'écrivain, et me le direz-vous. Soyez persuadé que si l'article eût été sévère, je ne vous l'aurais pas demandé.

» Je vous ai écrit très-souvent depuis peu, en vous envoyant des extraits que vous avez reçus, j'espère, ou recevrez avec ou avant cette lettre. Depuis la fin du carnaval, je n'ai cessé d'être indisposé. (Gardez-vous, sous aucun prétexte, d'en informer Mrs. Leigh, car si mon mal empire, elle ne le saura que trop tôt, et si je me rétablis, elle n'a pas besoin de le savoir du tout.) Mais je n'ai presque pas quitté la maison; heureusement je n'ai pas besoin de médecin : si j'étais dans ce cas, ceux d'Italie sont fort heureusement les plus mauvais du monde, de sorte que j'aurais encore une bonne chance. Ils ont, je crois, un fameux chirurgien : c'est Vacca qui habite Pise, et pourrait se rendre utile en cas de dissection ; — mais il est à quelques centaines de milles. Ma maladie est une espèce de fièvre lente, dont l'origine, comme le dirait mon pasteur et maître Jackson, est d'avoir trop abusé de soi-même ; cependant je me trouve mieux depuis un ou deux jours.

» J'ai manqué l'autre jour le spectacle de la procession du nouveau patriarche à Saint-Marc (à cause de mon indisposition) ; il marchait à la tête de six-cent cinquante prêtres. — Belle et sainte armée ! L'admirable gouvernement de Vienne, dans un de ses édits autorisant son installation, prescrivait comme partie du cortège une voiture à quatre chevaux. Pour vous faire une idée à quel point ceci est *allemand*, vous n'avez qu'à vous figurer notre parlement ordonnant à l'archevêque de Cantorbéry de se rendre du coin d'Hyde-Park à la cathédrale de Saint-Paul, dans la barque du lord-maire, ou dans la galiote de Margate. Il n'y a que la place Saint-Marc, à Venise, qui soit assez grande pour qu'un carrosse puisse y mouvoir, et elle est pavée de larges dalles polies, de sorte que le char et les chevaux du prophète Élizée lui-même seraient bien embarrassés d'y manœuvrer. Ceux de Pharaon pourraient faire mieux, car les canaux, et surtout le grand canal, sont assez vastes et assez étendus pour toute son armée. La voiture était donc hors de toute possibilité ; mais les Vénitiens, qui sont aussi malins que naïfs, se sont beaucoup amusés de cette ordonnance.

» La grammaire arménienne est publiée ; mais mes études de l'arménien sont suspendues dans ce moment, jusqu'à ce que la tête me fasse un peu moins de mal. Je vous ai envoyé l'autre jour, sous deux enveloppes, le premier acte de *Manfred*, drame aussi extravagant que la tragédie de *Bedlam* de Nat. Lee, qui était en vingt-cinq actes, avec quelques scènes de plus. La mienne n'en a que trois.

» Je m'aperçois que j'ai commencé cette lettre du mauvais côté ; n'importe donc, je la finirai du bon.

» Votre très-sincèrement et à jamais obligé, etc. »

LETTRE CCLXV.

A M. MURRAY.

Venise, 9 mars 1817.

« En vous envoyant le troisième acte de l'espèce de poème dramatique dont vous avez dû, au moins je l'espère, recevoir les deux premiers, j'ai peu de chose à vous observer, sinon qu'il ne faudra pas le publier (si vous le publiez jamais) sans m'en avertir auparavant. Je ne saurais réellement dire s'il est bon ou mauvais, et comme il n'en était pas de même à l'égard de mes autres publications, je suis disposé à lui assigner un rang très-humble. Vous le soumettrez au jugement de M. Gifford, et à qui il vous plaira en outre. Quant à ce qui est du prix du manuscrit (s'il vient jamais à être publié), je ne sais pas si trois cents guinées vous paraîtront une estimation exagérée; dans ce cas, vous pouvez en diminuer ce qu'il vous plaira : je ne pense pas, moi, qu'il vaille plus ; ainsi vous voyez que je fais quelque différence entre cet ouvrage et les autres.

» J'ai reçu vos deux *Revues*, mais non pas les *Contes de mon Hôte*, et je vous ai accusé réception du *Quarterly*, à son arrivée, il y a dix jours. Ce que vous me dites de Perry me pétrifie; c'est une imposture grossière. Vers le mois de février ou de mars 1816, on me donna à entendre que M. Croker avait non-seulement coopéré aux attaques du *Courrier*, en 1814, mais même qu'il était l'auteur de quelques vers très-violens, récemment publiés dans un journal du matin. Là-dessus j'écrivis quelque chose en représailles ; j'ai oublié la totalité de ces vers, et j'ai même peine à me rappeler le sujet, car, lorsque vous m'assurâtes qu'il n'était pas l'auteur de tout cela, je les jetai au feu devant vos yeux, et il n'y en avait jamais eu que le brouillon. M. Davies, la seule personne qui les ait entendu lire, m'en demanda une copie que je lui refusai. Si, cependant, par un miracle quelconque, l'ombre de ces vers court maintenant le monde, je ne démentirai jamais ce que j'ai réellement écrit ; je me tiens pour personnellement responsable de toute satisfaction qui peut en être demandée, quoique me réservant le droit de désavouer toute fabrication quelconque. Vous avez été témoin des faits précédens, et savez mieux que personne à quel point ma récapitulation est exacte. Je vous prie donc d'informer M. Perry, que je suis fort étonné qu'il permette qu'on fasse un tel abus de mon nom dans son journal ; je dis *abus*; parce que mon absence méritait du moins quelques égards, et que ma présence et ma sanction positive pouvaient seules justifier un tel procédé, en supposant même que les vers soient de moi ; et s'ils n'en sont pas, il n'y a pas de terme pour qualifier une telle action. Je vous répète que l'original fut brûlé devant vos yeux d'après l'assurance que vous veniez de me donner, et qu'il n'y en a jamais eu de copie, ni même de répétition verbale, — au grand mécontentement de quelques zélés Whigs, qui, en ayant entendu parler à M. Davies, me tourmentèrent beaucoup pour les connaître ; mais ne les ayant écrits que d'après ma croyance ; que M. Croker avait été l'agresseur, et pour prendre ma revanche et non par esprit de parti, je ne voulus me prêter au zèle d'aucune secte, lorsque je découvris qu'il n'était pas l'auteur des passages qui m'avaient offensé. Vous savez que, si le fait était vrai, je ne le nierais pas ; vous vous rappellerez que je vous en parlai franchement dans le tems, et comment et de quelle manière je détruisis ces vers. Croyez qu'aucune puissance, aucune séduction sur la terre n'aurait pu me faire consentir à en donner une copie (si je me les fusse rappelés), à moins d'être certain que M. Croker était en effet l'auteur du morceau que vous m'avez assuré qu'il n'avait pas fait.

» J'ai l'intention d'aller au printems en Angleterre où j'ai quelques affaires à arranger; mais la poste me presse. Tout ce mois-ci, j'ai été indisposé; cependant je me trouve mieux, et j'ai le projet de m'en retourner vers le mois de mai sans aller à Rome, la saison malsaine arrivant de bonne heure. Je reviendrai ensuite après avoir terminé l'affaire qui m'y appelle et qui ne demande pas beaucoup de tems..... J'aurais cru le conte assyrien d'un genre à réussir.

» J'ai vu, dans les poésies de M. W. W., qu'il avait fait mon épitaphe; j'aurais mieux aimé faire la sienne.

» Vous verrez au premier coup d'œil que ce que je vous ai envoyé n'est pas susceptible d'être mis en scène ni même d'en faire venir la pensée. Je doute fort même qu'il puisse être publié; — c'est trop dans mon ancien genre : mais je l'ai composé tout plein de l'horreur du théâtre, et dans la vue d'en rendre la représentation impraticable, connaissant le désir qu'ont mes amis de me voir essayer le genre pour lequel j'ai la plus invincible répugnance, celui de la représentation théâtrale.

» Je suis certainement diablement attaché à ma manière, et il serait tems de la quitter; mais que pouvais-je faire? Si je n'avais donné un but quelconque à l'activité de mon imagination, il aurait fallu succomber aux tourmens qu'elle me fait éprouver et à ceux de la réalité. Mes complimens affectueux à M. Gifford, à Walter Scott, et à tous nos amis. »

LETTRE CCLXVI.

A M. MOORE.

Venise, 10 mars 1817.

« Je vous ai écrit encore dernièrement, mais j'espère que vous ne serez pas fâché d'avoir une nouvelle lettre. J'ai été malade tout le mois dernier d'une espèce de fièvre lente qui me tenait toute la nuit et me quittait le matin. Cependant je me trouve mieux maintenant. Il est probable que nous nous reverrons au printems; au moins mon intention est d'aller en Angleterre où j'ai des affaires, et j'espère vous y trouver rendu à la santé, et chargé de nouveaux lauriers.

» Murray m'a envoyé la *Revue d'Édimbourg* et le *Quarterly*. Lorsque je vous apprendrai que c'est Walter Scott qui est l'auteur de l'article inséré dans la dernière de ces publications, vous conviendrez avec moi qu'un tel morceau est plus honorable pour lui que pour moi-même. Je suis aussi parfaitement satisfait de celui de Jeffrey, et je vous prie de le lui dire en lui présentant mes souvenirs; non que je suppose qu'il lui importe, ou lui ait jamais importé que je sois satisfait ou non, mais c'est une simple politesse de la part de quelqu'un qui n'a encore eu avec lui que de simples relations de bienveillance, mais qui pourra bien faire sa connaissance quelque jour. Je voudrais aussi que vous ajoutassiez, ce que vous savez fort bien, c'est que je n'ai jamais été, et ne suis pas même à présent, l'homme sombre et misanthrope pour lequel il me prend, mais un joyeux compagnon, fort à mon aise avec mes amis intimes, et aussi loquace et aussi enjoué que si j'étais un bien plus habile homme.

» Je vois maintenant que je ne pourrai jamais effacer de l'imagination du public le deuil qui m'entoure, surtout depuis que mon moral **** a cimenté ma réputation. Cependant, ni cela, ni même plus, n'a encore éteint mon courage qui renaît toujours en proportion de ce qu'on fait pour l'abattre.

» Nous avons le carême à Venise, et je n'ai pas quitté la maison depuis quelque tems. Ma fièvre demandant de la tranquillité, et.... Mais à propos de tranquillité, voici pour m'en promettre davantage la signora Marianna qui vient s'asseoir à mes côtés.

» Avez-vous vu le livre de poésie de ***; et si vous l'avez vu n'en êtes-vous pas charmé? Avez-vous aussi — en vérité je ne puis continuer. Il y a une paire de grands yeux noirs qui regardent par-dessus mon épaule, comme l'ange appuyé sur celles de saint Mathieu dans les vieux frontispices des Évangiles; de sorte qu'il faudra que je me retourne pour leur répondre au lieu de continuer à vous répondre à vous.

» Croyez-moi toujours, etc. »

LETTRE CCLXVII.

A M. MOORE.

Venise, 25 mars 1817.

« J'ai enfin appris au défaut de vos lettres (ou au défaut de ce que vous ne m'écrivez pas, car je ne suis pas bien fort sur l'application du mot *défaut*), j'ai enfin appris, dis-je, de Murray, deux particularités qui vous concernent; l'une que vous allez demeurer à Hornsey, pour être, je présume, plus près de Londres; et l'autre que votre poème est annoncé sous le nom de *Lalla Rookh*. J'en suis bien aise, — d'abord parce que nous allons l'avoir à la fin, et ensuite parce que j'aime assez moi-même un titre un peu dur, témoin *le Giaour* et *Childe Harold* qui ont pensé suffoquer à leur apparition la moitié de nos *bas-bleus*. D'ailleurs c'est la queue du chien d'Alcibiade, non pas que je suppose que vous ayez besoin de chien ou de queue. En parlant de queue [1], je voudrais que vous n'eussiez pas qualifié votre ouvrage de *conte* persan [2] : dites un poème ou un ro-

---

[1] Le lecteur ne saisira pas trop le sens de cet à-propos, qui vient de la similitude de la prononciation des mots *queue* et *conte*, qui s'expriment en anglais par les mots *tail* (queue), et *tale* (conte).

(*Note du Trad.*)

[2] Il avait été mal informé sur ce point, l'ouvrage en question ayant été intitulé dès le premier abord *Roman oriental*. Une méprise bien pire

man; mais non pas un conte. Je suis très-fâché d'avoir donné ce nom à quelques-uns de mes ouvrages, car je pense que c'est quelque chose de mieux. D'ailleurs nous avons les contes arabes, les contes indous, les contes turcs et assyriens. Après tout, c'est là de la frivolité, mais vous ne ferez pas attention à toutes ces sottises.

» Réellement et en vérité je veux que vous fassiez un grand fracas, ne fût-ce que par amour-propre, parce que nous sommes de vieux amis, et je n'ai pas le moindre doute que vous y arriverez, car je sais que vous le pouvez. Cependant en ce moment je gagerais que vous ne savez où vous fourrer : et je ne suis pas à vos côtés; mais vous avez Rogers. Je l'envie, ce qui n'est pas bien, car lui il n'envie personne. Songez à m'envoyer, ou du moins à me faire envoyer par Murray votre ouvrage dès qu'il aura paru.

» J'ai été très-malade d'une fièvre lente, qui à la fin a pris le galop, et même plus fort que besoin n'était [1]. Mais enfin, après avoir passé une semaine

(car elle était volontaire, et ne provenait d'aucune intention charitable), fut celle de plusieurs personnes, qui prétendirent que l'auteur avait voulu faire un poëme épique. M d'Israeli lui-même, par amour pour la théorie, a donné dans cette supposition tout-à-fait gratuite. « Le poëte anacréon-
» tique, dit-il, reste, après tout, anacréontique dans sa poésie épique. »

[1] Dans un billet à M. Murray, qui se trouva joint à quelques corrections de *Manfred*, il dit : « Depuis ma dernière, la fièvre lente dont je vous
» parlais a trouvé bon de doubler le pas, et elle est devenue semblable à
» celle que j'attrapai, il y a quelques années, dans les marais d'Élis en
» Morée. »   (*Notes de Moore.*)

dans un demi-délire avec la peau brûlante, la tête en feu, une soif dévorante, d'horribles pulsations et pas de sommeil : grâce à l'eau d'orge et à mon refus de voir de médecin, je suis guéri. C'est une épidémie du lieu qui revient annuellement, et s'en prend aux étrangers. Voici quelques rimes que j'ai faites une nuit d'insomnie [1] :

> J'ai lu *Christabelle*,
> Elle est fort belle.
> J'ai lu *Missionnaire* aussi,
> C'est très-joli.
> J'aurais voulu lire *Ilderim*,
> Ainsi soit-il.
> J'ai, de *Marguerite d'Anjou*,
> Lu deux feuillets. Le pourriez-vous ?
> Du *Waterloo* de S.... il m'a suffi
> De voir une page.... fi ! fi !
> Quant à la Dame de *Wordsworth*, ah ! c'est bien là
> Qu'il convient de crier : holà !
> . . . .

» Je n'ai pas la plus légère idée de l'endroit où j'irai ni de ce que je ferai. J'aurais voulu aller à Rome, mais à présent elle est empestée d'Anglais. On y rencontre des troupes de benêts, ouvrant de grands yeux, bayant aux corneilles, et voulant à la fois du

---

[1] Ces rimes satiriques, composées dans le délire de la fièvre, ne peuvent être bien rendues en français, ni en vers ni en prose. On a cherché à donner quelque idée de sa manière. Le lecteur verra que c'est dans le genre de la fameuse épigramme de Boileau : « Après l'Agésilas, etc. »
(*Note du Trad.*)

bon marché et de la magnificence. On est bien fou de voyager en France et en Italie, avant que ces essaims de misérables aient évacué ces deux pays pour retourner chez eux. — Dans deux ou trois ans la première irruption sera passée, et on pourra alors parcourir le continent à son aise et agréablement.

» Je suis resté à Venise en grande partie parce que ce n'est pas un de leurs repaires, et qu'ils ne font qu'y passer et s'y arrêter un moment. En Suisse c'était réellement un fléau. Heureusement que j'étais parti des premiers et que j'avais pu m'assurer de la plus jolie habitation sur le lac avant qu'ils se fussent mis en mouvement avec le reste des autres reptiles. Mais je les trouvais toujours sur mon chemin. J'ai rencontré tout une famille de vieilles femmes et d'enfans à moitié route du mont Wengen (près de la Iungfrau); elles étaient montées sur des mules, et la plupart étaient trop vieilles et les autres trop jeunes pour comprendre le moins du monde ce qu'elles voyaient.

» A ce propos, je regarde la Iungfrau, et toute cette région des Alpes que j'ai traversée en septembre, comme beaucoup supérieure au Mont-Blanc, à Chamouni et au Simplon; je suis monté au sommet du Wengen, qui n'est pas le point le plus élevé (la Iungfrau étant elle-même inaccessible), mais qui est certainement le point le plus favorable pour la vue. J'ai fait un journal de toute cette excursion pour ma sœur Augusta, qui en a copié une partie pour M. Murray.

» J'ai composé une espèce de drame extravagant tout exprès pour y introduire la description des sites des Alpes, et je l'ai envoyé à Murray. Presque tous les personnages sont des esprits, des fantômes, ou des sorciers, et la scène est au milieu des Alpes et dans l'autre monde ; ainsi vous voyez quelle folle tragédie cela doit faire. Dites-lui de vous la montrer.

» Cela fait maintenant en tout six lettres, petites ou grandes, que je vous ai écrites, et en retour desquelles j'ai reçu de vous un billet de la longueur de ceux que vous m'écriviez de Bury-Street à St.-James-Street du tems que nous dînions si souvent ensemble avec Rogers, que nous causions si librement, que nous allions en société, et de tems en tems entendre le pauvre Shéridan. Vous rappelez-vous un soir qu'il était tellement gris que je fus obligé de lui mettre son chapeau sur la tête, car lui n'en pouvait venir à bout ? — et ensuite je le descendis chez Brookes à peu près dans l'état où depuis on le descendit dans la tombe. Hélas ! je voudrais être ivre aussi, mais je n'ai devant moi que cette maudite eau d'orge.

» Je suis encore amoureux, ce qui est un terrible désagrément quand on quitte un endroit ; et cependant je ne puis rester à Venise beaucoup plus longtems. Que ferai-je sur ce point ? je ne sais. Elle veut venir avec moi, mais je n'aime pas ce parti, dans son propre intérêt. Mon esprit a essuyé tant de combats à ce sujet, depuis quelque tems, que je ne suis pas bien sûr qu'ils n'aient pas un peu contribué à la fièvre dont je vous ai parlé. Je lui suis certainement très-attaché; et si vous saviez tout, vous verriez que ce n'est pas sans motif. Mais elle a un enfant; et quoique semblable à toutes les filles du soleil, elle n'écoute que sa passion : je dois réfléchir pour nous deux. Ce n'est qu'une femme vertueuse comme *** qui peut être capable de renoncer à son mari, à son enfant, et d'être toujours heureuse.

» La morale italienne est la plus bizarre qui existe. La manière dont, non pas seulement les actions, mais le raisonnement des femmes est perverti, est quelque chose de vraiment singulier. Ce n'est pas qu'elles ne considèrent la chose en elle-même comme coupable et même très-coupable ; — mais l'amour, le sentiment de l'amour, non-seulement en est l'excuse, mais en fait même une vertu réelle, pourvu qu'il soit désintéressé, exempt de caprices, et qu'il se borne à un seul objet. Elles ont d'effrayantes notions de constance, car j'ai vu de vieilles figures de quatre-vingts ans qui m'ont été montrées comme des amans dont la flamme durait depuis quarante, cinquante et soixante ans. Je ne puis pas dire que j'aie vu un tel couple d'époux.

» Toujours à vous.

» *P. S.* Marianna, à qui je viens de traduire ce

que je vous ai écrit à notre égard, m'a répondu :
« Si vous m'aimiez véritablement, vous ne feriez pas
» de si belles réflexions, qui ne sont bonnes qu'à *for-*
» *birsi i scarpi*, » c'est-à-dire à nettoyer ses souliers :
— c'est un proverbe vénitien dont on se sert pour
apprécier les choses, et qui s'applique à des raisonnemens de toute espèce. »

LETTRE CCLXVIII.

A M. MURRAY.

Venise, 25 mars 1817.

« Votre lettre et ce qu'elle contient sont arrivés sans accident ; mais un *gentleman* anglais est une chose très-rare, c'est-à-dire à Venise. Je doute qu'il y en ait d'autres maintenant que le consul et le vice-consul que je ne connais pas du tout. Dès que je pourrai mettre la main sur un témoin, je vous enverrai l'acte signé en toutes formes. Mais encore faut-il que ce soit quelqu'un de distingué ! Venise n'est pas un endroit où les Anglais s'attroupent ; leurs colombiers sont à Florence, Naples, Rome, etc. Et pour vous dire la vérité, c'est là une des raisons pour lesquelles je suis resté ici jusqu'à la saison où Rome est purgée de ces sortes de gens, car elle en est en ce moment infectée ; d'ailleurs j'abhorre la nation ; et la nation m'abhorre. Il m'est impossible de vous décrire mes sensations à cet égard, mais il suffira de vous dire que, si je rencontrais quelqu'un de cette race dans les plus belles parties de la Suisse, leur aspect le plus éloigné empoisonnait tout le plaisir que me causaient ces sites superbes, et je ne me soucie pas qu'ils me gâtent la vue du Panthéon, de Saint-Pierre ou du Capitole. Cette manière de sentir est sans doute l'effet des événemens qui se sont passés récemment, mais elle n'en existe pas moins, et tant qu'elle durera, je ne la cacherai pas plus qu'une autre.

» J'ai été sérieusement malade d'une fièvre, — mais elle est passée; je crois, ou du moins je suppose que c'était la fièvre indigène de l'endroit qui revient tous les ans à cette époque, et dont les chirurgiens changent tous les ans le nom, afin d'expédier plus vite leurs malades. C'est une espèce de typhus qui tue quelquefois. Je l'ai eue assez fort; rien cependant de bien dangereux. Elle m'a laissé beaucoup de faiblesse et un grand appétit. Il y a beaucoup de malades à présent; et je présume que c'est de la même maladie.

» Je suis fâché qu'Horner ne soit plus, s'il est vrai qu'il existât quelque chose dans ce monde qui le lui fît aimer; et j'en suis encore bien plus fâché pour ses amis, car il y avait en lui beaucoup à regretter. C'est par votre lettre que j'ai appris sa mort.

» Je vous écrivis il y a quelques semaines pour vous accuser réception de l'article de Walter Scott. Maintenant que je sais qu'il en est l'auteur, cela n'augmente pas la bonne opinion que j'avais de lui, mais cela ajoute à celle que j'ai de moi. Lui, Gifford et Moore sont les seuls auteurs qui n'aient rien du métier dans leurs manières, — aucune sottise, aucune affectation, voyez-vous! Quant à tous les autres que j'ai connus, il y avait toujours plus ou moins de l'auteur dans leur personne. Le petit bout de la plume passait derrière leur oreille, et leur pouce conservait encore quelques légères taches d'encre.

» *Lalla Rookh* — vous vous rappellerez, à propos de titre, qu'on ne peut encore aujourd'hui venir à bout de prononcer le *Giaour*, et que ce dernier et *Childe Harold* parurent très-plaisans à nos bluets [1], et beaux esprits de la ville, jusqu'à ce que, surpris et un peu alarmés, ils eussent appris à changer de ton. — Ainsi donc *Lalla Rookh*, qui est très-orthodoxe et très-oriental, est un titre tout aussi bon, et meilleur même qu'il ne vous le faut. J'aurais désiré seulement qu'il n'eût pas intitulé son ouvrage: *conte persan*; d'abord parce que nous avons déjà les contes turcs, indous et assyriens, et je me repens d'avoir donné à la poésie le sobriquet de *conte* : *fable* vaudrait mieux. En second lieu, *conte persan* me rappelle un des vers de Pope sur Ambrose Phillips; et quoique assurément personne ne puisse dire que ce conte ait été « tourné pour un écu », cependant il vaut toujours mieux éviter de telles disson-

[1] Terme qui s'applique aux savans et à ceux qui ont des prétentions en littérature.

nances. Pourquoi pas *histoire persanne* ou *roman* ? Je suis aussi anxieux pour Moore que je le serais pour moi-même quand il s'agirait de mon ame, et je ne veux pour lui que des succès brillans, comme je ne doute pas qu'il n'en obtienne.

» Quant au drame du sorcier, je vous en ai envoyé les trois actes par la poste, de semaine en semaine, dans le courant de ce mois. Je vous répète que je ne sais absolument me dire s'il est bon ou mauvais ; s'il est mauvais, il ne faut pour rien au monde en risquer la publication ; s'il est bon, il est à votre service. Je l'estime à 300 guinées et même moins, si vous le voulez. Peut-être, si vous le publiez, vaudra-t-il mieux l'ajouter à votre volume de cet hiver que de le faire paraître séparément. Le prix vous montrera que je n'y attache pas beaucoup d'importance ; vous pouvez le jeter au feu, dans le cas où cela vous plairait, et où le drame ne plairait pas à Gifford.

» La *Grammaire arménienne* est publiée, — c'est-à-dire l'une des deux : l'autre est encore manuscrite. Ma maladie m'a empêché de sortir depuis un mois, et je ne me suis plus occupé de l'arménien.

» Je ne vous dirai rien, ou du moins fort peu de chose des mœurs italiennes ou plutôt lombardes. Je suis allé deux ou trois fois à la *conversazione* du gouverneur (et une fois présenté, vous êtes libre d'y aller toujours). Là, je n'ai vu que des femmes très-laides, un cercle très-raide enfin, la pire espèce de tous les *routs*, aussi n'y suis-je pas retourné. Je suis allé à l'Académie, où j'ai vu à peu près la même chose, avec l'addition de quelques littérateurs, qui sont les mêmes ¹ *bleus* que dans tous les pays du monde. Je suis devenu amoureux, dès la première semaine, de Mme ***, et j'ai continué de l'être parce qu'elle est très-jolie, très-attrayante, qu'elle parle le vénitien, ce qui m'amuse, et de plus qu'elle est naïve.

» Votre très-sincèrement, etc., etc.

» *P. S.* Envoyez-moi la poudre de corail pour les dents, par une main sûre, et promptement ².

Pour attraper le lecteur, vous, John Murray, avez publié *Marguerite d'Anjou*, qui ne se vendra pas de sitôt (au moins la vente n'en est pas encore commencée), puis, pour l'égarer encore davantage, voilà que dans vos remords vous prônez *Ilderim*; cela étant, ayez soin de ne pas faire de dettes, car si vous veniez à manquer, ces livres seraient pour vous d'assez mauvaises cautions. Songez aussi à ne pas vous laisser surprendre ces rimes par le *Morning-Post* ou par Perry; ce serait un tour perfide, et très-perfide, que de me jeter dans un tel embarras. Car il me faudrait livrer combat dans ma petite barque contre une galère tout entière, et s'il m'arrivait d'occire l'Assyrien, j'aurais encore à combattre un chevalier femelle..

¹ Lorsqu'il se présente, comme dans ce cas, un mot ou un passage sur lequel lord Byron aurait appuyé dans la conversation, on s'aperçoit qu'en les traçant il a donné à son écriture quelque chose de la même force.
² Ici suivent les mêmes rimes : « J'ai vu la *Christabelle*, » qui ont déjà été données dans une lettre qui m'est adressée. »

(*Notes de Moore.*)

» Vous pouvez montrer ceci à Moore et aux élus, mais non aux profanes, et dites à Moore que je m'étonne qu'il n'écrive pas de tems en tems. »

LETTRE CCLXIX.

A M. MOORE.

Venise, 31 mars 1817.

« Vous devez commencer à trouver que je deviens un peu prodigue de mes offrandes épistolaires (quel que soit l'autel auquel il vous plaise de les vouer); mais jusqu'à ce que vous m'ayez répondu, je ne me ralentirai pas, car vous ne méritez pas qu'on vous épargne. Je sais que vous vous portez bien, ayant appris que vous aviez été à Londres et dans les environs, ce qui m'a fait plaisir, votre billet m'ayant donné de l'inquiétude, à cause de la purgation et de la saignée dont il y était question. J'ai appris aussi que vous étiez sous presse, ce qui, je pense, aurait pu vous fournir matière pour une lettre de moyenne taille, considérant surtout que je suis en pays étranger, et que les annonces du mois dernier ou le catalogue des décès auraient été pour moi de véritables nouvelles m'arrivant de votre île du nord.

» Je vous ai dit dans ma dernière lettre que j'avais eu la fièvre assez fort. Il règne ici une maladie épidémique, mais je soupçonne, à certains symptômes, que ma fièvre m'appartenait en propre, et n'avait rien de commun avec le bas et vulgaire typhus qui, en ce moment, décime Venise, et qui a, si ce qu'on en dit est vrai, à moitié dépeuplé Milan. Cette maladie a fort maltraité mes domestiques qui désirent terriblement s'en aller, et voudraient bien me décider à changer de lieu; mais, outre mon obstination naturelle, à force d'entendre continuellement parler de peste en Turquie, je suis devenu inaccessible à la peur de la contagion : la crainte d'ailleurs n'en exempte pas, et puis je suis encore amoureux, et quarante mille fièvres épidémiques ne me feraient pas bouger avant le tems, lorsque je suis sous l'influence de ce délire qui l'emporte sur tous les autres. Plaisanterie à part, il règne dans cette ville une maladie fort dangereuse, dit-on ; cependant la mienne ne m'a pas semblé avoir ce caractère, quoiqu'elle n'ait pas été très-agréable.

» Nous sommes dans la semaine de la Passion et de Ténèbres, et tout le monde est à vêpres. On va éternellement à l'église dans tous ces pays catholiques; cependant, ici, on me paraît moins bigot qu'en Espagne.

» Je ne sais pas si je dois être bien aise ou fâché que vous quittiez Mayfield. Si j'avais été à Newsteadt pendant votre séjour ici (exceptez-en cependant l'hiver de 1813 à 1814, où les chemins étaient impraticables), nous eussions été assez voisins pour nous appeler, et j'aurais aimé à faire avec vous le tour du Pic. Je connais bien ce pays, l'ayant parcouru dans mon enfance. Avez-vous jamais été dans le Dovedale? Je vous assure qu'il y a des sites aussi magnifiques dans le Derbyshire que dans la Grèce ou la Suisse. Mais vous avez toujours eu du penchant pour Londres, et je ne m'en étonne pas ; je l'ai moi-même tout autant aimé qu'un autre, de tems en tems.

» Veuillez me rappeler à Rogers qui, je présume, est en pleine prospérité, et que je regarde comme notre père poétique : vous êtes son fils légitime, et moi son enfant naturel. A-t-il déjà commencé à écrire sur Shéridan? Quand vous rencontrerez notre ami le républicain Leigh Hunt, présentez-lui mes complimens. — J'ai vu, il y a environ neuf mois, qu'il était en querelle (comme mon ami Hobhouse) avec les éditeurs du *Quarterly*. Quant à moi, je n'ai jamais pu comprendre ces disputes des auteurs entre eux ou avec leurs critiques. « Pour l'amour de Dieu, » messieurs, qu'est-ce que cela veut dire? »

» Que pensez-vous de votre compatriote Mathurin? Je m'applaudis d'avoir contribué par mes efforts à faire paraître *Bertram*, quoique je doive dire que mes collègues y ont mis tout autant de bonne volonté et d'empressement que moi. C'est même Walter-Scott qui en parla le premier, et qui me le nomma avec les plus grands éloges ; c'était en 1815. C'est donc au hasard, et à deux ou trois autres circonstances accidentelles, que cet homme plein de talent a dû un premier succès si bien mérité. A quoi tient la célébrité !

» Vous ai-je dit que j'avais traduit deux épîtres ? Elles font partie de la correspondance de saint Paul avec les Corinthiens, et n'existent pas dans notre langue, mais dans la langue arménienne d'où je les ai traduites. — Elles m'ont paru fort orthodoxes, et je les ai rendues en prose anglaise dans le style de l'Écriture [1].

» Croyez-moi toujours, etc. »

LETTRE CCLXX.

A M. MURRAY.

Venise, 2 avril 1817.

« Je vous ai envoyé mon drame en entier, à trois différentes fois, acte par acte, sous des enveloppes

---

[1] Le seul titre plausible de ces épîtres à l'authenticité, vient de ce que saint Paul (suivant l'opinion de Mosheim et d'autres), aurait écrit une épître aux Corinthiens avant celle que nous regardons comme la première. Elles sont cependant généralement rejetées comme apocryphes, quoique le primat Usher, Johan. Grégoire et d'autres savans en parlent comme existant en langue arménienne; elles furent pour la première fois, je crois, traduites de cette langue par les deux Whistons, qui ajoutèrent cette correspondance, dont ils donnèrent une version grecque et une latine, à leur édition de l'*Histoire d'Arménie* de Moïse de Chorène, publiée en 1736.

La traduction de lord Byron est, à ma connaissance, la première qu'on ait essayée en anglais. Au bas de la copie que j'en possède sont écrits les mots suivans : « Mis en anglais par moi, en janvier et en février de 1817, » au couvent de Saint-Lazare, à l'aide d'explications sur le texte armé-» nien, qui m'ont été données par le père Paschal Aucher, moine ar-» ménien. BYRON. — J'avais aussi, ajoute-t-il, le texte latin, mais il est » en beaucoup d'endroits fort corrompu, et on y trouve de grandes » lacunes. » (*Note de Moore.*)

séparées. J'espère que vous avez déjà reçu, sinon le tout, du moins une partie, et que le reste vous parviendra.

» Ainsi donc, Love a de la conscience. — De par Diane, je lui ferai reprendre la boîte, fût-ce même celle de Pandore. C'est en l'envoyant chez le bijoutier, pour faire arranger le couvercle, de manière à y placer le portrait de Marianna, qu'il a été découvert que ce n'était que de l'argent. Là-dessus, comme vous pensez bien, j'ai fait remettre la boîte *in statu quo*, et le portrait a été enchâssé dans une autre qui semble faite exprès. La boîte sur laquelle on m'a trompé a été à peine touchée, et n'est pas restée plus d'une heure entre les mains de l'ouvrier.

» Je conviens de tout ce que vous dites d'Otway, et suis un de ses grands admirateurs, à l'exception pourtant de [1] sa bégueule de *Belvidera*, chastement impudique, toujours gémissante et curieuse, caractère que je méprise, abhorre et déteste complètement. Mais l'histoire de Marino Faliéro est bien différente, et tellement supérieure pour l'intérêt, que je voudrais qu'Otway eût choisi ce sujet au lieu du sien. Le chef conspirant contre le corps entier qui a refusé de lui faire justice d'une injure réelle; — la jalousie, la trahison, toutes les passions inflexi-

---

[1] *Except of that maudlin b—h of chaste lewdeness and blubbering curiosity.* Ces expressions anglaises sont d'une énergie trop grossière, pour que la traduction littérale en fût supportable dans notre langue. (*Note du Trad.*)

bles et invétérées d'un vieillard sur lequel agit aussi la politique : — le diable lui-même ne pourrait prendre un plus beau sujet, et vous savez qu'il est le seul auteur dramatique et tragique que nous ayons.

» On voit encore dans le palais du doge le voile noir peint sur le portrait de Faliéro, et l'escalier sur lequel il fut d'abord couronné doge et ensuite décapité. C'est ce qui a le plus frappé mon imagination à Venise, bien plus que le *Rialto* que j'ai parcouru pour l'amour de Shylock, et plus aussi que l'*Arménien* de Schiller, roman qui me fit une grande impression étant encore enfant. Il a aussi pour titre : *le Fantôme prophète*, et je n'ai jamais traversé la place Saint-Marc, par le clair de lune, sans y songer et me rappeler ces mots : « A neuf heures il mourut ! » au surplus, je hais ce qui n'est que fiction : c'est pourquoi *le Marchand de Venise* et *Othello* ne me retracent pas ici des souvenirs d'un grand intérêt, mais il en est autrement de Pierre. La création la plus fantastique devrait toujours être fondée sur quelque fait : l'invention toute pure n'est que le talent de bien mentir.

» Vous parlez de mariage ; depuis les funérailles du mien, ce mot me donne des vertiges et des sueurs froides : — ne le répétez pas, je vous prie.

» Vous devriez terminer avec Mme de Staël : ce sera son meilleur ouvrage, et tout historique d'un bout à l'autre. — Il roule sur son père, la révolution, Bonaparte, etc., etc. Bonstetten m'a dit, en

Suisse, que c'était très-beau. — Je ne l'ai pas lu moi-même, quoique j'aie vu souvent l'auteur : elle a été très-aimable pour moi à Coppet.

Il a paru deux articles dans les journaux de Venise, dont l'un est une revue de *Glenarvon*, et l'autre de *Childe Harold*, dans lequel on me proclame l'admirateur le plus séditieux et le plus entêté de Bonaparte, qui lui soit resté en Europe. Ces deux articles sont traduits de l'allemand, et tirés de la *Gazette littéraire* d'Iéna . . . .

» Dites-moi si Walter-Scott va mieux. — Je ne voudrais pour rien au monde qu'il fût malade : je présume que c'est par sympathie que j'ai eu la fièvre en même tems.

» Je me réjouis du succès de votre *Quarterly*, mais je continue de m'en tenir à la *Revue d'Édimbourg*. Jeffrey en a agi de même à mon égard ; je dois le dire, en dépit de tout, et c'est plus que je n'en méritais de sa part. — Je vous ai plus d'une fois, dans mes lettres, accusé réception de l'article et même des articles : apprenez-moi au moins que vous avez reçu les susdites, ne sachant pas autrement quelles lettres vous arrivent. Les deux *Revues* me sont parvenues, mais pas autre chose : — je n'ai pas encore vu la pièce de M*** et l'extrait. . . . . .

» Écrivez-moi, afin que je sache si vous avez enfin reçu mon magicien, avec ses scènes, tous ses enchantemens, etc., etc.

» Toujours tout à vous.

» *P. S.* Il est inutile d'envoyer vos lettres à la *Poste pour l'Étranger* : rien ne m'arrive par cette voie ; j'imagine que quelque commis zélé aura cru du devoir d'un tory d'y mettre obstacle. »

LETTRE CCLXXI.

A M. ROGERS.

Venise, 4 avril 1817.

« Il s'est écoulé un tems considérable depuis que je ne vous ai écrit ; et je ne sais pas trop pourquoi je vous importunerais aujourd'hui, si ce n'est que je me flatte intérieurement que vous ne serez pas fâché de recevoir de tems en tems de mes nouvelles. — Vous et moi n'avons jamais entretenu de correspondance ensemble ; mais il y a toujours eu entre nous quelque chose de mieux, c'est-à-dire une bonne et franche amitié.

» J'ai vu votre ami Sharp en Suisse, ou plutôt sur le territoire allemand qui est et n'est pas la Suisse. Il nous avait indiqué, à Hobhouse et à moi, une très-bonne route pour aller aux Alpes bernoises ; cependant nous en avons suivi une autre que nous a enseignée un Allemand, et nous sommes allés par Clarens et la Dent de Jaman à Montbovon, et par le Simmenthal à Thoun, et ainsi de suite jusqu'à Lauterbrounn, excepté que de là, au lieu de faire le tour pour nous rendre au Grindelwald, nous avons traversé tout droit le sommet du mont Wengen ; et nous trouvant tout juste au-dessous de la Iungfrau, nous avons vu ses glaciers et entendu les avalanches dans toute leur gloire, ayant eu un fameux tems pour cela. Une fois sur le Grindelwald, bien entendu, nous traversâmes le Sheideck pour aller à Brientz et à son lac, et suivîmes le Richenbach et toute cette route montagneuse qui me rappela l'Albanie, l'Étolie et la Grèce, si ce n'est que le peuple ici est plus civilisé et plus fripon. A l'exception de la source de l'Arveron, dont nous nous sommes approchés jusqu'au bord de la glace, de manière à regarder dans la cavité et à y toucher, contre l'avis de nos guides, dont un seulement nous accompagna jusque-là, je n'ai pas été aussi émerveillé de Chamouni que de la Iungfrau, de la Pissevache et du Simplon, qui ne peuvent être rivalisés par rien dans ce monde.

» J'ai passé près d'une lune à Milan, et j'y ai vu Monti et d'autres curiosités vivantes. De là, je suis allé à Vérone, où je n'ai pas oublié votre histoire d'assassinat pendant le séjour que vous y fîtes. J'ai emporté de cette ville quelques fragmens du tombeau de Juliette, et une impression très-vive de son amphithéâtre. La comtesse Goetz (femme du gouverneur de cette ville) m'a dit qu'il y avait encore un château ruiné des Montecchi, entre Vérone et Vicence. Je suis à Venise depuis le mois de novembre, mais je me rendrai probablement bientôt à Rome. — Quant à ce que j'ai fait ici, ne l'ai-je pas consigné dans mes lettres au silencieux Thomas Moore? — c'est donc à lui que je vous renvoie; —

il les a toutes reçues, et n'a pas répondu à une seule.

» Veuillez, je vous prie, me rappeler au souvenir de lord et de lady Holland. Je dois des remerciemens à ce dernier, d'un livre que je n'ai pas encore reçu, mais que je me propose de relire avec grand plaisir à mon retour ; c'est la seconde édition des œuvres de Lope de Vega. J'ai entendu dire que le poème de Moore allait paraître. Il ne peut pas se souhaiter à lui-même plus de succès que je ne lui en souhaite et ne lui en prédis. J'ai aussi entendu faire un grand éloge des *Contes de mon Hôte* ; mais ne les ai pas encore reçus. D'après ce qu'on en dit, ils surpassent *Waverley* même, etc., etc., et sont du même auteur. Il paraît que la seconde tragédie de Mathurin est tombée, ce dont je crois que tout le monde sera fâché. Ma santé a été très-florissante jusqu'au mois dernier, où j'ai été atteint d'une fièvre. Il règne une épidémie dans cette ville, mais je ne crois pas que ce fût là ma maladie ; quoi qu'il en soit, je me suis rétabli sans médecin ni drogues.

» J'oubliais de vous dire que, l'automne dernier, j'avais donné, pendant quelques jours, *le pain et le sel* à Lewis, dans ma campagne de Diodati, en retour de quoi (indépendamment de sa conversation), il m'avait traduit verbalement *le Faust* de Gœthe, et j'ai eu aussi le plaisir de le mettre aux prises avec Mme de Staël, au sujet de la traite des nègres. Je suis vraiment redevable de mille attentions obligeantes à notre dame de Coppet, et je l'aime autant maintenant que j'ai toujours aimé ses ouvrages, dont j'ai été et suis toujours grand admirateur. — Quand commencez-vous à vous occuper de Sheridan? que faites-vous maintenant? et comment va la santé?

» Croyez-moi toujours très-sincèrement, etc. »

LETTRE CCLXXII.

A M. MURRAY.

Venise, 9 avril 1817.

« Vos lettres du 18 et du 20 sont arrivées. Dans la mienne je vous ai rendu compte de la naissance, des progrès, du déclin et de la guérison de ma dernière maladie; elle est allée au diable. Je ne ferai pas à ce dernier le mauvais compliment de dire qu'elle en était venue. Le diable tient trop du *gentleman* pour cela. Ce n'était qu'une fièvre lente qui a doublé le pas vers le terme de son voyage. Elle m'a persécuté pendant quelques semaines avec des chaleurs brûlantes la nuit et des transpirations le matin; mais me voilà tout-à-fait rétabli, ce que j'attribue à n'avoir pris ni médecine, ni médecin.

» Dans quelques jours je pars pour Rome, au moins tel est mon dessein. J'en changerai peut-être encore plus d'une fois avant lundi, mais continuez à m'adresser vos lettres à Venise comme auparavant. — Si je pars, mes lettres me seront envoyées; je dis *si*, parce que je ne sais jamais bien ce que je ferai jusqu'à ce que cela soit fait, et comme j'ai pris la ferme résolution d'aller à Rome, il ne serait pas improbable que je me trouvasse un beau matin à Saint-Pétersbourg. Vous me recommandez de me soigner ; — oui, sur ma foi, je ferai en sorte. — Je n'ai pas encore envie d'être un auteur posthume, et cependant songez un peu à ce que vaudraient *ma Vie et mes Aventures*, pendant que je suis en plein scandale, et le contenu de mon secrétaire, seize poèmes commencés pour ne jamais être finis. Croyez-vous que je ne me serais pas brûlé la cervelle l'année dernière, si par bonheur je n'étais venu à penser que Mrs. C*** et lady N***, et toutes les vieilles femmes d'Angleterre en eussent été enchantées, et puis l'agrément d'être déclaré fou [1], d'après l'enquête du *Coroner*, et puis les regrets de deux ou trois personnes, d'une demi-douzaine peut-être ? . . . . . Soyez persuadé que j'ai encore envie de vivre pour plus d'un motif. D'abord il y a un ou deux individus que je veux voir hors de ce monde, et autant que j'y veux faire entrer avant de pouvoir mourir en paix ; si je m'en vais auparavant, je n'aurai pas rempli ma mission. D'ailleurs, quand je vais attraper trente ans, je deviendrai dévot ; je m'y sens une

---

[1] Comme il existe en Angleterre une loi qui prive de la sépulture du cimetière les corps de ceux qui se sont volontairement détruits, et les condamne à être enterrés sur le grand chemin, l'officier chargé de faire une enquête sur les causes du suicide déclare presque toujours qu'il a été commis dans un moment de folie, afin d'éluder la rigueur de cette loi. Cet officier se nomme *coroner*, corrompu de *crowner*, qui signifie *officier de la couronne*. Nous n'avons pas en France de charge qui réponde exactement à celle-là. (*Note du Trad.*)

grande vocation quand je suis dans une église catholique et que j'entends le son des orgues.

» Je m'afflige avec Drury-Lane, et me réjouis avec ***, modérément pourtant, de la fin tragique de la nouvelle tragédie.

» Ainsi donc vous êtes brouillé avec Leigh Hunt à ce qu'il paraît. . . . Je vous l'avais présenté, ainsi que son poème, dans l'espoir qu'en dépit de la politique, votre liaison pourrait être avantageuse à tous deux, et voilà que cela finit par une inimitié éternelle, quand, moi, j'avais agi dans les meilleures intentions! Je vous avais aussi présenté ***, et il vous a emporté votre argent. — D'un autre côté, mon ami Hobhouse est en discussion avec le *Quarterly*, et (à l'exception de ce dernier pourtant) c'est moi qui suis innocemment le canal ou l'isthme, si vous voulez (maudit soit ce mot, je ne saurais l'écrire, quoique j'aie traversé une douzaine de fois au moins celui de Corinthe), c'est moi, dis-je, qui suis le canal ou l'isthme de toutes ces inimitiés.

» Je vais vous dire quelque chose au sujet du *Château de Chillon*. — Un monsieur Deluc, Suisse et âgé de quatre-vingt-dix ans, se l'est fait lire et en a été content; — du moins, c'est ce que ma sœur m'écrit. Il a dit qu'il a été avec Rousseau à Chillon, et que la description en est parfaitement exacte; mais ce n'est pas tout, j'ai cru me rappeler ce nom, et je l'ai trouvé dans le passage suivant des *Confessions*, vol. III, page 247, livre VIII.

» De tous ces amusemens, celui qui me plut da-
» vantage, fut une promenade autour du lac, que je
» fis en bateau avec Deluc père, sa bru, ses deux
» fils et ma Thérèse. Nous mîmes sept jours à cette
» tournée, par le plus beau tems du monde. J'en ai
» gardé le vif souvenir des sites qui m'avaient frappé
» à l'autre extrémité du lac, et dont je fis la descrip-
» tion, quelques années après, dans la *Nouvelle Hé-*
» *loïse*. »

» Ce *nonagénaire* Deluc, doit être un des deux fils en question. Il vit en Angleterre infirme, mais avec toutes ses facultés intellectuelles. Il est singulier que cet homme ait vécu si long-tems, il ne l'est guère moins qu'il ait fait ce voyage avec Jean-Jacques, et qu'après un tel intervalle il lui soit arrivé de lire un poème d'un Anglais, qui a fait précisément la même navigation, en s'arrêtant dans les mêmes lieux.

» Quant à *Manfred*, il est fort inutile d'envoyer les épreuves; rien de ce genre n'arrive ici. Je vous l'ai fait passer tout entier à différentes fois. — Les deux premiers actes sont les meilleurs : le troisième couci, couça; mais j'ai été soutenu dans les deux autres par la première chaleur de l'inspiration. — Il faut l'appeler poème, car ce n'est pas un drame, et je ne me soucie nullement de lui entendre donner un tel nom. Poème dialogué, ou pantomime, si vous voulez, tout ce qui vous plaira enfin, à l'exception d'un titre qui sentirait les coulisses. Voici votre épigraphe :

Il est, Horatio, dans le ciel et sur la terre, plus de choses que votre philosophie n'en a jamais rêvé.

» Toujours tout à vous.
» Amitiés et remerciemens à M. Gifford. »

LETTRE CCLXXIII.
A M. MOORE.

Venise, 11 avril 1817.

« Je continuerai de vous écrire tant que l'accès me tiendra ; cela vous servira de pénitence, pour vous être plaint jadis de mon silence. Je suis sûr que vous rougiriez, si vous pouviez rougir, de ne m'avoir pas encore répondu. La semaine prochaine je pars pour Rome. Après avoir vu Constantinople, j'ai envie de voir aussi sa camarade. D'ailleurs je veux connaître le pape, et j'aurai soin de lui dire que je vote pour les catholiques, et pas de *veto*.

» Je n'irai pas à Naples, ce n'est que la seconde des plus belles vues de la mer, et j'ai vu la première et la troisième, c'est-à-dire Constantinople et Lisbonne. (Par parenthèse, la dernière n'est qu'une vue de rivière, quoiqu'on la mette après Stamboul et Naples, et avant Gênes.) D'ailleurs, le Vésuve est muet, et j'ai traversé l'Etna. Ainsi donc, je reviendrai à Venise en juillet ; c'est pourquoi, si vous m'écrivez, je vous prie de m'adresser vos lettres à Venise, qui est mon quartier-général.

» Mon ci-devant médecin, le docteur Polidori, est ici et va retourner en Angleterre avec le lord G*** actuel, et la veuve du feu comte. Le docteur Polidori n'a plus de malades dans ce moment-ci, parce que ses malades ne sont plus. Il en avait trois dernièrement, mais ils sont tous morts. L'un d'eux est embaumé; Horner et un enfant de Thomas Hope sont enterrés à Pise et à Rome. Lord G*** est mort d'une inflammation d'entrailles : aussi les lui a-t-on ôtées (pour les punir) et les a-t-on envoyées, séparément du corps, en Angleterre. Figurez-vous un homme allant d'un côté, ses intestins de l'autre, et son ame immortelle prenant un troisième chemin. — A-t-on jamais vu une telle distribution? Assurément nous avons une ame; mais comment a-t-elle jamais pu se résoudre à s'enfermer dans un corps? c'est ce que je ne saurais comprendre! Tout ce que je sais, c'est que lorsque la mienne en sera une fois sortie, elle prendra ses ébats avant que je la laisse rentrer dans mon corps, ou dans tout autre.

» Ainsi donc, la seconde tragédie de ce pauvre cher M. Mathurin a été dédaignée par le judicieux public. *** en sera diablement content, et diablement sifflé sans être content, si jamais ses pièces sont jouées sur aucun théâtre.

» J'ai écrit à Rogers l'autre jour, et l'ai chargé de quelque chose pour vous. — J'espère qu'il est toujours florissant de santé et de gloire; — c'est le Tithon de la poésie; — il est déjà parvenu à l'immortalité, tandis que vous et moi, il faut que nous attendions.

» Je n'entends parler de rien, ne sais rien de rien. Vous imaginez aisément que les Anglais ne me cherchent pas, et moi je les évite. A la vérité, il n'y en a que peu ou point ici, à l'exception de ceux qui ne font qu'y passer. Florence et Naples sont leur Margate et leur Ramsgate, et d'après ce qu'on dit, on y trouve aussi à peu près le même genre de monde; ce qui nous fait beaucoup de tort parmi les Italiens.

» Je meurs d'envie de savoir des nouvelles de *Lalla Rookh*. Avez-vous paru? Mort et furies! Pourquoi ne me dites-vous pas où vous êtes, ce que vous êtes, et comment vous êtes? J'irai à Bologne par Ferrare, au lieu de Mantoue, parce que j'aime mieux voir la cellule où le Tasse fut enfermé et devint fou; et ***, que son manuscrit à Modène, ou cette Mantoue, qui fut la patrie de cet harmonieux plagiaire et misérable flatteur dont on m'a fait apprendre par cœur, à Harrow, les maudits hexamètres. J'ai vu Vérone et Vicence en venant ici, ainsi que Padoue.

» Je pars seul; mais seul, parce que j'ai l'intention de revenir ici. Florence ne m'inspire pas la moindre curiosité, et cependant je ne puis me dispenser d'y aller, à cause de la *Vénus*, etc., etc. Je désire voir aussi la chute de Terni. J'ai le projet de reprendre la route de Venise, par Ravenne et Rimini, sur lesquels je me propose de prendre quelques notes pour Leigh Hunt, qui sera bien aise d'apprendre quelque chose des lieux où se passe son poème. On l'a diablement critiqué, il y a un an, dans le *Quarterly*, et il leur a répondu. Toute réponse est assurément une imprudence; mais que voulez-vous? les poètes sont de chair et de sang, et il faut toujours qu'ils aient le dernier mot; — cela est certain. J'ai eu et j'ai encore une très-haute opinion de son poème; mais je l'ai averti de tout le déchaînement qu'allait exciter contre lui ce style antique dont il est si amateur.

» Vous avez pris une maison à Hornsey; j'aimerais mieux que vous en eussiez choisi une dans les Apennins. — Si vous avez envie de prendre votre essor pour un été ou plus, prévenez-m'en afin que je me tienne sur le *qui vive*.

» Toujours tout à vous. »

LETTRE CCLXXIV.

A M. MURRAY.

Venise, 14 avril 1817.

« Le docteur Polidori étant sur le point de partir pour l'Angleterre, avec le nouveau lord G*** (le feu lord étant allé par une autre route, accompagné de ses intestins, dans un coffre séparé), je profite de cette occasion pour vous envoyer deux miniatures, que vous aurez la bonté de faire remettre à Mrs. Leigh; mais, auparavant, vous voudrez bien prier M. Love

(comme un gage de paix entre lui et moi), de les faire monter sur or, avec mes armes complètes, et de faire graver ces mots sur le dos : *Peint par Prepiani. Venise* 1817. Je vous prie aussi de faire faire pour moi une copie de chaque, par Holmes, et de me garder lesdites copies jusqu'à mon retour. L'un de ces portraits a été peint pendant que j'étais très-malade ; l'autre, tandis que je me portais bien : ce qui peut expliquer leur dissemblance. J'espère qu'ils arriveront sans accident à leur destination.

» Je recommande le docteur à vos bons offices, auprès de vos amis ministériels : et si vous pouvez lui être utile sous un point de vue littéraire, soyez-le, je vous en prie.

» Aujourd'hui, ou plutôt hier, car il est plus de minuit, je suis monté sur les remparts de la plus haute tour de Venise, et je l'ai vue, avec tous ses alentours, sous l'influence radieuse d'un beau ciel italien. J'ai parcouru aussi le palais Manfrini, fameux par ses tableaux. Dans le nombre, il y a un portrait de l'Arioste, par le Titien, qui surpasse tout ce que j'avais imaginé du pouvoir de la peinture, et de l'expression de la figure humaine : c'est la poésie du portrait, et le portrait de la poésie. Il y avait aussi celui d'une femme savante, qui vivait il y a quelques siècles, et dont j'ai oublié le nom, mais dont les traits ne s'effaceront jamais de ma mémoire. Je n'ai jamais vu plus de beauté, de douceur, ni de sagesse ; c'est une figure à vous rendre fou, parce qu'elle ne peut sortir de son cadre. Il y a aussi un fameux Christ, mort, entouré d'apôtres vivans, dont Bonaparte a offert en vain cinq mille louis, et qui est regardé comme le chef-d'œuvre du Titien : n'étant pas connaisseur, je n'en dirai pas grand'-chose, et en pense encore moins, à l'exception d'une seule figure. Il y a dix mille autres tableaux, entr'autres de très-beaux Giorgiones, etc., etc. On y trouve aussi deux portraits originaux de Laure et de Pétrarque, tous deux hideux.—Pétrarque a non-seulement le costume, mais l'air et les traits d'une vieille femme; et Laure ne nous en représente nullement une jeune et jolie. Ce qui m'a le plus frappé dans cette collection, c'est l'extrême ressemblance que présente le genre de figure des femmes qui composent cette masse de portraits, âgés de plusieurs siècles, avec celles que vous voyez et rencontrez tous les jours parmi les Italiennes vivantes. La reine de Chypre, et surtout la femme de Giorgione, sont des Vénitiennes d'aujourd'hui; ce sont les mêmes yeux, la même expression, et, à mon avis, il n'y en a point d'une plus grande beauté.

» Il faut vous rappeler, cependant, que je n'entends rien à la peinture, et que je la déteste, à moins qu'elle ne me rappelle quelque chose que j'aie vu, ou que je croie possible de voir. C'est pourquoi j'abhorre tous les saints et tous les sujets de la moitié des impostures que j'ai vues dans les églises et palais, et leur cracherais volontiers à la figure. Je n'ai jamais été aussi dégoûté de ma vie qu'en Flandre, de Rubens et de ses femmes éternelles, et de cet infernal éclat de couleur que je leur trouvais. En Espagne, je n'ai pas conçu une grande opinion de Murillo et de Velasquez. Croyez-le bien, la peinture est, de tous les arts, le plus artificiel, le moins d'accord avec la nature, et celui qui abuse le plus de la sottise du genre humain. Je n'ai pas encore vu une statue ou un portrait qui approchât d'une lieue de l'attente que j'en avais conçue, et j'ai vu des montagnes, des mers, des rivières, des sites, et deux ou trois femmes qui la surpassaient d'autant, sans parler de quelques chevaux, et d'un lion chez Veli Pacha en Morée, et du tigre d'Exeter-Change.

» Quand vous m'écrirez, continuez de m'adresser vos lettres à Venise. Où croyez-vous que soient les livres que vous m'avez envoyés? A Turin! Cela vient de cette maudite *Poste Étrangère,* qui m'est assez étrangère pour le bien qu'elle peut me faire à moi ou à d'autres; et qu'elle aille au diable, depuis son premier charlatan Castlereagh, jusqu'à son dernier commis.

» Cela fait au moins la centième lettre que je vous écris. Tout à vous. »

LETTRE CCLXXV.
A M. MURRAY.

Venise, 14 avril 1817.

« Les épreuves ci-jointes de la totalité du drame, ne commencent qu'à la dix-septième page. Mais comme j'ai corrigé, et vous ai renvoyé le premier acte, cela est indifférent.

» Le troisième acte est certainement diablement mauvais, et comme les homélies de l'archevêque de Grenade, qui sentaient un peu la paralysie, on y peut reconnaître les restes de la fièvre qui me tenait pendant que je l'écrivais. Il ne faut, sous aucun prétexte, qu'il soit publié dans son état actuel. Je tâcherai de le corriger, ou de le refaire en entier; mais la première inspiration est passée, et il n'est pas probable que je puisse jamais en faire grand'-chose; toutefois, je ne voudrais pour rien au monde, qu'il parût comme il est. Le discours de Manfred au soleil est le seul morceau de cet acte que je trouve bon moi-même; le reste est certainement aussi mauvais que ce puisse, et je me demande quel diable s'était emparé de moi.

» Je suis vraiment bien aise que vous m'ayez envoyé l'opinion de M. Gifford, sans en rien rabattre; me croyez-vous assez imbécille pour ne pas lui en être très-obligé, et que, dans le fait, je ne sois pas, au fond de ma conscience, persuadé et convaincu que tout cet acte n'est qu'une absurdité?

» Je ferai une seconde tentative : en attendant, mettez-le dans un carton (je veux parler du drame); mais corrigez, je vous prie, les copies que vous avez du premier et du second acte, sur le manuscrit original.

» Je ne vais pas en Angleterre, mais je pars pour

Rome dans quelques jours. Je serai de retour à Venise en juin ; ainsi, adressez-moi mes lettres ici comme à l'ordinaire, c'est-à-dire à Venise. Le docteur Polidori quitte aujourd'hui cette ville avec lord G***, pour l'Angleterre. Il est chargé de quelques livres qui vous sont adressés de ma part, et de deux miniatures, que je vous prie de faire remettre toutes deux à ma sœur.

» Rappelez-vous de ne pas publier, sous peine de je ne sais quel châtiment, avant que je n'aie essayé de refaire le troisième acte. Il n'est pourtant pas bien sûr que j'essaie ; et encore bien moins que je réussisse, si je m'y mets ; mais, ce dont je suis certain, c'est que, tel qu'il est, il n'est digne ni de la publication, ni de la lecture : et à moins que je n'en vienne à bout à ma satisfaction, je ne veux pas qu'il y ait rien de publié.

» Je vous écris à la hâte ; et après vous avoir écrit très-souvent depuis peu.

» Tout à vous. »

LETTRE CCLXXVI.

A M. MURRAY.

Foligno, 26 avril 1817.

« Je vous ai écrit l'autre jour de Florence, en vous envoyant un manuscrit intitulé : *Les Lamentations du Tasse*. C'est le résultat du voyage que je viens de faire à Ferrare.

» Je ne suis resté qu'un jour à Florence, étant

pressé de voir Rome dont me voici tout près. Cependant j'ai été voir les deux galeries, dont on revient ivre de toutes les beautés qu'on y voit. La *Vénus* inspire plus d'admiration que d'amour; mais il y a des peintures et des sculptures qui, pour la première fois, me donnèrent une idée de ce que pouvait signifier le jargon des enthousiastes de ces deux arts, les plus artificiels de tous. Ce qui m'a le plus frappé, c'est un portrait de la maîtresse de Raphaël, un portrait de la maîtresse du Titien; une *Vénus* du Titien dans la galerie de Médicis; — la *Vénus* de Canova, dans l'autre galerie, c'est-à-dire celle du palais Pitti; le *Parcæ* de Michel-Ange, portrait; l'*Antinoüs*, l'*Alexandre*, et un ou deux groupes de marbre très-peu décens; le *Génie de la Mort* et une figure endormie, etc., etc.

» Je suis allé aussi à la chapelle Médicis. — On y voit un bel étalage de grandes plaques de marbres variés et précieux, pour éterniser la mémoire de cinquante vieilles carcasses pourries et oubliées : elle n'est pas terminée et ne le sera pas. L'église de Santa-Croce contient beaucoup de néant illustre; les tombeaux de Machiavel, de Michel-Ange, de Galilée et d'Alfieri en font l'abbaye de Westminster de l'Italie. Je n'ai rien admiré dans ces tombes, excepté leur contenu; — celle d'Alfiéri est lourde, et toutes me semblent surchargées. Que fallait-il de plus qu'un buste et qu'un nom? et peut-être une date pour ceux qui, comme moi, ne sont pas forts en chronologie?

mais toutes ces allégories louangeuses sont détestables, et pires encore que ces statues des règnes de Charles II, de Guillaume et d'Anne, dont les crânes anglais sont affublés d'énormes perruques, tandis que tout le reste du costume est à la romaine.

» Quand vous écrirez, adressez à Venise comme à l'ordinaire : mon intention est d'y être de retour dans une quinzaine ; je n'irai pas de long-tems en Angleterre. Cet après-midi, j'ai rencontré lord et lady Jersey, et leur ai parlé pendant quelque tems. Ils sont tous en bonne santé ; — les enfans ont grandi et se portent bien. Elle est toujours très-jolie, mais brunie par le soleil ; — quant à lui, il est très-dégoûté des voyages : ils se dirigent sur Paris. Il n'y a pas beaucoup d'Anglais en route, et la plupart de ceux qui y sont retournent chez eux. Pour moi, je n'irai que lorsque les affaires m'y obligeront, étant beaucoup mieux où je suis en santé, etc., etc.

» Pour ma commodité personnelle, je vous prie de m'envoyer immédiatement à Venise, faites bien attention, à Venise, — la poudre à dents rouge de Waite, en provision, et de la magnésie calcinée, de la meilleure qualité, en provision aussi, tout cela par une occasion prompte et sûre ; et, de par le ciel, n'y manquez pas.

» Je n'ai rien fait au troisième acte de *Manfred*. Il faut attendre : je m'y mettrai dans une semaine ou deux.

» Toujours tout à vous. »

LETTRE CCLXXVII.

A M. MURRAY.

Rome, 5 mai 1817.

« Par ce courrier (ou par le premier, au plus tard), je vous envoie sous deux autres enveloppes le nouvel acte de *Manfred*; j'en ai refait la plus grande partie, et j'ai laissé ce qui n'était pas corrigé dans l'épreuve que vous m'avez envoyée : l'abbé est devenu un brave homme, et les esprits paraissent au moment de la mort. Vous trouverez, je crois, dans ce nouvel acte quelques bons vers par-ci par-là; — si vous en êtes content, imprimez-le d'après les corrections de M. Gifford, s'il veut bien avoir la bonté de l'examiner, et ne m'en envoyez plus les épreuves. Adressez, comme de coutume, toutes vos réponses à Venise : j'y serai de retour dans dix jours.

» J'espère que les *Lamentations du Tasse*, que je vous ai envoyées de Florence, vous sont parvenues. Je crois que ce sont de bonnes rimes, comme disait le papa de Pope à son fils quand il était enfant. — Pour cet ouvrage et pour le drame, vous me compterez (par la voie de Kinnaird) 600 guinées. — Vous serez peut-être surpris que je mette le même prix à ce dernier poème qu'au drame; mais, outre que je le juge bon, je me suis fait une loi de ne pas accepter moins de 300 guinées pour quoi que ce soit. Les deux réunis formeront une publication plus volumineuse que *Parisina* et le *Siége de Corinthe*; ainsi donc vous devez vous en trouver quitte à bon marché, c'est-à-dire si ces poèmes valent quelque chose, comme je le crois et l'espère.

» Je suis depuis quelques jours à Rome, cette merveille du monde. Je me suis occupé à voir, et n'ai fait autre chose, à l'exception de votre troisième acte. J'ai vu ce matin un pape en vie et un cardinal mort : Pie VII présidant aux funérailles du cardinal Bracchi, dont j'ai vu le corps exposé en parade dans la Chiesa Nuova. Rome m'a ravi plus que je ne l'avais été depuis Athènes et Constantinople, mais je n'y resterai pas long-tems cette fois. Adressez à Venise.

» Tout à vous.

» *P. S.* J'ai ici mes chevaux de selle, et je parcours la campagne de Rome à cheval. »

LETTRE CCLXXVIII.

A M. MURRAY.

Rome, 9 mai 1817.

« Adressez toutes vos réponses à Venise, car j'y serai de retour dans une quinzaine, s'il plaît à Dieu.

» Je vous ai envoyé de Florence les *Lamentations du Tasse*, et de Rome le troisième acte de *Manfred*: — j'espère que l'un et l'autre vous parviendront sans accident. Je vous ai parlé du prix de ces deux ouvrages dans ma dernière; et je vous le répéterai ici, ce sera 300 guinées pour chacun, autrement dit 600 pour les deux, c'est-à-dire si cela vous convient, et s'ils valent quelque chose.

» Enfin un des paquets est arrivé. Dans les notes de *Childe Harold,* il y a une erreur de vous ou de moi. — Il est question de mon arrivée à Saint-Gingo, et, immédiatement après, il est dit : « Sur la hau-» teur, on voit le château de Clarens; » c'est une grande bévue : — Clarens est de l'autre côté du lac, et il est totalement impossible que j'aie dit une pareille sottise. Consultez le manuscrit, et, dans tous les cas, rectifiez cela.

» J'ai lu avec grand plaisir les *Contes de mon Hôte,* et je comprends maintenant très-bien pourquoi ma sœur et ma tante sont tellement convaincues de la fausse opinion que j'en suis l'auteur. Si vous me connaissiez aussi bien qu'elles me connaissent, vous seriez peut-être tombé dans la même erreur; un jour ou l'autre, que j'en aurai le loisir, je vous expliquerai le pourquoi. — A présent, la chose est assez indifférente; — mais vous avez dû trouver cette méprise très-singulière, et moi aussi avant d'avoir lu cet ouvrage. La lettre que Croker vous adresse est très-flatteuse : je vous la renverrai dans ma première.

» Il paraît que vous publiez une vie de Raphaël d'Urbin. — Vous serez peut-être bien-aise de savoir que les artistes allemands qui sont ici laissent croître leurs cheveux, et les arrangent à la mode de ce grand peintre, imitant ainsi les disciples du grand philosophe, qui buvaient comme lui du cummin : s'ils coupaient leurs cheveux pour en faire des pinceaux, et qu'ils se missent à peindre comme lui, ce serait un meilleur moyen de lui ressembler.

» Que je vous raconte une histoire. L'autre jour, un homme, un Anglais qui est ici, prenant les statues de Charlemagne et de Constantin, qui sont équestres, pour celles de saint Pierre et saint Paul, demanda à quelqu'un lequel des deux était Paul ? Voici la réponse qu'on lui fit : « Je croyais, mon-
» sieur, que Paul n'était plus remonté à cheval après
» son accident. »

» En voici une autre. Henri Fox écrivant de Naples l'autre jour à quelqu'un, après une maladie qu'il vient de faire, ajoute : « Et je suis si changé,
» que les plus anciens de mes créanciers ne me re-
» connaîtraient pas. »

» Je suis enchanté de Rome, comme je serais enchanté d'un bijou : c'est une belle chose à voir, plus belle que la Grèce elle-même, mais je n'y suis pas resté assez long-tems pour y être attaché comme résidence, et il faut que je retourne en Lombardie, car je suis malheureux d'être séparé de Marianna. J'ai monté tous les jours mes chevaux de selle ; — j'ai été à Albano, aux lacs, sur la cime du mont Albain, à Frescati, à Aricia, etc., etc., etc.; enfin dans la ville et aux alentours de la ville, pour la description de laquelle je vous renvoie au *Guide du*

Voyageur. Comme ville ancienne et moderne, elle l'emporte sur Constantinople et la Grèce, sur tout enfin, du moins sur tout ce que j'ai vu. Mais je ne puis décrire mes premières impressions, parce qu'elles sont toujours vives et confuses, et que ma mémoire ensuite y fait un choix et y met de l'ordre, de même que la distance dans un paysage fond mieux les teintes, quoiqu'elle les rende plus vagues. Nous devrions avoir un sens ou deux de plus que nous n'en possédons, nous autres mortels; là où il y a beaucoup à embrasser, nous sentons toujours notre insuffisance, et tout ce qui manque à notre intelligence en étendue et en hauteur. J'ai reçu une lettre de Moore qui éprouve quelque inquiétude au sujet de son poème : je ne vois pas pourquoi.

» J'en ai eu une aussi de ma pauvre chère Augusta qui est dans un grand tourment à cause de ma dernière maladie. Dites-lui, je vous prie, que je me porte aussi bien que jamais (ce qui est la vérité); que je jouis d'un superflu de santé presque importun, et suis en train de devenir (si je ne le suis déjà) gros et joufflu, ce qui m'attire d'impertinens complimens sur ma mine robuste, tandis que je devrais être pâle et intéressant.

» Vous me dites que Georges Byron a un fils, et Augusta dit une fille : lequel des deux ? Au surplus, cela ne fait pas grand'chose. Le père est un brave homme et un excellent officier — qui a épousé une très-gentille petite femme qui lui donnera plus d'enfans que d'écus ; — cependant elle a eu une assez belle dot, et c'était une charmante fille : — ce qui n'empêche pas que Georges fera bien d'obtenir le commandement d'un vaisseau.

» Je n'ai aucune idée d'aller vous voir de quelque tems, pour peu que je puisse éloigner les affaires. Si je pouvais seulement vendre Newsteadt d'une manière passable, mon retour deviendrait inutile, et je puis très-sincèrement vous assurer que je suis beaucoup plus heureux (du moins que je l'ai été beaucoup plus) depuis que je suis hors de votre île que pendant que je l'habitais.

» Toujours tout à vous.

» *P. S.* Il y a peu d'Anglais ici ; mais parmi ceux qui y sont, j'ai rencontré quelques-unes de mes connaissances, entre autres le marquis de Lansdowne, avec lequel je dîne demain. J'ai rencontré les Jerseys sur la route de Foligno : — ils sont tous en bonne santé.

» Oh ! j'oubliais ! On a imprimé *Chillon* en Italie, etc., etc. : c'est une piraterie. — C'est une jolie petite édition, plus jolie que la vôtre, et qui, à mon grand étonnement, était publiée à mon arrivée ici. — Ce qui est plus singulier encore, c'est que l'anglais en est très-correctement imprimé. — Dans quelle intention cela a-t-il été fait, et par qui ? c'est ce que je ne saurais vous dire, — mais le fait est exact. Je présume que c'est pour les Anglais qui sont ici : je vous en enverrai un exemplaire. »

LETTRE CCLXXIX.

A M. MOORE.

Rome, 12 mai 1817.

« J'ai reçu votre lettre ici, où j'ai fait une promenade, mais je retourne à Venise dans quelques jours, de sorte que, si vous m'écrivez, il faudra y adresser vos lettres. Je n'irai pas en Angleterre sitôt que vous le pensez, et je ne songe nullement à en faire ma résidence. Si vous traversez les Alpes dans votre expédition projetée, vous me trouverez dans quelque coin de la Lombardie, et bien content de vous voir. Seulement écrivez-moi d'avance un mot, car je ferai volontiers quelques lieues pour aller au-devant de vous.

» Je ne vous dirai rien de Rome, elle est impossible à décrire, et *le Guide du Voyageur* est aussi bon que tout autre livre. J'ai dîné hier avec lord Lansdowne qui est sur son retour. Il y a peu d'Anglais ici à présent, l'hiver est leur saison. Je suis monté à cheval tous les jours depuis que je suis ici ; c'est ainsi que j'ai passé la plus grande partie de mon tems à l'examiner, comme je l'avais fait de Constantinople ; mais Rome est la sœur aînée et la plus belle des deux. Je suis allé il y a quelques jours sur le haut du mont Albain, qui est superbe. Quant au Colisée, au Panthéon, à Saint-Pierre, au Vatican, au mont Palatin, etc., etc., — voyez, comme je l'ai déjà dit, *le Guide du Voyageur*. C'est incompréhensible, il faut voir cela. — L'*Apollon du Belvédère* est l'image de lady Adélaïde Forbes; je n'ai jamais vu une telle ressemblance.

» J'ai vu un pape en vie et un cardinal mort, qui tous deux avaient vraiment très-bonne mine; le dernier était exposé en parade dans la Chiesa Nuova, avant ses funérailles.

» Vos craintes poétiques sont sans fondement; — continuez et prospérez. Voici Hobhouse qui entre et qui m'annonce que mes chevaux m'attendent à la porte; il faut donc que je parte pour aller visiter le *Campus Martius* qui, par parenthèse, est tout couvert des bâtimens de Rome la moderne.

» Tout à vous sincèrement et à jamais.

» *P. S.* Hobhouse vous présente ses souvenirs, et est, comme tout le monde, plein d'impatience de voir paraître votre poème. »

LETTRE CCLXXX.

A M. MURRAY.

Venise, 30 mai 1817.

« Je suis de retour de Rome depuis deux jours, et j'ai reçu votre lettre; mais je n'ai eu aucune nouvelle du paquet que vous me dites avoir envoyé par sir C. Stuart. Après un intervalle de plusieurs mois, un paquet contenant les *Contes de mon Hôte* m'est arrivé à Rome; mais voilà tout ce qui m'est parvenu et me parviendra peut-être jamais de ce genre. — La poste me paraît la seule voie de transport qui soit sûre, et ce n'est que pour les lettres. Je vous ai envoyé de Florence un poème sur Tasso, et de Rome, le nouveau troisième acte de *Manfred* ; j'ai remis aussi au docteur Polidori deux portraits pour ma sœur. En partant de Rome je suis venu ici sans m'arrêter ; — vous continuerez donc d'adresser vos lettres comme à l'ordinaire. M. Hobhouse est allé à Naples, j'y aurais été aussi passer une semaine, si je n'avais entendu dire qu'il s'y trouvait une foule d'Anglais. Je préfère les haïr de loin, à moins que je ne fusse sûr qu'il survînt un tremblement de terre ou une bonne éruption du Vésuve pour me réconcilier avec leur voisinage............

» La veille de mon départ de Rome j'ai vu guillotiner trois voleurs. Cette cérémonie qui présente à nos yeux des prêtres masqués, les bourreaux à demi nus, les criminels les yeux bandés, le Christ en deuil avec sa bannière, l'échafaud, les soldats, la procession marchant d'un pas lent, enfin le mouvement précipité de la hache et sa lourde chute, le jaillissement du sang et la pâleur horrible de ces têtes exposées, toute cette cérémonie, dis-je, produit une impression bien plus profonde que le supplice vulgaire et ignoble de la potence avec toutes ses agonies, qu'on inflige en Angleterre aux victimes de la loi. Deux de ces hommes se comportèrent avec assez de calme ; mais le premier des trois mourut avec beaucoup de répugnance et de terreur. Une chose horrible, c'est qu'il ne voulut pas se coucher, puis ensuite que sa tête se trouva trop grosse pour l'ouverture, et le prêtre fut obligé de couvrir ses cris par des exhortations encore plus bruyantes. La tête tomba avant que l'œil pût suivre le coup ; mais, par suite de l'effort qu'il avait fait pour la rejeter en arrière, quoiqu'elle fût tenue en avant par les cheveux, elle fut coupée rase aux oreilles. Les deux autres furent plus nettement enlevées. Cette coutume vaut mieux que celle qu'on observe en Orient, et je la crois préférable aussi à la hache de nos ancêtres. L'exécution est accompagnée de peu de douleur, et cependant l'effet qu'elle produit sur le spectateur, ainsi que les préparatifs qui entourent le criminel, est de le frapper de terreur et de le glacer d'effroi. La vue du premier de ces hommes me donna une espèce de fièvre, je brûlais, j'avais soif, et je tremblais tellement que je ne pouvais plus tenir la lorgnette (j'étais peu éloigné de l'échafaud, mais résolu à voir attentivement ce qui se passait, par la raison qu'il faut tout voir une fois dans sa vie;) le second et le troisième, j'ai honte de le dire (et cela prouve d'une manière effrayante combien vite on s'accoutume à tout), ne me firent plus éprouver de sensation d'horreur, quoique je les eusse sauvés si je l'avais pu.

» Tout à vous, etc. »

LETTRE CCLXXXI.

A M. MURRAY.

Venise, 4 juin 1817.

« J'ai reçu les épreuves des *Lamentations du Tasse*, ce qui me fait espérer que vous avez aussi reçu le troisième acte refait de *Manfred* que je vous ai envoyé de Rome presqu'aussitôt mon arrivée dans cette ville. La date de cette lettre vous apprendra que je suis de retour ici depuis quelques jours ; quant à moi, de tous vos paquets, il ne m'est parvenu, après un long intervalle, que les *Contes de mon Hôte*, dont je vous ai déjà accusé la réception. — Je ne comprends pas du tout le pourquoi, mais le fait est tel ; — point de manuel, point de lettres ni de poudre à dents, pas d'*extrait* du *Voyage en Italie* de Moore sur *Marino Faliero*, point de *rien*, — comme le criait un jour un homme à une des élections de Burdett, après de longs hurlemens de : *Pas de Bastille, pas de gouvernans, pas de* — Dieu sait encore quoi ou qu'est-ce ; mais son *nec plus ultra* fut *pas de rien* ! Et j'en peux dire autant à propos de vos paquets. J'ai un grand besoin de l'extrait de Moore, et de la poudre à dents et de la magnésie, — je ne suis pas si pressé quant à la poésie, aux lettres ou à la tragédie irlandaise de M. Mathurin. La plupart des choses que vous avez envoyées par la poste sont arrivées ; je veux dire les épreuves et les lettres :

ainsi donc envoyez-moi l'extrait relatif à *Marino Faliero* dans une lettre par la poste.

» J'ai été enchanté de Rome ; aussi en ai-je parcouru les environs plusieurs heures par jour à cheval, tandis que le reste de mon tems se passait à admirer ses merveilles dans l'intérieur. J'ai fait des excursions dans toutes les campagnes environnantes, à Albe, Tivoli, Frescati, Licenza, etc., etc. En outre j'ai été deux fois à la cascade de Terni, qui surpasse tout ce qu'on peut imaginer ; en m'en revenant dans le voisinage du temple et sur les bords du Clitumnus, j'ai mangé des fameuses truites de cette rivière, le plus joli petit ruisseau que la poésie ait jamais célébré et qui est entre Foligno et Spolette près de la première poste. Je ne me suis pas arrêté à Florence, étant pressé de retourner à Venise, et ayant déjà vu les galeries et tout ce qu'il y a à voir. J'ai remis mes lettres de recommandation le soir d'avant mon départ, de sorte que je n'ai vu personne.

» Aujourd'hui Pindemonte, le célèbre poète de Vérone, est venu chez moi ; c'est un petit homme maigre, qui a la physionomie pénétrante et agréable, les manières douces et polies ; au total son aspect est très-philosophique : il peut avoir soixante ans, peut-être plus. C'est un de leurs meilleurs poètes actuels. Je lui ai donné *Forsyth*, car il parle, ou, pour mieux dire, il lit un peu l'anglais, et il y trouvera un compte favorable rendu de lui-même. Il s'est informé de ses anciens amis de la Crusca, Parsons, Greathead, Mrs. Piozzi et Merry, qu'il avait tous connus dans sa jeunesse. — Je lui en ai dit tout ce que j'en savais, lui répondant comme le faux Salomon Lob à Totterton dans la comédie : qu'ils étaient tous morts, et condamnés à l'oubli par une satire publiée il y a plus de vingt ans ; que le nom de leur exterminateur est Gifford; enfin, qu'ils n'étaient, à tout prendre, qu'une triste bande d'écrivassiers, et ne valaient pas grand'chose, sous d'autres rapports. Il a paru, comme de juste, très-satisfait de ces détails sur ses anciennes connaissances, et s'en est allé enchanté de ce qu'il venait d'apprendre, et du sentencieux éloge que M. Forsyth a fait de lui. Après avoir été un peu libertin dans sa jeunesse, il est devenu dévot, et marmotte des prières pour empêcher le diable d'approcher ; mais cela n'empêche pas qu'il ne soit un joli petit vieillard.

» J'ai oublié de vous dire qu'à Bologne (qui est célèbre par ses papes, ses peintres et ses saucissons), j'ai vu une galerie d'anatomie où il y a beaucoup d'ouvrages en cire, parmi lesquels. . . . . .

» Donnez-moi des nouvelles de *Lalla Rookh* qui doit avoir paru.

» Je vous renvoie les épreuves, mais la ponctuation a besoin d'être corrigée ; — je me sens trop paresseux pour le faire moi-même, priez donc en grâce M. Gifford de s'en charger pour moi. Adressez toujours vos lettres à Venise. Dans quelques jours j'irai dans ma *villeggiatura* [1] ; c'est un *casino* auprès de la Brenta, à quelques milles de la terre ferme. J'ai résolu de passer ici une autre année et plusieurs années même si je puis en disposer. Marianna est auprès de moi, à peine rétablie de la fièvre qui a ravagé toute l'Italie l'hiver dernier, je crains qu'elle n'ait quelque tendance à la phthisie, cependant j'espère pour le mieux.

» Toujours, etc.

» *P. S.* Torwaltzen a fait un buste de moi à Rome pour M. Hobhouse, qu'on trouve généralement très-beau. C'est le premier sculpteur après Canova, auquel il est des gens qui le préfèrent.

» J'ai reçu une lettre de M. Hodgson qui est très-heureux ; il a obtenu un bénéfice, mais n'a pas d'enfans. S'il était resté dans sa cure, les marmots n'auraient pas manqué d'arriver comme de raison, parce qu'il n'aurait pas eu de quoi les nourrir.

» Rappelez-moi à tous nos amis, etc., etc.

» Un officier autrichien, amoureux d'une Vénitienne, reçut l'ordre, l'autre jour, de partir avec son régiment pour la Hongrie. Égaré par les combats de l'amour et du devoir, il acheta du poison qu'il partagea avec sa maîtresse et qu'ils avalèrent tous deux. Les douleurs qui s'en suivirent furent horribles ; mais les pilules n'étaient que purgatives et non empoisonnées, par suite de la prévoyance de

---

[1] Maison de campagne.

l'apothicaire peu sentimental, de sorte que ce fut un suicide de perdu. Vous concevrez facilement le désordre qui régna d'abord, et puis qu'on finit par en rire. Néanmoins l'intention y était des deux côtés. »

LETTRE CCLXXXII.

A M. MURRAY.

Venise, 8 juin 1817.

« La présente vous sera remise par deux moines arméniens qui vont en Angleterre s'embarquer pour Madras. Ils vous porteront aussi quelques exemplaires de la grammaire que vous êtes, à ce qu'il me semble, convenu de prendre. Si vous pouvez leur être de quelque utilité parmi vos connaissances attachées à la Marine ou à la Compagnie des Indes, j'espère que vous ne vous refuserez pas à m'obliger sur ce point, car ils ont eu pour moi, ainsi que tout leur ordre, beaucoup d'attention et de bienveillance depuis mon arrivée à Venise. Voici leurs noms : le père Sukias Somalien, et le père Sarkis Théodorosien. Ils parlent italien, et probablement français ou un peu anglais. Je vous réitère vivement ma prière à leur égard, et vous prie de me croire votre très-sincèrement dévoué

BYRON.

» Peut-être pourrez-vous faciliter leur passage, et leur donner ou leur procurer des lettres pour l'Inde. »

LETTRE CCLXXXIII.

A M. MURRAY.

La Mira, près Venise, 14 juin 1817.

« Je vous écris des bords de la Brenta, à quelques milles de Venise, où je me suis établi pour six mois. Adressez vos lettres, comme à l'ordinaire, à Venise.

» Je vous renvoie l'épreuve du *Tasse*. A propos, n'avez-vous jamais reçu une traduction de St.-Paul, que je vous ai fait passer (non pour être publiée pourtant) avant mon voyage à Rome?

» Je suis maintenant sur la Brenta. — En face de moi, demeure un marquis espagnol, âgé de quatre-vingt-dix ans; le casino voisin du sien est habité par un Français; puis viennent les natifs; de sorte que, comme le disait quelqu'un l'autre jour, nous sommes absolument comme cette comédie de Goldoni (*la Vedova Scaltra*), où un Espagnol, un Anglais et un Français sont représentés ensemble. — Au surplus, nous vivons tous en bons voisins, Vénitiens et le reste.

» Je vais monter à cheval pour faire ma promenade du soir, et rendre visite à un médecin qui a une aimable famille, composée de sa femme et de quatre filles non mariées, au-dessous de dix-huit ans. Ils sont amis de la signora S***, et ennemis de personne. Il y a et doit y avoir, d'ailleurs, des *conversazioni*, etc., etc., chez une comtesse Labbia, et je ne sais chez qui encore. Le tems est doux ; le thermomètre a été aujourd'hui à cent-dix degrés au soleil, et à quatre-vingts et tant à l'ombre.

» Votre, etc. »
N.

LETTRE CCLXXXIV.

A M. MURRAY.

La Mira, près Venise, 17 juin 1817.

« J'ai appris avec grand plaisir le succès de Moore, et d'autant que je n'ai jamais douté un moment qu'il ne fût complet. Rien ne saurait m'être plus agréable que le bien que vous pouvez avoir à me dire de lui ou de son poème ; — je suis très-impatient de le recevoir. J'espère que sa gloire et les avantages qu'il en retire le rendent aussi heureux que je désire qu'il le soit. Je ne connais personne qui le mérite davantage, ou même autant.

» Vous vous occupez du troisième chant. Je n'ai encore fait ni projeté aucun plan pour la continuation de ce poème. Je suis resté trop peu de tems à Rome pour cela, et je n'ai aucune idée d'y retourner. . . . .
. . . .

» Je ne puis pas bien vous expliquer par lettre l'origine de l'idée que Mrs. Leigh avait conçue sur les *Contes de mon Hôte* ; mais c'est à propos de quelques traits de caractère de sir É. Mauley et de Burley, et peut-être aussi à cause d'un ou deux morceaux burlesques qui s'y trouvent.

».Si vous avez reçu le docteur Polidori aussi bien qu'une liasse de livres, et que vous puissiez lui être utile, n'y manquez pas, je vous prie. Rien ne m'a jamais autant dégoûté dans la nature humaine, que les éternelles sottises, les tracasseries sans fin, la frivolité, le mauvais caractère et la vanité de ce jeune homme; mais il a quelque talent, et c'est un homme d'honneur. D'ailleurs, il a des dispositions à se corriger, ce à quoi il a été déjà aidé par quelque peu d'expérience, et il peut bien tourner. Ainsi donc employez votre crédit pour lui auprès du ministère; car il s'est déjà amendé, et il est susceptible de le faire encore.

» Votre, etc., etc. »

LETTRE CCLXXXV.

A M. MURRAY.

La Mira, près Venise, 18 juin 1817.

« Ci-incluse est une lettre de Pindemonte, pour le docteur Holland. Ne sachant pas son adresse, je suis chargé de m'en informer; et comme c'est un littérateur, vous découvrirez peut-être sa retraite dans le voisinage de quelque cimetière populeux. Je vous ai écrit une lettre de gronde, et à propos d'un passage de votre lettre que j'ai mal compris, je crois; mais c'est égal, cela servira pour la première fois, car je suis bien sûr que vous le mériterez. En parlant de docteur, cela me fait souvenir de vous en recommander un qui ne se recomman-

dera pas par lui-même, c'est le docteur Polidori.—
Si vous pouvez lui faire trouver un éditeur, faites-
le; — si vous avez quelque parent malade, je vous
conseille de le lui faire soigner. Tous les malades
qu'il a eus en Italie sont morts ; savoir : le fils de
M. ***, M. Horner et lord G***, qu'il a embaumé
avec beaucoup de succès à Pise.

» Rappelez-moi à Moore, que je félicite. Comment se porte Rogers? et qu'est devenu Campbell et
tous les autres de l'ordre des Druides ? J'ai reçu *la
Folie de Maturin,* mais pas d'autre paquet, et j'ai des
attaques de nerfs d'impatience, à force d'attendre
la poudre à dent et la magnésie. J'ai besoin aussi
des poudres de Soda de Burkitt. Voulez-vous dire à
M. Kinnaird, que je lui ai écrit deux fois relativement à des affaires pressantes (il s'agit de Newsteadt, etc., etc.), dont je le prie humblement de
s'occuper.— Je viens en ce moment de galopper sur
les bords de la Brenta; — le moment choisi est le
coucher du soleil.

» Votre, etc., etc. »

LETTRE CCLXXXVI.

A M. MURRAY.

La Mira, près Venise, 1ᵉʳ juillet 1817.

« Depuis ma dernière, j'ai donné à mes impressions la forme d'un quatrième chant de *Childe Harold;* dont j'ai ébauché à peu près une trentaine de
stances; j'ai l'intention de continuer, et de faire

probablement de cette boutade, la conclusion du poème, de sorte que vous pourrez annoncer vers l'automne le tirage de la conscription pour 1818. Il faudra que vous songiez à vous pourvoir d'argent, cette nouvelle reprise vous présageant certains déboursemens. Vers la fin de septembre ou d'octobre, je présume que je serai sous presse; mais je n'ai encore aucune idée de la longueur, ou du calibre de ce chant, ni de ce qu'il pourra valoir. Quoi qu'il en soit, je me propose d'être aussi mercenaire que possible : exemple que j'aurais dû suivre dans ma jeunesse (je ne veux pas désigner par là aucun individu particulier, et moins encore aucune personne de notre connaissance); mais si j'en eusse ainsi agi, j'aurais pu être un homme fort heureux.

» Pas de poudre à dents, pas de lettres, aucunes nouvelles récentes de vous.

» M. Lewis est à Venise, et je vais y aller passer une semaine avec lui. — Un de ses enthousiasmes aussi est d'aimer cette ville. —

J'étais à Venise sur le Pont des Soupirs, etc.

Le pont des soupirs (*il Ponte dei Sospiri*) est celui qui sépare, ou plutôt qui joint le palais du doge à la prison d'état. Il a deux passages; — le criminel alla au tribunal par l'un, et revint par l'autre à la mort, ayant été étranglé dans une chambre adjacente, où il y avait un procédé mécanique pour cela.

» Je vous ai commencé la première stance de

notre nouveau chant ; maintenant voyons un vers de la seconde :

Venise ne répète plus les échos du Tasse, et le muet gondolier fend la vague en silence ; ses palais, etc.

» Vous savez qu'autrefois les gondoliers chantaient toujours, et que la *Jérusalem* du Tasse était le sujet de leurs chants. Venise est bâtie sur soixante et douze îles.

» Voyez ! voici une des briques de votre nouvelle *Babel*, et maintenant, mon homme, que dites-vous de l'échantillon ?

» Votre, etc., etc.

» *P. S.* Je vous récrirai bientôt. »

LETTRE CCLXXXVII.
A M. MURRAY.

La Mira, près Venise, 8 juillet 1817.

« Si vous pouvez remettre l'incluse à son adresse, ou découvrir la personne à qui elle est adressée, vous obligerez le créancier Vénitien d'un Anglais décédé. Cette lettre est pour son héritier, en réclamation du loyer d'une maison. Le nom du défunt insolvable est ou était Porter Valter, suivant le dire du plaignant ; ce que je soupçonne plutôt être Walter Porter, d'après notre manière d'arranger les choses. Si vous connaissez quelque mort du même nom, bien endetté, déterrez-le nous, je vous prie, et dites-lui qu'il faut « une livre de sa bonne chair, » ou les ducats, et « fi de votre loi, si vous nous les refusez ¹ ! »

» Je n'entends plus parler du poème de Moore, ni de Rogers, ni de nos autres phénomènes littéraires ; mais demain étant jour de courrier, je recevrai peut-être quelques nouvelles. Je vous écris au milieu de gens qui parlent vénitien tout autour de moi ; aussi ne faut-il pas vous attendre à ce que ma lettre soit tout anglaise.

» L'autre jour j'ai eu une querelle sur le grand chemin, comme vous allez voir. Je m'en revenais chez moi, à cheval et assez vite de Dolo, vers les huit heures du soir, lorsque je passai à côté d'un carrosse de louage, contenant une société de gens dont l'un, passant sa tête à travers la portière, commença à crier après moi d'une manière inarticulée, mais des plus insolentes. Je fis faire un tour à mon cheval, et rejoignant la voiture, je l'arrêtai en demandant : « Signor, désirez-vous quelque chose de moi ? — Non, » me répondit-il d'un ton tout-à-fait impudent. — Je lui demandai ensuite ce que signifiait ce tapage indécent dont il incommodait les passans. Il me répliqua quelque impertinence à laquelle je ripostai par un violent soufflet. Je mis alors pied à terre, car ceci se passait à la portière du carrosse, moi étant à cheval, et ouvrant la voiture, je le priai de sortir s'il ne voulait en avoir un autre.

¹ Citation du *Marchand de Venise* de Shakespeare.

Mais il était satisfait du premier, et voulut s'en tenir à des paroles et des blasphêmes dont il me lâcha une bordée, jurant qu'il irait à la police, et déclarerait avoir été assailli sans provocation. — Je lui dis qu'il en avait menti, et qu'il était un..., et que, s'il ne se taisait, je le ferais sortir de la voiture, et le battrais de nouveau. Ceci lui fit garder le silence. Je lui appris alors mon nom et ma demeure, et le défiai à mort, qu'il fût gentilhomme ou non, pourvu qu'il eût assez de cœur pour accepter le combat. Il préféra aller à la police. Mais comme nous avions eu des témoins sur la route, entr'autres un soldat qui avait vu toute l'affaire, ainsi que mon domestique, considérant qu'il avait été l'agresseur, sa plainte fut renvoyée, malgré les sermens du cocher et des cinq individus que renfermait la voiture, et après beaucoup de frais des deux côtés : je fus ensuite informé que, si je ne lui avais pas donné de coups, j'aurais pu le faire mettre en prison.

» Ainsi, mettez sur vos tablettes, que *jadis dans Alep, je battis un Vénitien;* mais je vous assure qu'il le méritait bien, car je suis un homme paisible comme Candide, quoique mon étoile, comme la sienne, me force de tems à autre à renoncer à ma douceur naturelle.

» Votre, etc., etc. »
B.

LETTRE CCLXXXVIII.

A M. MURRAY.

Venise, 9 juillet 1817.

« J'ai l'analyse et les extraits de *Lalla Rookh*, qui, dans mon humble opinion, écrasera ***, et montrera à nos jeunes messieurs, qu'il faut quelque chose de plus que d'être monté sur la bosse d'un chameau, pour écrire un bon poème oriental. Je suis très-satisfait de ce que j'ai vu du plan, ainsi que des extraits, et je meurs d'impatience d'avoir le tout.

» Quant à la critique de *Manfred*, dans votre maudite précipitation, vous ne m'en avez envoyé que la moitié : — cela s'arrête à la page 294. — Faites-moi passer le reste, ainsi que la page 270 ; où l'on rapporte la prétendue origine de cette terrible histoire ; quoique, par parenthèse, quels que soient ces conjectures et celui qui les a faites, il m'est prouvé qu'il n'y est pas et n'entend rien à la chose. J'en ai été chercher l'origine plus haut qu'il ne pourra jamais le concevoir ou le deviner.

» Vous ne me dites rien de la manière dont *Manfred* est reçu dans le monde, et je ne m'en soucie guère : — c'est, quoi qu'on en puisse dire, un des meilleurs de mes enfans bâtards.

» J'ai enfin reçu un extrait, mais pas de paquets ; ils arriveront, je présume, un jour ou l'autre. Je suis venu passer un jour ou deux à Venise pour me

baigner, et je vais, de ce pas, me jeter dans l'A-
driatique; ainsi donc, bonsoir, — la poste presse.

» Votre, etc., etc.

» *P. S.* Dites-moi, je vous prie, le discours de
Manfred *au soleil* a-t-il été conservé dans le troisième acte? Je l'espère, car c'est une des meilleures
choses de l'ouvrage, et supérieure au *Colosseum*.
J'ai fait cinquante-six stances du quatrième chant
de *Childe Harold*; ainsi préparez vos ducats. »

LETTRE CCLXXXIX.

A M. MOORE.

La Mira, près Venise, 10 juillet 1817.

« Murray, le Mokanna des libraires, a trouvé
moyen de m'envoyer par la poste quelques extraits
de *Lalla Rookh*. Ils sont tirés d'une *Revue*, et con-
tiennent une courte analyse, et des citations des
deux premiers poèmes. Je suis enchanté de ce que
j'ai devant moi, et très-avide du reste. Vous avez
saisi les couleurs comme si vous eussiez été sous
l'arc-en-ciel, et la teinte orientale y est parfaitement
observée.

» Je vous soupçonne donc de nous avoir donné
là une composition diablement belle, et je m'en réjouis du fond du cœur; *car les Douglas et les Percy
peuvent affronter tous deux le monde entier sous les
armes*. J'espère que vous ne serez pas offensé, si je
regarde vous et moi comme oiseaux du même plu-
mage, quoique, sur quelque sujet que vous eussiez

pu écrire, j'eusse éprouvé une véritable satisfaction de vos succès.

» Il y a une comparaison entre les fleurs et les fruits d'un oranger, qui m'aurait plu davantage si je n'avais pas cru y voir une allusion à. . . . . . .
. . . . ,

» Vous rappelez-vous le poème de Thurlow à Sam, « Quand Rogers; » et ce maudit souper de Rancliffe, qui devait être un dîner. — « Ah! maître
» Shallow, nous avons entendu le carillon de la clo-
» che à minuit. » — Mais

Ma barque attend sur le rivage, elle va bientôt mettre à la mer; mais avant de partir, Tom Moore, que je te porte une double santé!

Ce soupir est pour ceux qui m'aiment, ce sourire pour ceux qui me haïssent, et maintenant, quel que soit le ciel qui doive couvrir ma tête, je porte un cœur préparé à tous les coups du sort.

L'Océan, mugissant autour de moi, ne m'emportera pas moins sur son sein, et le désert qui m'environnera de sa vaste solitude, a des sources auxquelles il est possible d'arriver.

Dussé-je ne plus trouver que la dernière goutte de cette fontaine en approchant, haletant, de ses bords avant que mon courage défaillant succombât, c'est encore à toi que je boirais. .

Avec cette eau, comme avec le vin qui remplit mon verre, la libation que je t'offrirais serait : Paix à toi et aux tiens, et à ta santé, Tom Moore.

» Ceci aurait dû être écrit il y a quinze mois, comme l'a été la première stance. Je viens de nager une heure dans l'Adriatique, et je vous écris ayant devant moi une jeune Vénitienne aux yeux noirs, lisant *Boccace*.

» Le moine Lewis[1] est ici. *Comme c'est agréable*[2] ! C'est un bien bon enfant, et qui vous est tout dévoué. Ainsi l'est Sam, ainsi l'est tout le monde, et parmi le nombre,

» Votre, etc., etc. »

» *P. S.* Que pensez-vous de *Manfred?*

LETTRE CCXC.

A M. MURRAY.

La Mira, près Venise, 15 juillet 1817.

« J'ai fini (c'est-à-dire j'ai grifonné, car la lime ne vient qu'après) quatre-vingt-dix-huit stances du quatrième chant, dont je me propose de faire le dernier. Il sera probablement environ de la même longueur que le troisième, qui a lui-même à peu près la même étendue que le premier et le second. Il y a quelques passages que je juge très-bons, c'est-à-dire si les autres chants le sont : c'est ce que nous verrons. Quoi qu'il en soit, bon ou mauvais, il est d'un genre différent du dernier et moins métaphysique, ce qui, dans tous les cas, sera une variété. Je vous ai envoyé l'autre jour le fût d'une colonne comme échantillon de l'édifice (voyez le commence-

---

[1] Lewis, l'auteur du fameux roman du *Moine*.

(*Note du Trad.*)

[2] Allusion, comme il s'en trouve beaucoup dans ces lettres, à quelque anecdote qui l'avait amusé.

(*Note de Moore.*)

ment de la première stance), ainsi vous pouvez compter sur son arrivée vers l'automne, dont les vents ne seront pas les seuls à se déchaîner, si tant est que ledit chant soit prêt à cette époque.

» J'ai prêté à Lewis, qui est à Venise (dans ou sur le Canallaccio, le Grand Canal), vos extraits de *Lalla Rookh* et *Manuel*[1]; et, par esprit de contradiction, il se peut que ce dernier ouvrage lui plaise, et qu'il ne soit pas très-ravi de l'autre. Pour moi, je pense que *Manuel*, à l'exception de quelques passades, est aussi pesant que le plus terrible cauchemar qui ait jamais pesé sur mon estomac après une mauvaise digestion.

» Pour les extraits, je ne puis les juger que comme extraits, et je préfère la *Péri* au *Voile d'argent*. Sa versification ne me paraît pas si facile dans le *Voile d'argent*, et on dirait qu'il est un peu embarrassé de sortir de toutes ces horreurs; mais la conception du caractère de l'imposteur est très-belle, et le plan est vaste pour son génie. Au total, je ne doute pas que l'ensemble n'ait la couleur vraiment arabe et ne soit très-beau.

» Votre dernière lettre n'est pas très-abondante en nouvelles; et aucune autre encore ne l'ayant suivie, il en résulte que je ne sais rien de vos affaires ni des affaires de personne; et comme vous êtes le seul qui m'écriviez sans me dire les choses les plus désagréables du monde, je serai toujours bien aise

---

[1] Tragédie de M. Maturin.

de recevoir vos lettres. Comme aussi il n'est pas très-possible que je retourne de sitôt en Angleterre, et que j'y réside jamais, si je puis faire en sorte, par quelque combinaison relative à mes affaires personnelles, tout ce que vous me direz au sujet de notre bien-aimé royaume de Grub-Street, et des noirs confrères et des consœurs les *bas-bleus* de ce vaste faubourg de Babylone, sera tout ce que j'en saurai et en demanderai jamais. N'avez-vous pas quelque nouveau nourrisson des Muses pour remplacer les morts, les absens, ceux qui sont las de littérature, et ceux qui se sont retirés? — Pas de prose, pas de vers, pas de *rien ?* »

LETTRE CCXCI.

A M. MURRAY.

Venise, 20 juillet 1817.

« Je vous écris pour vous informer que j'ai terminé le quatrième et dernier chant de *Childe Harold*. Il se compose de cent vingt-six stances ; il est par conséquent le plus long de tous. Reste encore à le copier et à le polir ; puis viennent les notes, dont il lui faudra un bien plus grand nombre qu'au troisième chant, comme il traite nécessairement plus des ouvrages de l'art que de ceux de la nature. Il sera envoyé vers l'automne ; et maintenant, venons à notre marché. Qu'en donnez-vous, hein? Vous en aurez des échantillons, si vous voulez ; mais je désire savoir ce que je dois en attendre, dans ces tems difficiles (comme cela se dit) où la poésie ne rapporte pas la moitié de sa valeur. — Si vous êtes disposé « à bien faire les choses, » comme le dirait Mrs. Winifred Jenkins, je jetterai peut-être de votre côté quelque chose de plus, — quelques traductions ou quelques légères esquisses originales : — il ne faut pas répondre de ce qu'il peut y avoir de neuf sous l'enclume d'ici à la saison des livres. — Rappelez-vous que c'est le dernier chant, et qu'il complète l'ouvrage. Quant à vous dire s'il est égal au reste, c'est de quoi je ne puis encore juger. Il a moins de suite encore que tous les autres, mais il n'y aura pas de ma faute s'il leur est de beaucoup inférieur. Il est possible que je disserte un peu dans mes notes sur l'état actuel de la littérature et des littérateurs italiens, connaissant quelques-uns de leurs *capi* [1], tant en hommes qu'en livres; — mais cela dépendra de l'humeur du moment. — Ainsi, voyons, prononcez maintenant : je ne dis plus rien.

» Quand vous aurez les quatre chants complets, je pense que vous pourrez risquer une nouvelle édition du poème in-quarto, avec des exemplaires de surplus des deux derniers chants, pour ceux qui auraient acheté l'ancienne édition des deux premiers. Voici un avis que je vous donne, qui est digne de la confrérie, et maintenant, examinez et prononcez.

» Je n'ai pas reçu un seul mot de vous sur le sort

---

[1] *Capi*, chefs, et par extension, chefs-d'œuvre.
(*Note du Trad.*)

de « *Manfred* » ou « du *Tasse*; » ce qui me paraît singulier, qu'ils aient réussi ou non.

» Comme ceci n'est qu'un griffonnage d'affaires, et que je vous ai écrit dernièrement assez souvent, et d'une manière assez étendue sur d'autres sujets, je me bornerai à ajouter que je suis votre, etc., etc. »

LETTRE CCXCII.

A M. MURRAY.

La Mira, près Venise, 7 août 1817.

« Votre lettre du 18 et, ce qui vous fera autant de plaisir qu'à moi, le paquet envoyé par l'entremise et les bons soins de M. Croker, sont arrivés. MM. Lewis et Hobhouse sont ici : — le premier dans la même maison que moi, le second à quelques centaines de toises.

» Vous ne me dites rien de *Manfred,* d'où je dois conclure qu'il n'a pas réussi; — mais il me semble étrange que vous ne me l'appreniez pas du premier coup. Je ne sais rien de rien de ce qui se passe en Angleterre, et ne reçois absolument de nouvelles de personne; de sorte que tout ce que vous pourrez me dire sur les choses et sur les individus sera entièrement neuf pour moi. Je suis en ce moment très-impatient d'en finir avec Newsteadt, et je regrette que Kinnaird quitte précisément l'Angleterre dans ce moment, quoique je ne lui en dise rien, et ne demande pas mieux que de le voir aller à ses plaisirs, bien que, dans ce cas, mes intérêts puissent en souffrir.

» Si j'ai bien compris, vous avez payé à Morland 1,500 livres sterling : comme la convention du papier passé entre nous porte 2,000 guinées, il reste donc 600 et non 500 livres sterling, les 100 dernières livres formant le surplus de l'espèce; 630 livres sterling résulteront pareillement du manuscrit de *Manfred* et de *Tasso*, ce qui fait un total de 1.230 livres sterling, si je ne me trompe; car je ne suis pas très-bon calculateur. Je ne veux pas vous presser, mais je vous dirai franchement qu'il m'arrangera beaucoup que cette somme soit payée aussitôt que vous le pourrez sans vous gêner.

» Le nouveau et dernier chant a cent trente stances, et peut être raccourci ou ralongé à volonté. Je n'en ai pas encore fixé le prix, même en idée, et je ne m'en fais aucune de ce qu'il peut valoir. Il ne s'y trouve rien de métaphysique, au moins je ne le crois pas. M. Hobhouse m'a promis une copie du testament du Tasse pour mettre dans mes notes, et j'ai différentes choses curieuses à dire sur Ferrare et sur l'histoire de Parisina; j'ai peut-être aussi quelque [1] peu de lumière à répandre sur l'état actuel de la littérature italienne. C'est tout au plus si je pourrai être prêt en octobre, car j'ai tout à copier et les notes à faire; — mais cela est fort égal.

---

[1] Il y a dans le texte : pour un liard de lumière.

(*Note du Trad.*)

» Je ne sais pas s'il plaira à Scott que je l'aie appelé dans mon texte l'Arioste du Nord. — Dans le cas contraire, faites-le-moi savoir à tems.

« On a voulu faire imprimer dernièrement à Venise une traduction italienne de *Glenarvon*. Le censeur, signor Petrotini, a refusé de consentir à la publication avant de m'avoir vu à ce sujet. Je lui ai dit que je ne reconnaissais pas le moindre rapport entre moi et ce livre; mais que, quelles que pussent être les opinions à cet égard, je ne m'opposerais jamais à la publication d'aucun livre, dans aucune langue, pour mon compte personnel : je le priai donc, contre son inclination, de permettre au pauvre traducteur de publier le fruit de ses travaux. En conséquence, l'affaire va son train; vous pouvez le dire à l'auteur, en lui faisant mes complimens.

» Votre, etc. »

LETTRE CCXCIII.

A M. MURRAY.

Venise, 12 août 1817.

« J'ai été très-affligé d'apprendre la mort de Mme de Staël, non-seulement parce qu'elle a eu beaucoup de bontés pour moi à Coppet, mais parce qu'il ne m'est plus permis de m'acquitter avec elle. Sous un point de vue général, elle laissera un grand vide dans la littérature et dans la société.

» Quant à elle personnellement, je ne crois pas

que nous devions plaindre les morts pour leur propre compte.

» Les exemplaires de *Manfred* et de *Tasso* me sont parvenus, grâce au couvert de M. Croker. — Vous avez détruit tout l'effet et toute la morale du poème en supprimant le dernier vers prononcé par Manfred ; et dans quel but cela a-t-il été fait ? je ne le devine pas. Pourquoi persistez-vous à ne me pas parler de l'ouvrage lui-même ? Si c'est par la répugnance que vous éprouvez à me dire une chose désagréable, vous vous trompez. — Ne dois-je pas le savoir tôt ou tard ? et je ne suis ni assez neuf, ni assez novice, ni assez peu endurci par l'expérience pour ne pas être capable de supporter, non-seulement les misérables petits mécomptes du métier d'auteur, mais encore des choses plus graves, — du moins je l'espère ; et ce que vous regardez, vous, comme de l'irritabilité, est un effet purement mécanique, et qui agit comme le galvanisme sur un corps mort, ou comme le mouvement musculaire qui survit à la sensation.

» Si par hasard vous êtes de mauvaise humeur parce que je vous ai écrit une lettre un peu vive, rappelez-vous que cela vient en partie de ce que j'avais mal compris la vôtre, et en partie de ce que vous avez fait une chose que vous ne deviez pas faire sans me consulter.

» J'ai cependant entendu dire du bien de *Manfred* de deux autres côtés, et par des gens qui ne se font pas scrupule de dire ce qu'ils pensent et ce qu'ils entendent : « ainsi je vous souhaite le bon jour, mon bon monsieur le lieutenant. »

» Je vous ai écrit deux fois au sujet du quatrième chant, vous me répondrez quand il vous plaira. M. Hobhouse et moi sommes venus un jour en ville. —M. Lewis est parti pour l'Angleterre, et je suis

» Votre, etc. »

LETTRE CCXCIV.

A M. MURRAY.

La Mira, près Venise, 21 août 1817.

« Je vous prends au mot relativement à M. Hanson, et vous serai bien obligé si vous voulez aller chez lui, et prier M. Davies de le voir aussi de ma part pour lui répéter que j'espère que ni l'absence de M. Kinnaird, ni la mienne, ne l'empêcheront de prendre toutes les mesures nécessaires pour accélérer la vente de Newsteadt et de Rochdale, dont toute mon aisance personnelle doit dépendre à l'avenir. Il est impossible d'exprimer à quel point tout retard dans cette affaire m'occasionnerait de gêne, et je ne sache pas qu'on puisse me rendre un plus grand service que de presser Hanson à ce sujet, et de le faire agir suivant mes désirs. Je voudrais que vous parlassiez franchement, du moins avec moi, et que vous me donnassiez l'explication de la froideur avec laquelle vous vous exprimez sur son compte. Toute espèce de mystère à une telle distance, sont non-seulement tourmentans, mais encore nuisibles et peuvent porter préjudice à mes intérêts; ainsi donc expliquez vous, que je puisse me consulter avec M. Kinnaird quand il arrivera, — et rappelez-vous que je préfère les certitudes les plus désagréables aux allusions et aux insinuations indirectes. Que le diable emporte tout le monde : je ne puis jamais rencontrer une personne qui parle clairement sur les choses ou les individus, et toute ma vie s'est passée en conjectures sur ce que les gens voulaient dire; — on croirait que vous avez tous adopté le style des romans de C*** L***.

» Ce n'est pas de M. Saint-John qu'il est question, mais de M. Saint-Aubyn fils, de sir John Saint-Aubyn, Polidori le connaît, c'est lui-même qui me l'a présenté; il est d'Oxford et il a entre ses mains mon paquet. Le docteur le déterrera, et il le doit : ce paquet contient plusieurs lettres de Mme de Staël et d'autres personnes, outre des manuscrits, etc.— De par ***, si je trouve le gentilhomme, et que le gentilhomme n'ait pas retrouvé le paquet, il entendra de moi des choses qui ne lui plairont nullement.

» *P. S.* J'ai fini le quatrième et dernier chant qui a cent trente-trois stances. Je désire que vous m'en donniez un prix : si vous ne le faites pas, ce sera moi, je vous en préviens d'avance.

» Votre, etc.

» Il y aura bon nombre de notes. »

LETTRE CCXCV.

A M. MURRAY.

4 septembre 1817.

« Votre lettre du 15 m'a apporté, outre son contenu, l'empreinte d'un cachet auprès duquel la « tête du Sarrasin » est celle d'un archange, et celle de la « mâchoire du taureau » une image délicate. Je savais que la calomnie m'avait passablement noirci dans les derniers tems, mais j'ignorais qu'elle m'eût donné les traits et le teint d'un nègre. La pauvre Augusta en est non moins révoltée que moi, peut-être même l'est-elle plus, et dit qu'il faut que ceux qui ont gravé cette tête noire, aient étrangement perdu la mémoire. Je vous prie, ne cachetez pas vos lettres, du moins celles qui me sont adressées, avec cette caricature du crâne humain, et si vous ne cassez pas la tête au graveur, du moins brisez cette empreinte ou ce portrait injurieux, si tant est que ceci puisse passer pour un portrait de moi.

» M. Kinnaird n'est pas encore arrivé, mais il est attendu. Il a perdu en chemin toute la poudre à dents, comme me l'apprend une lettre de Spa.

» J'ai reçu par M. Rose, en bon état (quoiqu'un peu tardivement), la magnésie et la poudre à dents, et ***. Pourquoi m'envoyez-vous un tel fatras, le pire de tous les galimatias, le sublime de la médiocrité? Merci pour *Lalla* cependant, voilà qui est bon; merci encore pour le *Quarterly* et l'*Édinburg*, deux revues amusantes et bien écrites. *Paris en 1815*, etc., est assez bon. — *La Grèce moderne*, cela ne vaut rien du tout ; — c'est écrit par quelqu'un qui n'y a jamais été, et qui, ne sachant pas employer la stance de Spencer, a inventé quelque chose de son cru, composé de deux stances élégiaques d'un vers héroïque et d'un alexandrin entrelacés autour d'une corde. Et puis pourquoi *moderne ?* vous pouvez dire les Grecs modernes, mais quant à la Grèce elle-même, elle est un peu plus ancienne qu'elle n'a jamais été. — Maintenant passons aux affaires.

» Vous m'offrez 1,500 guinées du nouveau chant, — je n'en veux pas ; — j'en demande 2,500, que vous me donnerez ou non suivant votre bon plaisir. C'est la conclusion du poème, et il est composé de cent quarante-quatre stances ; les notes y sont nombreuses et écrites en partie par M. Hobhouse, dont les recherches ont été infatigables, et qui, j'ose le dire, connaît mieux Rome et ses environs qu'aucun Anglais qui y ait été depuis Gibbon. A propos, pour prévenir toute méprise, je crois nécessaire de déclarer ici comme un fait, que M. Hobhouse n'a aucun intérêt quelconque direct ou indirect dans le prix qui doit être donné du manuscrit et des notes, et cela afin que vous ne supposiez pas que c'est par lui et à cause de lui que je demande plus de ce chant que des autres. — Non. — Mais si M. Eustace doit avoir 2,000 livres ster. pour un poème sur l'*Éducation*, M. Moore 3,000 pour *Lalla*, etc.; si

M. Campbell reçoit 3,000 livres ster. pour sa prose sur la poésie, sans rabaisser les travaux de ces messieurs, je demande le prix susdit des miens. Vous me direz que leurs ouvrages sont beaucoup plus longs, c'est vrai; et quand ils les raccourciront, j'allongerai les miens et je demanderai moins. Vous soumettrez le manuscrit au jugement de M. Gifford et de deux autres personnes que vous nommerez vous-même (M. Frere ou M. Croker, ou qui vous voudrez, excepté cependant à des gens tels que votre **s et votre **s), et s'ils décident que ce chant dans son ensemble soit inférieur aux précédens, je n'appellerai point de leur jugement, mais je brûlerai le manuscrit et laisserai les choses comme elles sont.

» Votre très-sincèrement, etc.

» *P. S.* En réponse à une lettre précédente, je vous ai envoyé un résumé concis de l'état de notre compte courant, — savoir : 600 livres ster. encore dues (ou qui l'étaient au moins dernièrement) sur *Childe Harold*, et 600 guinées pour *Manfred* et *Tasso*, formant un total de 1,230 livres ster. Si nous nous arrangeons pour le nouveau poème, je prendrai la liberté de me réserver le choix du format dans lequel il sera publié, et ce sera très-certainement in-quarto. . . . . »

LETTRE CCXCVIII [1].

A M. MURRAY.

18 septembre 1817.

« Je joins ici une feuille à corriger ; si jamais vous arrivez à une seconde édition, vous remarquerez que d'après la bévue de l'imprimeur, on croirait que le château est au-dessus de Saint-Gingo au lieu d'être sur la rive opposée du lac, au-dessus de Clarens. Ainsi séparez cela par un alinéa, ou ma topographie paraîtra aussi inexacte que votre typographie l'a été dans cette occasion.

» Je vous ai écrit l'autre jour pour vous transmettre mes propositions relativement au quatrième et dernier chant. J'ai été plus loin, et je l'ai étendu jusqu'à cent-cinquante stances, ce qui le rend presqu'aussi long que les deux premiers réunis l'étaient dans le principe, et plus long qu'aucun de mes autres petits poèmes, à l'exception du *Corsaire*. M. Hobhouse a fait des notes très-exactes et très-précieuses, et d'une étendue considérable ; et vous pouvez être sûr que je ferai pour le texte tout ce qu'il est possible que je fasse pour en finir décemment. Je regarde *Childe Harold* comme ce que j'ai fait de mieux ; ce fut par là que je commençai, et je crois que c'est aussi par là que je terminerai ma carrière ;

---

[1] On a supprimé ici une lettre à M. Hoppner, consul-général d'Angleterre, comme ne renfermant absolument rien qui puisse intéresser le lecteur.

mais je ne veux pas former de résolution sur ce point, n'ayant pas tenu la promesse que je m'étais faite relativement au *Corsaire.* Cependant je crains de ne pouvoir jamais faire mieux, et pourtant quand on n'a pas encore trente ans (et il s'en faut encore de quelques lunes que je les aie atteints), on devrait aller en augmentant, du moins du côté des facultés intellectuelles, pendant quelques bonnes années encore. Mais j'ai eu beaucoup à combattre et à souffrir dans ma vie, et les chagrins m'ont usé l'ame et le corps. D'ailleurs j'ai déjà trop et trop souvent publié, — que Dieu me donne le jugement de faire ce qui sera le plus à propos en cela, comme dans le reste, car je doute furieusement du mien.

» J'ai lu *Lalla Rookh,* mais pas encore avec assez d'attention, car je monte à cheval, je flâne, je rêve, et fais encore plusieurs autres choses; de sorte que ma lecture est très-peu suivie et n'a plus la solidité d'autrefois. Je suis enchanté d'apprendre la vogue dont cet ouvrage jouit, car Moore est un garçon rempli des plus nobles qualités, et qui jouira de sa réputation sans aucun des mauvais sentimens que le succès, n'importe de quelle espèce, engendre souvent chez les rimeurs. Quant au poème, je vous en dirai mon opinion quand je m'en serai bien pénétré : je dis *poème*, car la prose ne me plaît pas du tout, du tout ; — jusqu'à présent les « Adorateurs du feu » me semblent ce qu'il y a de mieux, et le « Prophète voilé» ce qu'il y a de pis dans le volume.

» Pour ce qui est de la poésie en général [1], plus j'y pense et *plus* je suis persuadé que lui et nous tous, tant que nous sommes, Scott, Southey, Wordsworth, Moore, Campbell et moi, sommes tous également dans une fausse route : que nous suivons tous un système erroné de révolution poétique qui ne vaut rien du tout, et dont Rogers et Crabbe sont les seuls exempts, et je ne doute pas que la génération actuelle et celle qui vient ne finissent par être de cette opinion. Ce qui l'a confirmée en moi, c'est que j'ai voulu dernièrement parcourir quelques-uns de nos classiques, Pope surtout, et voici l'épreuve que j'ai faite : j'ai pris les poëmes de Moore, les miens et quelques autres encore, et je les ai relus à côté de ceux de Pope ; j'ai été réellement étonné (et plus que je n'aurais dû l'être), et surtout mortifié de la distance immense en fait de sens, de savoir, d'effet, et même d'imagination, de passion et d'invention, qu'il y a entre le petit homme de la reine Anne et nous autres du Bas-Empire. — Croyez-le bien, tout était Horace alors, et tout est Claudien aujourd'hui parmi nous, et si je devais recommencer ma carrière, je me façonnerais sur un autre moule. Crabbe est l'homme qu'il faudrait ; mais le sujet qu'il a choisi est grossier et d'une exécution imprati-

---

[1] Je trouve sur ce passage, dans la copie manuscrite de cette lettre, la note suivante, de l'écriture de M. Gifford. « Il y a plus de bon sens, de
» sentiment et de jugement dans ce passage, que dans tout ce que j'ai
» jamais lu de lord Byron, et que dans tout ce qu'il a jamais écrit. »

cable, et *** est retiré avec la demi-paie, d'ailleurs, il en a fait assez, à moins qu'il ne recommençât à écrire comme il écrivait autrefois. »

LETTRE CCXCVIII.

A M. MURRAY.

17 septembre 1817.

. . . .

« M. Hobhouse se propose de retourner en Angleterre en novembre. Il emportera avec lui le quatrième chant, notes et tout. Le texte contient cent cinquante stances, ce qui est assez long pour cette mesure. . . . .

» Quant à « l'Arioste du Nord » il est certain que tous deux avaient également pour sujet la chevalerie, la guerre et l'amour, et si vous saviez ce que les Italiens pensent de l'Arioste, vous ne douteriez pas un moment de tout ce qu'il y a de flatteur dans ce compliment. Mais à l'égard de leurs mesures, vous oubliez que celle de l'Arioste est la stance octave, et que celle de Scott n'est rien moins qu'une stance. Si vous croyez que cela déplaise à Scott, dites-le, et je l'effacerai. — Je ne l'appelle pas « l'Arioste écossais » ce qui serait un petit éloge bien provincial, mais « l'Arioste du Nord » c'est-à-dire de tous les pays qui ne sont pas au Midi. . . . .

» Comme je vous ai assez importuné de mes lettres depuis quelque tems, je terminerai en me disant votre, etc. »

LETTRE CCXCIX.

A M. MURRAY.

12 octobre 1817.

« M. Kinnaird et son frère lord Kinnaird sont venus ici et en sont repartis. Tout ce que vous m'avez adressé m'est arrivé, à l'exception de la poudre à dents, dont je vous demanderai une nouvelle provision à la première occasion favorable : il me faudra aussi de la magnésie et des poudres de Soda, ce qui est un grand luxe ici, car on n'en peut avoir de bonne ni de l'une ni de l'autre, et même il est difficile de s'en procurer dans le pays. . . . .

» Ma réponse à votre proposition au sujet de mon quatrième chant, vous sera sans doute parvenue, et moi j'attends la vôtre ; — peut-être ne nous accorderons-nous pas. — Depuis j'ai écrit un poème en quatre-vingt-quatre stances octaves, dans le genre bouffon, et d'après l'excellente manière de M. Whistlecraft (qui, à mon avis, n'est autre que Frere). Il a pour sujet une anecdote vénitienne qui m'a amusé ; mais jusqu'à ce que j'aie votre réponse, je ne vous en dirai pas davantage. M. Hobhouse ne retournera pas au mois de novembre en Angleterre comme il se le proposait ; il passera l'hiver ici, et comme c'est lui qui doit porter le poème ou les poèmes ; car il est possible même qu'il y en ait plus que les deux dont j'ai parlé (et qui, par parenthèse, ne sont peut-être pas compris dans la même publication et dans les mêmes arrangemens) ; ils ne pourront être publiés aussitôt que je l'avais cru ; mais je suppose qu'il n'y a pas grand mal à ce délai.

» J'ai signé et je vous renvoie vos anciens actes par M. Kinnaird, mais sans le reçu, l'argent n'ayant pas encore été payé. M. Kinnaird a une procuration qui l'autorise à signer pour moi, et il le fera quand cela sera nécessaire.

» Mille remerciemens de la *Revue d'Édimbourg*, qui est très-généreuse envers *Manfred*, et défend son originalité que je ne sache pas avoir été attaquée par personne. Je n'ai jamais lu, et ne crois pas avoir jamais vu le *Faust* de Marlow, — et je n'avais et n'ai encore aucun ouvrage dramatique anglais à l'exception des publications nouvelles que vous m'avez envoyées ; mais l'été dernier j'ai entendu traduire verbalement à M. Lewis quelques scènes du *Faust* de Gœthe, dont quelques-unes étaient bonnes, les autres mauvaises ; et voilà tout ce que je sais de l'histoire de ce personnage magique. Quant aux premiers germes de *Manfred* on les trouvera dans le journal que j'ai envoyé à Mrs. Leigh, (et dont je crois que vous avez vu une partie) lorsque je traversai d'abord la Dent de Jaman ; puis le Wengen ou Wengeberg et le Sheideck, et que je fis le tour de la Jungfrau et du Shreckhorn ; peu de tems avant mon départ de Suisse. J'ai devant les yeux les lieux où se passe l'action de *Manfred* comme si je les avais vus hier, et je pourrais les décrire place par place, ainsi que les torrens et tout ce qui s'y trouve de remarquable.

» J'étais admirateur passionné du *Prométhée* d'Eschyle dans ma première jeunesse (c'était une des pièces du théâtre grec que nous lisions trois fois par an à Harrow), et pour dire la vérité, celle-ci et la *Médée* furent les seules, à l'exception pourtant des *Sept Chefs devant Thèbes*, qui m'aient jamais beaucoup plu. Quant au *Faust* de Marlow, je ne l'ai jamais lu, jamais vu, et n'en ai jamais entendu parler, du moins je n'y ai jamais pensé, excepté à propos d'une note de M. Gifford, que vous m'avez envoyée, et dans laquelle il dit quelque chose de sa catastrophe ; mais non comme ayant aucun rapport avec la mienne, qui peut lui ressembler ou ne pas lui ressembler, sans que je le sache ou m'en soucie.

» Le *Prométhée*, quoique n'entrant pas exactement dans mon plan, m'est toujours tellement resté dans la tête que je puis concevoir facilement l'influence qu'il a sur tous mes écrits, ou du moins, sur quelqu'un d'eux ; — mais je nie Marlow et sa progéniture, et je vous prie de faire de même.

» Si vous pouvez m'envoyez le papier en question[1] cité par la *Revue d'Édimbourg*, n'y manquez

---

[1] Une feuille du *Edinburgh Magazine*, dans laquelle on faisait entendre que la conception générale de *Manfred*, et une grande partie de ce qu'il y a de plus beau dans la manière dont le sujet est traité, a été emprunté à l'*Histoire tragique de Faust*, par Marlow.
(*Note de Moore.*)

pas;—l'article du *Magazine* a été écrit par Wilson, dites-vous? En effet, il avait tout l'air d'être écrit par un poète, et c'est un fort bon article. Quant à celui de la *Revue d'Édimbourg*, je l'attribue à Jeffrey lui-même à cause de la bienveillance qui y règne. Je suis étonné qu'on ait jugé à propos de l'insérer si-tôt après le premier; mais c'est évidemment par un bon motif.

» J'ai vu Hoppner l'autre jour, et j'ai loué pour deux ans sa campagne à Este. Si vous venez par ici l'été prochain, faites-le moi savoir à tems. Mes amitiés à Gifford.

» Votre très-sincèrement, etc. »

LETTRE CCC.

A M. MURRAY.

Venise, 23 octobre 1817.

« Vos deux lettres sont là devant mes yeux, et jusque-là notre marché est conclu. Combien je suis fâché d'apprendre que Gifford soit malade : écrivez-moi, je vous prie, qu'il est mieux ; — j'espère que ce ne sera rien qu'un rhume, et dès que vous me dites que sa maladie provient d'un refroidissement, j'aime à croire que cela n'ira pas plus loin.

» M. Whistlecraft n'a pas de plus grand admirateur que moi. J'ai écrit, à l'imitation de sa manière, une histoire en quatre-vingt-neuf stances intitulée *Beppo* (c'est l'abréviation du nom de Giuseppe, et répond à notre Joe en italien) et je jetterai ce petit poème, dans la balance avec le quatrième chant pour vous aider à vous refaire de votre argent. Peut-être pourtant vaudrait-il mieux le publier en gardant l'anonyme; mais c'est ce que nous verrons plus tard.

» Dans les notes du quatrième chant, M. Hobhouse a indiqué quelques erreurs commises par Gibbon. Vous pouvez comptez sur l'exactitude des recherches de Hobhouse. Vous imprimerez dans le format qu'il vous plaira.

» Quant à la grande édition que vous projetez, vous pouvez imprimer tout, ou seulement ce que vous voudrez, à l'exception des *Poètes anglais* que je ne consentirai dans aucun tems à laisser publier de nouveau. Il n'y a pas de considération qui pût me décider à les faire réimprimer; je ne crois pas qu'ils vaillent grand'chose, même comme poésie, et pour ce qui regarde le reste, vous devez vous rappeler que j'ai renoncé à cette publication à cause des Holland, et que je ne pense pas qu'aucune circonstance puisse dans aucun tems me permettre de revenir sur cette résolution;—ajoutez à cela, que dans les termes où j'en suis avec presque tous les poètes et critiques du jour, ce serait une indignité dans tous les tems; mais surtout en ce moment, de faire reparaître cette folle satire.

» La revue de *Manfred* est arrivée sans entrave, et j'en suis très-content. Il est assez singulier qu'on prétende (c'est-à-dire que quelqu'un prétende, dans un *Magazine* que la *Revue d'Édimbourg* combat) que le sujet a été pris dans le *Faust* de Marlow; que je n'ai jamais lu ni vu. Un Américain qui est arrivé l'autre jour de l'Allemagne, a dit à M. Hobhouse que *Manfred* était puisé dans le *Faust* de Goëthe. — Que le diable soit des deux *Faust* allemand et anglais: je n'ai rien pris dans l'un ni dans l'autre.

» Voulez-vous envoyer de ma part chez Hanson, pour lui dire qu'il ne m'a pas écrit depuis le 9 septembre ? du moins je n'ai pas reçu de lettre de lui, à ma grande surprise.

» Faites-moi aussi le plaisir de prier MM. Morland d'envoyer immédiatement les sommes qu'ils peuvent avoir de surplus en lettres de crédit, et toujours à leurs correspondans de Venise. Il y a deux mois qu'ils m'envoyèrent un crédit additionnel de 1,000 livres sterling; j'en ai été charmé, mais je ne sais pas comment diable cela est venu ; car je ne vois que les 500 livres sterling payés par Hanson, et j'avais cru que les 500 autres venaient de vous, mais il paraît que non, d'après votre lettre du 7, dans laquelle vous m'apprenez que vous n'avez payé que la balance des 1,230 livres sterling.

» M. Kinnaird est en route pour l'Angleterre, avec les différentes assignations que j'ai faites: Je ne puis fixer d'époque précise pour l'arrivée du chant quatrième; qui dépend du retour de M. Hobhouse, qui, je crois, n'aura pas lieu tout de suite.

» Tout à vous, très à la hâte, et très-sincèrement.

» *P. S.* Les Morlands n'ont pas encore écrit à mes banquiers pour les informer du paiement de votre balance; — priez-les, s'il vous plaît, de le faire.

» Demandez-leur une explication au sujet des premières 1,000 livres sterling, dont je sais que 500 viennent d'Hanson, et trouvez-moi les 500 autres, c'est-à-dire d'où elles proviennent. »

LETTRE CCCI.

A M. MURRAY.

Venise, 15 novembre 1817.

« M. Kinnaird est probablement de retour en Angleterre à présent; et il vous aura donné les nouvelles que vous pouviez désirer de nous et des nôtres. Je suis revenu à Venise pour y passer l'hiver. M. Hobhouse partira probablement en décembre; mais quel jour, quelle semaine? c'est ce que j'ignore encore. Il demeure maintenant en face de moi.

» J'ai écrit hier à M. Kinnaird, me trouvant un peu inquiet et d'assez mauvaise humeur, pour lui demander des nouvelles de Newstead et des Hansons, dont je n'ai rien appris depuis son départ d'ici, excepté par quelques mots inintelligibles d'une femme inintelligible.

» Je suis aussi fâché d'apprendre l'accident arrivé au docteur Polidori, que quelqu'un peut l'être à l'égard d'un homme pour lequel il a une certaine aversion et quelque peu de mépris. Quand il sera rétabli, apprenez-moi quelle espèce de succès il a dans sa profession. — Comment diable ce pauvre garçon est-il venu se fixer ici?

Je crains que toute la science du docteur à Norwich, lui donne à peine le moyen de mettre du sel dans sa soupe.

» Je croyais qu'il allait au Brésil avec le consul danois, faire prendre des médecines aux Portugais, car ces derniers les aiment à la folie. . . . .

» Votre nouveau chant s'est étendu jusqu'à cent soixante-sept stances : — vous voyez qu'il sera long; et quant aux notes d'Hobhouse, je soupçonne qu'elles seront de dimension héroïque. Il faut faire ensorte de tenir M. M*** de bonne humeur, car il est diablement chatouilleux au sujet de votre *Revue*, et de tout ce qui y tient, sans en excepter l'éditeur, l'amirauté et le libraire. Je me croyais passablement auteur, quant à l'amour-propre et *noli me tangere*, mais je vois que ces prosateurs sont bien autre chose en fait de susceptibilité.

» Vous rappelez-vous que je vous ai parlé, il y a quelques mois, d'un marquis de Moncade, Espagnol d'un rang distingué, âgé de quatre-vingts ans, et mon proche voisin à la Mira? Eh bien! il y a six semaines environ qu'il est devenu amoureux d'une petite Vénitienne d'une bonne famille, mais sans fortune ni réputation. Il l'a prise chez lui, s'est brouillé avec tous ses anciens amis qui avaient voulu lui donner des conseils (excepté moi, qui ne lui en ai donné aucun), et a installé cette fille chez lui, en qualité de concubine actuelle et de future épouse, et maîtresse de sa personne et de ses meubles. Au bout d'un mois, pendant lequel elle s'était on ne peut plus mal conduite, il a découvert une correspondance entre elle et quelque ancien entreteneur, si bien qu'après l'avoir presque étranglée, il l'a mise à la porte, au grand scandale des galans de la ville, et avec un éclat prodigieux qui a occupé tous les canaux et cafés de Venise. Il dit qu'elle a voulu l'empoisonner, et elle dit Dieu sait quoi ; mais il y a eu beaucoup de fracas entre eux. Je connaissais un peu les deux parties : — Moncade me paraissait un vieillard plein de bon sens ; réputation qu'il n'a pas tout-à-fait soutenue dans cette circonstance, et la femme est plus brillante que jolie. Pour l'honneur de la religion, elle a été élevée dans un couvent ; et, pour la gloire de la Grande-Bretagne, c'est une Anglaise qui a été son institutrice.

» Tout à vous. »

LETTRE CCCII.

A M. MURRAY.

Venise, 3 décembre 1817.

« Une dame vénitienne, savante, et déjà un peu avancée en âge, ayant, dans ses intervalles d'amour et de dévotion, entrepris de traduire les lettres et d'écrire la vie de lady Mary Wortley Montague ; entreprise à laquelle il y a deux obstacles, d'abord son ignorance de l'anglais, et ensuite son manque total de matériaux pour la biographie qu'elle se propose, s'est adressée à moi pour que je lui fournisse des faits vrais ou faux sur ce sujet intéressant. Lady Montague, je crois, a passé les vingt dernières années de sa vie et peut-être plus à Venise, ou dans ses environs ; mais ici, on ne sait rien, on ne se rappelle rien, car l'histoire scandaleuse du jour est remplacée par celle du lendemain ; et l'esprit, la beauté et la galanterie, qui ont pu rendre notre compatriote célèbre dans son pays, n'ont pas dû lui être ici de grands titres de distinction, — d'abord parce que le premier n'est pas nécessaire ; et ensuite parce que les deux autres attributs sont communs à toutes les femmes, ou du moins le dernier. Si donc vous pouvez me donner ou me procurer quelques détails sur lady Mary Wortley Montague, je vous en serai obligé, et m'empresserai de les transmettre et de les traduire à la *dama* en question. Et je vous prie aussi de m'envoyer, par quelque voyageur sûr et expéditif, un exemplaire de ses *Lettres;* avec la pesante et ennuyeuse histoire écrite par le docteur Dallaway, et publiée par sa sotte et orgueilleuse famille.

» La mort de la princesse Charlotte a produit un ébranlement même ici : chez nous, elle doit avoir eu l'effet d'un tremblement de terre. La liste donnée par le *Courrier* des trois cents et quelques héritiers de la couronne (en y comprenant la maison de Wirtemberg, avec cette ***, p— de honteuse mémoire, que je me rappelle avoir vue à différens bals, pendant le séjour des Russes, en 1814), doit être bien consolante pour tous les fidèles sujets britanniques, aussi bien que pour les étrangers, à l'exception pourtant du signor Travis, riche négociant juif de cette ville, qui se plaint terriblement de la longueur du deuil en Angleterre, qui lui a fait recevoir contre-ordre pour toutes les soies dont il avait la commande pour plus d'une année. La mort de cette pauvre femme est triste sous tous les rapports : mourir à vingt ans ou environ, en couches, et en couches d'un garçon, une princesse, une reine future, et au moment où elle commençait à être heureuse, et à jouir d'elle-même et des espérances qu'elle inspirait.....

» Je crois, autant que je puis me le rappeler, que c'est la première princesse royale décédée en couches, dans nos annales historiques. J'en suis affligé sous tous les rapports; je regrette la perte d'un règne féminin, et celle d'une femme qui n'avait pas encore fait de mal, et toutes les réjouissances, tous les discours, toutes les ivrogneries, toutes les dépenses de John Bull à son avènement.....

» Le prince se remariera après avoir obtenu son divorce, et M. Southey composera aujourd'hui une élégie, et une ode alors. Le *Quarterly* aura son article contre la presse, et la *Revue d'Édimbourg* le sien, moitié l'un, moitié l'autre, sur la réforme et le droit du divorce; *** le *Britannique* vous donnera l'oraison funèbre du docteur Chalmers, accompagnée de grands éloges, et assignera une place dans les astres à la royauté défunte : — le *Morning-Post* a déjà fait éclater sans doute ses cris de douleur.

Malheur! malheur! Nealliny! la jeune Nealliny!

» Il y a déjà quelque tems que je n'ai eu de vos nouvelles. — Êtes-vous de mauvaise humeur ? je le présume : je l'ai été moi-même ; c'est à présent votre tour, et bientôt le mien reviendra.

» Votre très-sincèrement, etc.

B.

» *P. S.* La comtesse Albrizzi, qui revient de Paris, m'a apporté une médaille de Denon qu'il m'envoie en cadeau. — Elle a un portrait de M. Rogers, à elle appartenant, et qui est aussi de Denon. »

LETTRE CCCV[2].

A M. MURRAY.

Venise, 19 janvier 1818.

« Je vous envoie l'histoire en question [1], sous trois enveloppes séparées. — Elle ne conviendra pas à votre journal, étant remplie d'allusions politiques : — imprimez-la seule et sans nom d'auteur. — N'y changez rien ; — faites examiner par un professeur les phrases italiennes, pour qu'il juge si elles sont correctemeut imprimées (car vos imprimeurs

---

[1] *Beppo.*

[2] On a cru devoir retrancher la lettre 303ᵉ, qui ne renfermait que des lieux-communs, et la 304ᵉ, qui n'a rien de remarquable, même en anglais, que la facilité de l'auteur à joindre des rimes, et dont la traduction eût été d'une platitude insupportable au lecteur. (*Note du Trad.*)

me rendent malade par les bévues qu'ils ne cessent de faire), et — que Dieu soit avec vous. Hobhouse a quitté Venise il y a près de quinze jours : je n'ai eu aucune nouvelle de lui.

» Votre, etc.

» Il a tout le manuscrit, ainsi mettez-vous en prière dans votre arrière-boutique ou dans la *chapelle* de l'imprimeur. »

LETTRE CCCVI.

A M. MURRAY.

Venise, 27 janvier 1818.

« Mon père, c'est-à-dire mon père arménien, — le père Pascal, au nom de tous les autres pères de notre couvent, vous envoie les feuilles ci-incluses, avec ses salutations.

» Les traducteurs des passages long-tems perdus et retrouvés depuis peu, du texte d'Eusèbe, ayant jugé à propos de faire paraître le prospectus dont vous trouverez ci-jointes six copies, vous y êtes sollicité de leur procurer des souscripteurs dans les deux universités, parmi les savans, et parmi les ignorans qui voudraient se défaire de leur ignorance : — c'est de quoi le couvent vous prie ; ce dont je vous prie, et, à votre tour, priez-en les autres.

» Je vous ai envoyé *Beppo*, il y a quelques semaines. — Il faut le publier séparément ; il y a dedans de la politique et de la hardiesse ; il ne vaudra donc rien pour votre journal, qu'on peut comparer à un isthme.

» M. Hobhouse, à moins qu'il ne se soit cassé le cou au milieu des Alpes, doit maintenant nager entre Calais et Douvres, avec un juste-au-corps de liége, tenant mes commentaires de la main droite et sa cotte de mailles entre ses dents.

» On est dans le fort du carnaval, et je suis dans la fièvre et les tourmens d'une nouvelle intrigue, je ne sais précisément avec qui, sinon qu'elle est insatiable d'amour, et ne veut pas d'argent; qu'elle a les cheveux blonds et les yeux bleus, ce qui n'est pas commun ici; que je l'ai rencontrée au bal masqué, et que, quand elle est sans masque, je suis aussi sage que jamais. Je ferai ce que je pourrai du reste de ma jeunesse. »

LETTRE CCCVII.

A M. MOORE.

Venise, 2 février 1818.

« Votre lettre du 8 décembre n'est arrivée qu'aujourd'hui, par quelque délai assez ordinaire, mais inexplicable. Votre malheur domestique est terrible, et je le sens avec vous autant que j'ose sentir. Dans le cours de la vie, vos pertes seront les miennes et vos plaisirs les miens; et si même toute la sensibilité de mon cœur venait à se tarir, il y aurait encore au fond de ce cœur desséché une larme pour vous et vos chagrins.

» Je puis comprendre ce que vous souffrez, car (l'égoïsme étant toujours ce qui domine dans notre maudite argile) je suis fou moi-même de mes enfans. Outre ma petite fille légitime, j'en ai fait une illégitime depuis, sans parler d'une autre qui existait auparavant¹, et je vois dans ces derniers les appuis de ma vieillesse, en supposant que j'atteigne jamais, ce qui, j'espère, n'arrivera pas, cette époque désolante. J'ai un grand amour pour ma petite Ada, qui peut-être me tourmentera elle aussi comme ***.

» La dédicace que vous m'offrez m'est aussi agréable que vous pouvez le souhaiter. — Je m'inquiète fort peu de ce que les misérables dont se compose le monde peuvent penser de moi : — tout cela est passé ; — mais je tiens beaucoup à l'opinion que vous en pouvez avoir. Après cela, dites-en ce que vous voudrez ; vous savez que je ne suis pas d'un caractère insociable, et si quelquefois je suis un peu farouche, cela dépend des circonstances. Quoi qu'il en soit, il n'y a pas grand mérite à être de bonne humeur en votre société ; il faudrait faire un effort ou être atteint de folie pour qu'il en soit autrement.

» Je ne sais pas ce que Murray peut avoir dit ou cité ². J'ai appelé Crabbe et Sam les pères de la poé-

---

¹ Ceci peut être le sujet du poëme qui a été donné p. 402 du tome V.

² Ayant lu par hasard, dans une de ses lettres à M. Murray, le passage dans lequel il déclare faux et mauvais le système poétique sur lequel le plus grand nombre de ses contemporains, et lui-même, fondaient leur réputation, je saisis cette occasion de le plaisanter un peu dans ma première lettre sur cette opinion, et les motifs qui l'avaient fait naître. « C'était sans doute (osai-je lui dire) une excellente tactique à lui, qui » s'était assuré l'immortalité dans ce genre de littérature, de nous couler » ainsi à fond, nous autres pauvres diables, qui nous étions embarqués

sic actuelle, et j'ai dit que je croyais qu'excepté eux, nous autres jeunes gens étions tous dans une fausse route; mais je n'ai jamais dit que nous ne naviguions pas bien. L'admiration et l'imitation seront fatales à notre gloire (quand je dis notre, je veux parler de nous tous, y compris les disciples de l'école du Lac, excepté le *postscriptum* des Augustins). La nouvelle génération, par le nombre et la facilité des imitations, se cassera le cou en tombant de notre Pégase qui s'enfuira avec nous. — Quant à nous, nous nous tenons en selle, parce que nous avons dompté le coquin, et que nous savons monter à cheval; — mais quoique facile à monter, c'est le diable à conduire : aussi les premiers devront-ils aller à l'école d'équitation et au manége pour apprendre à diriger le « grand cheval. »

» A propos de chevaux, j'ai transporté les miens, qui sont au nombre de quatre, sur le *lido* (ce qui veut dire plage en anglais) qui s'étend à une dizaine de milles le long de l'Adriatique, et commence à un mille ou deux de la ville, de sorte que, non-seulement je me promène en gondole, mais je puis aussi tous les jours galopper, pendant quelques milles, le long d'un rivage solide et solitaire, depuis la forteresse jusqu'à Malamocco, — ce qui contribue con-

---

» avec lui. Dans le fait, ajoutai-je, il se conduisait à notre égard à-peu-
» près comme le prédicateur méthodiste, qui disait à sa congrégation :
» Vous croyez peut-être qu'au jour du jugement vous arriverez au ciel
» en vous rattachant aux pans de mon habit, mais je vous attraperai
» tous, car je porterai un spencer, je porterai un spencer. »

sidérablement à entretenir ma santé et ma vivacité.

» Je n'ai presque pas fermé l'œil de la semaine. Nous sommes dans toute la frénésie des derniers jours du carnaval, et il faut que je passe cette nuit ainsi que celle de demain. J'ai eu quelques aventures de masques assez drôles pendant le carnaval; mais comme elles ne sont pas encore terminées, je n'en dirai pas davantage. J'exploiterai la mine de ma jeunesse jusqu'aux dernières veines du minerai, et puis — bonsoir; — j'aurai vécu : cela me suffit.

» Hobhouse est parti avant le commencement du carnaval, de sorte qu'il n'a eu que peu ou pas de plaisir. — D'ailleurs il faut quelque tems pour connaître à fond les Vénitiennes; mais je vous en dirai davantage plus tard à ce sujet dans quelqu'autre de mes lettres.

» Il faut que je m'habille pour la soirée ; il y a opéra et redoute, et je ne sais plus quoi, sans compter les bals. — Ainsi donc, toujours tout à vous.

» *P. S.* J'envoie cette lettre sans l'avoir relue, ainsi excusez les fautes qui s'y trouvent. Je suis enchanté de la célébrité et de la vogue de *Lalla,* et vous félicite encore une fois d'un succès si bien mérité. »

On ne lira sans doute pas sans intérêt le récit suivant des promenades au Lido, dont il parle dans cette lettre. Ces détails m'ont été communiqués par un monsieur qui le voyait beaucoup à Venise.

« Presque aussitôt après le départ de M. Hobhouse,

» Lord Byron me proposa de l'accompagner dans
» ses promenades à cheval sur le Lido. On distingue
» surtout par ce nom une des longues îles étroites
» qui séparent de l'Adriatique la lagune au milieu
» de laquelle s'élève Venise. A l'un des bouts est
» une fortification qui, avec le château de Saint-
» Andréa, situé à l'autre extrémité, défend l'entrée
» la plus voisine de la ville du côté de la mer. En
» tems de paix, cette fortification est presque dé-
» mantelée, et Lord Byron y avait loué du comman-
» dant une écurie, dont on ne se servait pas, pour
» y loger ses chevaux. La distance jusqu'à la ville
» est fort peu considérable : elle est beaucoup moin-
» dre que pour gagner la *terra firma*; et jusque-là
» le lieu n'était pas mal choisi pour monter à cheval.

» Tous les jours, quand le tems le permettait,
» Lord Byron venait me chercher dans sa gondole,
» et nous trouvions les chevaux qui nous attendaient
» à l'extérieur du fort. Nous allions jusqu'où nous
» pouvions le long du rivage, et puis sur une espèce
» de chaussée qui a été élevée là où l'île devient
» très-étroite, jusqu'à un autre petit fort à moitié
» chemin environ de la principale forteresse dont
» j'ai déjà parlé et de la ville ou village de Mala-
» mocco, qui est près de l'autre extrémité de l'île.
» La distance qui sépare les deux forts peut être de
» trois milles.

» Sur la chaussée du côté de la terre, et non loin
» du plus petit fort, il y avait une borne qui mar-

» quait probablement la séparation de quelque pro-
» priété, tout le côté de l'île qui avoisine la lagune
» étant coupé en jardins potagers pour la culture
» des légumes qui approvisionnent les marchés de
» Venise. Lord Byron m'a souvent répété qu'il vou-
» lait que je le fisse enterrer sous cette pierre, s'il
» venait à mourir à Venise ou dans ses environs,
» pendant que j'y résidais moi-même; et il me parut
» penser que, quoiqu'il ne fût pas catholique, le
» gouvernement ne pouvait mettre aucun obstacle
» à ce qu'il fût enseveli dans un coin de terre qui
» n'était pas consacré, près du rivage de la mer.
» Mais, dans tous les cas, je devais ne me laisser
» arrêter par aucune des difficultés qu'on pouvait
» élever sur ce point; et surtout, me répéta-t-il sou-
» vent, ne pas permettre que son corps fût trans-
» porté en Angleterre, ni que personne de sa famille
» se mêlât de ses funérailles.

» Rien n'était plus délicieux pour moi que ces
» promenades au Lido. Nous mettions une demi-
» heure, trois quarts d'heure à traverser l'eau, pen-
» dant lesquels sa conversation était toujours amu-
» sante et pleine d'intérêt. Quelquefois il emportait
» avec lui un nouveau livre qu'il avait reçu, et m'en
» lisait les passages qui l'avaient le plus frappé.
» Souvent il me répétait des stances entières de l'ou-
» vrage qu'il écrivait, telles qu'il les avait compo-
» sées dans la soirée de la veille, et ceci était d'au-
» tant plus intéressant pour moi, que j'y retrouvais

» souvent quelque pensée qu'il avait omise dans no-
» tre conversation du jour précédent, ou quelque
» remarque dont il était évident qu'il essayait sur
» moi l'effet. De tems en tems aussi il me parlait
» de ses affaires personnelles, et me faisait répéter
» tout ce que j'avais entendu dire de lui, me priant
» de ne pas l'épargner, et de lui apprendre sans
» ménagement tout ce qu'on avait pu imaginer de
» pis. »

LETTRE CCCVIII.

A M. MURRAY.

Venise, 20 février 1818.

« J'ai des remerciemens à faire à M. Croker, ainsi
qu'à vous, pour le contenu du paquet qui m'est arrivé beaucoup plus promptement qu'aucun autre,
à cause de la précaution obligeante de M. Croker,
et de l'air officiel des sacs. Tout m'est parvenu en
bon état, à l'exception des bouteilles de magnésie,
dont deux seulement sont arrivées entières, les autres ayant été cassées par le frottement. Mais il n'importe; tout est au mieux, et je vous suis extrêmement obligé.

» Quant aux livres, je les ai lus, ou pour mieux
dire, je les lis. — Quel peut être, je vous prie, ce
sexagénaire dont le comérage est si amusant? Dans
plusieurs de ses esquisses, j'ai reconnu particulièrement Gifford, Mackintosh, Drummond, Dutens,
H. Walpole; mesdames Inchbald, Opie, etc., etc.

ainsi que les Scott, les Loughborough, et les plus célèbres dans le clergé et le barreau. — Il y a de plus quelques allusions plus courtes à des écrivains connus, et quelques lignes sur certain noble auteur, représenté comme sceptique et malin, suivant la bonne vieille histoire : « ainsi qu'il en fut dans le » commencement, qu'il en est à présent, mais qu'il » n'en sera pas toujours. » Connaissez-vous l'individu en question, maître Murray ? Hein ? et dites-moi aussi, je vous prie, lequel est désigné pour vous, de tous ces libraires ? Est-ce le sec, le sale, l'honnête, l'opulent, le pointilleux, le magnifique, ou le fat ? Ventrebleu ! l'auteur devient un peu grossier en approchant de son grand climatérique.

Les *Revues* m'ont fort amusé. — Il faut être aussi éloigné de l'Angleterre que je le suis pour goûter, dans tout son entier, l'attrait de ces feuilles périodiques : c'est comme de l'eau de Soda pendant un été italien. Mais combien vous êtes cruel envers lady *** ! Vous devriez vous rappeler qu'elle est femme, et quoiqu'il faille convenir qu'elles sont de tems en tems bien impatientantes; cependant, comme auteurs du moins, elles ne peuvent faire grand mal, et je trouve qu'il est dommage de perdre avec elles tant d'invectives piquantes, quand nous autres, jacobins, nous offrons un si beau champ. C'est peut-être la critique la plus amère qui ait jamais été faite, et il y a de quoi donner au docteur terriblement de besogne, en qualité de mari et d'apothicaire, à moins

qu'elle ne dise comme Pope, en parlant d'une attaque qu'il avait reçue : « Cela me vaut une prise de
» corne de cerf. »

» J'ai reçu dernièrement des nouvelles de Moore, et j'ai appris avec chagrin la perte qu'il a faite. — C'est ainsi que vont les choses. — « *Medio de fonte leporum*, » *au pinacle* de la gloire et du bonheur, voilà, comme à l'ordinaire, un malheur qui lui arrive.

» . . . .

. . . . M. Hoppner, que j'ai vu ce matin, est devenu père d'un très-beau petit garçon ; la mère et l'enfant vont tous deux très-bien. En ce moment Hobhouse doit être près de vous, et vous devez aussi avoir reçu certains paquets et lettres de moi, envoyés depuis son départ. Je n'ai pas été en bonne santé du tout, depuis huit jours. Mes souvenirs à Gifford et à nos amis.

» Votre, etc.

» *P. S.* D'ici à un mois ou deux, Hanson sera probablement obligé de m'envoyer un commis avec des actes à signer (Newstead ayant été vendu, en novembre dernier, 94,500 liv. sterl.). Dans ce cas, je vous prie de m'envoyer, par cette occasion, une nouvelle provision des objets que vous avez coutume de me faire passer, et que je prie M. Kinnaird de vouloir bien payer avec les fonds qu'il a dans sa banque, en les portant en déduction sur le compte que j'ai avec lui.

» 2° *P. S.* Demain je vais voir *Otello*, opéra tiré de notre *Othello*, et l'un des meilleurs de Rossini, dit-on. — Il sera curieux d'assister, à Venise même, à la représentation du conte vénitien, et de voir ce qu'on aura fait de Shakspeare en musique. »

LETTRE CCCIX.

A M. HOPPNER.

Venise, 28 février 1818.

« Mon Cher Monsieur,

» Notre ami le comte M***, m'a donné des sueurs froides, hier au soir, en me parlant d'une traduction de *Manfred*, dont je suis menacé (et en vénitien encore pour compléter la chose) par quelque Italien qui vous l'a envoyée à corriger; — c'est pourquoi je prends la liberté de vous importuner à ce sujet. Si vous avez quelque voie de communication avec cet homme, voulez-vous bien me permettre de lui faire l'offre du prix qu'il pourra obtenir, ou croit obtenir de sa traduction, à la condition qu'il la jettera au feu [1], et s'engagera à n'en plus entre-

---

[1] S'étant assuré que le plus que ce traducteur peut obtenir de son manuscrit était 200 fr., lord Byron lui offrit cette somme, s'il voulait renoncer à le publier. L'Italien, toutefois, s'obstina à en vouloir d'avantage, et on ne put l'amener à capituler, qu'en lui déclarant assez clairement, de la part de lord Byron, que s'il persistait dans son projet de publication, il lui donnerait des étrivières la première fois qu'il le rencontrerait. Peu disposé à souffrir le martyr dans cette cause, le traducteur accepta les 200 fr., remit son manuscrit, et s'engagea en même tems, par écrit, à ne jamais traduire aucun des ouvrages du noble poète.

(*Note de Moore.*)

prendre d'autre, tant de ce drame que de tous mes autres ouvrages.

» Comme je n'écris pas aux Italiens, ni pour les Italiens, ni au sujet des Italiens, à l'exception d'un poème qui n'est pas encore publié ; et où j'ai dit tout le bien que je savais d'eux, et même celui que je ne savais pas, et où je me suis tu sur le mal que j'en connaissais, j'avoue que je désire qu'ils me laissent tranquille et ne me traînent pas dans l'arène comme un de leurs gladiateurs, me forçant d'entrer dans une lutte ridicule à laquelle je n'entends rien, ne m'en étant jamais mêlé, ayant eu soin, au contraire, de me tenir éloigné de leurs cercles littéraires, ici, à Milan, et partout ailleurs. Je suis venu en Italie pour y jouir du climat et de la tranquillité s'il est possible, j'aurais mis obstacle à la traduction de *Mossi*, si j'en avais été prévenu, et que j'eusse pu le faire ; — mais je me flatte que j'arriverai encore à tems pour arrêter l'essor de ce nouvel individu dont j'ai entendu parler hier pour la première fois. Il ne réussira qu'à se faire tort à lui-même, sans aucun avantage pour sa coterie ; car tout cela est une affaire de coterie. Notre genre de penser et d'écrire est si extrêmement différent, que je ne vois rien de plus absurde que de tenter un rapprochement entre la poésie anglaise et italienne d'aujourd'hui. J'aime beaucoup le peuple italien et sa littérature ; mais je n'ai pas la moindre ambition d'être l'objet de leurs discussions littéraires et personnelles (ce qui paraît être à peu près la même chose ici comme presque partout); si donc vous pouvez m'aider à empêcher cette publication, vous ajouterez beaucoup à tous les services qu'a déjà reçus de vous votre

» Sincèrement dévoué, etc.

» *P. S.* Comment va le fils et la maman? bien, j'espère. »

LETTRE CCCX.

A M. ROGERS.

Venise, 3 mars 1818.

» Je n'ai pas, comme vous le dites, « pris pour femme l'Adriatique. » J'ai appris la perte de Moore, par une lettre de lui, qui a été retardée trois mois en route. J'en ai été véritablement affligé; mais, en pareil cas, que peuvent les paroles?

» La *villa* dont vous parlez est celle d'Este, qui m'a été louée par M. Hoppner, consul général ici. Je l'ai arrêtée pour deux ans, comme *villeggiatura*, ou maison de campagne. — Elle est située au milieu des collines Euganéennes, dans une position superbe, et l'habitation est fort agréable. Le vin y est abondant, ainsi que tous les fruits de la terre. Elle est voisine du vieux château des Estes, ou Guelphes, et à quelques milles d'Arques, que j'ai parcourue deux fois et que j'espère voir encore souvent.

» J'ai passé tout l'été dernier, à l'exception d'une excursion que j'ai faite à Rome, sur les bords de la

Brenta. C'est à Venise que j'établis mes quartiers d'hiver. Je fais transporter mes chevaux sur le Lido, le long de l'Adriatique, du côté du fort, de sorte que je puis, tous les jours, quand je suis en bonne santé, galopper pendant quelques milles, le long de cette langue de rivage qui va jusqu'à Malamocco; mais, depuis quelques semaines, j'avais été malade : je commence à aller mieux. Le carnaval a été court, mais bon; je ne sors pas beaucoup, excepté dans le tems des masques : cependant il y a une ou deux *conversazioni* où je vais régulièrement, seulement pour me conformer à l'usage, car j'ai eu des lettres pour ceux qui les donnent, et ce sont des gens très-susceptibles sur ce point. Quelquefois aussi, mais très-rarement, je vais chez le gouverneur.

» C'est un endroit charmant à cause des femmes. J'aime beaucoup leur dialecte et leur langage. Il y a en elles une naïveté tout-à-fait séduisante, et puis le romantique du lieu est un puissant accessoire. *Il bel sangue*, cependant, ne domine pas aujourd'hui parmi les dames, ou si vous voulez dans les classes élevées. On le trouve plus tôt sous « *i fazzioli*, » ou mouchoirs (espèce de voile blanc que les femmes du peuple portent sur leurs têtes.) — La *vesta zondale*, ancien costume national des femmes, n'existe plus. La ville, cependant, décline tous les jours, et ne gagne pas en population. Cependant je la préfère à toute autre d'Italie, et c'est ici que j'ai planté mon pavillon, et que je me propose de résider pendant le reste de ma vie, à moins que des événemens liés à des affaires qui ne peuvent avoir lieu qu'en Angleterre, ne me forcent d'y retourner, autrement ce pays ne m'inspire que peu de regrets, et aucun désir de le revoir pour lui-même. Je serai pourtant probablement obligé d'y retourner pour signer des papiers relatifs à mes affaires, et une procuration pour les whigs, et aussi pour voir M. Waites; car je ne puis trouver un bon dentiste ici, et tous les deux ou trois ans on a besoin d'en voir un.—Quant à mes enfans, il faut que je m'abandonne à la destinée. J'en ferai venir un ici, et je serai bien heureux de voir ma fille légitime, quand il plaira à Dieu, ce qui lui plaira peut-être un jour ou l'autre. A l'égard de ma *** mathématicienne, je puis fort bien m'en passer.

» Le récit de votre *Visite à Fonthill*, est très-remarquable. Pourriez-vous lui demander, de ma part, une copie manuscrite des derniers contes [1]. Je crois la mériter comme ayant manifesté publiquement ma vive admiration pour les premiers. Je les rendrai quand je les aurai lus, et ne ferai pas mauvais usage de la copie, si elle m'est accordée. Murray, qui m'envoie tout d'une manière sûre, se chargera de cela. Si je retourne jamais en Angle-

---

[1] Ces contes sont la continuation de Vathek par l'auteur de cette production, si remarquable et si forte. Les contes qui composent cette suite non publiée, à ce que que j'ai entendu dire, sont censés racontés par les princes dans le palais d'Eblis.   (*Note de Moore.*)

terre, j'aurai beaucoup de plaisir à voir l'auteur avec sa permission ; en attendant, vous ne pourrez m'obliger davantage que de me procurer le moyen de lire cet ouvrage en anglais ou en français, cela m'est égal, quoique je préférasse l'italien. J'ai un exemplaire français de Wathek, que j'ai acheté à Lausanne. Je lis le français avec facilité et avec beaucoup de plaisir, quoique je ne sache ni le parler ni l'écrire. Quant à l'italien, je le parle maintetenant fort couramment, et l'écris assez facilement pour le besoin que j'en ai ; mais je n'aime pas leur prose moderne ; elle est pesante et bien différente de celle de Machiavel.

» On dit que François est Junius. Il me semble que ce n'est pas improbable : je me rappelle l'avoir rencontré à dîner chez lord Grey. N'a-t-il pas épousé dernièrement une jeune femme, et n'a-t-il pas été, il y a bien des années, dans l'Inde, le *cavaliere servante* de Mme Talleyrand.

» J'ai lu dans les journaux ma mort, qui n'est pas vraie. Je crois qu'on s'occupe de marier tout ce qui reste de célibataire dans la famille royale. On a représenté *Fazio* avec un succès billant et bien mérité à Covent-Garden : c'est un bon signe. J'ai tâché, pendant que j'étais membre de la direction de Drury-Lane, d'y faire recevoir cette pièce ; mais j'ai dû céder au nombre. Si vous pensez à venir dans ce pays, vous me le ferez sans doute savoir quelque tems auparavant. Je présume que Moore ne bougera pas. Rose est ici, — je l'ai vu l'autre soir chez Mme Albrizzi. Il parle de s'en retourner en mai. Mes amitiés aux Hollands.

» Toujours, etc.

» *P. S.* On a massacré notre *Othello*, pour en faire un opéra (l'*Otello* de Rossini). La musique est belle, mais lugubre ; quant aux paroles, toutes les scènes originales avec Iago sont supprimées, et on les a remplacées par les plus plattes sottises. Le mouchoir a été changé en billet doux, et le premier chanteur n'a pas voulu se noircir la figure pour quelque excellente raison donnée dans la préface. Le chant ; les costumes et la musique sont fort beaux. »

LETTRE CCCXI.

A M. MOORE.

Venise, 16 mars 1818.

« Mon Cher Tom,

» Depuis ma dernière, qui, j'espère, vous est parvenue, j'ai reçu une lettre de notre ami Samuel. Il parle d'un voyage en Italie pour cet été. — Ne l'accompagnerez-vous pas ? Je ne sais pas si notre genre de vie italien vous plaira ou non. . . . .
. . . .

» C'est un singulier peuple ! L'autre jour je disais à une fille : Il ne faut pas venir demain, parce que Margarita viendra à telle heure, à moins, pourtant, que vous ne me promettiez d'être amies.

(Ce sont toutes deux des filles de cinq pieds dix pouces, avec de grands yeux noirs et de belles tailles, dignes de donner naissance à des gladiateurs), et j'avais eu quelque peine à les empêcher de se battre dans une rencontre précédente. Elle me répondit par une déclaration de guerre contre l'autre, qui, dit-elle, serait une *guerra di Candia*. N'est-il pas bizarre que le peuple de Venise fasse encore allusion par un proverbe à cette lutte si glorieuse et si fatale pour la république?

» Ils ont de singulières expressions; par exemple[1] : *viscere*, qui est une expression de tendresse, comme mon amour ou mon cœur. Ils disent aussi : « J'irais » pour vous au milieu de cent couteaux. » *Mazza ben*, « pour un attachement excessif, littéralement, » je vous veux du bien jusqu'à vous tuer. » Puis ils expriment cette phrase : « Croyez-vous que je vou- » lusse vous faire tant de mal? » par : « croyez- » vous que je voulusse vous assassiner de la sorte? » Un tems perfide, pour un mauvais tems ; des routes » perfides, » pour de mauvaises routes ; enfin, mille allusions et métaphores prises dans l'état de la société et les coutumes du moyen-âge.

» Je ne suis pas très-sûr que *mazza* ne veuille pas dire *massa*, beaucoup, une masse; au lieu de l'interprétation que je lui ai donnée; mais, quant aux autres phrases, je réponds de leur sens.

» Il est trois heures, il faut que j'aille au lit, au

[1] Viscères, entrailles.

lit, au lit, comme disait la mère S*** (cette tragique ame de la mathématicienne [1].) . . . .

. . . .

» On m'apprend que lady Melbourne est très-malade.—J'en serais très-fâché! elle est ma meilleure amie ; quand je dis amie, je ne veux pas dire maîtresse ; car c'est tout l'antipode.

» Parlez-moi de vous et de tout le monde. — Comment va Sam? Êtes-vous content de vos voisins, le marquis et la marchesa, etc., etc.? »

LETTRE CCCXII.

A M. MURRAY.

Venise, 25 mars 1818.

« J'ai reçu votre lettre où vous me rendez compte de *Beppo*. — Je vous ai envoyé quatre nouvelles stances pour ce poème, il y a une quinzaine ; dans le cas où vous imprimeriez ou réimprimeriez. . . .

. . . .

» Croker a bien deviné, mais le genre n'est pas anglais, il est italien. C'est Berni qui a servi d'original à tous les autres. Whistlecraft a été mon modèle direct. Je ne connais les *Animaux* de Rose, que depuis quelques jours, c'est excellent; mais comme je l'ai déjà dit; c'est Berni qui est le père de ce genre d'écrits auquel, à mon avis, notre langue

---

[1] Il est probable que cette épithète de *mathématicienne*, répétée ici pour la seconde fois, s'applique à lady Byron.

(*Note du Trad.*)

s'adapte aussi très-bien. Nous verrons comment cela prendra. En cas de succès, je vous en enverrai un volume dans un an ou deux; car je connais bien le genre de vie italien, et le connaîtrai encore mieux. Je me sens encore assez de vigueur pour la poésie et la peinture des passions.

» Si vous croyez que cela puisse vous être avantageux, ainsi qu'à l'ouvrage, vous pouvez y mettre mon nom; mais consultez d'abord ceux qui s'y entendent. Quoi qu'il en soit, je prouverai que je puis écrire gaîment, et je repousserai la charge de monotonie, et de n'avoir qu'une manière.

» Votre, etc.

» Voulez-vous m'envoyer, par une lettre sous enveloppe, ou dans un paquet, une demi-douzaine des gravures coloriées de la dernière miniature que fit Holmes, un peu avant mon départ d'Angleterre. — Les gravures datent à peu près d'une année. — Je vous serai très-obligé; quelques personnes m'en ayant fait la demande : c'est un portrait de mon honorable individu, peint pour Scrope B. Davies Esq.

. . . .

» Pourquoi ne m'avez-vous pas envoyé de réponse, et la liste des souscripteurs à la traduction de l'*Eusèbe Arménien* dont je vous ai fait passer des prospectus imprimés en français, il y a deux mois? Vous sont-ils parvenus? Je vous en enverrai d'autres. — Je ne veux pas que vous négligiez mes Arméniens.

Quant à moi, poudre à dents, magnésie, teinture de myrrhe, brosses à dents, emplâtre de diachillon et quinquina ; voilà mes demandes personnelles.

LETTRE CCCIV.

A M. MURRAY.

Venise, 11 avril 1818.

« Cette lettre vous sera remise par le signor Gioe Bata Missiaglia, propriétaire de la librairie d'Apollon, et le premier éditeur-libraire qui soit maintenant à Venise. Il va à Londres pour affaires, et dans le but de former des relations avec des libraires anglais ; et c'est dans l'espoir qu'un avantage mutuel peut en résulter pour vous et pour lui, que je vous l'envoie avec cette lettre d'introduction. — Si vous pouvez lui être utile, soit par vos recommandations ou par quelques attentions personnelles, vous l'obligerez et me ferez plaisir. Vous pourrez peut-être aussi tous deux trouver le moyen d'établir entre vous quelque relation littéraire agréable au public et avantageuse à l'un et à l'autre.

» Dans tous les cas, faites-lui des politesses, par rapport à moi autant que pour l'honneur et la gloire des auteurs et éditeurs présens et à venir, dans tous les siècles des siècles.

» Je lui ai confié aussi un grand nombre de lettres manuscrites, en français, en anglais et en italien, de quelques Anglais établis en Italie pendant le cours du siècle dernier. Ces écrivains sont lord Hervey, lady M. W. Montague (il n'y en a que très-peu d'elle, ce sont des billets-doux en français à Algarotti; une lettre en anglais, en italien et en toutes sortes de jargons, toujours au même), Gray, le poète (une lettre); Masson (deux ou trois); Garrick, lord Chatham, David Hume et plusieurs moins célèbres, — toutes adressées à Algarotti. Je pense qu'en faisant avec discernement un choix de celles-ci, on en pourrait former un volume agréable de lettres diverses, pourvu qu'un bon éditeur voulût se charger de composer ce recueil, et d'y faire une préface avec quelques notes, etc., etc.

» Le propriétaire de ces lettres est un de mes amis, — le docteur Aglietti, nom célèbre en Italie. Si vous êtes disposé à les publier, ce sera à son profit : c'est donc pour lui et à lui que vous fixerez un prix, si vous vous chargez de l'ouvrage. Je m'en rendrais éditeur moi-même, si je n'étais trop éloigné et trop paresseux pour cette entreprise; mais je désirerais qu'elle pût se faire. Les lettres de lord Hervey, d'après l'avis de M. Rose et le mien, sont bien écrites, et les petits billets d'amour français sont certainement de lady M. W. Montague; le français n'en est pas bon, mais les pensées en sont charmantes. La lettre de Gray est bien, celle de Mason passable : — toute cette correspondance a besoin d'être bien épluchée; mais cela fait, on peut en obtenir un joli petit volume qui aura la vogue. — Il y a plusieurs lettres de ministres : — Gray, l'ambassadeur à Naples; Horace Mann, et d'autres animaux de la même espèce.

» J'avais pensé qu'on aurait pu, dans la préface, défendre lord Hervey contre l'attaque de Pope, et Pope, *quo ad*, Pope, le poète, contre tout le monde, et surtout contre l'entreprise injustifiable commencée par Warton, et renouvelée de nos jours par l'école moderne des critiques et des écrivailleurs qui se croient des poètes parce qu'ils n'écrivent *pas* comme Pope. Cette absurde présomption et ce maudit goût perverti me font perdre patience : toute votre génération actuelle ne vaut pas un seul chant de *la Boucle enlevée*, de l'*Essai sur l'homme* ou de *la Dunciade*, enfin de quelque chose de lui. Mais il est trois heures du matin, et il faut que j'aille me coucher.

» Toujours tout à vous. »

LETTRE CCCXV.

A M. MURRAY.

Venise, 17 avril 1818.

« Il y a quelques jours, je vous écrivis pour vous demander de prier Hanson de donner des ordres à son messager pour qu'il continue sa route de Genève à Venise, par la raison que moi je ne veux pas aller de Venise à Genève. Si cela ne se fait pas ainsi, le messager peut aller au diable avec celui qui l'a envoyé : je vous prie de lui réitérer ma demande.

» J'ai joint au renvoi des épreuves deux stances

de plus pour le chant quatrième; sont-elles arrivées?

....

» Avez-vous reçu deux stances additionnelles pour les insérer vers la fin du chant quatrième? Répondez, afin que je puisse les envoyer dans le cas contraire.

» Dites à M. *** et à M. Hanson qu'ils peuvent autant compter que Genève viendra à moi que d'imaginer que j'irai à Genève. Le messager peut continuer ou s'en retourner à son gré, mais moi je ne bougerai pas, et je regarde comme une étonnante absurdité, de la part de ceux qui me connaissent, de se figurer que cela puisse être autrement, pour ne pas ajouter qu'il y a de la méchanceté à vouloir me tourmenter inutilement. Si, dans cette occasion, mes intérêts ont à souffrir, c'est leur négligence qui doit en porter le blâme, et qu'ils aillent au diable tous ensemble....................

....

» Il est dix heures, c'est le moment de s'habiller.

» Votre, etc., etc. »

LETTRE CCCXVI.

A M. MURRAY.

Venise, 23 avril 1818.

« Le tems est passé où je pouvais pleurer les morts, autrement j'aurais pleuré celle de lady Melbourne, la meilleure, la plus aimable, la mieux organisée de toutes les femmes que j'aie jamais connues, jeunes ou vieilles ; mais j'ai été rassasié d'horreurs, et des événemens de cette espèce ne peuvent plus produire en moi qu'un engourdissement pire que la douleur ; — c'est l'effet d'un coup violent au coude ou sur la tête. Voilà encore un lien de moins entre l'Angleterre et moi.

» Passons aux affaires ; je vous ai présenté *Beppo* comme faisant partie de notre contrat pour le quatrième chant, en considération du prix que vous m'en donnez, et dans l'intention de vous offrir une ressource de plus, en cas d'un caprice de la part du public, ou que moi-même j'eusse échoué dans mon poème ; mais rappelez-vous bien que je ne veux pas qu'on le publie mutilé et rhabillé à votre guise ; c'est à mes amis et à moi que je réserve le droit de corriger la presse. — Si la publication continue, elle continuera dans sa forme actuelle . . . .
. . . .

» Comme M*** dit qu'il n'a pas écrit cette lettre, je suis prêt à le croire ; mais quant à la fermeté de ma première conviction, je m'en rapporte à M****, qui peut vous assurer de la bonne foi avec laquelle je me trompais sur ce point. Il a aussi la note, ou du moins il l'avait, car je la lui ai donnée avec mes commentaires verbaux sur ce point. Quant à *Beppo*, je n'en changerai et n'en retrancherai pas une syllabe pour le bon plaisir de personne que le mien.

» Vous pouvez leur dire ceci, et ajoutez que la force ou la nécessité pourraient seules me faire faire un pas vers les lieux où ils voudraient m'entraîner.

» Si vos affaires littéraires prospèrent, faites-le-moi savoir; si *Beppo* plaît, vous aurez encore quelque chose de plus dans le même genre d'ici à un an ou deux. Sur ce, « bonjour, mon bon monsieur le lieutenant. »

« Votre, etc. »

LETTRE CCCXVII.

A M. MOORE.

Palazzo Mocenigo, Canal Grande.
Venise, 1er juin 1818.

« Votre lettre me donne presque les seules nouvelles que j'aie encore eues du quatrième chant, et elle ne me fixe nullement sur son sort; du moins elle ne me dit pas comment le poème a été reçu par le public; mais je n'en augure pas grand' chose, d'abord à cause de « l'horrible silence » de Murray, puis d'après ce que vous me dites au sujet des stances qui entrent l'une dans l'autre[1]; mais cette idée ne me paraît pas venir de vous, ce sont les *bleus* qui vous en auront étourdi les oreilles. Le fait est que la *terza rima* des Italiens, qui va toujours son train, peut bien m'avoir porté à faire quelques expériences, ou bien la nonchalance m'aura conduit à la présomption, ou, si vous voulez, la présomption à la nonchalance;

---

[1] Je lui disais, je crois, dans ma lettre, que cet usage de faire entrer une stance dans l'autre ressemblait un peu à prendre des chevaux pour une autre poste sans s'arrêter.

(*Note de Moore.*)

dans l'un ou l'autre cas, il est probable qu'il faut renoncer au succès, et que ma jolie femme se terminera en poisson, de sorte que *Childe Harold* sera comme la syrène qui est dans l'écusson de ma famille, et son quatrième chant lui servira de queue. Quoi qu'il en soit, je ne veux pas chercher querelle au public, car les Bulgares ont ordinairement raison, et si j'ai manqué le but cette fois, je puis l'atteindre une autre; ainsi donc, que les dieux nous tiennent en joie. . . . .

« Vous aimez *Beppo*, vous avez raison . . . . . .

« Je n'ai pas encore vu les *Fudges*[1]; mais je vis dans l'espoir qu'ils m'arriveront. Je n'ai pas besoin de vous dire que vos succès sont les miens. A propos, Lydia Volute est ici, et vient de m'emprunter mon exemplaire de votre *Lalla Rookh*. . . . .

» Je ne connais de bon modèle pour la vie de Shéridan que celle de Savage. Rappelez-vous, cependant, qu'il est facile de rendre la vie d'un tel homme bien plus amusante que s'il eût été un Wilberforce, — et cela sans offenser les vivans et sans insulter les morts. Les whigs l'injurièrent, ce qui n'empêcha pas qu'il ne les abandonna jamais. — Quant à ses créanciers, rappelez-vous que Shéridan ne posséda jamais un scheling, qu'il se trouva jeté au milieu de la haute société avec de grandes facultés et de grandes passions, et porté au pinacle de la gloire sans aucun

---

[1] Ouvrage de Moore.

moyen apparent de se soutenir dans son élévation. Fox payait-il ses dettes? — et Shéridan accepta-t-il jamais une souscription? L'ivrognerie du duc de Norfolk était-elle plus excusable que la sienne? ses intrigues étaient-elles plus notoires que celles de ses contemporains? et sa mémoire sera-t-elle flétrie pendant que la leur est respectée? Ne vous laissez pas entraîner par des clameurs, mais comparez-le d'abord avec Fox, le faiseur de coalitions et le pensionnaire Burke, comme homme à principes politiques, comparez-le à cent mille autres, si vous voulez, en fait de rapports personnels, mais à personne pour le talent, car il laisse tout le monde loin derrière lui; sans moyens pécuniaires, sans liaisons, sans réputation, ce qui d'abord put être une injustice et finit ensuite par l'entraîner (du désespoir à la folie), il les surpassa tous dans tout ce qu'il entreprit jamais; mais, hélas! pauvre nature humaine! Bonne nuit, ou plutôt, bon jour. — Il est quatre heures; l'aurore brille sur le Grand Canal et découvre le Rialto. — Il faut aller coucher. — J'ai veillé toute la nuit; — mais, comme dit Georges Philpot, c'est là la vie, quoiqu'une diable de vie.

» Toujours tout à vous.

» Excusez les méprises. — Je n'ai pas le tems de relire : la poste part à midi. Je vous écrirai bientôt du nouveau au sujet de votre plan de publication. »

Pendant la plus grande partie de l'époque que comprend cette série de lettres, Lord Byron avait continué d'occuper le même appartement, dans une petite rue fort étroite, chez un marchand de toile, à la femme duquel il consacrait une grande partie de ses pensées. Sa conduite prouve évidemment qu'il était alors attaché à cette femme, autant du moins qu'une passion si fugitive peut mériter le nom d'attachement. Le langage de ses lettres démontre suffisamment combien la nouveauté de cette liaison avait séduit son imagination; et les Vénitiens, chez qui de tels arrangemens sont des choses toutes naturelles, s'amusaient beaucoup de l'assiduité avec laquelle il accompagnait sa signora aux théâtres et aux redoutes. Ce fut même avec beaucoup de peine qu'il se décida à se séparer d'elle le tems qu'il lui fallait pour la courte visite qu'il fit à la ville immortelle où il acquit lui-même un de ses plus beaux titres à l'immortalité[1], et, dans l'espace de quelques semaines, ayant puisé plus d'inspirations dans tout ce qu'il voyait qu'il n'eût été susceptible d'en éprouver en d'autres lieux pendant des années entières, il se hâta de revenir sans étendre son voyage jusqu'à Naples, après avoir écrit à la belle Marianna de venir au-devant de lui à quelque distance de Venise.

Outre les marques de libéralité qu'il avait su donner à propos au mari, qui, à ce qu'il paraît, avait failli dans son commerce, il avait fait aussi présent à la

---

[1] Par son poème des *Plaintes du Tasse* qu'il y composa, comme on l'aura vu dans ses lettres.

(*Note du Trad.*)

dame d'une belle parure de diamans, et l'on raconte à ce sujet une anecdote qui montre l'excessive indulgence et facilité de son caractère envers ceux qui avaient su trouver quelque accès dans son cœur. Un écrin qu'on voulait vendre lui ayant été offert un jour, il ne fut pas peu surpris de reconnaître les mêmes bijoux qu'il avait, quelque tems auparavant, donnés à sa belle maîtresse, et qui, par quelque moyen très-peu romantique, avaient été remis de nouveau en circulation. Sans s'informer, cependant, de quelle manière la chose était arrivée, il racheta généreusement l'écrin, et en fit de nouveau présent à la dame, lui reprochant avec bonté le peu de cas qu'elle semblait faire de ses dons.

On ne peut dire jusqu'à quel point cet incident, peu sentimental, eut part à dissiper les illusions de sa passion; mais il est certain qu'avant l'expiration de la première année il commença à trouver que son logement dans la *Spezieria* était incommode; il entra alors en marché avec le comte Gritty pour son palais situé sur le Grand Canal, s'engageant à payer deux cents louis de loyer, ce qui est, je crois, regardé comme un prix considérable à Venise. S'étant aperçu, cependant, que, dans la copie de l'acte qu'on lui apporta à signer, on avait introduit une nouvelle clause qui l'empêchait, non-seulement de sous-louer la maison, s'il quittait Venise, mais encore d'en permettre l'occupation à aucun de ses amis pendant les absences momentanées qu'il pourrait faire, il refusa de conclure à ces conditions; et piqué qu'on se fût départi d'une manière si importante du premier engagement pris avec lui, il déclara dans une société qu'il donnerait volontiers le même prix, quoiqu'il fût reconnu exorbitant, de tout autre palais de Venise, quelque inférieur qu'il pût être à celui-là. Après une telle déclaration il ne devait pas s'attendre à rester long-tems sans maison, et la comtesse Mocenigo lui ayant offert un de ses trois *palazzi* sur le Grand Canal, il se transporta dans cette habitation dans l'été de la même année, et continua d'y résider pendant le reste de son séjour à Venise.

Tout blâmable qu'était, sous le rapport des mœurs et des convenances, le genre de vie qu'il menait chez M***, je me vois forcé d'avouer avec peine que c'était peu de chose en comparaison de la licence effrénée à laquelle, après avoir rompu cette liaison, il s'abandonna sans réserve et comme un homme qui veut tout braver; j'ai déjà cherché à donner quelque idée de l'état de son esprit avant son départ d'Angleterre, et j'ai dit, je crois, que parmi les sentimens qui se réunissaient en lui pour y produire cette force de résistance concentrée qu'il opposait alors à son sort, il y avait surtout une indignation pleine de mépris pour ses compatriotes, à cause des outrages qu'il croyait en avoir reçus; pendant quelque tems les sentimens affectueux qu'il conservait encore pour Lady Byron, et une espèce d'espérance vague que tout n'était peut-être pas perdu, le tinrent dans une situation d'esprit un peu plus douce et plus traitable, le laissant encore assez soumis à l'influence de l'opinion des Anglais pour l'empêcher de se révolter contre elle, comme il le fit malheureusement par la suite.

Tandis que d'une part la tentative d'une réconciliation avec lady Byron venait, en échouant, de briser le dernier lien qui l'attachait à sa patrie; de l'autre, malgré la vie tranquille et retirée qu'il menait à Genève, il ne voyait aucune trève à la guerre de calomnie qu'on faisait à sa réputation, le même esprit de malveillance qui s'était attaché chez lui à tous ses pas ayant réussi à l'épier dans son exil, avec une surveillance non moins perfide. A cette conviction, qui n'avait que trop de probabilité, il ajouta tout ce qu'une imagination comme la sienne peut prêter à la vérité, interprétant à sa manière tout ce qui était susceptible d'interprétation dans le silence des uns ou l'absence des autres, jusqu'à ce qu'enfin, s'armant contre des ennemis et des outrages imaginaires, et se regardant, à ce qu'il paraît, comme un proscrit, il résolut avec le même désespoir que, puisque ses compatriotes ne voulaient pas rendre justice au côté estimable de son caractère, il aurait au moins l'étrange satisfaction de les narguer, de les révolter par ce qu'il avait de vicieux; je suis convaincu que c'est à ce sentiment, bien plus qu'à un goût dépravé pour un tel genre de vie, qu'on doit attribuer les folies auxquelles il se livra pendant quelque tems. L'effet excitant produit par cette espèce d'existence, tant qu'elle dura, ressemble tellement à ce qu'il nous dit être toujours en lui le résultat d'une vive opposition et d'une violente résistance, que nous voyons assez combien ces derniers sentimens durent avoir de part à ses excès. Le lecteur aussi n'aura pu sans doute s'empêcher de remarquer le changement évident du caractère de ses lettres : on y trouve, avec une augmentation incontestable de vigueur intellectuelle, un ton de violence et de bravade qui éclate continuellement, et qui indique de quel degré de force répulsive il était parvenu à s'armer.

En effet, loin que les facultés de son esprit fussent affaiblies ou diminuées par ces désordres, peut-être à aucune autre époque de sa vie ne posséda-t-il aussi complètement toute son énergie ; et son ami Shelley, qui alla à Venise vers ce tems pour le voir [1], disait

---

[1] Voici un extrait d'une lettre de Shelley à un ami, à cette époque.

Venise, août 1818.

« Nous sommes venus de Padoue ici en gondole, et le gondolier, en-
» tr'autres choses, et sans que nous l'eussions mis sur la voie, se mit à nous
» parler de lord Byron. Il dit que c'était un *giovanetto inglese*, avec un
» nom bizarre, qui vivait dans un grand luxe et dépensait de grosses
» sommes d'argent. . . . .

» A trois heures j'étais chez lord Byron. Il fut enchanté de me voir,
» et notre première conversation roula naturellement sur l'objet de notre
» visite..... Il me mena dans sa gondole de l'autre côté de la lagune,
» sur un long rivage sablé qui défend Venise de l'Adriatique. En débar-
» quant, nous trouvâmes ses chevaux qui nous attendaient, et les ayant
» montés, nous nous promenâmes le long du rivage en causant. Notre con-
» versation se composa en partie de l'histoire des outrages faits à sa sensi-
» bilité, de questions sur mes affaires, et de grandes assurances d'amitié

souvent que tout ce qu'il avait remarqué alors de la capacité de son génie lui en avait donné une bien plus haute idée que celle qu'il en avait d'abord conçue. Ce fut effectivement alors que Shelley esquissa et écrivit en grande partie son poème de *Julien et Maddalo*, et qu'il a dépeint d'une manière si pittoresque son noble ami[1] dans le dernier de ces deux personnages. On m'a dit aussi que les allusions au cygne d'Albion, dans les vers écrits au milieu des

» et d'intérêt pour moi. Il me dit que s'il avait été en Angleterre au moment de l'affaire en chancellerie, il aurait remué ciel et terre pour empêcher un pareil arrêt. Il parla aussi de littérature, me dit que son quatrième chant était très-beau, et m'en répéta en effet quelques stances qui me parurent d'une grande force. Quand nous rentrâmes dans son palais, qui est un des plus beaux de Venise, etc., etc. »

[1] C'est dans la préface de ce poème que, sous le nom fictif de *Comte Maddalo*, on trouve le portrait suivant de lord Byron, aussi frappant que juste :

« C'est un homme du génie le plus consommé, et capable, s'il voulait diriger son énergie vers ce but, de devenir le régénérateur de son pays dégradé. Mais sa faiblesse est d'être orgueilleux ; et dans la comparaison de son esprit extraordinaire avec les méprisables intelligences qui l'entourent, il puise une crainte profonde du néant de la vie humaine. Ses passions et ses facultés sont incomparablement supérieures à celles des autres hommes, et au lieu de s'être servi des dernières pour subjuguer les autres, elles se sont mutuellement prêté de la force. Je dis que *Maddalo* est orgueilleux, parce que je ne puis trouver d'autre expression pour peindre les sentimens impatiens et concentrés qui le dévorent, mais ce ne sont que ses espérances et ses affections personnelles qu'il semble fouler aux pieds ; car dans la vie sociale personne n'est plus doux, plus patient, plus modeste que *Maddalo*. Il est enjoué, franc et spirituel. Sa conversation, plus sérieuse, a une espèce de charme enivrant. Il a beaucoup voyagé, et il met un attrait inexprimable dans la relation des aventures qui lui sont arrivées en divers pays. »

collines Euganéennes, étaient le résultat de ce même accès d'enthousiasme et d'admiration.

En parlant des dames vénitiennes, on se rappellera que Lord Byron, dans une de ses lettres précédentes, remarque que la beauté qui les rendit jadis célèbres ne se trouve plus maintenant dans *le dame*, ou classes supérieures, mais sous les *fazzioli*, ou mouchoirs des femmes du peuple. Ce fut malheureusement parmi ces derniers échantillons du *bel sangue* de Venise que, par une dégradation subite de goût que l'état capricieux de son esprit peut seul expliquer, il lui plut alors de choisir les compagnes de ses heures de loisir ; et une nouvelle preuve que, dans cette courte et audacieuse carrière de libertinage, il ne cherchait qu'un soulagement à un esprit outragé et mortifié, et que

Ce qui nous semblait crime pouvait n'être que malheur,

c'est que, plus d'une fois, le soir, lorsque sa maison était occupée par de tels hôtes, on a su que, se jetant dans sa gondole, il avait passé la plus grande partie de la nuit sur l'eau, comme si le retour chez lui lui eût été haïssable. Et il est effectivement certain qu'il se retraça toujours cette partie la plus blâmable de sa vie, pendant le peu d'années qui la composèrent encore, avec un pénible sentiment de reproche ; et parmi les causes de l'horreur qu'il éprouva ensuite pour Venise, il faut surtout compter le souvenir des excès auxquels il s'était abandonné.

La plus distinguée, et à la fin la sultane favorite de ce honteux harem, était une femme nommée Margarita Cogni, dont il a déjà été question dans l'une de ces lettres, et qui, d'après l'état de son mari, était connue sous le titre de la *Fornarina*. Un portrait de cette belle *virago*, peint par Harlowe pendant son séjour à Venise, étant tombé entre les mains d'un des amis de Lord Byron, après la mort de l'artiste, cet ami demanda au noble poète quelques renseignemens sur cette héroïne, et il en reçut une longue lettre à ce sujet, dont voici quelques extraits.

« Puisque vous désirez connaître l'histoire de
» Margarita Cogni, je vais vous en faire le récit,
» quoiqu'il puisse être un peu long.

» Ses traits ont la belle empreinte vénitienne des
» vieux tems; sa taille, quoiqu'un peu trop élevée
» peut-être, n'est pas moins belle, et l'un et l'autre
» s'accordent parfaitement avec le costume national.

» Pendant l'été de 1817, *** et moi nous nous
» promenions un soir à cheval le long de la Brenta,
» quand, parmi un groupe de paysannes, nous re-
» marquâmes les deux plus jolies filles que nous eus-
» sions vues de quelque tems. Vers cette époque, il
» y avait eu beaucoup de misère dans le pays, et
» j'avais distribué quelques secours au peuple. On
» peut, à Venise, se donner un grand air de géné-
» rosité à très-peu de frais, et on avait probable-
» ment exagéré la mienne à cause de ma qualité

» d'Anglais. — Je ne sais si elles remarquèrent que
» nous les regardions, mais l'une d'elles me cria en
» vénitien : — Pourquoi, vous qui soulagez les au-
» tres, ne pensez-vous pas à nous? — Je lui répon-
» dis [1] : *Cara, tu sei troppo bella e giovane per aver*
» *bisogno del soccorso mio.* Elle répliqua : — Si vous
» voyiez ma cabane et ma nourriture, vous ne par-
» leriez pas ainsi. Tout ceci se passa moitié en plai-
» santant, et je n'en entendis pas parler de quelques
» jours.

» Quelques soirées après celle-là, nous rencon-
» trâmes encore ces deux filles, et elles s'adressèrent
» à nous plus sérieusement, nous assurant de la vé-
» rité de leur récit. Elles étaient cousines ; Marga-
» rita était mariée, et l'autre point. — Comme je
» doutais encore des circonstances qu'elles m'expo-
» saient, je considérai la chose sous un point de vue
» différent, et lui donnai rendez-vous pour le len-
» demain soir. . . . .
. . . .

» Enfin, en quelques soirées, tout fut arrangé
» entre nous, et pendant long-tems elle fut la seule
» qui conserva sur moi un ascendant qui lui fut sou-
» vent disputé, mais jamais enlevé.

» Les causes de cet ascendant étaient d'abord sa
» personne. — Elle était très-brune grande, avec
» la physionomie vénitienne, de très-beaux yeux

---

[1] « Ma chère, tu es trop jeune et trop belle pour avoir besoin de mon
» secours. »

» noirs, et n'avait que vingt-deux ans..... Elle était
» d'ailleurs toute vénitienne, dans son dialecte,
» dans sa manière de penser, dans sa physionomie,
» enfin dans tout ce qui lui appartenait, et elle avait
» toute la naïveté et l'originalité de Pantalon, son
» compatriote. D'ailleurs elle ne savait ni lire ni
» écrire, et ne pouvait pas m'assommer de lettres.
» — Il ne lui arriva que deux fois de donner douze
» sous à un écrivain public, dans la Piazza, pour
» lui faire une lettre, dans une circonstance où j'é-
» tais malade et ne pouvais la voir. Elle était d'ail-
» leurs un peu violente et *prepotente*, c'est-à-dire
» impérieuse, et entrait tout droit, quand cela lui
» convenait, sans avoir beaucoup d'égard au tems,
» aux lieux, ni aux personnes; — et si elle trouvait
» quelque femme qui la gênât, elle l'étendait par
» terre d'un coup de poing.

» Quand je fis connaissance avec elle, j'étais en
» relation avec la signora ***, qui fut assez sotte,
» un soir à Dolo, avec quelques-unes de ses amies,
» pour lui faire des menaces, car les commères de
» la Villeggiatura avaient déjà deviné, en entendant
» un soir le hennissement de mon cheval, que je
» sortais de nuit pour aller trouver la *Fornarina*.
» Margarita rejeta son *voile* (*fazziolo*) en arrière,
» et dit en vénitien très-clair. — Vous n'êtes pas sa
» femme, je ne suis pas sa femme; vous êtes sa
» *donna*, et moi aussi, je suis sa *donna*; votre mari
» est un *becco*, et le mien en est un autre. Au sur-

» plus, quel droit avez-vous de me faire des repro-
» ches? S'il me préfère à vous, est-ce ma faute? Si
» vous voulez vous en assurer, attachez-le aux cor-
» dons de votre tablier; — mais ne croyez pas que
» si vous me parlez, je n'oserai pas vous répondre,
» parce que vous êtes plus riche que moi. Après
» avoir donné cet échantillon de son éloquence, que
» je traduis tel qu'il me fut rapporté par un témoin,
» elle passa son chemin, laissant Mme ***, avec un
» nombreux auditoire, méditer à loisir sur le dialo-
» gue qui venait d'avoir lieu.

» Quand je revins à Venise pour l'hiver, elle me
» suivit; et s'étant aperçue qu'elle me plaisait, elle
» venait assez souvent. Mais elle avait un amour-
» propre insatiable, et n'était pas tolérante avec les
» autres femmes. A la *cavalchina*, mascarade qui a
» lieu le dernier jour du carnaval, et où tout le
» monde va, elle arracha le masque de Mme Conta-
» rini, dame d'une naissance noble et d'une con-
» duite décente, et cela, par la seule raison qu'elle
» s'appuyait sur mon bras. Vous imaginez bien que
» ceci fit un bruit du diable; mais ce n'est là qu'un
» échantillon de ses tours.

» A la fin, elle se prit de querelle avec son mari;
» et s'enfuyant de chez lui, elle se réfugia chez moi.
» Je lui dis que cela ne se pouvait pas. — Elle me
» répondit qu'elle coucherait dans la rue, mais ne
» retournerait pas avec lui; qu'il la battait (la douce
» tigresse!); qu'il lui mangeait son argent, et la

» négligeait d'une manière scandaleuse. Comme il
» était minuit, — je lui permis de rester, et le len-
» demain, il n'y eut pas moyen de la faire bouger.
» Son mari vint pleurant et beuglant, et la suppliant
» de revenir; — mais, non, elle s'en garda bien.
» — Alors il s'adressa à la police, et la police à moi.
» Je leur dis de la reprendre; que je n'avais pas be-
» soin d'elle; qu'elle était venue chez moi; que je
» ne pouvais pas la faire jeter par la fenêtre, mais
» qu'ils pouvaient la faire passer par là ou par la
» porte, si bon leur semblait. Elle alla devant le
» commissaire, et fut obligée de retourner avec ce
» *becco ettico*, nom qu'elle donnait au pauvre homme,
» qui avait une phthisie. Quelques jours après, elle
» déserta de nouveau. — Après beaucoup de tapage,
» elle s'établit dans ma maison, réellement et véri-
» tablement, sans mon consentement, mais à cause
» de ma nonchalance et de mon impossibilité de gar-
» der mon sérieux : car lorsque je commençais à me
» mettre en colère, elle finissait toujours par me
» faire rire par quelque pantalonnade vénitienne; et
» la sorcière, qui savait bien cela, et qui connaissait
» également ses autres moyens de conviction, les
» déploya avec le tact et le succès ordinaires à tous
» les êtres féminins de haut ou de bas étage, car ils
» se ressemblent tous en cela.

» Mme Benzoni aussi la prit sous sa protection, et
» alors la tête lui tourna. — Elle était toujours dans
» les extrêmes; tantôt pleurant, tantôt riant, et si

» furieuse, quand elle était en colère, qu'elle fai-
» sait la terreur des hommes, des femmes et des en-
» fans : — car elle avait la force d'une amazone,
» avec le caractère de Médée. C'était un bel animal,
» mais impossible à apprivoiser. J'étais la seule per-
» sonne qui pût un peu la ramener à l'ordre; et lors-
» qu'elle me voyait véritablement en colère (ce qui,
» dit-on, est un spectacle assez farouche), elle s'ap-
» paisait. — Elle était superbe avec son *fazziolo*,
» vêtement des classes inférieures; mais, hélas! elle
» aspirait après un chapeau à plumes, et tout ce que
» je pus dire ou faire (et j'en dis beaucoup) ne put
» l'empêcher de se travestir de cette manière. Je jetai
» le premier au feu; mais je me fatiguai de brûler
» ses chapeaux avant qu'elle se lassât d'en acheter,
» de sorte qu'elle réussit à faire d'elle une carica-
» ture, car ils ne lui allaient pas du tout.

» Ensuite elle voulut avoir une queue à ses robes,
» — tout comme une dame, vraiment; rien ne pou-
» vait la satisfaire que l'*abito colla coua* ou *cua* (c'est
» l'expression vénitienne pour la *coua*, la queue d'une
» robe); et comme sa diable de prononciation me
» faisait rire, cela mettait un terme à la discussion,
» et elle traînait sa maudite queue partout après
» elle.

» Cependant elle battait les femmes de la maison,
» et interceptait mes lettres. Je la surpris un jour
» méditant sur une d'elles, essayant de deviner à la
» forme si elle venait d'une femme ou non; — et

» puis elle se plaignait de son ignorance, et se mit
» réellement à étudier l'alphabet, afin, déclara-
» t-elle, d'ouvrir toutes mes lettres, et de pouvoir
» en lire le contenu.

» Je ne dois pas oublier de rendre justice à ses
» qualités relatives à la tenue d'une maison. — Après
» son entrée dans ma maison, en qualité de *donna di*
» *governo* [1], les dépenses furent réduites de plus de
» moitié; tout le monde faisait mieux son devoir; les
» appartemens étaient mieux tenus, et tout s'y sentait
» d'un meilleur ordre, à l'exception d'elle-même.

» J'ai cependant quelques raisons de croire qu'au
» milieu de toutes ses extravagances, elle avait au
» fond, pour moi, un véritable attachement : j'en
» donnerai un exemple. Étant allé un jour d'automne
» au Lido avec mes gondoliers, nous fûmes surpris
» par un grain assez violent, et qui mit la gondole
» en péril. — Nos chapeaux avaient été enlevés, la
» barque se remplissait, une rame était perdue;
» nous étions au milieu d'une mer furieuse, le ton-
» nerre grondait, la pluie tombait par torrens, la
» nuit approchait, et le vent ne cessait pas. A notre
» retour, après une lutte pénible, je la trouvai sur
» les degrés extérieurs du palais Mocenigo, sur le
» Grand Canal, ses grands yeux noirs étincelant à
» travers ses larmes, et ses longs cheveux d'ébène,
» qui étaient flottans, trempés de pluie, couvraient

---

[1] Femme de charge.

» sa figure et son sein. Elle était complètement ex-
» posée à l'orage, et le vent qui agitait ses cheveux
» et ses vêtemens autour de sa taille svelte et élevée,
» l'éclair qui jaillissait autour d'elle et les vagues
» qui se roulaient à ses pieds, la faisaient ressem-
» bler à Médée descendue de son chariot, ou à la
» sibylle de la tempête qui grondait autour d'elle :
» — c'était le seul objet vivant, excepté nous, qui
» nous apparût en ce moment pour nous recevoir.
» En me voyant sain et sauf, elle ne s'approcha pas
» pour me féliciter, comme on aurait pu le croire,
» mais me cria : — *Ah! can della Madona, è esto
» un tempo per andar all' Lido!* (ah! chien de la bonne
» Vierge, est-ce là un tems pour aller au Lido!); puis
» courant dans la maison, elle se soulagea le cœur
» en grondant les bateliers de n'avoir pas prévu le
» *temporale* (l'orage). Les domestiques me dirent
» que la seule chose qui l'eût empêchée de venir au-
» devant de moi en bateau, c'est qu'aucun des gon-
» doliers du canal n'avait voulu se risquer sur l'eau
» dans un tel moment. Elle s'était assise alors sur
» les degrés du palais, pendant le plus fort de l'o-
» rage, persistant à n'en pas bouger et à repousser
» toute espèce de consolation. Sa joie, en me re-
» voyant, était mêlée d'une teinte modérée de féro-
» cité, et me représenta les transports d'une tigresse
» en retrouvant ses petits.

» Mais son règne tirait à sa fin. Quelques mois
» après, elle devint tout-à-fait indomptable; et un

» concours de plaintes, dont les unes étaient fon-
» dées, les autres injustes (car un favori n'a pas
» d'amis), me détermina enfin à me séparer d'elle.
» Je lui dis tranquillement qu'il fallait qu'elle retour-
» nât chez elle (elle avait acquis suffisamment de
» quoi vivre pour elle et sa mère pendant qu'elle
» était restée à mon service); mais elle refusa de
» quitter ma maison. Je tins bon, et elle me menaça
» de couteaux et de vengeance. — Je lui répondis
» que ce ne serait pas la première fois que j'aurais
» vu des couteaux nus, et que, si elle voulait com-
» mencer, il y avait sur la table un couteau et une
» fourchette qui étaient bien à son service, — mais
» qu'il ne fallait pas qu'elle se flattât de m'intimi-
» der. Le lendemain, pendant que j'étais à table,
» elle entra, après avoir forcé une porte en glace
» qui conduisait de la salle à manger à l'escalier;
» et, s'avançant droit vers la table, elle m'arracha
» le couteau que j'avais à la main, et me blessa lé-
» gèrement au pouce dans cette action. Je ne sais si
» son dessein était de s'en servir contre elle ou con-
» tre moi; peut-être ni contre l'un ni contre l'autre;
» — mais Fletcher la saisit par le bras et la désar-
» ma. J'appelai alors mes gondoliers, et je leur ordon-
» nai de préparer la gondole pour la reconduire chez
» elle, en ayant soin qu'elle ne se fît pas de mal en
» route. Elle parut tout-à-fait calme, et descendit. Je
» continuai de dîner; tout-à-coup nous entendîmes
» un grand bruit : je sortis, et les rencontrai sur l'es-

» calier qui la portaient en haut; elle s'était jetée
» dans le canal. Je ne crois pas cependant qu'elle eût
» l'intention de se détruire; mais quand on réfléchit
» à la peur que les femmes et les hommes qui ne
» savent pas nager ont de l'eau (et surtout les Vé-
» nitiens, quoiqu'ils vivent sur les vagues); quand
» on songe qu'il faisait nuit et très-froid, on est forcé
» d'avouer qu'il y avait en elle une espèce de cou-
» rage diabolique. On l'en avait retirée sans beau-
» coup de difficulté ni de mal, sauf l'eau salée
» qu'elle avait avalée et le bain qu'elle avait pris.

» Je prévis que son intention était de s'établir de
» nouveau chez moi; et ayant envoyé chercher un
» médecin, je lui demandai combien d'heures il fau-
» drait pour la remettre de son agitation : — il me le
» dit. Eh bien, repris-je, je lui donne ce tems, et
» plus, s'il le faut; mais, à l'expiration de cet inter-
» valle prescrit, si elle ne quitte pas la maison, moi
» je la quitterai.

» Tous mes gens étaient consternés. — Ils avaient
» toujours eu peur d'elle; mais alors ils étaient pa-
» ralysés de frayeur. Ils me priaient de m'adresser
» à la police pour me mettre en garde contre elle, etc.,
» comme une bande de lâches et d'imbécilles qu'ils
» étaient. Je ne fis rien de la sorte, pensant qu'il
» était indifférent de finir de cette manière-là ou
» d'une autre; d'ailleurs j'avais été habitué à ces
» femmes sauvages, et connaissais leur manière
» d'agir.

» Je la fis renvoyer tranquillement chez elle lors-
» qu'elle fut remise, et ne l'ai jamais revue depuis,
» excepté une fois ou deux à l'opéra, mais de loin ;
» — elle fit plusieurs tentatives pour revenir, mais
» sans aucune violence. — Voilà l'histoire de Mar-
» garita Cogni, dans les rapports qu'elle a eus avec
» moi.

» J'ai oublié de vous dire qu'elle était fort dévote,
» et se signait quand elle entendait sonner l'heure de
» la prière. . . . .
. . . .

» Elle avait la répartie vive. — Un jour, par exem-
» ple, qu'elle m'avait mis fort en colère, en battant
» quelqu'un de la maison, je l'appelai *vacca*, vache
» (vache est une grande injure en italien). Elle se
» retourna en me faisant la révérence : — *Vacca tua,*
» *eccelenza* (votre vache, n'en déplaise à votre ex-
» cellence). Bref, comme je l'ai déjà dit, c'était un
» très-bel animal, d'une beauté et d'une énergie ex-
» traordinaires, et qui avait plusieurs bonnes et amu-
» santes qualités, mais farouche comme une sorcière
» et fougueuse comme un démon. Elle avait coutume
» de se vanter publiquement de son ascendant sur
» moi, en se comparant à d'autres femmes, et de
» l'expliquer par diverses raisons. Il est vrai de dire
» qu'elles cherchèrent toutes à la faire partir, et
» qu'aucune n'avait pu réussir, lorsque sa propre
» extravagance vint enfin à leur secours.

» J'avais oublié de vous rapporter sa réponse,

» lorsque je lui reprochai d'avoir arraché le masque
» de Mme de Contarini, à la *cavalchina*. Je lui repré-
» sentais que c'était une dame d'une haute naissance,
» *una dama*, etc.; elle répondit : — *Se ella è dama,*
» *mi son Veneziana* (si c'est une dame, moi je suis
» Vénitienne). Cela aurait été beau il y a cent ans,
» lorsque l'orgueil de la nation se soulevait contre
» l'orgueil de l'aristocratie ; mais, hélas ! Venise,
» son peuple et ses nobles, tous retournent égale-
» ment vite vers l'Océan ; et là où il n'existe pas d'in-
» dépendance, il ne peut y avoir de véritable respect
» de soi-même. »

Ce fut à cette époque, comme nous le verrons par les lettres que je vais donner, et comme les traits de l'ouvrage lui-même ne l'indiquent que trop bien, qu'il conçut et écrivit quelques parties de son poème de *Don Juan*. Jamais aucun livre ne peignit d'une manière plus fidèle, et, sous quelques rapports, plus affligeante, cette variété de sensations, de caprices et de passions qui dominaient successivement l'esprit de l'auteur pendant qu'il écrivait. Il ne fallait rien moins, en effet, que la réunion singulière de toutes les facultés extraordinaires qu'il possédait, et qui étaient alors en lui en pleine activité, pour lui suggérer un semblable ouvrage, et le rendre capable de l'exécuter. La froide pénétration de l'âge mûr unie à la vivacité et à la chaleur de la jeunesse ; — l'esprit de Voltaire avec la sensibilité de Rousseau ; — les connaissances pratiques et minutieuses d'un homme de société, avec l'esprit métaphysique et contemplatif du poète; — une vive susceptibilité de tout ce qu'il y a de plus grand et de plus touchant dans la vertu humaine, et la profonde et désolante expérience de tout ce qui lui est le plus fatal; enfin les deux extrêmes de la nature mixte et contradictoire de l'homme, tantôt enveloppée dans les vapeurs grossières de la terre, tantôt respirant les parfums du ciel. — Tel était le bizarre assemblage d'élémens contraires réunis dans le même esprit, et tous appelés à contribuer à leur tour à la même œuvre, d'où seule pouvait naître ce poème extraordinaire, l'exemple le plus frappant, et, à quelques égards, le plus douloureux de la versatilité du génie, qui ait jamais été laissé à l'admiration et aux regrets des générations futures.

Je vais maintenant continuer sa correspondance, ayant jugé que quelques-unes des observations précédentes étaient nécessaires, non-seulement pour expliquer au lecteur bien des choses qu'il trouvera dans ses lettres, mais aussi pour qu'il ne s'étonne pas de tout ce qu'on a cru indispensable d'en retrancher.

LETTRE CCCXVIII.

A M. MURRAY.

Venise, 18 juin 1818.

« Mes affaires, ainsi que le silence total et inexplicable de mes correspondans, me rendent impatient et importun. J'ai écrit à M. Hanson pour avoir la balance d'un compte qui est ou doit être dans ses mains : — pas de réponse. — Il y a deux mois que j'attends le messager qui doit m'apporter les actes de Newstead, et, au contraire, je reçois l'avis de me rendre à Genève, ce qui, de la part de *** (qui sait à quel point j'ai de la répugnance à me rapprocher de l'Angleterre), ne peut être qu'une ironie ou une insulte.

» Il faut donc que je vous prie de verser immédiatement chez mon banquier les sommes que vous pourrez, sans vous gêner, m'avancer sur nos conventions. Je me vois sur le point d'être réduit à la gêne la plus cruelle, et dans un moment où, d'après toutes les probabilités et tous les calculs raisonnables, j'aurais dû toucher des sommes considérables, ne négligez pas ce que je vous demande, je vous prie ; vous ne pouvez vous imaginer autrement dans quelles extrémités fâcheuses je me verrais. *** avait quelque projet absurde sur l'emploi de ces fonds, qu'il parlait de placer en rente viagère ou je ne sais comment, ne l'ayant écouté, pendant qu'il était ici, que pour éviter les querelles ou les sermons ; mais j'ai besoin du principal, et je n'ai jamais songé sérieusement à l'employer à autre chose qu'à mes dépenses personnelles. Le désir de Hobhouse serait, s'il était possible, de m'entraîner en Angleterre[1] ;

---

[1] Il est vivement à regretter, pour plusieurs motifs, que ce projet de l'amitié n'ait pas réussi.

mais il ne réussira pas, car s'il parvenait à m'y mener je n'y resterais pas ; je hais ce pays-là et j'aime celui-ci ; et toute folle opposition ne fait qu'ajouter à ce sentiment. Votre silence me fait douter du succès du quatrième chant ; s'il n'en a point, je vous ferai sur notre convention originale toute déduction que vous jugerez honnête et suffisante ; mais je désire que ce qui restera à payer me soit envoyé sans délai par la voie ordinaire, c'est-à-dire la poste.

» Quand je vous dirai que je n'ai pas reçu un mot d'Angleterre depuis le commencement de mai, assurément je fais l'éloge de mes amis, ou des personnes qui en prennent le titre, en leur écrivant si souvent et de la manière la plus pressante. — Grâce à Dieu, plus mon absence se prolonge, moins je vois de cause pour regretter ce pays et toute sa population vivante.

» Votre, etc.

» *P. S.* Dites à M. *** que..... et que je ne lui pardonnerai jamais, à lui ni à tout autre, la cruauté de leur silence dans un moment où je désirais si ardemment, et pour tant de raisons, avoir des nouvelles de mes amis. »

LETTRE CCCXIX.

A M. MURRAY.

Venise, 10 juillet 1818.

« J'ai reçu votre lettre et la lettre de crédit de

Morland, etc. — J'ai aussi tiré sur vous à soixante jours de date pour le reste, d'après votre offre.

» Je suis encore attendant à Venise le commis de M. Hanson ; qui peut le retenir ? je ne le sais ; mais j'espère que lorsque l'accès politique de M. Kinnaird et de M. Hobhouse sera passé, ils prendront la peine de s'en enquérir et de me l'expédier ; car près de 100,000 livres sterl. dépendent pour moi de la fin de cette vente et de la signature des actes.

» Vous ferez mieux de remettre les éditions que vous projetez pour novembre, car j'ai quelque chose en vue, et que je prépare, qui pourra vous être utile, quoique ce ne soit pas très-important. J'ai terminé une ode sur Venise ; — et j'ai deux histoires, l'une sérieuse et l'autre bouffonne (à la *Beppo*), qui ne sont encore ni finies, ni prêtes à l'être.

» Vous dites que la lettre à Hobhouse est fort admirée et vous parlez de prose. J'ai le projet d'écrire (pour mettre en tête de votre édition complète) des mémoires de ma vie, sur le même modèle (quoique bien loin, je crains, d'y atteindre jamais) de ceux de Gifford, de Hume, etc., et cela sans intention de faire des révélations ou des remarques qui pourraient être désagréables à des personnages vivans. Je pense que la chose serait possible et faisable ; cependant cela demande réflexion. J'ai des matériaux en abondance ; mais la plus grande partie ne pourrait pas être employée par moi de cent ans à venir. Toutefois il m'en reste encore sans cela de quoi faire une préface à l'édition que vous méditez, et seulement comme littérateur; mais ceci n'est qu'en passant, et je n'ai pas encore pris de parti là-dessus.

» Je vous envoie une note au sujet de *Parisina*, que M. Hobhouse vous habillera. C'est un extrait de quelques particularités de l'histoire de Ferrare.

» J'espère que vous avez eu quelques attentions pour Missiaglia, car les Anglais ont en ce moment la réputation de négliger les Italiens, et je me flatte que vous vous justifierez de ce reproche.

» Votre, à la hâte, etc.

B.

LETTRE CCCXX.

A M. MURRAY.

Venise, 17 juillet 1818.

« Je présume qu'Aglietti prendra ce que vous lui offrez, mais jusqu'à son retour de Vienne je ne puis lui faire aucune proposition, et vous ne m'avez pas vous-même autorisé à lui en faire. Les trois billets français sont de lady Mary, un autre aussi partie anglais, français et italien; ils sont fort jolis et très-passionnés; c'est bien dommage qu'il y en ait quelque chose de perdu. Il paraît qu'Algarotti la traitait mal, mais elle était son aînée de beaucoup, et toutes les femmes sont maltraitées, ou du moins elles le disent, que cela soit ou non.

» Je recevrai avec plaisir vos livres et vos poudres. J'attends encore le clerc d'Hanson : mais heureusement que ce n'est pas à Genève. Tous *mes bons amis* m'ont écrit de me hâter d'aller l'y joindre, mais pas un n'a eu le bon sens ou la bonté de me récrire plus tard pour me dire que ce serait du tems et un voyage perdus, puisqu'il ne pouvait partir que quelques mois après l'époque désignée ; si je m'étais mis en route d'après le conseil général, je n'aurais jamais reparlé à aucun de vous de ma vie. J'ai écrit à M. Kinnaird pour le prier, quand les vapeurs de la politique seront dissipées, de tirer une réponse positive de ce ***, et de ne pas me tenir dans une telle incertitude à ce sujet. J'espère que Kinnaird, qui a ma procuration, a soin d'avoir l'œil sur ce monsieur, ce qui est d'autant plus nécessaire, que je ne penserais qu'avec répugnance à venir le surveiller moi-même.

» J'ai plusieurs choses commencées en vers et en prose; mais rien de très-avancé. — J'ai écrit six ou sept feuilles d'une vie que je veux continuer et que je vous enverrai quand elle sera finie ; elle pourra servir aux éditions que vous projetez. Si vous vouliez me dire exactement (car je ne sais rien et n'ai que des correspondances d'affaires) comment ont été reçues nos dernières publications, et les sensations qu'elles ont excitées, mais sans avoir égard à aucune délicatesse (je suis trop endurci pour en avoir besoin), je saurais alors à quoi m'en tenir, et comment procéder; je ne voudrais pas trop publier, ce qui peut-être est déjà fait, au reste, je vous le répète, je ne sais rien.

» J'écrivais autrefois pour donner cours à la plénitude de mon esprit et par amour pour la gloire (non pour atteindre un but, mais comme un moyen d'obtenir sur l'esprit des hommes cette influence qui est elle-même le pouvoir et qui en a les résultats); maintenant j'écris par habitude et par intérêt, de sorte qu'il est probable que l'effet doit être aussi différent que les motifs qui m'inspirent; j'ai la même facilité, je pourrais dire même le même besoin de composition pour éviter l'oisiveté (quoique l'oisiveté soit un plaisir dans un pays chaud); mais je suis bien plus indifférent au sort de mes ouvrages après qu'ils ont rempli mon but immédiat. — Cependant je ne voudrais pas du tout..... Mais je n'achèverai pas comme le fit l'archevêque de Grenade, car je suis bien sûr que vous craignez le sort de Gilblas, et avec raison.

» Votre, etc.

» *P. S.* J'ai écrit des lettres très dures à M. Hobhouse, à M. Kinnaird, à vous et à Hanson, parce qu'un si long silence m'avait dépouillé de mes derniers lambeaux de patience. — J'ai vu deux ou trois publications anglaises qui ne valent pas grand chose à l'exception de *Rob Roy*. Je serais bien aise d'avoir Whistlecraft. »

LETTRE CCCXXI.

A M. MURRAY.

Venise, 26 août 1818.

« Vous pouvez continuer votre édition sans compter sur les mémoires, que je ne publierai pas à présent. — Ils sont presque finis, mais trop longs ; et il y a tant de choses dont je ne puis parler par égard pour les vivans, que j'ai écrit avec beaucoup de détails ce qui m'intéressait le moins ; de sorte que mon essai sur moi-même ressemblerait à la tragédie d'*Hamlet*, jouée sur un théâtre de province où l'on aurait omis le rôle d'Hamlet d'après une demande particulière. Je garderai ces mémoires parmi mes papiers, ce sera une espèce de guide, en cas de mort, pour empêcher quelques-uns des mensonges qu'on pourrait débiter, et détruire ceux qui l'ont déjà été.

» Les contes aussi sont inachevés, et je ne puis dire quand ils seront finis : ils ne sont pas non plus du meilleur genre. C'est pourquoi il ne vous faut compter sur rien pour cette nouvelle édition. Les mémoires ont déjà quarante-quatre feuilles d'un papier très-large et très-long, et en auront cinquante ou soixante. Mais je désire les continuer à loisir, et une fois finis, quoique pour le moment vous en pussiez tirer quelque avantage, je ne crois pas que le résultat en fût bon. Ils sont trop remplis de passions et de préjugés, dont il m'a été impossible de me préserver : je n'ai pas assez de sang-froid.

Vous trouverez ci-incluse une liste de livres que le docteur Aglietti sera bien aise de recevoir en déduction des prix de ses lettres manuscrites, si vous êtes disposé à les acheter à la valeur de 50 liv. st. Il prendra les livres pour une partie de la somme, et je lui donnerai le reste en argent, que vous pouvez porter sur mon compte de livres, et déduire sur ce que vous me devez. — Ainsi les lettres vous appartiennent si vous voulez, de cette manière, et lui et moi allons nous mettre à la piste pour en découvrir encore quelques autres de lady Montague, qu'il espère trouver. Je vous écris à la hâte; — mes remerciemens de l'article; croyez-moi

» Votre, etc. »

J'ai déjà dit que Lord Byron avait été accusé par quelques voyageurs anglais d'être en général repoussant et inhospitalier envers ses compatriotes. — J'ajouterai aux preuves que j'ai déjà données du contraire, des détails qui m'ont été fournis par le capitaine Basile Hall, et qui montrent dans leur véritable jour la politesse et la bienveillance du noble poète.

« Le dernier jour d'août 1818, dit cet écrivain
» distingué, je tombai malade d'une fièvre à Venise,
» et connaissant assez l'infériorité de l'art médical
» dans ce pays, j'étais fort inquiet de savoir qui je

» consulterais. Je ne connaissais personne à qui je
» pusse m'adresser à Venise, et n'avais qu'une lettre
» de recommandation pour Lord Byron, devant lequel
» je ne m'étais pas soucié de paraître en qualité de
» touriste, ayant entendu raconter beaucoup de
» traits de la répugnance qu'il avait pour ce genre
» d'individus. Cependant maintenant que je me
» sentais sérieusement malade, j'étais bien sûr que
» sa seigneurie ne verrait plus en moi qu'un compa-
» triote malheureux, et j'envoyai la lettre chez Lord
» Byron, par un de mes compagnons de voyage, avec
» un billet dans lequel je m'excusais de mon impor-
» tunité, en lui expliquant que j'étais malade et
» avais besoin des soins d'un médecin, et que je
» n'enverrais chercher personne que je n'eusse ap-
» pris de sa seigneurie le nom du meilleur praticien
» de Venise.

» Par malheur pour moi Lord Byron était encore
» au lit, quoiqu'il fût près de midi, et plus mal-
» heureusement encore le porteur du billet se fit
» scrupule de l'éveiller sans venir me consulter d'a-
» bord. J'étais tombé pendant ce tems dans toutes
» les horreurs du frisson, et n'étais vraiment pas en
» état d'être consulté sur rien. — Oh! non certaine-
» ment, dis-je, ne dérangez pas Lord Byron pour
» moi; — sonnez l'hôte et envoyez chercher le pre-
» mier qu'il vous nommera. — Cet ordre absurde
» ayant été ponctuellement exécuté, une heure après
» j'étais au pouvoir de l'ami de mon hôte, sur le

» mérite et les succès duquel mon projet n'est pas de
» m'appesantir ici.—Qu'il suffise de dire que j'étais
» irrévocablement entre ses mains long-tems avant
» que le domestique de Lord Byron m'eût apporté
» cette lettre obligeante. »

Venise, 31 août 1818.

« Cher Monsieur,

» Le docteur Aglietti est le meilleur médecin,
» non-seulement de Venise, mais de toute l'Italie.
» —Il demeure sur le Grand Canal, et sa maison est
» facile à trouver. J'ignore son numero, mais il n'y
» a probablement que moi à Venise qui ne le sache
» pas. Il n'y a aucune comparaison entre lui et les
» autres médecins de cette ville. Je regrette beau-
» coup de vous savoir malade, et j'aurai l'honneur
» de me rendre chez vous dès que je serai levé. Je
» vous écris dans mon lit, et ne fais que de recevoir
» la lettre et le billet. Je vous prie de croire qu'au-
» cun autre motif n'aurait pu m'empêcher de ré-
» pondre de suite ou de venir en personne; il n'y a
» pas une minute qu'on m'a réveillé.

» J'ai l'honneur d'être très-sincèrement votre
» très-obéissant serviteur,

» Byron. »

« Sa seigneurie suivit de près son billet, et j'en-
» tendis sa voix dans la pièce voisine; mais quoiqu'il
» attendit plus d'une heure, je ne pus le voir, étant
» sous la férule inexorable du docteur. Dans le cours

» de la même soirée il revint, mais je dormais. —
» Quand je m'éveillai je trouvai son valet assis à
» côté de mon lit. Il me dit que son maître lui avait
» donné l'ordre de rester près de moi pendant que
» je serais malade, et l'avait chargé de me dire que
» tout ce que sa seigneurie possédait ou pouvait se
» procurer était à mon service, et qu'il viendrait
» lui-même me tenir compagnie ; enfin, qu'il ferait
» tout ce qui me serait agréable si je voulais lui
» faire savoir en quoi il pouvait y réussir.

» En conséquence j'envoyai chez lui le lendemain
» chercher un livre, qui me fut apporté avec le ca-
» talogue de tous ceux de sa bibliothèque. J'oublie
» ce qui m'empêcha de voir Lord Byron ce jour-là,
» quoiqu'il vînt plusieurs fois, et le lendemain j'é-
» tais trop malade de la fièvre pour parler à per-
» sonne.

» Dès que je pus sortir je pris une gondole, afin
» d'aller saluer sa seigneurie et la remercier de ses
» attentions. Il était près de trois heures, et cepen-
» dant il n'était pas encore levé ; et lorsque j'y re-
» tournai à cinq heures, le lendemain, j'eus la mor-
» tification d'apprendre qu'il était parti en même
» tems que moi pour me voir ; de sorte que nous
» nous étions croisés sur le canal. — Bref, à mon
» grand regret, je fus obligé de quitter Venise sans
» le voir. »

LETTRE CCCXXII.

A M. MOORE.

Venise, 19 septembre 1818.

« Un journal anglais ici serait un prodige, et une feuille de l'opposition paraîtrait un monstre ; car, à l'exception de quelques extraits d'extraits des misérables gazettes de Paris, rien de ce genre ne parvient au peuple lombardo-vénitien, qui est peut-être le plus opprimé de tous ceux de l'Europe. Ma correspondance avec l'Angleterre est en grande partie pour mes affaires, et elle a principalement lieu avec mon ***, qui n'a pas des idées très-étendues ni très-élevées de ce qui constitue un auteur, car il lui arriva un jour d'ouvrir une *Revue d'Édimbourg*, et ayant regardé dedans pendant une minute, il me dit : « Je vois que vous donnez dans les *Magazines*. » Et voilà la seule phrase que je lui aie jamais entendu dire qui eût trait à la littérature.

» J'ai ici un de mes enfans naturels ; c'est une jolie petite fille qui se nomme Allegra, et qui, dit-on, ressemble à son papa. — Sa mère est Anglaise ; mais ce serait une longue histoire ; laissons cela : — la petite a environ vingt mois.

» J'ai fini le premier chant en cent quatre-vingts octaves d'un poème qui est dans le genre de *Beppo*, encouragé par le succès de ce dernier. Il est intitulé *Don Juan*, et il a pour but de plaisanter innocemment un peu sur tout ; — cependant je crains qu'il ne soit, du moins jusqu'à présent, un peu libre pour un siècle aussi modeste. Quoiqu'il en soit, j'en ferai l'épreuve en gardant l'anonyme, et s'il ne réussit pas, je ne le continuerai pas. Il est dédié à S***, en assez bons vers, mais assez crus sur la politique de *** et la manière dont il l'a adoptée; mais rien n'est plus insupportable que l'ennui de recopier tout cela, et j'aurais un secrétaire qu'il ne me serait pas utile à grand'chose; mon écriture est si difficile à déchiffrer.

» En écrivant la vie de Shéridan ne vous arrêtez pas à tous les mensonges que la colère a fait faire à ces charlatans de whigs. Rappelez-vous qu'il était Irlandais et homme d'esprit, et que nous avons passé avec lui des momens bien agréables. N'oubliez pas qu'il avait été au collége d'Harrow, où, de mon tems, nous avions soin de montrer son nom, R. B. Shéridan, comme un honneur pour les murs du collége; rappelez-vous que. et qu'il y avait dans ce parti-là des gens bien pires que Shéridan.

» Je vous souhaite une bonne nuit, et j'y joins une bénédiction vénitienne. — *Benedetto te, et la terra che ti farà*[1]. « Sois béni toi et la terre que tu feras. » — N'est-ce pas joli? Vous le trouveriez bien plus joli si vous l'aviez entendu comme moi, il y a deux heures, de la bouche d'une jeune vénitienne aux grands yeux noirs, avec la figure de Faustine

---

[1] Il y a ici dans le texte italien une faute évidente, ou bien la traduction n'est pas exacte : *Che ti farà* veut dire *qui te fera*, et non *que tu feras*.

et la taille de Junon, grande et énergique comme une pythonisse, le regard enflammé, ses longs cheveux noirs flottans au clair de la lune; une de ces femmes, enfin, dont on peut tout faire. Je suis sûr que si je mettais un poignard dans la main de celle-ci, elle l'enfoncerait où je lui dirais de l'enfoncer, et dans mon sein même, si je venais à l'offenser. — J'aime cette espèce d'animal, et je suis sûr que j'aurais préféré Médée à toutes les femmes qui vécurent jamais. Vous vous étonnerez peut-être que dans ce cas je ne. . . . .

» J'aurais pardonné le poignard et le poison, tout enfin, excepté le désespoir dont on m'accabla de sang-froid lorsque j'étais seul dans mes foyers, mes dieux domestiques brisés autour de moi [1]. . . . . Croyez-vous que j'aie pu l'oublier ou le pardonner? Tout autre sentiment a disparu en moi devant celui-là, et je ne suis plus qu'un spectateur sur la terre, jusqu'à ce qu'il se présente une occasion éclatante; — elle peut encore venir; — il y a des gens plus coupables que ***, et c'est sur ces derniers que je ne cesse d'attacher les yeux. »

LETTRE CCCXXIV [2].

A M. MURRAY.

Venise, 20 janvier 1819.

« Lorsque j'ai consulté l'opinion de M. H*** et

---

[1] « Il ne m'était resté qu'une source de repos, et ils l'ont empoisonnée. » Mes chastes pénates furent brisés sur mon foyer. » MARINO FALIERO.

[2] On a supprimé ici une lettre de nul intérêt pour le lecteur.

d'autres, c'était relativement au mérite poétique, et non sur ce qu'ils croient devoir au jargon hypocrite d'un tems où on lit encore le *Guide de Bath,* les poëmes de Little, Prior et Chaucer, sans parler de Fielding et de Smolett. Si vous publiez, publiez l'ouvrage entier, avec les changemens que j'ai moi-même indiqués; ou bien publiez d'une manière anonyme, ou, si vous voulez, pas du tout.

» Votre, etc.

» *P. S.* J'ai écrit à MM. K*** et H***, pour les prier de n'effacer que ce que j'ai indiqué. Le second chant de *Don Juan* est fini, il a deux cent-six stances. »

LETTRE CCCXXV.

A M. MURRAY.

Venise, 25 janvier 1819.

« Vous me ferez le plaisir d'imprimer séparément (pour des distributions particulières) cinquante exemplaires de *Don Juan.* — Je vous enverrai plus tard la liste des personnes à qui je veux en faire présent. Il vaudra mieux joindre les deux autres poèmes à la collection des œuvres ; je n'approuve pas que vous les publiiez séparément. Imprimez *Don Juan* tout entier en en retranchant seulement les vers sur Castlereagh, par la raison que je ne suis pas sur les lieux pour lui en donner satisfaction. J'ai un second chant tout prêt que je vous enverrai bientôt. J'écris par ce courrier à M. Hobhouse sous votre couvert.

» Votre, etc.

» *P. S.* J'ai cédé à la requête et aux représentations ; cela étant, il est inutile d'argumenter ici en faveur de mon amour-propre et de mes vers ; mais je proteste contre l'opinion de ces messieurs. Si c'est de la bonne poésie, l'ouvrage aura du succès, sinon il tombera, le reste est indifférent et n'a jamais eu d'effet sur aucune production humaine ; — c'est la sottise seule qui tue en pareil cas. Quant au jargon hypocrite du jour, je le méprise comme toutes les autres modes ridicules ; — si vous admettez cette pruderie de style, il faut passer la moitié de l'Arioste, de La Fontaine, de Shakspeare, de Beaumont, de Fletcher, de Massinger, de Ford, et de tous les écrivains du règne de Charles II ; — enfin quelque chose de tous ceux qui ont écrit avant Pope et qui sont dignes d'être lus ; — que dis-je ! il faut passer beaucoup de Pope lui-même. — Lisez-le ; la plupart de vous ne le lisez jamais, mais lisez-le et je vous pardonnerai, quand la conséquence inévitable de cette lecture serait de vous faire brûler tout ce que j'ai jamais écrit, ainsi que les misérables Claudiens de nos jours, excepté Scott et Crabbe. Mais je fais injure à Claudien, qui était poète, en donnant son nom à de tels rimeurs ; il fut le *ultimus Romanorum*, la queue de la comète, et ces gens-là ne sont que la queue d'une vieille robe coupée pour en faire une veste à Jacquot ; — mais comme deux queues, je les ai comparées l'une à l'autre, quoique différant beaucoup comme tous les points de comparaison. J'écris en colère pendant le *sirocco* et après avoir veillé jusqu'à six heures à cause du carnaval, mais je répète encore que je proteste contre vous tous. »

LETTRE CCCXXVI.

A M. MURRAY.

Venise, 1er février 1819.

» Je vous ai écrit plusieurs lettres, quelques-unes avec des additions, d'autres au sujet du poème lui-même, contre la publication duquel mon maudit comité puritain a protesté ; mais nous viendrons à bout de le circonvenir sur ce point. Je n'ai pas encore commencé la copie du second chant, qui est fini, tant par paresse naturelle que par le découragement où m'a jeté tout ce qui s'est passé à l'égard du premier ; je leur dis tout cela à eux comme à vous, c'est-à-dire que je vous le dis pour que vous le leur répétiez. S'ils eussent décidé que les vers ne valaient rien, je me serais soumis ; mais ils prétendent qu'ils sont bons, et puis ils viennent me parler de morale : c'est la première fois que j'ai entendu prononcer ce mot avec un but réel par un autre qu'un fripon, et moi je soutiens que c'est le plus moral des poèmes ; mais si ces gens ne veulent pas le voir ainsi, c'est leur faute et non la mienne. Je vous ai déjà prié, dans tous les cas, d'en imprimer cinquante exemplaires pour des distributions particulières.

» Pendant toute cette quinzaine, j'ai été un peu indisposé d'un dérangement de mon estomac, qui ne voulait rien garder (cela vient du foie, je présume), soit fantaisie ou impossibilité réelle, je ne pouvais non plus rien manger avec plaisir qu'une espèce de poisson de l'Adriatique appelé *scambi*, et qui se trouve être le plus indigeste des poissons de mer; — cependant depuis deux jours je suis mieux.

» Croyez-moi très-sincèrement votre, etc. »

LETTRE CCCXXVII.

A M. MURRAY.

Venise, 6 août 1819.

« Le second chant de *Don Juan* est parti samedi dernier, il se compose de deux cent soixante-dix stances octaves; mais je ne veux consentir à aucun retranchement, à l'exception de ce qui a rapport à Castlereagh et à ***. Vous ne parviendrez pas à faire des cantiques de mes chants. — Le poème plaira s'il est piquant; s'il est insipide, il tombera; mais je ne veux aucune de vos maudites coupures et mutilations. Vous pouvez, si vous voulez, le publier en gardant l'anonyme, et ce n'en sera peut-être que mieux, mais je me ferai jour au milieu d'eux tous comme un porc-épic.

» Ainsi donc, vous et M. Foscolo, vous voulez

que j'entreprenne ce que vous appelez un grand ouvrage,— un poème épique, je présume, ou quelque œuvre pyramidale de ce genre. Je n'en ferai rien ; je déteste toute espèce de tâche,— et puis sept ou huit années de travail ! — Dieu nous fasse la grâce de nous bien porter dans trois mois d'ici ; ne parlons donc pas des années. — Si la vie d'un homme ne peut être mieux employée qu'à suer à grosses gouttes pour faire des vers, autant lui vaudrait de creuser la terre. — Eh ! en fait d'ouvrages, n'est-ce donc rien que *Childe Harold ?* Vous avez tant de poèmes divins, n'est-ce pas quelque chose que d'en avoir fait un qui appartienne à l'humanité, et sans employer aucun de vos ressorts usés? Comment donc, mon cher, j'aurais pu délayer les pensées de ces quatre chants de manière à en faire vingt, si j'avais couru après le volume, et composer un nombre égal de tragédies avec tout ce qui s'y trouve de passion. — Eh bien ! puisqu'il vous faut de longs ouvrages, vous aurez assez de *Don Juan*, car je prétends qu'il ait cinquante chants. Et Foscolo, qui parle, pourquoi ne fait-il pas quelque chose de plus que les *Lettres de l'Ortis*, une tragédie et des brochures? Il a quinze bonnes années au moins de plus que moi, qu'a-t-il fait tout ce tems ? Il a donné des preuves de talent sans doute ; mais n'a pas fixé sa réputation, ni fait ce qu'il devait faire.

» D'ailleurs j'ai l'intention d'écrire mon meilleur ouvrage en italien, et il me faudra neuf ans de plus pour me rendre maître à fond de la langue ; alors, si mon imagination n'est pas éteinte et que j'existe encore, j'essaierai ce dont je suis réellement capable. Quant à l'opinion des Anglais dont vous me parlez, qu'ils en calculent la valeur avant de m'insulter de leur offensante condescendance.

» Je n'ai pas écrit pour leur plaisir; s'ils en ont eu, c'est qu'ils l'ont bien voulu ; je n'ai jamais flatté leurs opinions, ni leur orgueil, et ne le ferai jamais ; — Je ne ferai jamais non plus de livres pour les femmes, — *Al dilettare le femmine et la Plebe*. J'ai écrit d'abondance, j'ai écrit par passion, par impulsion, enfin par différens motifs, mais non pour leurs doux accens.

» Je connais la valeur exacte de la faveur publique, car peu d'écrivains en ont eu davantage; et si je voulais marcher dans leurs voies, je pourrais la conserver ou la regagner [1]; mais je ne vous aime ni ne vous crains ; et quoique j'achète avec vous et vende avec vous, je ne mange, ni ne bois, ni ne prie avec vous. — On a fait de moi, sans que je l'eusse cherché, une espèce d'idole populaire ; puis, sans raison ni jugement, autre que le caprice de leur bon plaisir, ils ont renversé la statue de son piédestal ; elle ne s'est pas brisée dans sa chûte, et il paraît qu'ils voudraient l'y replacer, mais ils n'y réussiront pas.

---

[1] Allusion au passage du rôle de Shylock, dans *le Marchand de Venise*.

» Vous me demandez des nouvelles de ma santé. — Vers le commencement de l'année je me suis trouvé dans un état de grand épuisement, accompagné d'une telle débilité d'estomac, que rien ne pouvait passer, et j'ai été obligé de réformer mon genre de vie, qui m'aurait mené rapidement en terre. Je suis dans un meilleur état de santé et de mœurs, et très-sincèrement votre, etc. »

Ce fut vers cette époque, où nous voyons qu'il commençait à s'apercevoir des fâcheux résultats de la vie dissolue dans laquelle il s'était plongé, qu'on vit naître en lui un attachement bien différent, par sa constance et son dévoûment, de tout ce qu'il avait éprouvé depuis les rêves de sa première jeunesse, et qui prit sur lui un ascendant qui dura pendant le peu d'années qu'il vécut encore. Telle blâmable que pût être la liaison où cette nouvelle passion l'entraîna, nous devons encore la regarder comme un événement favorable à sa réputation et à son bonheur, en songeant qu'elle le retira et sut le préserver d'un genre de vie bien plus dégradant.

L'aimable objet de cet amour, le seul véritable (à une seule exception près) qu'il eût éprouvé de sa vie, était une jeune dame de la Romagne, fille du comte Gamba, de Ravenne, et mariée peu de tems avant de voir Lord Byron pour la première fois, avec un seigneur veuf, riche et âgé, de la même ville. — Le comte Guiccioli, — son mari, avait été, dans sa jeunesse, l'ami d'Alfieri, et s'était distingué par son zèle pour l'établissement d'un théâtre national, que ses richesses et les talens d'Alfieri se réunissaient pour soutenir. Malgré son âge et une réputation qui, à ce qu'il paraît, n'était nullement irréprochable, sa grande fortune le rendit un objet d'ambition parmi les mères de Ravenne, qui, suivant un usage trop commun, cherchaient à l'envi l'une de l'autre à accaparer pour leurs filles un si riche acheteur. — La jeune Térésa Gamba, à peine âgée de dix-huit ans, et qui venait de sortir du couvent, fut la victime dont il fit choix.

Ce fut pendant l'automne de 1818, et chez la comtesse Albrizzi, que Lord Byron vit pour la première fois cette jeune femme dans tout l'éclat de la parure nuptiale, et l'enchantement de passer du couvent dans le grand monde. A cette époque, cependant, ils ne firent pas connaissance, — ce ne fut qu'au printems de l'année suivante qu'ils furent présentés l'un à l'autre à une soirée de M.me Benzoni. Cette soirée vit naître en eux un amour subit et mutuel. — La jeune Italienne se sentit soudainement dominée par une passion dont jusqu'alors son imagination n'avait pu se former la moindre idée. — Elle n'avait regardé l'amour que comme un amusement, et maintenant elle en devenait l'esclave, et si, d'abord, elle y céda plus vite qu'une Anglaise, elle ne comprit pas plus tôt tout le despotisme de cette passion, que son cœur voulut la repousser comme quelque chose de funeste, et qu'elle aurait essayé de s'y soustraire, si déjà ses chaînes ne lui en eussent ôté le pouvoir.

Mais il n'est pas de termes qui puissent rendre d'une manière plus simple et plus touchante que les siens, la profonde impression que cette entrevue fit sur son cœur. Laissons-la donc parler :

« Je fis connaissance avec Lord Byron (dit Madame Guiccioli) en avril 1819. Il me fut présenté à Venise, par la comtesse Benzoni, à une de ses soirées. Cette présentation, qui eut tant d'influence sur la vie de tous deux, avait eu lieu contre nos désirs, et nous ne nous y étions prêtés que par politesse. Quant à moi, plus fatiguée qu'à l'ordinaire, par l'habitude qu'on a de veiller à Venise, j'étais allée à cette réunion avec beaucoup de répugnance, et par pure obéissance pour le comte Guiccioli. Lord Byron, aussi, avait de l'éloignement pour les nouvelles connaissances, alléguant qu'il avait renoncé à tout attachement, et ne voulait pas s'y exposer de nouveau. La comtesse Benzoni l'ayant prié de consentir à ce qu'elle me le présentât, il avait d'abord refusé, et n'y consentit enfin que pour ne pas la désobliger.

» La beauté noble de ses traits, le son de sa voix, tous ces mille enchantemens qui l'environnaient, en faisaient un être si supérieur à tout ce que j'avais vu jusque-là, qu'il était impossible qu'il ne produisît pas sur moi la plus profonde impression. » Depuis cette soirée, pendant tout le tems que je

» restai encore à Venise, nous nous vîmes tous les
» jours. »

LETTRE CCCXXVIII.

A M. MURRAY.

Venise, 15 mai 1819.

« J'ai votre extrait et *le Vampire*. — Je n'ai pas besoin de vous dire qu'il n'est pas de moi. Il y a une règle dont on ne doit pas se départir. — Vous êtes mon éditeur (jusqu'à ce que nous nous brouillions), et ce qui n'est pas publié par vous, n'est pas de moi.

» . . . .

La semaine prochaine je pars pour la Romagne, au moins cela est probable. Je vous engage à continuer vos publications, sans attendre de mes nouvelles, car j'ai autre chose en tête. Que pensez-vous de *Mazeppa*, et de l'Ode, publiés séparément? et de *Don Juan*, en gardant l'anonyme, et sans la dédicace? car je ne veux pas agir en lâche, et attaquer Southey à la faveur des ténèbres.

» Votre, etc. »

Je trouve dans une autre lettre, au sujet du *Vampire*, les particularités suivantes :

A M. ***

« L'histoire de la convention que nous fîmes d'écrire un conte de revenant, est exacte; mais les dames ne sont pas sœurs. . . . .

» Mary Goodwin (maintenant Mrs. Shelley) composa *Frankenstein*, dont vous avez fait la revue, le croyant de Shelley. Il me semble que c'est un ouvrage étonnant pour une femme de dix-neuf ans, et même qui ne les avait pas alors. Je vous envoie le commencement du conte que je me proposais d'écrire, afin que vous voyiez jusqu'à quel point il ressemble à la publication de M. Colburn. Si vous voulez le publier, vous le pouvez, en disant le pourquoi, et avec une préface explicative; que vous ferez comme vous voudrez. Je ne l'ai jamais continué, comme vous le verrez par la date. Je l'avais commencé sur un vieux livre de comptes à miss Milbanke, que j'ai conservé, parce qu'il contient le mot de *ménage*, écrit deux fois de sa main sur le revers de la couverture, ce sont les deux seuls mots que j'aie de son écriture, à l'exception de sa signature à l'acte de séparation. — Je lui ai renvoyé toutes ses lettres, sauf celles qui composent la correspondance de nos démêlés, et celles-ci étant des documens importans, sont placées entre les mains d'un tiers, avec des copies de plusieurs des miennes; de sorte que je n'ai aucune autre trace pour la rappeler à mon souvenir, que ces deux mots et ses actions. J'ai arraché du livre les feuilles sur lesquelles j'avais commencé à écrire ce conte, et je vous les envoie sous cette enveloppe.

» Que signifie ce journal de Polidori, dont vous parlez? Je le défie de rien dire contre moi, quoiqu'il ne m'importe guère qu'il le fasse. Je n'ai rien à me reprocher à son égard, quoique je sois bien trompé s'il ne pense pas le contraire. Mais pourquoi publier le nom de ces deux dames ! Quelle sotte manière de se disculper ! Il avait invité Pictet et, etc., à dîner, et naturellement je lui abandonnai le soin de recevoir ses hôtes. J'allai en société seulement à cause de lui, comme je le lui ai dit, afin qu'il eût une occasion de rentrer dans la bonne compagnie, s'il le voulait, ce qui me semblait la chose la plus convenable à sa jeunesse et à sa position ; quant à moi, j'avais fini avec le monde, et après l'y avoir présenté, je repris mon genre de vie ordinaire. Il est vrai que je revins un soir chez moi, sans être entré chez lady Dalrymple Hamilton, parce que j'avais vu que tout était plein. Il est vrai aussi que Mrs. Hervey (qui fait des romans) s'est trouvée mal en me voyant entrer à Coppet ; et puis qu'elle est revenue à elle, et qu'en voyant cet évanouissement, la duchesse de Broglie s'était écriée : « Cela est un peu » trop fort, à soixante-cinq ans ! » Je n'ai jamais donné aux Anglais l'occasion de m'éviter, mais je ne doute pas qu'ils ne la saisissent, si jamais cela m'arrivait.

» Ne croyez pas que je veuille vous donner de l'humeur.— J'ai beaucoup d'estime pour vos bonnes et nobles qualités, et je vous rends toute l'amitié que vous aurez pour moi ; et quoique je vous croie un peu gâté par la mauvaise compagnie, les beaux esprits, les hommes d'honneur, les auteurs et les gens du beau *monde*, ceux qui vous disent : Je vais entrer à Carlton-House, allez-vous de ce côté? Je soutiens qu'en dépit de tout cela, vous méritez et possédez l'estime de tous ceux dont l'estime vaut quelque chose, et (quelqu'inutile que vous soit la mienne) personne n'en a plus pour vous que votre très-sincèrement dévoué, etc.

» *P. S.* Faites mes respects à M. Gifford. Je sens parfaitement que *Don Juan* va nous mettre aux prises avec tout le monde; mais c'est mon affaire et mon début. — Il y aura aussi la *Revue d'Édimbourg* et toutes les autres qui seront contre, de sorte que, comme Rob-Roy, je « les aurai tous sur les bras. »

LETTRE CCCXXIX.
A M. MURRAY.

Venise, 25 mai 1819.

« Je n'ai pas reçu d'épreuves, et j'aurai probablement quitté Venise avant l'arrivée des premières; ainsi il serait inutile d'attendre une réponse de moi, car j'ai donné des ordres pour qu'on gardât mes lettres jusqu'à mon retour, qui aura probablement lieu dans un mois. Ne vous attendez donc pas à recevoir de mes nouvelles, autant vaudrait adresser vos paroles aux vents, et encore mieux même, car ils porteraient vos accens un peu plus loin qu'ils ne peuvent aller autrement, puisque je ne veux pas céder à vos raisons par excellence : vous pouvez supprimer la note relative aux voyages de Hobhouse dans le chant second, et vous mettrez pour épigraphe, en tête de l'ouvrage :

Difficile est proprie communia dicere.
HORACE.

» Il y a quelques jours que je vous ai communiqué tout ce que je savais du *Vampire* de Polidori. Il peut faire et dire tout ce qui lui plaît, pourvu qu'il ne m'attribue pas ses propres compositions. S'il a quelque chose de moi entre les mains, le manuscrit le prouvera d'une manière incontestable; mais j'ai de la peine à penser que quelqu'un qui me connaît puisse croire que l'ouvrage inséré dans le *Magazine* soit de moi, quand il le verrait écrit de mes propres hiéroglyphes.

» Je vous écris pendant les tourmens d'un *sirocco* qui m'anéantit, et j'ai été assez fou pour faire depuis le dîner quatre choses dont il serait plus sage de se dispenser par un tems chaud. Premièrement ..... ; secondement, de jouer au billard depuis dix heures jusqu'à minuit à la clarté de lampes qui doublaient la chaleur de l'atmosphère; troisièmement, d'aller dans un salon brûlant chez la comtesse Benzoni; et quatrièmement, de commencer cette lettre à trois heures du matin. — Mais une fois commencée il a fallu la finir.

» Croyez-moi très-sincèrement, etc.

» *P. S.* Je vous présente une pétition pour des

brosses à dent., de la poudre, de la magnésie, de l'huile de Macassar (ou de Russie), des ceintures, et les mémoires de sir N. Wraxall sur son tems. Je désire en outre un boule-dogue, un terrier et deux chiens de Terre-Neuve; puis une vie de Richard III (est-ce celle de Buck?) qui a été annoncée par Longman, il y a long-tems, long-tems. — Je l'ai demandée, il y a trois ans au moins. Voyez les annonces de Longman. »

Vers le milieu d'avril Mme Guiccioli avait été obligée de quitter Venise avec son mari, qui, possédant plusieurs maisons entre cette ville et Ravenne, était dans l'usage de s'y arrêter dans les voyages qu'il faisait d'une ville à l'autre. La jeune comtesse, tout entière à son amour, écrivit à son amant de chacune de ces habitations, et lui exprima dans les termes les plus passionnés et les plus touchans, son désespoir d'en être séparée. Ce sentiment s'était effectivement si complètement emparé d'elle, qu'elle s'évanouit trois fois le premier jour de leur voyage. Dans une de ses lettres, que j'ai vue pendant mon séjour à Venise, et qui était datée, si je ne me trompe, de *Cà Zen, Cavanelle di Po*, elle lui dit que la solitude de ce lieu qu'elle trouvait autrefois insupportable, lui était devenue chère et agréable depuis qu'un seul objet absorbait sa pensée; et elle lui promettait, à son arrivée à Ravenne, de se conformer à ses désirs en évitant la grande société, et en se consacrant à la lecture, à la musique, aux occupations intérieures, à la promenade à cheval, enfin à tout ce qu'elle savait lui plaire le plus. Quel changement dans une jeune femme ignorante, qui, quelques semaines auparavant, ne songeait qu'au monde et à la société, et qui maintenant ne voyait de bonheur que dans l'espoir de se rendre digne, par la retraite et l'étude, de l'illustre objet de son amour.

En quittant cette maison, elle fut atteinte en route d'une dangereuse maladie et arriva mourante à Ravenne. Là rien ne put apporter de soulagement à son mal qu'une lettre de Lord Byron, où il l'assurait avec toute l'ardeur d'une passion véritable, qu'il viendrait la voir dans le cours du mois suivant. Des symptômes de consomption, causés par l'état de son ame, s'étaient déjà manifestés ; et outre le chagrin que cette séparation lui causait, elle fut accablée d'une vive douleur par la perte de sa mère, qui mourut à cette époque en donnant le jour à son vingtième enfant. Vers la fin de mai, elle écrivit à Lord Byron qu'elle avait préparé ses parens et ses amis à sa présence, et qu'il pouvait maintenant paraître à Ravenne. Quoiqu'il craignît tout ce qu'une telle démarche pouvait avoir d'imprudent pour la femme qu'il aimait, cependant, conformément à ses désirs, il partit le 2 juin de la Mira, et prit la route de la Romagne.

Il adressa de Padoue une lettre à M. Hoppner, qui roule principalement sur des affaires de ménage que ce dernier s'était chargé de diriger pour lui pendant son absence. Il y parle aussi du but direct de son voyage, d'un ton si léger et si moqueur, qu'il est difficile à ceux qui ne connaissent pas parfaitement son caractère, de comprendre qu'il ait pu écrire ainsi sous l'influence d'une passion aussi sincère. Mais telle est la légèreté de cet esprit de moquerie pour qui rien n'est sacré, pas même l'amour, et qui, faute d'aliment, se tourne à la fin contre lui-même. Cette horreur de l'hypocrisie qui portait Lord Byron à exagérer ses propres erreurs, lui faisait cacher sous un froid persifflage les qualités aimables par lesquelles elles étaient rachetées.

Cette lettre de Padoue se termine ainsi :

« Voyager au mois de juin en Italie est une pé-
» nible corvée. — Si je n'étais pas le plus constant
» des hommes, je nagerais maintenant sur les bords
» du Lido, au lieu d'étouffer au milieu de la pous-
» sière de Padoue. S'il m'arrive des lettres d'Angle-
» terre, qu'on les garde jusqu'à mon retour. Veuillez
» surveiller ma maison, et je ne dirai pas mes ter-
» res, mais mes eaux. Ayez soin de ne donner de
» l'argent à Edgecombe qu'avec un air d'humeur
» et un branlement de tête dubitatif. — Faites lui
» des questions embarrassantes et haussez les épau-
» les quand il vous répondra.

» Présentez mes respects à madame, au cheva-

» lier et à Scott, — enfin à tous les comtes et com-
» tesses de notre connaissance.

» Et croyez-moi toujours votre désolé et affec-
» tueux serviteur, etc., etc. »

Pour faire contraste avec la singulière légèreté de cette lettre, et prouver en même tems la réalité et l'ardeur de la passion qui l'occupait, je transcrirai ici quelques stances écrites pendant son voyage dans la Romagne, et qui, quoique publiées déjà, ne sont pas comprises dans la collection de ses œuvres.

Rivière [1] qui coules au pied des anciennes murailles qu'habite la dame de mes amours, tu la vois se promener sur tes bords, et là, peut-être, un souvenir de moi, souvenir faible et fugitif, vient-il s'offrir à sa mémoire.

Ah! si, alors, sur ton sein vaste et profond, mon cœur pouvait se réfléchir comme dans une glace, et qu'elle y pût lire les mille pensées que je te confie, aussi vagabondes que les vagues, aussi impétueuses que ton cours.

Mais que dis-je? n'es-tu pas, en effet, le miroir de mon cœur? Tes ondes ne sont-elles pas sombres, fougueuses, indomptables, semblables à mes sensations passées et présentes? N'es-tu pas l'image de ce que je suis, et des passions qui m'ont long-tems agité?

Le tems peut les avoir un peu calmées, mais non pour toujours; et lorsque ton sein bouillonne et que tu inondes tes bords, ce n'est aussi que pour un moment, fleuve sympathique, bientôt tes eaux s'abaissent et diminuent, et de même, les passions s'éteignent.

Elles s'éteignent, mais non sans laisser après elles de pro-

[1] Le Pô.

fonds ravages.. Et nous voilà de nouveau emportés l'un et l'autre par une destinée inflexible, toi courant follement à la mer, et moi adorant celle que je ne devrais pas aimer.

Tes ondes que je contemple vont baigner ses murs natals et murmurer à ses pieds. Ses yeux se fixeront sur toi quand elle viendra respirer l'air du crépuscule dégagé de la chaleur brûlante du jour.

Elle te contemplera ; moi aussi je t'ai contemplé, plein de cette pensée, et, depuis ce moment, je ne puis songer à tes eaux, les nommer ou les voir, sans qu'un soupir s'échappe vers elle de mon cœur oppressé.

Ses yeux brillans se réfléchiront sur ton sein ; oui, ils s'arrêteront sur la vague où j'attache en ce momet les miens, et moi je ne pourrai donc pas revoir, même en rêve, cette bienheureuse vague repasser devant moi dans son cours.

Cette vague, à laquelle j'ai mêlé mes larmes, ne reviendra plus? reviendra-t-elle ; celle aux pieds de qui elle va se briser. Tous deux nous foulons tes bords, tous deux nous errons sur ton rivage ; moi près de ta source, elle où ton cours élargi présente une vaste surface d'un bleu sombre.

Mais ce n'est ni la distance, ni les vagues, ni l'espace qui nous séparent ; c'est, hélas! la fatalité d'une destinée différente, aussi différente que les climats qui nous ont vu naître.

Un étranger aime une dame de ces contrées ; lui qui naquit bien loin de l'autre côté des Alpes ; mais son sang est tout méridional, comme s'il n'eût jamais été rafraîchi par le vent noir qui glace les mers polaires.

Mon sang est tout méridional. S'il n'en eût été ainsi, je n'aurais pas quitté mon climat natal, et malgré des tortures impossibles à oublier, je ne serais pas encore une fois l'esclave de l'amour, ou plutôt le tien.

Vainement on lutte contre son sort. Que je meure jeune, mais que je vive comme j'ai vécu, que j'aime comme j'ai aimé.

Si je retourne à la poussière, c'est de la poussière que je suis sorti, et, après tout, il ne peut manquer d'arriver le moment où rien ne pourra plus émouvoir mon cœur.

N'ayant pas reçu d'autres nouvelles de la comtesse à son arrivée à Bologne, il commença à penser, comme nous le verrons dans les lettres suivantes, qu'il ferait prudemment pour l'un et pour l'autre de retourner à Venise.

LETTRE CCCXXX.

A M. HOPPNER.

Bologne, 6 juin 1819.

« Je suis enfin à Bologne où me voilà établi, et où je serai grillé comme une saucisse si le tems continue. Remerciez, je vous prie, de ma part, Mengaldo pour la connaissance que je lui dois à Ferrare et qui m'a été très-agréable. J'y suis resté deux jours, et j'ai été enchanté du comte Morti et du peu que ce court espace de tems m'a permis de voir de sa famille. Je suis allé à une *conversazione* chez lui qui m'a paru bien supérieure à toutes celles de Venise. Les femmes y étaient presque toutes jeunes, quelques-unes jolies, et les hommes polis et en bonne tenue. La dame de la maison, qui est jeune, nouvellement mariée, et enceinte, m'a paru fort jolie aux lumières; je ne l'ai pas vue au jour : ses manières sont agréables et distinguées. — Elle paraît aimer beaucoup son mari, qui est aimable et plein de talens.

Il a passé deux ou trois ans en Angleterre, et il est à la fleur de l'âge. Sa sœur, une comtesse aussi, dont j'oublie le nom (elles sont toutes deux des Maffei et Véronnaises), est une femme plus brillante; — elle chante et joue du piano comme une divinité; mais j'ai trouvé que cela durait diablement long-tems. Elle ressemble à Mme Flahaut (ci-devant miss Mercer) d'une manière vraiment extraordinaire.

» Je n'ai vu cette famille qu'en passant, et probablement ne la reverrai plus; mais je suis très-obligé à Mengaldo de me l'avoir fait connaître. Quand il m'arrive par hasard de rencontrer dans le monde quelque chose d'agréable, j'en suis si surpris et si content (quand mes passions ne se trouvent pas en jeu d'une manière quelconque) que je ne cesse d'y penser avec étonnement pendant toute une semaine. J'ai éprouvé aussi une grande admiration pour les bas rouges du cardinal légat.

» J'ai remarqué dans le cimetière de la Chartreuse, deux épitaphes qui m'ont frappé. — En voici une :

Martini Luigi
Implora pace.

» Voici l'autre :

Lucrezia Piccini
Implora eterna quiete.

» C'est là tout; mais il me semble que ces deux ou trois mots comprennent tout ce qu'on peut dire sur un tel sujet; — et puis en italien, c'est de la véritable musique. Ils expriment le doute, l'espoir et l'humilité : rien de plus touchant que *implora* et la modestie de cette requête. — Ils ont eu assez de la vie, ils n'ont besoin que de repos ; il l'implorent ; et un repos éternel, *eterna quiete*. Cela ressemble à une inscription grecque dans quelque ancien cimetière payen. Si je dois être enterré de votre tems dans le cimetière de Lido, donnez-moi pour épitaphe l'*implora pace* et pas autre chose ; je n'ai jamais rien rencontré chez les anciens ou les modernes qui me plût la dixième partie autant.

» Un jour ou deux après la réception de cette lettre, je vous prierai d'ordonner à Edgecombe de tout préparer pour mon retour. Je reviendrai à Venise avant de m'établir sur la Brenta. Je ne passerai que peu de jours à Bologne. Je vais voir ce qu'il y a ici de curieux, et ne présenterai mes lettres d'introduction que lorsque j'aurai parcouru la ville et les galeries de tableaux ; et peut-être même, si les objets m'occupent assez pour pouvoir me passer des habitans, ne les reverrai-je pas dutout. Ensuite je partirai pour Venise, où vous pouvez m'attendre vers le 11, peut-être plus tôt. Faites agréer, je vous prie, mes remerciemens à Mengaldo ; mes respects à madame et à M. Scott.

» J'espère que ma fille se porte bien.

» Toujours et sincèrement tout à vous.

» *P. S.* J'ai parcouru le manuscrit d'Ariosto à

Ferrare, et puis encore le château, la prison, la maison, etc., etc.

» Un Ferrarais m'a demandé si je connaissais Lord Byron, une de ses connaissances, maintenant à Naples. — Je lui ai répondu que non, ce qui était vrai des deux manières; car je ne connais pas cet imposteur, et personne ne se connaît soi-même. — Il ouvrit de grands yeux quand je lui dis que j'étais « le véritable Simon Pure. » Un autre me demanda si je n'avais pas traduit Tasso. — Vous voyez ce que c'est que la renommée; comme elle est étendue, comme elle est véridique! Je ne sais pas quelle est la manière de sentir des autres, mais je me trouve toujours plus léger et crois être mieux vu, quand je me suis débarrassé de ma célébrité : — elle me va comme l'armure que porte le champion du lord-maire. Je me suis donc empressé de me débarrasser de toute cette enveloppe littéraire, et de tout le bavardage qui en aurait été la suite, en lui répondant que ce n'était pas moi qui avais traduit le Tasse, mais quelqu'un de mon nom; et, grâce à Dieu, je ressemblais si peu à un poète, que tout le monde m'a cru. »

LETTRE CCCXXXI.

A M. MURRAY.

Bologne, 7 juin 1819.

« Dites à M. Hobhouse que je lui ai écrit, il y a quelques jours, de Ferrare. Ce sera donc en vain que lui ou vous attendriez des réponses ou des renvois d'épreuves de Venise, ayant ordonné qu'on ne m'envoyât pas mes lettres d'Angleterre. La publication peut continuer sans cela, et je suis déjà las de vos remarques, qui, je pense, ne méritent aucune attention.

» J'ai été admirer ce matin les tableaux du fameux Dominiquin et de Guido, qui tous deux sont de la plus grande supériorité. Je suis allé ensuite dans le beau cimetière de Bologne, au-delà des murs, et j'ai trouvé dans ce superbe lieu de repos un original de gardien qui m'a rappelé un des fossoyeurs d'*Hamlet*. Il a une collection de crânes de capucins, avec des étiquettes au front. — Il en prit un et me dit : « Ce-
» lui-ci a appartenu au frère Desiderio Berro, mort
» à quarante ans : — c'était un de mes meilleurs
» amis. J'ai demandé sa tête à ses frères, après son
» décès, et ils me l'ont donnée. — Je l'ai mise dans
» de la chaux, et puis l'ai fait bouillir; la voilà avec
» toutes ses dents, dans un excellent état de conser-
» vation. C'était l'homme le plus gai, le plus spiri-
» tuel que j'aie jamais connu. — Il portait la joie
» partout où il allait; et lorsque quelqu'un était triste,
» il lui suffisait de le voir pour reprendre sa gaîté.
» Il marchait d'un pas si leste, que vous l'auriez pris
» pour un danseur; — il riait, — plaisantait : —
» ah! je n'ai jamais vu un *frate* qui lui fût compa-
» rable, et n'en reverrai jamais! »

» Il me dit qu'il avait planté lui-même tous les

cyprès du cimetière; qu'il y était fort attaché, ainsi qu'à ses morts; que, depuis 1801, il avait enterré cinquante-trois mille personnes. Parmi quelques anciens monumens qu'il me montra, se trouve celui d'une jeune Romaine de vingt ans, avec un buste par Bernini : c'était une princesse Barlorini, morte il y a deux siècles. Il dit qu'en ouvrant sa tombe on lui avait trouvé tous ses cheveux, et blonds comme de l'or.

» Avant de quitter Venise, je vous avais renvoyé les dernières feuilles de *Don Juan* : — adressez-moi toujours vos lettres dans cette ville. Je ne sais rien encore de mes mouvemens; je puis y retourner dans quelques jours, ou n'y pas revenir de quelque tems : tout cela dépend des circonstances. — J'ai laissé M. Hoppner en bonne santé, ainsi que ma petite fille Allegra, qui devient jolie : — ses cheveux brunissent, et elle a les yeux bleus. M. Hoppner dit qu'elle me ressemble de caractère et de manières, aussi bien que pour les traits; — dans ce cas, ce sera une jeune personne bien facile à conduire.

» Je n'ai rien appris d'Ada, la petite Électre de ma*** Mycéenne; — mais il viendra un jour où tous les comptes seront réglés; et ne dussé-je pas vivre pour le voir, en attendant j'ai vu du moins se briser ***, un de mes assassins. Quand cet homme faisait tous ses efforts pour détruire ma famille jusque dans ses racines, arbre, branches et rejetons; quand, après avoir détourné de moi mes amis, il attira la désolation sur mes foyers, et la destruction sur mes dieux domestiques, s'imaginait-il que, moins de trois ans après, par l'effet d'un événement naturel, d'une calamité domestique grave, mais ordinaire et prévue, son corps se trouverait exposé sur un chemin de traverse, et son nom flétri d'un arrêt de folie? — Et lui (déjà sexagénaire), réfléchit-il un seul instant à ce que j'éprouverais, lorsque je me verrais forcé de sacrifier femme, enfant, sœur, nom, gloire et patrie sur son autel? et cela, dans un moment où ma santé déclinait, où ma fortune était embarrassée, où mon esprit venait d'être affaibli par de nombreux chagrins, et lorsque, jeune encore, j'aurais pu réformer ce que ma conduite pouvait avoir de blâmable, et réparer le désordre de mes affaires; — mais il est dans la tombe, et..... Quelle longue lettre j'ai griffonnée!

» Votre, etc.

» *P. S.* Ici, comme en Grèce, on jonche les tombeaux de fleurs. J'ai vu une grande quantité de feuilles de roses, et des roses même, sur les tombes de Ferrare : — cela produit l'effet le plus agréable qu'on puisse imaginer. »

Pendant qu'il restait à Bologne, dans cette irrésolution, la comtesse Guiccioli avait été atteinte d'une fièvre intermittente, dont la violence l'avait empêchée de lui écrire. A la fin cependant, désirant lui éviter le chagrin de la trouver ainsi malade à son arrivée, elle venait de commencer une lettre pour lui, dans laquelle elle le priait de rester à Bologne jusqu'au moment où elle y viendrait elle-même, lorsqu'un ami étant entré annonça l'arrivée d'un lord anglais à Ravenne. Elle ne douta pas un moment que ce ne fût son illustre amant : c'était lui, en effet, qui, malgré sa déclaration à M. Hoppner, de retourner immédiatement à Venise, avait entièrement changé de projet avant le départ de sa lettre, comme le prouvent ces mots écrits à l'extérieur : « Je pars pour Ravenne, ce 8 juin 1819; — j'ai » changé d'avis ce matin, et me suis décidé à con- » tinuer ma route. »

Mais pour augmenter l'intérêt de cette narration, nous la donnerons au lecteur dans les termes de M⁰ᵉ Guiccioli elle-même.

« A mon départ de Venise, il m'avait promis de
» venir me voir à Ravenne. Le tombeau du Dante,
» le bois de sapins classique, les débris de l'antiquité
» qu'on trouve encore dans cette ville, étaient un
» prétexte suffisant pour moi de l'engager à y venir,
» et pour lui d'accepter cette invitation. Il vint en
» effet au mois de juin, et arriva à Ravenne le jour
» de la fête du *Corpus Domini*, et au moment où,
» attaquée d'une consomption qui avait commencé
» lors de mon départ de Venise, on me croyait à
» l'article de la mort. — L'arrivée d'un étranger de
» distinction à Ravenne, ville si éloignée des routes
» que parcourent ordinairement les voyageurs, était

» un événement qui fit beaucoup parler. On y dis-
» cuta les motifs d'un pareil voyage, et lui-même les
» divulgua involontairement ; car, s'étant informé
» s'il pourrait me rendre visite, sur la réponse qu'on
» lui fit qu'il était peu probable qu'il me revît ja-
» mais, il s'écria que, si les choses en étaient là,
» il espérait mourir aussi, circonstance qui, ayant
» été répétée, trahit le but de son voyage. Le comte
» Guiccioli, qui connaissait Lord Byron, alla le
» voir; et dans l'espoir que sa société pourrait m'a-
» muser et m'être utile dans l'état où je me trouvais,
» il l'engagea à me rendre visite. Il vint le lende-
» main. Il est impossible de décrire l'inquiétude
» qu'il témoigna et les attentions délicates qu'il eut
» pour moi. Pendant long-tems il ne cessa de con-
» sulter des livres de médecine ; et ne se fiant pas à
» mes médecins, il obtint du comte Guiccioli d'en-
» voyer chercher un très-habile docteur de ses amis
» dans lequel il avait la plus grande confiance. —
» Les soins du docteur Aglietti, c'est le nom de ce
» célèbre Italien, joints au calme et au bonheur inex-
» primable que je goûtais dans la société de Lord
» Byron, eurent un si bon effet sur ma santé, que,
» deux mois après, je fus en état d'accompagner mon
» mari dans une tournée qu'il fut obligé de faire
» pour aller visiter ses différens domaines. »

LETTRE CCCXXXII.

A M. HOPPNER.

Ravenne, 20 juin 1819.

. . . .

« Je vous ai écrit de Padoue et de Bologne, puis ensuite de Ravenne. Ma situation ici est fort agréable, mais mes chevaux me manquent beaucoup, car les environs sont très-favorables pour la promenade à cheval. — Je ne puis fixer l'époque de mon retour à Venise; ce peut être bientôt, ou dans long-tems, ou peut-être pas du tout : — tout cela dépend de la *donna* que j'ai trouvée sérieusement malade au lit, toussant et crachant le sang, tous symptômes qui ont disparu. . . . .

. . . .

J'ai trouvé tout le monde ici fermement persuadé qu'elle n'en reviendrait jamais : on se trompait pourtant.

» Mes lettres m'ont été utiles pour le peu d'usage que j'en ai fait. — J'aime également cette ville et ses habitans, quoique j'importune ces derniers le moins possible. *Elle* mène tout cela fort adroitement.

. . . .

Cependant, je ne serais pas étonné de m'en revenir un beau soir avec un coup de stilet dans le ventre. Je ne puis du tout deviner le comte; il vient me voir souvent, et me fait sortir avec lui (comme Whittington, le lord-maire) dans un carrosse à six chevaux,

Le fait est, je crois, qu'il se laisse entièrement gouverner par elle; et, quant à cela, je suis dans le même cas [1]. Les gens d'ici ne peuvent comprendre ce que cela veut dire, car il avait la réputation d'être jaloux de ses autres femmes : celle-ci est la troisième. C'est, à ce qu'on dit, l'homme le plus riche de Ravenne, mais il n'y est pas aimé.

» . . . .

Envoyez, je vous prie, sans faute et sans délai, Augustin avec le carrosse et les chevaux à Bologne, où je perdrai le peu qui me reste de sens-commun. N'oubliez pas ceci : mon départ, mon séjour ici, enfin tous mes mouvemens dépendent entièrement d'elle, comme Mme Hoppner, à qui je présente mes hommages, l'a prophétisé dans le véritable esprit féminin.

» Vous êtes un vilain homme de ne m'avoir pas écrit plus tôt.

» Je suis bien sincèrement votre, etc. »

LETTRE CCCXXXIII.

A M. MURRAY.

Ravenne, 29 juin 1819.

« Vos lettres m'ont été envoyées de Venise, mais

---

[1] J'ai déjà dit qu'il était plus facile de le gouverner qu'on n'aurait pu le croire à la première vue de son caractère, et je citerai, à l'appui de ceci, la remarque de son domestique, fondée sur une observation de vingt ans. Il disait, en parlant du sort que son maître avait eu en ménage : « Une chose bien étrange, c'est que je n'ai pas encore rencontré une femme » qui n'ait su mener milord, excepté la sienne. »

j'espère que vous n'aurez pas attendu d'autres changemens ; — je n'en ferai aucun. — Vous me demandez d'épargner ***, demandez-le aux vers. — Sa cendre n'a rien à redouter que la vérité soit connue, autrement comment a-t-il pu en agir de la sorte avec moi? — Vous pouvez parler aux vents, qui porteront vos accens, et aux échos, qui les répéteront, mais non pas à moi au sujet d'un ... qui m'outragea. — Qu'importe qu'il soit mort ou vivant !

» Je n'ai pas le tems de vous renvoyer les épreuves ; — publiez toujours. — Je suis bien aise que vous trouviez les vers bons ; et quant à l'effet que ce poème produira, n'y pensez pas, pensez plutôt à la vérité, et laissez-moi le soin de désarmer les porc-épics qui peuvent vous menacer de leurs dards.

» Je suis à Ravenne depuis quatre semaines (il y a un mois que j'ai quitté Venise). — Je suis venu voir mon amie la comtesse Guiccioli, qui a été malade et l'est encore. . . . .
. . . .
Elle n'a que vingt ans, mais elle n'est pas d'une forte constitution . . . .
Elle a une toux continuelle et une fièvre intermittente ; cependant elle supporte tout cela avec un grand courage. Son mari, dont elle est la troisième femme, est le plus riche seigneur de Ravenne ; mais il n'en est pas le plus jeune, car il a plus de soixante ans, quoiqu'il soit très-bien conservé. Tout

ceci vous paraîtra assez étrange à vous qui ne connaissez pas les mœurs du Midi ni notre genre de vie en pareil cas ; — et je ne puis maintenant vous en expliquer la différence, mais vous verriez que tout se passe partout à peu près ainsi dans ce pays. A Faenza, lord *** vit avec une fille d'opéra; et dans le même hôtel de la même ville est un prince napolitain qui est cavalier-servant de la femme du gonfalonier. — Vous voyez donc bien que je suis de service ici. — *Cosi fan tutti e tutte.*

» J'ai ici mes chevaux de selle et de carrosse, et je me promène à cheval ou en voiture dans la forêt la Pineta, où se passe le roman de Boccace et le conte d'*Honoria* de Dryden, etc., etc. — Je vois *ma dama* tous les jours, et je suis sérieusement inquiet de sa santé, qui est dans un état très-précaire. — En la perdant, je perdrais un être qui s'est beaucoup exposé pour moi, et que j'ai toutes espèces de raisons d'aimer ; — mais ne pensons pas à la possibilité de cet événement. Je ne sais pas ce que je ferais si elle venait à mourir ; je sais toutefois que mon devoir serait de me brûler la cervelle, et j'espère que je le remplirais. — Son mari est un personnage très-poli, mais je voudrais bien qu'il ne me promenât pas ainsi dans sa voiture à six chevaux comme Whittington et son chat.

» Vous me demandez si j'ai l'intention de continuer *Don Juan.* — Que sais-je? Quelle espèce d'encouragement me donnez-vous tous tant que vous êtes avec votre absurde pruderie ? Publiez les deux chants, et puis nous verrons. — J'ai prié M. Kinnaird de vous dire deux mots au sujet d'une petite affaire : ou il ne vous en aura pas parlé, ou vous n'avez pas répondu. — Vous faites un joli couple, mais je vous revaudrai cela. Je vois que M. Hobhouse a été appelé en duel par le major Cartwright ; est-il si habile à l'escrime ? Pourquoi ne se sont-ils pas battus ? ils le devaient.

» Votre, etc. »

LETTRE CCCXXXIV.

A M. HOPPNER.

Ravenne, 2 juillet 1819.

« Grand merci de votre lettre et de celle de madame. — Vous rappelez-vous si je vous ai remis une ou deux quittances de loyer de Mme Moncenigo (je n'en suis pas bien sûr, quoique je sois porté à le croire ; dans le cas contraire, elles seraient dans mes tiroirs) ? Voulez-vous prier M. Dorville d'avoir la bonté de veiller à ce que Edgecombe tire des reçus de tous les paiemens qu'il a faits pour moi, et de s'assurer que je n'ai pas de dettes à Venise. — Sur votre réponse, j'enverrai un ordre pour le paiement des nouvelles sommes, afin de suppléer aux dépenses de ma maison, mon retour à Venise étant en ce moment un problème ; — il peut avoir lieu, mais il n'a rien de positif, tout en moi étant doute et incertitude, excepté le dégoût que Venise m'inspire, quand je la compare avec toute autre ville de cette partie de l'Italie. Quand je dis Venise, je veux parler des Vénitiens. — La ville elle-même est superbe comme son histoire, mais les habitans sont ce que je ne les aurais jamais crus, s'ils ne m'avaient forcé aux-mêmes à les connaître.

» Le meilleur parti à prendre est de laisser Allegra à la femme d'Antonio jusqu'à ce que j'aie décidé quelque chose pour elle et pour moi. Mais je croyais que vous auriez eu réponse de Mme W*** [1].
— Vous avez été ennuyé assez long-tems de moi et des miens.

» Je crains vivement que la Guiccioli ne tombe dans un état de consomption auquel sa constitution paraît tendre. Il en est ainsi de tous les objets pour lequels j'éprouve quelque espèce d'attachement réel.
— La guerre, — la mort ou la discorde les assiége.
— Il suffirait que j'aimasse un chien et qu'il me fût attaché pour qu'il me fût impossible de le conserver.
— Les symptômes de son mal sont une toux de poitrine obstinée et la fièvre de tems en tems, etc., etc. Il y a à tout cela une cause éloignée dans une érup-

---

[1] Une dame anglaise, veuve, et ayant une fortune considérable dans le nord de l'Angleterre, ayant vu la petite Allegra chez M. Hoppner, s'intéressa au sort de la pauvre enfant, et, n'étant pas mère elle-même, offrit d'adopter la petite fille et de se charger de sa fortune, si Lord Byron voulait renoncer à tous ses droits sur elle. Il ne parut pas d'abord très-éloigné d'entrer dans ses vues, c'est-à-dire qu'il consentit à ce qu'elle emmenât l'enfant en Angleterre avec elle pour l'y élever, mais il ne voulut jamais entendre parler de l'abandon de ses droits paternels ; c'est pourquoi cette proposition n'eut jamais de résultat. (*Note de Moore.*)

tion de peau qu'elle eut l'imprudence de faire rentrer il y a deux ans. — Mais je les ai décidés à exposer sa situation à Aglietti, et je l'ai supplié de venir, ne fût-ce qu'un jour ou deux, pour le consulter sur son état . . . .

» Si cela n'ennuyait pas trop M. Dorville, je le prierais d'avoir l'œil sur E*** et mes autres vauriens. J'aurais autre chose à dire, mais je suis absorbé par l'inquiétude que me cause la maladie de la Guiccioli. Je ne puis vous dire l'effet que cela produit sur moi. Les chevaux sont arrivés, etc., etc., et depuis je n'ai pas laissé passer un jour sans galopper dans la forêt de pins.

» Croyez-moi, etc.

» *P. S.* Mes bons souhaits à Mme Hoppner. — Puisse-t-elle faire un voyage agréable dans les Alpes Bernoises, et revenir sans accident. Vous devriez me ramener un Bernois platonique pour me convertir. — Si malheur arrive à *mia amica*, j'ai fini sans retour avec cette passion ; — c'est mon dernier amour. — Quant au libertinage, je m'en suis fatigué, ce qui devait arriver à la manière dont j'y allais ; mais j'ai au moins recueilli cet avantage du vice, c'est d'aimer dans le sens le plus pur du mot : ce sera là ma dernière aventure. Je ne puis plus espérer d'inspirer un nouvel attachement, et j'espère n'en plus éprouver. »

La conviction, que ne peuvent manquer de donner quelques passages de ces lettres, de la sincérité et de l'ardeur de son attachement pour Mme Guiccioli [1], serait encore fortifiée par la lecture de celles qu'il lui adressa à elle-même, et de Venise, et pendant son séjour à Ravenne; toutes portent la véritable empreinte de la tendresse et de la passion. Ces effusions, cependant, sont peu faites pour l'œil du public. Tout sentiment profond, par la répétition des mêmes idées, tend à la monotonie; et ces sermens réitérés, et ces expressions si tendres qui font le charme d'une lettre d'amour pour celui qui l'écrit ou la reçoit, doivent finir par rendre insipides aux autres les meilleures dans ce genre. Celles de Lord Byron à Mme Guiccioli, généralement écrites en italien, et avec une facilité et une pureté qu'un étranger parvient rarement à acquérir, roulent en grande partie sur les obstacles opposés à leurs entrevues, moins par le mari lui-même, qui semblait aimer et rechercher la société de Lord Byron, que par la surveillance d'autres parens, et la crainte qu'éprouvaient les amans eux-mêmes qu'une imprudence de leur part n'éveillât les inquiétudes du comte

---

[1] « Pendant ma maladie, dit Mme Guiccioli, dans ses *Souvenirs* sur cette
» époque, il était toujours à mes côtés, me prodiguant les attentions les
» plus aimables; et quand je fus en convalescence, il ne me quittait pas
» davantage. En société, au théâtre, dans nos promenades à cheval
» ou à pied, il ne se séparait jamais de moi. Étant alors privé de ses
» livres, de ses chevaux et de tout ce qui l'occupait à Venise, je le priai
» de m'accorder la satisfaction d'écrire quelque chose sur le Dante, et
» avec sa facilité et sa rapidité ordinaires, il composa *la Prophétie*. »

Gamba, père de la jeune dame, et au caractère estimable duquel tous ceux qui le connaissent se plaisent à rendre justice.

Lord Byron prévit le danger d'une nouvelle séparation dans le départ prochain de la jeune comtesse pour Bologne ; et dans le chagrin que lui causait cette perspective, renonçant à cette prudence qui, par égard pour elle, semblait avoir été sa pensée dominante, il lui proposa alors, avec cet emportement de la passion qui décide souvent du sort de toute la vie, d'abandonner son mari pour fuir avec lui : — *C'è uno solo rimedio efficace*, dit-il, *ciò è d'andar via insieme*. — Mais une femme italienne, qui se permet presque tout, recule devant un tel pas. La proposition de son noble amant parut donc à la jeune comtesse une espèce de sacrilége ; et l'agitation de son esprit, flottant entre l'horreur d'une telle démarche et le désir ardent de tout sacrifier à celui qu'elle aimait, se peignit vivement dans sa réponse.
— Dans une lettre subséquente, cette femme exaltée propose même, pour éviter la honte d'un enlèvement, de se faire passer pour morte comme Juliette, en l'assurant qu'il y avait des moyens faciles de mettre à exécution cette supercherie.

LETTRE CCCXXXV.

A M. MURRAY.

Ravenne, 1ᵉʳ août 1819.
(Adressez cependant votre réponse à Venise.)

« N'ayez pas peur, — vous verrez que je me défendrai gaîment, c'est-à-dire si je me trouve d'humeur à le faire, non dans le sens que vous attribueriez à ce mot, mais comme un boule-dogue qui se sent pressé, ou comme un taureau à la première piqûre; — c'est alors que le jeu devient intéressant; et comme les sensations produites en moi par une attaque, offrent probablement l'heureux mélange de la force réunie de ces aimables animaux, vous verrez peut-être, comme dit Marral « un spectacle cu- » rieux » avec force coups et sang répandu pendant le cours de la dispute; — mais il faut d'abord que je sois monté pour cela, et je crains d'être un peu éloigné pour pouvoir me mettre dans un accès de fureur convenable à la circonstance, — et puis je me suis laissé amollir et énerver depuis deux ans par l'amour et le climat.

» J'ai écrit à M. Hobhouse l'autre jour, et lui ai prédit que *Juan* tomberait ou réussirait complètement, qu'il n'y aurait pas de milieu. Les apparences ne sont pas favorables; mais comme vous écrivez le lendemain de la publication, on ne peut guère dire encore quelle est l'opinion qui prévaudra. Vous paraissez avoir peur, et c'est sans doute avec raison;

— cependant, quoi qu'il arrive, je ne flatterai jamais d'aucune manière l'hypocrisie de la foule. Je ne sais si les circonstances peuvent quelquefois m'avoir placé dans une position à diriger l'opinion publique, mais l'opinion publique ne me dirigea et ne me dirigera jamais. Je ne monterai pas sur un trône avili; — ainsi placez-y s'il vous plaît Mrs ***, ou ***, ou Tom Moore, ou ***, ils seront tous enchantés de leur couronnement...................

» *P. S.* La comtesse Guiccioli est beaucoup mieux. — Je vous ai envoyé, avant mon départ de Venise, l'esquisse originale du *Vampire*, l'avez-vous reçue? »

Cette lettre, comme la plupart de celles qu'il écrivait en Angleterre à cette époque, était évidemment destinée à être montrée, et l'ayant lue ainsi que quelques autres, je ne manquai pas, dans la première que j'adressai à Lord Byron, de lui reprocher le passage qui me concernait, le seul, que je sache, qui soit jamais échappé à la plume de mon noble ami pendant notre intimité, et dans lequel il ait parlé de moi autrement que dans les termes de la plus franche bienveillance et des éloges les moins mérités. Ayant transcrit ses propres paroles en tête de ma lettre, j'ajoutai au-dessous : « Est-ce ainsi que vous » parlez de vos amis ? » Peu de tems après, lorsque je le vis à Venise, je me rappelle avoir fait de cette circonstance le sujet d'une innocente plaisanterie;

mais il me déclara avec assurance qu'il n'avait aucun souvenir d'avoir écrit de telles paroles, et que si elles existaient, il fallait qu'il fût à moitié endormi en les traçant.

Je n'ai parlé de cet incident que pour faire observer, qu'avec une sensibilité si facile à blâmer sur tant de points, et sous l'influence d'une imagination depuis si long-tems exercée à lui créer des tourmens, il est étonnant que, s'occupant toujours, comme ses lettres le prouvent, de ses amis éloignés, et ne recevant presque d'aucun, ou du moins d'un bien petit nombre, les mêmes marques de souvenir, il est étonnant, dis-je, qu'il ne lui soit pas échappé plus souvent des sarcasmes de cette espèce contre les absens et ceux qui gardaient le silence. Quant à moi, tout ce que je puis dire, c'est que du moment où je commençai à deviner son caractère, les expressions les plus amères et les plus injurieuses qu'il eût pu proférer contre moi dans un accès d'humeur, n'auraient pas plus changé mon opinion à son égard ou altéré mon amitié pour lui, que le nuage passager qui obscurcit un moment un ciel brillant, ne peut laisser dans l'esprit d'impression triste après qu'il a disparu.

LETTRE CCCXXXVI.
A M. MURRAY.

Ravenne, 9 août 1819.

. . . .

« En parlant de bévue, cela me fait penser à l'Irlande, à l'Irlande de Moore. Qu'est-ce que je vois donc dans Galignani à propos de Bermude, d'agent, de député, etc., etc. ? — qu'est-ce que cela veut dire ? — Y a-t-il quelque chose en quoi ses amis puissent lui être utiles ? — Informez m'en, je vous prie.

» Quant à *Don Juan*, vous ne m'en parlez plus, mais les papiers ne me paraissent pas si terribles que la lettre que vous m'avez envoyée semblait le faire craindre, autant que j'en puis juger du moins par les extraits rapportés dans le journal de Galignani. Je n'ai jamais vu des gens de votre espèce. — Que de peines prises pour disculper le modeste éditeur ; — il a fait toutes les représentations possibles. — Eh bien! moi, je ferai une préface qui vous disculpera complètement sur ce point vous et ***; mais en même tems je vous arrangerai comme vous méritez de l'être. — Vous n'avez pas plus d'ame que le comte de Caylus, qui assurait à ses amis, sur son lit de mort, qu'il n'en avait pas, et qu'il devait le savoir mieux que personne ; et vous n'avez pas plus de sang dans les veines qu'un melon d'eau ! Je vois qu'il y a eu des astérisques, et ce que Perry appelait de maudites coupures et mutilations..... Mais n'importe.

» J'écris à la hâte. — Demain je pars pour Bologne ; je vous écris au milieu du tonnerre, des éclairs, et de tous les vents des cieux sifflant à travers les cheveux, et qui pis est, au milieu de tous les préparatifs d'un départ prochain. « —— Ma maîtresse chérie, qui a nourri mon amour de sourires et de nectar » depuis deux mois, part avec son mari pour Bologne ce matin, — et il paraît que je dois la suivre le lendemain à trois heures après minuit. Je ne puis pas trop dire comment notre roman finira, mais jusqu'à présent il s'est filé le plus amoureusement du monde. — Que de dangers et d'échappées périlleuses ! — Celles de *Don Juan* ne sont que des jeux d'enfans en comparaison. — Les sots croient que mes poèmes font toujours allusion à mes propres aventures, eh bien ! j'en ai eu quelquefois dans ma vie, tous les jours de la semaine, de meilleures, de plus extraordinaires, de plus périlleuses et de plus agréables que toutes celles-là, s'il m'était permis de les dire ; — mais cela ne peut jamais être......

» J'espère que Mme M*** est accouchée.

» Votre, etc. »

LETTRE CCCXXXVII.

A M. MURRAY.

Bologne, 12 août 1819.

« Je ne sais pas jusqu'à quel point je serai en état de répondre à votre lettre, ne me portant pas très-bien aujourd'hui ; hier au soir j'ai assisté à une représentation de la *Mirra* d'Alfieri, dont les deux derniers actes m'ont donné des convulsions. Je ne veux pas dire par-là des attaques de nerfs comme une femme ; mais j'ai éprouvé le supplice des larmes qui ne voulaient pas couler, et des sanglots étouffés, chose qui ne m'est pas arrivée souvent à cause d'une fiction. Ce n'est que la seconde fois que je me trouve dans ce cas pour quelque chose qui n'appartient pas à la réalité.—La première, ce fut en voyant jouer à Kean le rôle de sir Giles Overreach. Le pis est que la dame dans la loge de laquelle j'étais, s'évanouissait d'un autre côté, plus par peur, je crois, que par tout autre sentiment d'intérêt, au moins pour la pièce; — quoi qu'il en soit, elle se trouva mal, et je me trouvai mal, et nous voilà tous deux très-languissans et très-mélancoliques ce matin, après une grande consommation de sel volatil[1]. Mais revenons à votre lettre du 23 juillet.

» Vous avez raison, Gifford a raison, Hobhouse a raison, vous avez tous raison, et moi seul j'ai tort; mais du moins laissez-moi cette satisfaction, — coupez-moi tout, branches et racines, mutilez-moi dans le *Quarterly Review*, dispersez au loin mes *disjecti membra poetæ*, comme ceux de la concubine du Lévite; faites de moi, si vous voulez, un spectacle pour les hommes et pour les anges; mais ne me demandez

---

[1] La dame avec laquelle il assistait à cette représentation décrit ainsi l'effet qu'elle eut sur lui. « On jouait *Mirra*. Les acteurs, et surtout l'ac» trice chargée de ce rôle, secondaient avec beaucoup de succès les in» tentions de notre grand tragique. Lord Byron prenait un vif intérêt à la
» représentation, et paraissait profondément affecté. A la fin, on arriva
» à un point de la pièce où il lui fut impossible de contenir son émotion,
» et ses sanglots l'empêchant de rester plus long-tems dans la loge, il se
» leva et quitta le théâtre. Je l'ai vu affecté de la même manière à une
» représentation du *Philippe* d'Alfieri, à Ravenne. »

point de rien changer, car je ne le veux pas ; je suis obstiné et paresseux, voilà la vérité.

» Malgré cela je répondrai à votre ami P***, qui trouve à redire à ces passages subits du plaisant au sérieux, comme si, dans ce cas, le sérieux n'était pas fait pour augmenter le plaisant. Sa métaphore est que nous ne sommes jamais brûlés et mouillés en même tems ; honneur à son expérience ! Faites-lui ces questions à ce sujet : — n'a-t-il jamais joué à *cricket*, ou fait un mille pendant la chaleur ? ne lui est-il jamais arrivé, en présentant une tasse de thé à sa belle, de se la jeter sur lui, au grand dommage de son pantalon de nankin ? n'a-t-il jamais nagé dans la mer en plein midi, le soleil lui dardant dans les yeux et sur la tête, sans que toute l'écume de l'océan en pût tempérer l'ardeur ? n'a-t-il jamais retiré son pied d'une eau trop brûlante, en maudissant sa précipitation et son domestique ?..... Ne tomba-t-il jamais dans une rivière ou un lac étant à pêcher, et ne resta-t-il pas dans le bateau ses habits mouillés sur le corps, brûlé et trempé tout-à-la-fois, en véritable amateur des plaisirs champêtres ? Oh ! que n'ai-je des poumons pour continuer ! Au surplus faites-lui mes complimens.—C'est un habile homme, malgré tout cela, un très-habile homme.

» Vous me demandez le plan de *Don Juan*. — Je n'ai pas de plan ; mais j'avais, ou j'ai, des matériaux, quoique en vérité, comme dit Tony Lumpkin : « Si je dois être ainsi gourmandé toutes les fois que je suis en gaîté, » le poème ne sera plus rien, et l'auteur redeviendra sérieux : s'il ne prend pas, je le laisserai là avec tout le respect que je dois au public ; mais si je le continue, il faut que ce soit à ma manière. Autant vaudrait faire jouer à Hamlet ou à Diggory le rôle de fou avec le corset de l'hôpital, que de vouloir restreindre ma bouffonnerie, si je dois être bouffon ; — leurs gestes et mes pensées ainsi contraintes seraient du ridicule le plus pitoyable.— Eh quoi donc! mon cher, l'ame de ces sortes d'écrits n'est-elle pas la licence ? — du moins la liberté de cette licence, si on veut en profiter, non pourtant qu'on doive en abuser ; — c'est comme le jugement par jury, la pairie et l'*habeas corpus*, de très-belles choses sans doute, mais seulement en principe général ; personne ne se souciant d'être jugé pour l'unique plaisir de prouver qu'il jouit de ce privilége.

» Mais trève à ces réflexions. Vous mettez trop d'importance, et vous occupez avec trop de gravité d'un ouvrage qui ne fut jamais destiné à être sérieux ; — croyez-vous que j'aie pu avoir d'autre intention que de rire et de faire rire ? C'est une satire assez gaie, et aussi peu poétique que possible, que j'ai voulu faire ; — et quant à l'indécence, lisez, je vous prie, dans *Boswell*, ce que Johnson, ce moraliste sévère, dit de Prior et de Paulo Purgante.

» Voulez-vous me rendre un service ? vous le pouvez, au moyen de vos amis ministériels, Croker,

Canning, ou mon vieux camarade Peel, et moi je ne puis. Voici ce dont il s'agit : — Voulez-vous leur demander de nommer (sans rétribution ou appointemens quelconques) un noble Italien, que je vous ferai connaître plus tard, au consulat ou au vice-consulat de Ravenne? C'est un homme d'une grande fortune, et qui est titré; mais il désire avoir la protection de l'Angleterre en cas de changement. Ravenne est près de la mer. Il n'a besoin d'émolumens d'aucun genre. Je sais à quel point il pourrait être utile dans cette place ; car j'ai envoyé dernièrement, de Ravenne à Triate, un pauvre diable de matelot anglais qui était resté dans cette ville, où on l'avait débarqué en 1814, malade, chagrin et sans le sou, faute d'un agent accrédité qui pût ou voulût le renvoyer dans sa patrie. Voulez-vous m'obtenir ceci? si vous le voulez, je vous enverrai le nom et le rang de la personne, qu'on sera toujours à tems de refuser si, une fois connue, on ne l'approuvait pas.

» Je sais que, dans le Levant, vous prenez continuellement les consuls et les vice-consuls parmi les étrangers. Cet homme est patricien, et a douze mille livres sterling de rente. Son seul motif est de s'assurer la protection des Anglais en cas de nouvelles invasions. — Ne pensez-vous pas que Croker nous obtiendrait cela? A la vérité, je jouis d'un crédit rare! mais peut-être un confrère, bel esprit du côté tory, ne refuserait-il pas d'accorder un service à la requête d'un whig aussi inoffensif que moi, et absent depuis si long-tems, d'autant plus qu'il n'y aurait aucune charge, aucun salaire attaché à cette place.

» Je puis vous assurer que je regarderais cela comme une grande obligation; mais, hélas! cette circonstance-là même sera peut-être cause que je ne réussirai pas, et je sens que cela doit être; mais du moins je me suis toujours montré ennemi franc et ouvert. Parmi vos brillantes liaisons ministérielles, ne pouvez-vous pas, croyez-vous, obtenir un consulat pour notre Bibulus ou pour moi, afin que j'en fasse mon vice-consul? — Vous pouvez être assuré, qu'en cas d'événemens en Italie, ce ne serait pas un faible adjoint, et vous n'en douteriez pas si vous connaissiez sa fortune.

» Que veut dire toute cette histoire au sujet de Tom Moore? — « Mais pourquoi le demandai-je,
» moi, puisque l'état de mes affaires ne me permet-
» trait pas de lui être utile, quoiqu'elles se soient
» beaucoup améliorées depuis 1816, et qu'avec en-
» core un peu de bonheur et de prudence, je puisse
» parvenir à les débrouiller. » Il paraît que les réclamans sont des négocians américains. — Voilà un tour de Némésis : — Moore a dit du mal de l'Amérique; — cela finit toujours ainsi. — Le tems vengeur..... Vous avez vu tous les agresseurs foulés aux pieds à leur tour, depuis Bonaparte jusqu'au plus obscur individu. Vous fûtes témoin comment

il y en eut qui se vengèrent sur moi, malgré mon peu d'importance, et comment, à son tour *** paya son atrocité. C'est un drôle de monde que celui-ci ; mais, après tout, c'est une montre qui a son grand ressort.

» Votre, etc., etc. »

Vers la fin d'août, le comte Guiccioli, accompagné de sa femme, alla passer quelque tems dans ses propriétés de la Romagne, et Lord Byron resta seul à Bologne. Là, l'ame attendrie par le sentiment qui s'en était emparé, il paraît s'être abandonné, pendant cet intervalle de solitude, à une foule de pensées mélancoliques et passionnées qui lui rendirent momentanément les illusions des premiers jours de sa jeunesse. Ce fond de tendresse naturel à son cœur, que le monde et lui-même avaient vainement tenté de glacer ou d'éteindre, semblait se ranimer avec quelque chose de sa première fraîcheur. Il savait de nouveau ce que c'était que d'aimer et d'être aimé ; trop tard, il est vrai, pour son bonheur, et d'une manière trop illégitime pour que son repos n'en fût pas troublé ; mais du moins trouvait-il assez de dévoûment dans l'objet de son amour, pour satisfaire sa soif ardente d'affection ; et de son côté, livré à de tristes présages, il s'attachait d'autant plus passionnément à ce lien, qu'il sentait intérieurement que ce serait le dernier.

Une circonstance qu'il racontait lui-même, et qui eut lieu à cette époque, prouvera à quel point il se laissait dominer par la mélancolie. Il prenait plaisir, en l'absence de Mme Guiccioli, à aller tous les jours chez elle, à l'heure où il avait coutume de lui rendre visite, et là, faisant ouvrir son appartement, il parcourait ses livres, et écrivait dedans [1]. Il descendait ensuite dans les jardins, où il passait des heures entières à rêver, et ce fut dans une de ces occasions, tandis qu'absorbé dans la foule de ses pensées, il fixait d'un œil distrait une de ces fontaines si communes dans les jardins italiens, que son esprit fut tout-à-coup frappé d'images si désolantes, de présages si funestes du malheur qu'il pouvait attirer sur l'objet de sa tendresse, en vertu de cette destinée qui (comme il l'a dit quelque part lui-même) attache tant de fatalité à l'amour, qu'accablé par ces affreuses idées, il ne put retenir un torrent de larmes.

Ce fut dans ce même tems qu'il écrivit, sur la dernière page d'un exemplaire de *Corinne* appartenant à Mme Guiccioli, cette note remarquable :

« Ma bien-aimée Thérésa, — j'ai lu ce livre dans
» votre jardin; — vous étiez absente, mon ange,

---

[1] Voici une de ces notes, écrite à la fin du 5e chap. de *Corinne*, livre 18e. (Fragmens des *Pensées de Corinne*.)

« J'ai beaucoup connu Mme de Staël, mieux qu'elle ne connaissait
» l'Italie ; mais je ne croyais guère qu'un jour il m'arriverait de penser
» avec ses pensées dans un pays où elle a placé le théâtre de la plus at-
» trayante de ses productions. Elle a quelquefois raison, quelquefois
» tort, en parlant de l'Italie et de l'Angleterre ; mais elle est toujours
» vraie dans la peinture du cœur, qui n'est que d'un seul pays, ou plutôt
» de tous.
                                                              » BYRON.
» Bologne, 23 août 1819. »

» autrement cela ne m'eût pas été possible. C'est un
» de vos ouvrages favoris, et l'auteur était une de
» mes amies. Vous ne comprendrez pas ces mots
» écrits en anglais, et d'autres ne les comprendront
» pas non plus, c'est pourquoi je les ai griffonnés
» en italien ; mais vous reconnaîtrez l'écriture de ce-
» lui qui vous aime passionnément, et vous devine-
» rez facilement que, sur un livre qui vous appar-
» tient, il n'a pu songer qu'à l'amour. Dans ce mot
» si doux en tous les langages, mais surtout dans le
» vôtre, *amor mio*, est comprise toute mon existence
» présente et future. Je sens que j'existe ici, et je
» crains d'exister au-delà. — Dans quel but ? Vous
» en déciderez ; — ma destinée dépend de vous ; de
» vous qui n'avez que dix-huit ans, et qui, depuis
» deux années seulement, avez quitté le couvent.—
» Je voudrais de tout mon cœur que vous y fussiez
» restée, ou du moins ne vous avoir jamais connue
» mariée.

» Mais tout cela vient trop tard. Je vous aime et
» vous m'aimez, du moins vous le dites et vous agis-
» sez comme si cela était, ce qui est toujours une
» grande consolation ; mais moi, je fais plus que
» vous aimer, et ce sentiment ne peut jamais s'é-
» teindre.

» Pensez à moi quelquefois quand les Alpes et
» l'océan nous sépareront ; — mais cela ne sera que
» si *vous le voulez*.

» BYRON.

» Bologne, 25 août 1819. »

LETTRE CCCXXXIX[1].
A M. MURRAY.

Bologne, 24 août 1819.

« . . . .

. . . Gardez l'anonyme, dans tous les cas, cela rend la chose plus plaisante; mais si l'affaire devenait sérieuse à l'égard de *Don Juan*, et que votre position et la mienne devinssent équivoques, avouez que j'en suis l'auteur, je ne reculerai jamais; et si vous le faisiez, je pourrais toujours vous répondre comme Gnatimozin à son maître [2]. Nous serons chacun sur des charbons ardens.

» Je voudrais avoir été mieux disposé, mais je suis de mauvaise humeur, j'ai les nerfs malades et, de tems en tems, je crains que ma tête ne le soit aussi. Voilà tout ce que je dois à l'Italie, et non à l'Angleterre : je vous défie tous, vous et votre climat, qui plus est, de me rendre fou; mais si jamais je le deviens réellement, et que je porte le corset de force, que l'on me ramène alors parmi vous, vos gens seront alors la société qu'il me faudra.

» Je vous assure que tout ce que j'éprouve en ce moment n'a rien de commun avec l'Angleterre, sous un point de vue personnel ou littéraire. Tous mes plaisirs et tous mes tourmens actuels sont aussi italiens que l'opéra. Et, après tout, ce ne sont là que des bagatelles : — tout cela vient de ce que madame

---

[1] La lettre 338e n'offrant rien d'intéressant, a été supprimée.
[2] « Et moi reposé-je sur un lit de fleurs ? ».

est à la campagne pour trois jours, à Capo-Fiume; mais comme je n'ai jamais pu vivre que pour un seul être à la fois (et je vous assure que cet être n'est pas *moi*, comme les événemens doivent vous l'avoir prouvé, car les égoïstes prospèrent toujours); je me sens isolé et malheureux.

» J'ai envoyé chercher ma fille à Venise; je monte à cheval tous les jours, et me promène dans un jardin, sous un dais pourpré de raisins.—Quelquefois je m'assieds auprès d'une fontaine, et je cause avec le jardinier de ses instrumens de jardinage, qui me paraissent plus grands que ceux d'Adam, et avec sa femme; et la femme de son fils, la plus jeune de nous tous; et celle qui, des trois, parle le mieux. Puis je vais faire des visites au Campo-Santo, et à mon ami le sacristain, qui a deux filles; mais une surtout, qui est la plus jolie créature imaginable. Je m'amuse intérieurement à mettre en contraste ce beau et innocent visage de quinze ans, avec les crânes dont il a peuplé plusieurs cellules, et surtout avec celui qui porte la date de 1766, et qui offrit autrefois, suivant la tradition, les traits les plus charmans de Bologne. Il appartenait à une femme noble et riche. Lorsque je le regarde, et que mes yeux se reportent ensuite sur la jeune fille, — quand je songe à ce qu'il a été et à ce qu'elle sera, alors je... Mais, en vérité, mon cher Murray, je ne veux pas vous révolter, en vous exprimant les pensées qui me viennent en foule. Ce que nous pouvons devenir, nous autres hommes barbus, est de fort peu d'importance; mais je n'aime pas cette idée, qu'une belle femme dure moins qu'un bel arbre, moins que son portrait; que dis-je! moins que son ombre, qui ne change pas au soleil comme sa figure devant un miroir. — En voilà assez; la tête me fait un mal affreux. — Je n'ai jamais été tout-à-fait bien depuis la représentation de la *Mirra* d'Alfieri, il y a quinze jours.

» Votre à jamais, etc. »

LETTRE CCCXL.

A M. MURRAY.

Bologne, 29 août 1819.

« Voilà deux jours que je suis en colère, et j'en ai encore la bile toute émue. Vous allez savoir ce que c'est : Un capitaine de dragons, Hanovrien de naissance, servant maintenant dans les troupes du pape, et que j'ai obligé en lui prêtant de l'argent, quand personne n'aurait voulu lui avancer un paolo, me recommande un cheval que veut vendre le lieutenant ***; officier qui joint le commerce des animaux à l'achat des hommes. Le jour suivant, en ferrant le cheval, on découvrit la fraude, car on m'avait garanti que l'animal était sans défauts. J'envoyai protester contre le marché, et réclamer l'argent. Le lieutenant voulut me parler en personne, j'y consentis; il commença une histoire. — Je lui demandai s'il voulait me rendre mon argent : il me dit que non, mais qu'il ferait un échange; et me demanda un prix exorbitant de ses autres chevaux. Je lui dis qu'il était un fripon. — Il me répliqua qu'il était officier et homme d'honneur, et tira de sa poche un passeport parmesan, signé du général comte Neifperg. Je lui répondis que, puisqu'il était officier, je le traiterais en conséquence, et que s'il était homme d'honneur, il pouvait le prouver en rendant l'argent; que, — quant à son passeport parmesan, j'en faisais autant de cas que d'un fromage de Parme. Il le prit sur un grand ton, et me dit que si nous étions au matin (il était huit heures du soir), il aurait satisfaction de moi. — Quant à cela, dis-je, vous l'aurez tout-à-l'heure, — ce sera une satisfaction mutuelle, je puis vous l'assurer. Si vous êtes, comme vous le dites, un officier, ce qui n'empêche pas que vous ne soyez un fripon, mes pistolets chargés sont dans la pièce voisine, prenez une lumière, examinez et faites le choix des armes. Il me répondit que des pistolets étaient des armes anglaises, et qu'il se battait toujours à l'épée. — Je lui dis alors que je pouvais l'arranger, ayant trois épées de régiment dans un tiroir près de moi; qu'il pouvait prendre la plus longue et se mettre en garde.

» Tout cela se passait en présence d'un tiers. Il dit alors, non, mais que le lendemain il donnerait un rendez-vous à l'heure et au lieu qu'on voudrait. Je répondis que l'usage n'était pas de fixer ces sortes de rendez-vous devant des témoins; que nous ferions mieux de nous parler seuls, et de fixer le moment et les armes. Mais comme l'homme qui était présent sortait de l'appartement, avant qu'il pût fermer la porte, le lieutenant sortit en courant, et en criant de toute sa force : Au secours ! au meurtre ! et finit par tomber en convulsions devant cinquante personnes, qui virent bien que je n'avais pas d'armes sur moi, et qui l'ayant suivi, lui demandèrent ce que diable il avait. Rien ne put l'arrêter, il s'enfuit sans son chapeau, et alla se coucher malade de frayeur. Il essaya ensuite d'aller porter plainte à la police, qui refusa de la recevoir, comme trop insignifiante. Il est, je crois, parti, ou va partir.

» Le cheval avait été garanti ; mais je crois que, d'après les termes du marché, le coquin ne sera pas obligé de rendre l'argent comme le voudrait la loi. Il a cherché à forger une accusation d'assaut et de violence ; mais comme la chose s'est passée dans un hôtel public d'une rue très-fréquentée, il y a eu trop de témoins du contraire, et comme militaire, il n'a pas joué là un rôle très-belliqueux, même d'après l'avis des prêtres. Il s'était enfui si vite, qu'il oublia son chapeau, ce dont il ne s'aperçut que lorsqu'il fut rentré dans son auberge. Le fait est tel que je vous le dis ; — il commença par faire le brave avec moi, sans quoi je n'aurais jamais pensé à éprouver son adresse aux armes. — Mais que pouvais-je faire ? Il parlait d'honneur, de satisfaction, et de son brevet d'officier. — Il me montra un passeport militaire. — Il y a, sur le continent, des châtimens sévères pour les duels réguliers, tandis que les rencontres n'y sont sujettes qu'à des peines légères, de sorte qu'il vaut mieux se battre sur-le-champ. — Il m'avait volé, et voulait m'insulter; je le répète, que pouvais-je faire? ma patience était à bout, et j'avais sous la main des armes honorables et légales. — D'ailleurs, c'était après mon dîner, au moment d'une mauvaise digestion, et où il me déplaît fort d'être dérangé. Son ami est à Forli; nous nous rencontrerons à mon retour à Ravenne. Le Hanovrien me paraît encore le plus fripon des deux; et si ma valeur ne se dissipe pas comme celle d'Acre, « — de par » la détente d'un pistolet! » s'il arrive que la matinée soit pluvieuse et que mon estomac soit dérangé, il y aura quelque chose à ajouter au catalogue des décès.

» Or, dites-moi, sir Lucien, ne me regardez-vous pas comme un gentilhomme fort maltraité? Je pense que mon officier peut servir de pendant au major Cartwright de M. Hobhouse; « ainsi donc, bonjour » je vous souhaite, mon bon monsieur le lieu- » tenant. » J'écrirai bientôt sur d'autres sujets; mais en ce moment j'ai griffonné des folies jusqu'à n'en pouvoir plus. »

Au mois de septembre, le comte Guiccioli ayant été appelé à Ravenne pour affaires, laissa à Bologne la jeune comtesse et son amant jouir librement de la société l'un de l'autre. Bientôt on pensa que la mauvaise santé de la jeune femme qui avait servi de mo-

tif pour la faire rester, exigeait qu'elle partît pour Venise, afin d'y être mieux soignée; et le comte, auquel on écrivit à ce sujet, consentit avec sa complaisance ordinaire à ce qu'elle s'y rendît accompagnée de Lord Byron. Voici ce que dit cette dame dans ses *Mémoires*. « Quelques affaires ayant appelé le comte
» Guiccioli à Ravenne, l'état de ma santé m'obligea,
» au lieu de l'accompagner, à retourner à Venise, et il
» consentit à ce que je fisse ce voyage avec Lord Byron.
» Nous quittâmes Bologne le 15 de septembre; nous
» parcourûmes les collines Euganéennes et Arqua,
» et écrivîmes nos noms sur le livre qu'on présente
» à ceux qui font ce pélerinage. Mais je ne veux pas
» m'appesantir sur ces souvenirs de bonheur; leur
» contraste avec le présent est trop affreux! Si un es-
» prit bienheureux, au milieu de toute la plénitude
» de la félicité céleste, était envoyé sur la terre pour
» en subir toutes les misères, la différence entre le
» passé et le présent ne pourrait être plus terrible
» que ce que j'ai éprouvé du moment où ce mot fatal
» frappa mon oreille, et où je perdis pour jamais
» l'espoir de revoir celui dont un regard renfermait
» pour moi tout le bonheur que le monde peut don-
» ner. A mon arrivée à Venise, les médecins me
» conseillèrent d'essayer l'air de la campagne, et
» Lord Byron ayant une *villa* à la Mira, me l'aban-
» donna et vint y résider avec moi. Ce fut là que
» nous passâmes l'automne, et que j'eus le plaisir
» de faire votre connaissance. »

J'eus, à cette époque, le bonheur de passer cinq ou six jours avec Lord Byron à Venise, pendant une tournée rapide que je fis dans le nord de l'Italie. Je lui avais écrit pour lui annoncer mon arrivée, et lui dire à quel point je serais heureux si je pouvais le décider à m'accompagner à Rome.

Pendant mon séjour à Genève j'eus l'occasion de juger combien les personnes les moins prévenues mettaient d'empressement à accueillir les calomnies répandues contre Lord Byron. Un jour, dans le cours d'une conversation avec un homme estimable et éclairé, feu M. D**, ce dernier raconta avec beaucoup de vivacité, à mon compagnon et à moi, les détails d'un acte de séduction dont Lord Byron venait de se rendre coupable, et qui offrait les traits les plus odieux qu'on puisse attribuer à un complot contre l'innocence. La victime, jeune personne non mariée, appartenait à une des premières familles de Venise, et s'était laissée entraîner par son séducteur à abandonner la maison de son père pour le suivre dans la sienne, dont, après quelques semaines, il eut la barbarie de la mettre à la porte ; en vain, dit le narrateur, le supplia-t-elle de lui permettre d'être son esclave, sa servante, en vain implora-t-elle la liberté de se cacher dans quelque coin obscur de la maison, d'où elle pourrait l'apercevoir quand il viendrait à passer, rien ne put fléchir son séducteur, et l'infortunée, dans son désespoir d'un tel abandon, se jeta dans le canal, d'où elle ne fut retirée que pour être enfermée dans une maison de fous. Quoique convaincu de toute l'exagération de cette histoire, ce ne fut qu'à mon arrivée à Venise que je m'assurai qu'elle n'était, d'un bout à l'autre, qu'un roman, et que ce récit si pathétique, qu'on croyait de si bonne foi à Genève, avait été fabriqué d'après les circonstances déjà connues du lecteur de la fantaisie assez étrange, et, disons-le, peu honorable, que Lord Byron avait eue pour la Fornarina.

Après avoir laissé à Milan lord John Russel, que j'avais accompagné d'Angleterre, j'achetai une petite voiture de voyage et me mis tout seul en route pour Venise. Comme mes momens étaient comptés, je ne m'arrêtai que le tems nécessaire pour admirer à la hâte les merveilles qui se présentaient en chemin, et quittant Padoue à midi, le 8 octobre, j'arrivai vers les deux heures à la porte de la maison de mon ami, à la Mira. Il venait de se lever et était au bain; mais le domestique lui ayant annoncé mon arrivée, il me fit dire que si je voulais attendre qu'il s'habillât, il m'accompagnerait à Venise. Je passai cet intervalle à causer avec Fletcher, une de mes anciennes connaissances, et à voir quelques-uns des appartemens de la *villa*, qu'il me montra.

Lord Byron ne se fit pas long-tems attendre; et le plaisir que j'éprouvai à le revoir après une séparation de tant d'années, ne fut pas médiocrement augmenté en remarquant que le sien était au moins égal au mien, et d'autant plus vif que de telles réunions étaient devenues rares pour lui depuis quelque tems. Il s'abandonna donc à ses sensations avec la cordialité la plus franche. Il est impossible que ceux qui n'ont jamais connu le charme de ses manières, puissent se faire une idée de ce qu'elles étaient lorsqu'il se trouvait sous l'influence d'impressions aussi agréables que celles qu'il éprouvait dans ce moment.

Je fus cependant très-frappé du changement qui s'était opéré dans sa personne; il avait pris de l'embonpoint de corps et de figure, et cette dernière surtout n'avait pas gagné à ce changement, ses traits ayant perdu, en grossissant, un peu de cette finesse et de cette expression tout intellectuelle qui le caractérisaient auparavant; les moustaches aussi, qu'il avait adoptées depuis peu de tems, parce que quelqu'un avait dit de lui qu'il avait *una faccia di musico*, et la longueur de ses cheveux, qui tombaient sur son cou, ainsi que l'air étranger de son habit et de son bonnet, tout cela réuni produisait ce changement qui me frappait alors. Quoi qu'il en soit, il était encore d'une beauté remarquable; et ce que ses traits avaient pu perdre de leur caractère d'exaltation, était remplacé par l'expression maligne et enjouée de cette humeur épicurienne qu'il avait prouvé être au nombre des nombreux attributs que lui avait prodigués la nature, tandis qu'un peu plus de rondeur dans ses contours, rendait encore plus frappante la ressemblance des belles proportions de sa bouche et de son menton avec ceux de l'Apollon du Belvédère.

Son déjeûner, qu'il prenait rarement avant trois ou quatre heures, fut bientôt expédié. Il avait l'habitude de manger tout debout, et ce repas se composait ordinairement d'un ou deux œufs crus et d'une tasse de thé sans sucre ni lait, avec un morceau de biscuit sec. Avant de partir il me présenta à la comtesse Guiccioli, qui, comme mes lecteurs le savent déjà, habitait alors la Mira, et dont le genre de beauté, singulier dans une Italienne (elle avait le teint blanc et délicat), me donna pendant cette courte entrevue une idée de son esprit et de son amabilité, que tout ce que j'ai appris d'elle par la suite n'a fait que confirmer.

Nous partîmes donc, Lord Byron et moi, pour Fusine, dans ma petite voiture milanaise. — Son majestueux gondolier, avec sa riche livrée et ses épaisses moustaches, mit terriblement à l'épreuve sa solidité, qui avait déjà succombé sous mon poids entre Vérone et Vicence. A notre arrivée à Fusine, mon noble ami, par la connaissance qu'il avait des lieux, m'épargna beaucoup d'embarras et de dépenses dans les différens arrangemens relatifs à la douane, etc. Le mouvement qu'il se donna dans son obligeant empressement à expédier toutes ces affaires, me fournit l'occasion de remarquer que son pied infirme avait acquis un degré d'activité que je ne lui avais pas encore vu, excepté dans les combats de coqs.

Pendant que nous traversions la lagune, le soleil venait de se coucher, et c'était une de ces soirées qu'on choisirait dans un roman pour une première vue de Venise « avec son diadème de tours éclatantes » élevé au-dessus des vagues ; et pour mettre le comble à l'intérêt solennel d'un tel moment, j'étais avec l'homme qui venait de donner une nouvelle vie à sa gloire, et qui avait célébré cette belle cité dans ces vers pleins de grandeur : *J'étais à Venise, sur le pont des Soupirs*, etc.

Mais quelles que fussent les émotions que la première vue d'un tel lieu eût pu faire naître en moi dans d'autres circonstances, il est certain que je la contemplai alors dans une disposition d'esprit toute différente de celle qu'on aurait pu me supposer. — L'excessive gaîté de mon compagnon, et les souvenirs fort peu romantiques qui se partageaient notre conversation, avaient mis tout d'un coup en fuite toute espèce d'images poétiques et historiques ; et j'ai presque honte de dire que toute notre traversée se passa à rire et à plaisanter presque sans intervalle, jusqu'au moment où nous nous trouvâmes auprès des marches du palais de mon ami, sur le Grand Canal. — Tout ce qui s'était passé de gai et de ridicule pendant notre vie de Londres ; — ses escapades et mes sermons, nos aventures avec les *bores*[1] et les *bleus*, (d'après lui, les deux plus grands ennemis du bonheur de Londres), nos joyeuses soirées chez Watier, Kinnaird, etc, et ce maudit souper de Rancliffe, qui aurait dû être un dîner, tout cela fut passé rapidement en revue ; et il y mit de son côté un

[1] Nom donné à la secte des ennuyeux.

abandon et une gaîté, à la contagion desquels des personnes plus graves auraient eu bien de la peine à échapper.

Il avait déjà exprimé sa résolution que je n'irais pas loger dans un hôtel, mais que j'établirais mon quartier-général dans sa maison pendant toute la durée de mon séjour. S'il y eût demeuré lui-même, rien n'aurait pu m'être plus agréable qu'un tel arrangement; mais comme il n'en était pas ainsi, je trouvai plus commode d'aller dans un hôtel. Je le priai donc de me laisser libre de retenir un appartement à la Grande-Bretagne, qui passait pour un hôtel bien tenu ; — mais il ne voulut pas en entendre parler, et pour me décider à rester, il me dit que, quoique obligé de retourner à la Mira le soir, il viendrait dîner avec moi tous les jours tant que je resterais à Venise. En tournant le sombre et triste canal, et en nous arrêtant devant cette maison d'un aspect si humide, je sentis renaître dans toute sa force ma prédilection pour la Grande-Bretagne, et je me hasardai de nouveau à lui faire comprendre qu'il s'éviterait un grand embarras en m'y laissant aller. — Non! non! s'écria-t-il, je vois que vous avez peur d'être mal logé ici, mais la maison n'est pas si incommode que vous pensez.

Pendant que je le suivais à tâtons dans un sombre vestibule, il s'écria : « Ne vous approchez pas du chien ! » et après que nous cûmes fait quelques pas, il ajouta : « Prenez garde, ce singe va sauter sur vous ! » — Preuve assez curieuse de l'attachement qu'il avait conservé pour tous les goûts de sa jeunesse ; car ceci s'accorde parfaitement avec la description de la vie qu'il menait à Newstead en 1809, et de l'espèce de ménagerie à travers laquelle ses hôtes étaient forcés de passer en traversant le vestibule. Ayant échappé à tous ces dangers, je le suivis dans l'escalier de l'appartement qu'il me destinait. Pendant tout ce tems, il avait envoyé des domestiques de côté et d'autre ; l'un pour me procurer un laquais de place ; un autre pour aller chercher M. Alexandre Scott, auquel il voulait me confier ; tandis qu'un troisième avait été envoyé chez son secrétaire pour lui dire de venir. — « Ainsi donc vous entretenez un secrétaire ? lui dis-je. — Oui, répondit-il, un homme qui ne sait pas écrire, mais voilà les noms pompeux qu'on donne à tout dans ce pays. »

Quand nous arrivâmes à la porte de l'appartement, on s'aperçut qu'il était fermé, et probablement depuis long-tems, puisqu'on n'en put trouver la clef. — Cette circonstance, dans mes idées anglaises, réveilla mes craintes sur l'humidité et la tristesse de cette chambre, et je soupirai encore secrètement après la Grande-Bretagne. Impatient de ce retard, mon hôte, en proférant un des jurons familiers à sa bonne humeur, donna un vigoureux coup de pied dans la porte, qui s'ouvrit toute grande. Nous entrâmes alors dans un appartement non-seulement

vaste et élégant, mais ayant cet air d'habitation et de commodité aussi rare qu'agréable à l'œil du voyageur. Là il dit, d'une voix dont l'accent était plein de bienveillance et d'hospitalité : « Voici l'apparte-
» ment que j'habite moi-même et dans lequel je pré-
» tends vous établir. »

Il avait ordonné qu'on apportât à dîner de chez le restaurateur ; et en attendant son arrivée ainsi que celle de M. Alexandre Scott, qu'il avait invité à se joindre à nous, nous nous tînmes sur le balcon afin que je pusse avoir une idée de la vue que présentait le canal avant que le jour n'eût tout-à-fait disparu. Il m'arriva de remarquer, en regardant les nuages encore radieux à l'ouest, que ce qui me frappait le plus, dans un coucher du soleil d'Italie, c'étaient ces teintes rosées si remarquables. — A peine avais-je prononcé le mot *rosées*, que Lord Byron, me mettant la main sur la bouche, s'écria en riant : « Allons, de par tous les diables, Tom,
» ne nous faites pas ici de poésie. » Dans le petit nombre de gondoles qui passaient en ce moment, il s'en trouvait une à quelque distance dans laquelle étaient assis deux messieurs qui paraissaient anglais, et remarquant qu'ils regardaient de notre côté, Lord Byron se croisant les bras, dit d'un ton de fanfaronnade tout-à-fait comique : « Ah ! si vous autres *John*
» *Bulls* saviez quels sont ces deux personnages de-
» bout sur ce balcon, c'est pour le coup que vous
» ouvririez de grands yeux. » Je me hasarde à rap-

porter ces petites choses, quoique n'ignorant pas le parti qu'on en peut tirer contre moi, parce qu'elles me paraissent peindre ces particularités de manières et de caractère autrement impossibles à décrire. Après un dîner fort agréable, et qui fut continuellement animé par les récits, les propos joyeux et le rire de la gaîté, notre illustre hôte prit congé de nous pour s'en retourner à la Mira, tandis que M. Scott et moi allâmes au théâtre voir l'*Octavie* d'Alfieri.

Les jours suivans se passèrent à peu près de la même manière pendant mon séjour à Venise. Mes matinées étaient consacrées à aller voir, avec M. Scott, d'une manière trop rapide pour en espérer aucun fruit, tous les trésors que renferme cette ville. Les opinions que Lord Byron a si fortement exprimées sur la peinture et la sculpture, paraîtront à bien des gens une hérésie. Cependant, dans ce manque d'une juste appréciation de ces deux arts, il ressemblait aux grands poètes qui l'ont devancé, surtout au Tasse et à Milton, qui avaient pour eux si peu de goût, qu'on ne trouve pas, je crois, dans leurs ouvrages, une seule allusion à ces grands maîtres dans l'art du pinceau et du ciseau, dont ils avaient pourtant vu les chefs-d'œuvres. Mais malgré le mépris qu'avait Lord Byron pour ce jargon affecté et imposteur par lequel on outrage le culte des arts, il est facile de voir qu'il sentait vivement, surtout en sculpture, tout ce qui lui présentait l'image de la grâce ou de la force, d'après quelques passages de ses poèmes qui sont dans la mémoire de tout le monde, et où il ne se trouve pas une ligne qui ne soit palpitante d'un sentiment du grand et du beau, qui n'a jamais été compris par un simple connaisseur.

Je dirai à ce sujet qu'un jour, en causant après dîner des différentes collections que j'avais vues le matin, j'observai que, quoique je n'osasse presque jamais louer un tableau dans la crainte de m'attirer le mépris des connaisseurs, cependant je lui avouai à lui que j'en avais vu un à Milan..... « C'est » l'Agar », interrompit-il vivement, et c'était en effet de ce tableau que j'allais parler, comme ayant éveillé en moi, par la vérité de l'expression, plus d'émotion réelle que tous les chefs-d'œuvres de Venise. — J'éprouvai un mélange de plaisir et d'orgueil en apprenant de mon noble ami qu'il avait été également touché de la douleur mêlée de reproches qui, dans les yeux de cette femme, raconte toute son histoire.

Le lendemain de mon arrivée, Lord Byron nous ayant quittés pour retourner à la Mira, j'acceptai avec empressement l'offre que me fit M. Scott de me présenter à la *conversazione* de deux femmes célèbres que les touristes d'Italie ont fait connaître comme étant à la tête de tout ce qu'il y avait de plus distingué à Venise. Lord Byron s'était en partie borné aux assemblées de Mme A*** pendant le premier hiver qu'il passa à Venise ; mais le ton de ces petites réunions étant beaucoup trop érudit pour son goût, il cessa d'y aller, et leur préféra la société de Mme B***, moins savante et dans laquelle on était plus à son aise. Outre le motif que nous venons de présenter, le noble poète en avait encore un autre pour mettre un terme à ses visites à Mme A***. Cette dame, qu'on a quelquefois honorée du nom de la de Staël italienne, avait fait un livre de portraits contenant l'esquisse des caractères les plus remarquables du siècle ; et son intention étant d'y faire paraître Lord Byron, elle fit savoir par un tiers à sa seigneurie, qu'il se trouverait un article où l'on avait essayé d'ébaucher son portrait dans une nouvelle édition qu'elle allait publier de son ouvrage. Elle s'attendait sans doute à ce que cette nouvelle exciterait en lui quelque désir de voir cette esquisse ; mais il fut assez contrariant pour ne montrer aucun signe de curiosité. — On lui en reparla de nouveau de la même manière, sans plus de succès ; si bien que, voyant enfin que ceci ne faisait aucune impression sur lui, Mme A*** en vint à lui faire directement et en son nom l'offre de lire cet article. Il ne put alors se contenir plus long-tems ; et avec plus de sincérité que de politesse, il fit répondre à cette dame qu'il n'avait pas la moindre ambition de paraître dans son ouvrage ; que, d'après la réserve de leur liaison et son peu de durée, il était impossible qu'elle fût en état de faire son portrait ; et qu'enfin elle ne pouvait lui rendre un plus grand service que de le jeter au feu.

Je ne sais si l'hommage repoussé avec si peu de cérémonie par Lord Byron, lui tomba jamais sous les yeux ; mais je ne puis croire qu'il n'ait pas éprouvé un léger remords d'avoir ainsi repoussé un portrait dicté par un sentiment bien éloigné de lui être défavorable, et qui, bien qu'il y eût de l'afféterie dans les expressions, avait saisi quelques-uns des traits les moins apparens de son caractère, comme, par exemple, cette défiance de lui-même, si rare dans l'homme qui avait parcouru une telle carrière. Les vers suivans étaient cités dans ce portrait :

> « Toi dont le monde encore ignore le vrai nom,
> » Esprit mystérieux, mortel, ange ou démon,
> » Qui que tu sois, Byron, bon ou fatal génie,
> » J'aime de tes concerts la sauvage harmonie. »
>   LAMARTINE.

Il y aurait de la frivolité à s'appesantir sur la seule beauté d'une figure qui portait, d'une manière si évidente, l'empreinte d'un esprit extraordinaire. Mais quelle sérénité sur ce front orné des plus beaux cheveux châtains, et dont les boucles légères étaient disposées avec un art qui se cachait sous l'imitation de ce que la nature a de plus agréable ! Quelle expression mobile dans ses yeux, de la couleur azurée du ciel, dont ils semblaient tirer leur origine ! Ses dents, pour la forme, l'éclat et la transparence, ressemblaient à des perles ; mais ses joues n'étaient colorées que des plus faibles teintes de la rose. Son cou, qu'il laissait découvert, autant que le lui permettaient les usages de la société, était de la plus belle forme et de la plus grande blancheur. Ses mains étaient aussi belles que si elles eussent été un ouvrage de l'art. Sa taille ne laissait rien à désirer, surtout à ceux qui regardent plutôt comme une grâce que comme un défaut un léger balancement du corps, dont on s'apercevait quand il entrait quelque part, sans presque songer à en demander la cause; cette cause elle-même était presque imperceptible, à cause de la longueur des habits qu'il portait. On ne l'a jamais vu se promener dans les rues de Venise, ni le long des bords agréables de la Brenta, où il passait quelques semaines de l'été. Il y a même des gens qui prétendent qu'il n'avait jamais vu que d'une croisée les merveilles de la *Piazza di San Marco,* tant était puissant en lui le désir de ne se montrer difforme dans aucune partie de sa personne. Je crois cependant qu'il a souvent contemplé ses beautés, mais à cette heure solitaire de la nuit où les magnifiques édifices qui l'entouraient, éclairés par la douce clarté de la lune, paraissaient mille fois plus intéressans.

Sa figure, qui offrait le calme de l'océan par une belle matinée de printems, devenait en un moment orageuse et terrible comme lui, si un mouvement de colère, que dis-je? si un mot, une pensée même, venait troubler la paix de son esprit. Ses yeux perdaient toute leur douceur, et étincelaient d'une telle manière, qu'il était difficile de soutenir ses regards.

On pouvait à peine croire à un changement si rapide ; mais il n'était pas possible de se dissimuler que son caractère était naturellement fougueux.

Ce qui l'enchantait un jour l'ennuyait le lendemain, et lorsqu'il paraissait fidèle à suivre une habitude, cela provenait seulement de l'indifférence, pour ne pas dire du mépris, qu'il avait pour toutes, de quelque genre qu'elles fussent ; car elles ne lui paraissaient pas mériter d'occuper ses pensées. Son cœur était d'une extrême sensibilité, et se laissait dominer avec une facilité extraordinaire par tout ce qui le touchait ; mais son imagination l'égarait et gâtait tout. Il croyait aux présages, et se rappelait avec plaisir qu'il avait cela de commun avec Napoléon. Il paraît que son éducation morale avait été aussi négligée que son éducation intellectuelle avait été soignée, et qu'il ne connaissait aucune contrainte qui pût l'empêcher de se livrer à ses penchans. Qui pourrait croire, avec cela, qu'il était d'une timidité constante et presque enfantine, timidité dont les preuves étaient si évidentes, qu'on ne pouvait en contester l'existence, quelque difficile qu'il parût d'attribuer à Lord Byron un sentiment de modestie. Convaincu qu'en quelque lieu qu'il parût, tous les yeux étaient fixés sur lui, et que toutes les bouches, celles des femmes surtout, s'ouvraient pour dire : « Le voilà ! c'est là Lord Byron ! » il se trouvait nécessairement dans la situation d'un acteur obligé de soutenir un rôle et de se rendre compte à lui-même, car pour les autres il ne s'en embarrassait guère, de chacune de ses paroles et de ses actions. Cette pensée lui occasionait un malaise qui était visible pour tout le monde.

Il remarqua, au sujet des événemens qui, en 1814, faisaient le sujet de toutes les conversations, que le monde ne valait ni la peine qu'il fallait pour le conquérir, ni le regret qu'on éprouvait de le perdre. Ce mot, si un mot peut se comparer à de grandes actions, prouverait presque que les pensées et les sentimens de Lord Byron étaient plus vastes et plus extraordinaires que ceux de l'homme dont il parlait.

Ses exercices gymnastiques étaient quelquefois violens; quelquefois ils se réduisaient à rien. Son corps, comme son esprit, se pliait facilement à tous ses goûts. Pendant tout un hiver, il sortit tous les matins, seul, pour se transporter dans l'île des Arméniens (petite île située au milieu d'un lac tranquille, à environ un mille de Venise), afin d'y jouir de la société de ces moines savans et hospitaliers, et d'y étudier leur langue difficile; et le soir, reprenant encore sa gondole, il allait passer une couple d'heures seulement en société. Le second hiver, toutes les fois que les eaux du lac étaient violemment agitées, on le remarquait le traversant, et débarquant sur le point le plus proche de la terre ferme. Il fatiguait deux chevaux au moins avant de s'en retourner.

Personne ne lui a jamais entendu prononcer un mot de français, quoiqu'il fût parfaitement versé dans cette langue ; mais il détestait la nation et sa littérature moderne. Il avait le même mépris pour celle de l'Italie, et disait qu'elle ne possédait qu'un auteur vivant, opinion que je ne sais si je dois appeler ridicule, fausse ou injurieuse. Sa voix avait assez de douceur et de flexibilité ; il parlait avec beaucoup de suavité, quand il n'était pas contredit ; mais il préférait s'adresser à son voisin qu'à la compagnie en général.

Peu de nourriture lui suffisait, et il préférait le poisson à la viande, par cette raison bizarre que cette dernière, disait-il, portait à la férocité. Il n'aimait pas à voir les femmes manger, et il faut chercher la cause de cette antipathie extraordinaire dans la crainte de voir déranger l'idée qu'il aimait à se créer de leur perfection et de leur nature presque divine. S'étant toujours laissé gouverner par elles, on pourrait croire que son amour-propre s'était plu à se réfugier dans la pensée de leur excellence, sentiment qu'il trouvait moyen d'allier (Dieu sait comment) au mépris, mêlé d'une espèce de satisfaction, avec lequel il ne tardait pas à les regarder. Mais les contradictions ne doivent pas nous étonner dans des caractères semblables à celui de Lord Byron, et d'ailleurs, qui ne sait que l'esclave déteste celui qui le gouverne?.. . . . .

Lord Byron n'aimait pas ses compatriotes, par le

seul motif qu'il savait que ses mœurs en étaient méprisées. Les Anglais, observateurs rigides eux-mêmes des devoirs domestiques, ne pouvaient lui pardonner d'avoir négligé les siens et de fouler aux pieds tous les principes. C'est pourquoi, s'il n'aimait à leur être présenté, eux-mêmes ne se souciaient pas beaucoup non plus de cultiver sa connaissance, surtout s'ils avaient leurs femmes avec eux. Cependant tous éprouvaient un vif désir de le voir, et les femmes en particulier, qui, n'osant le regarder qu'à la dérobée, disaient à demi-voix : « Quel dommage ! » Si pourtant quelqu'un de ses compatriotes d'un rang élevé et d'une haute réputation s'avançait vers lui avec politesse, il en était évidemment flatté, et secrètement charmé de sa société. Des attentions de ce genre semblaient être, pour la blessure qui restait toujours ouverte dans son cœur ulcéré, comme des gouttes d'un baume bienfaisant et consolateur.

Lorsqu'on lui parlait de son mariage, sujet délicat, mais qui cependant lui était agréable, s'il était traité d'une manière amicale, il paraissait fort ému, et disait qu'il avait été la cause innocente de toutes ses erreurs et de tous ses chagrins. Il s'exprimait sur lady Byron avec beaucoup de respect et d'affection, la nommait une femme supérieure, aussi distinguée par les qualités de son ame que par celles de son esprit, et attribuait à lui seul toute la faute de leur cruelle séparation. Or, était-ce la vanité ou la jus-

tice qui lui faisait tenir ce langage? Ne rappelle-t-il pas ce mot de Jules César, que « la femme de César ne doit pas même être soupçonnée? » Que de vanité dans ces paroles du héros romain! Dans le fait, si ce n'eût pas été par vanité, Lord Byron ne serait jamais convenu de cela avec personne. Il parlait de sa petite fille, de sa chère Ada, avec la plus vive tendresse, et paraissait s'applaudir du grand sacrifice qu'il avait fait, en la laissant à sa mère pour lui servir de consolation. La haine profonde qu'il portait à sa belle-mère et à une espèce d'Euriclée de lady Byron, deux femmes à l'influence desquelles il attribuait en partie son éloignement pour lui, démontrait clairement combien cette séparation lui était pénible, malgré quelques plaisanteries amères parfois répandues contre elle dans ses écrits, et qui étaient dictées par le ressentiment plutôt que par l'indifférence. . . . .
. . . .

A compter de sa mésintelligence avec Mme A***, le noble poète se tourna vers le second point de ralliement de la société vénitienne, et transféra ses visites chez Mme B***, qui, bien que n'étant plus jeune depuis long-tems, avait encore dans les manières ce charme attachant qui résulte presque toujours d'une jeunesse passée à chercher à plaire et à y réussir. On voit du moins la preuve qu'elle n'avait pas perdu tous ses moyens de charmer, dans un admirateur dévoué qui lui était resté, et l'on pense qu'elle-même, peut-être, ne regardait pas comme impossible de finir par enchaîner Lord Byron, et de le joindre à cette longue suite d'amans qui pendant tant d'années avaient servi de trophées aux triomphes de sa beauté. — Quoi qu'il en soit, et s'il est vrai qu'elle eut la moindre chance de faire une pareille conquête, elle s'en était privée elle-même en présentant à son illustre visiteur la comtesse Guiccioli; — cette démarche finit aussi par lui faire perdre même les visites de celui qui embellissait ses réunions; car, par suite de quelques procédés un peu dédaigneux de Mme B*** envers sa *dama*, il cessa de paraître à ses soirées, et au moment où j'arrivais à Venise, il avait tout-à-fait renoncé à la société.

Je vis de suite, d'après le ton dont on parlait de sa conduite chez Mme B***, à quel point on regardait comme contraire à la morale d'une intrigue, le parti qu'il venait de prendre d'enlever son amie avouée à la protection de son mari, et de la placer sous le même toit que lui. « Il faut en vérité, me dit » la maîtresse de la maison, que vous grondiez vo- » tre ami; — jusqu'à cette malheureuse affaire il » s'était si bien conduit! » Lorsque je rapportai le lendemain à mon noble ami cet éloge de sa moralité passée, il lui arracha tout à-la-fois un sourire et un soupir.

Notre principal sujet de conversation, quand nous étions seuls, était son mariage et toutes les calomnies qu'il lui avait attirées; — il désirait ardemment savoir tout ce qu'on avait pu dire de pis de sa conduite ; et comme c'était la première occasion que j'avais de causer avec lui sur ce point, je n'hésitai pas à mettre sa candeur à l'épreuve, non-seulement en lui détaillant tous les faits dont je l'avais entendu accuser, mais en lui indiquant ceux qui me paraissaient les plus croyables. Il écouta tout ceci avec patience, et répondit du ton de la plus grande franchise, se moquant avec mépris des lâches outrages qu'on lui avait attribués, mais avouant en même tems qu'il y avait dans sa conduite matière à blâme et à regret, et citant une ou deux circonstances de sa vie domestique où il s'était laissé emporter jusqu'à proférer des paroles amères, paroles qui venaient plutôt de l'esprit d'inquiétude qui l'agitait que de son propre cœur, mais qu'il se rappelait néanmoins avec un degré de remords et de chagrin qui était capable de les faire oublier aux autres.

Il me parut évident alors que, malgré l'aveu qu'il voulait bien faire de quelque tort, l'énorme disproportion du châtiment qui lui avait été infligé avait laissé une trace profonde dans son esprit, et que l'effet ordinaire d'une telle injustice avait été de le rendre injuste à son tour. Il allait jusqu'à penser que ce sentiment d'inimitié, qu'il attribuait à ceux qu'il regardait comme la cause de tous ses malheurs, ne se reposerait pas même lorsqu'il serait descendu dans la tombe, et continuerait de persécuter sa mémoire comme il empoisonnait encore sa vie, et cette impression avait tant de force sur lui, que pendant un de ces intervalles où nous causions sérieusement, il me conjura au nom de notre amitié, si, comme il l'espérait et le pressentait, je devais lui survivre, de ne pas permettre que d'injustes reproches s'attachassent à sa mémoire, et tout en laissant condamner sa conduite quand elle le méritait, de le justifier de toute fausse accusation.

La mort prématurée qu'il avait si souvent prédite et après laquelle il soupirait, vint malheureusement trop tôt nous apprendre combien ses craintes étaient fausses et peu fondées. Loin d'avoir à le défendre contre aucune attaque de ce genre, son nom ne reçut aucune atteinte hostile, si ce n'est d'un ou deux individus plus nuisibles comme amis que comme ennemis; tandis que personne, selon moi, n'aurait été plus empressé et plus sincère à accorder une généreuse amnistie à sa tombe, que celle chez qui un peu plus d'indulgence à son égard était la seule des vertus à laquelle elle ne l'eût pas forcé de rendre justice.

Avant de me livrer davantage à mes souvenirs, je placerai ici quelques détails curieux sur les habitudes et le genre de vie de mon ami à Venise. Ils m'ont été fournis par un gentilhomme qui a long-tems habité cette ville et qui, pendant la plus grande partie du séjour qu'y fit Lord Byron, vécut avec lui dans toute l'intimité de l'amitié.

« J'ai souvent regretté de n'avoir pas pris note de

» ses observations pendant nos excursions à cheval
» et en gondole ; rien ne pouvait aller au-delà de la
» vivacité et de la variété de sa conversation, ainsi
» que de l'enjouement de ses manières ; ses remar-
» ques sur les objets environnans étaient toujours
» originales, et il profitait avec une promptitude re-
» marquable de la moindre circonstance que le ha-
» sard lui offrait, et qui certainement aurait échappé
» à l'attention de tout autre, pour appuyer le rai-
» sonnement qu'il s'occupait à soutenir. Il avait le
» sentiment le plus vif des beautés de la nature, et
» prenait le plus grand intérêt aux observations,
» qu'en ma qualité de barbouilleur, je me permet-
» tais de faire sur les effets d'ombre et de lumière,
» et sur les changemens produits dans la couleur
» des objets par chaque variation de l'atmosphère.

» L'endroit où nous montions à cheval avait été
» un cimetière juif ; mais les Français, pendant l'oc-
» cupation de Venise, en avaient renversé les murs
» et nivelé les tombes avec le terrain, afin qu'il n'en
» résultât pas d'inconvéniens pour les fortifications
» du Lido, sous les canons duquel il était placé.
» Comme on savait que c'était là qu'il descendait de
» sa gondole et que l'attendaient ses chevaux, les cu-
» rieux parmi nos compatriotes ne manquaient pas
» de s'y rendre, et il était extrêmement amusant de
» voir avec quel sang-froid les dames et les messieurs
» s'avançaient à quelques pas de lui pour l'exami-
» ner, quelquefois même à travers une lorgnette,

» comme ils auraient pu faire à l'égard d'une statue
» dans un muséum ou des bêtes féroces d'Exeter-
» Change[1]. Quelque flatteur que cela pût être pour
» la vanité d'un homme, Lord Byron, quoiqu'il le
» supportât avec patience, s'en montrait et en était
» réellement, je crois, excessivement ennuyé.

» J'ai dit que nous galoppions ordinairement le long
» du rivage, et que l'endroit où nous prenions et
» quittions nos chevaux était un cimetière ; on croira
» facilement qu'il fallait quelque précaution pour
» passer par-dessus ces tombes brisées, et que c'é-
» tait au total un assez mauvais passage à traverser
» à cheval ; comme l'étendue que nous avions à par-
» courir n'était pas fort longue, puisqu'elle n'avait
» guère plus de six milles, nous n'allions pas très-
» vite, afin de faire durer notre promenade, et de
» jouir aussi long-tems que possible de l'air rafraî-
» chissant de l'Adriatique. Un jour que nous nous
» en retournions doucement, Lord Byron, tout-à-
» coup, et sans me rien dire, donne de l'éperon à
» son cheval, et partant au grand galop, cherche à
» gagner sa gondole le plus rapidement possible. Ne
» pouvant comprendre quel caprice s'était saisi de
» lui, et ayant de la peine à le suivre, même de loin,
» je regardais de tous côtés, cherchant à découvrir
» la cause de cette précipitation inaccoutumée. A la
» fin, j'aperçus à quelque distance, deux ou trois

[1] Passage de Londres où l'on montre une espèce de ménagerie.
(*Note du Trad.*)

» messieurs qui couraient parallèlement avec lui
» vers sa gondole le long du bord opposé de l'île le
» plus près de la lagune, espérant y arriver à tems
» pour le voir descendre de cheval. Une joute s'é-
» tait établie entre eux, dans laquelle il s'efforçait de
» les devancer; il y réussit en effet, et se jetant
» promptement à bas de son cheval, il sauta dans la
» gondole dont il se hâta de baisser les stores en
» s'enfonçant dans un coin, de manière à n'être pas
» vu. Quant à moi, qui ne me souciais pas de risquer
» mon cou sur le terrain dont j'ai parlé, je pris une
» allure plus tranquille quand j'arrivai au milieu
» des tombes, et j'atteignis le lieu de l'embarca-
» tion au même moment que mes curieux compa-
» triotes, et tout juste pour être témoin de leur mé-
» compte quand ils reconnurent qu'ils avaient couru
» pour rien. Je trouvai Lord Byron triomphant de
» les avoir dépassés. — Il exprima en termes éner-
» giques l'ennui que lui causait leur impertinence,
» tandis que je ne pouvais m'empêcher de rire et
» de son impatience, et de la mortification des ma-
» lencontreux piétons, dont l'empressement à le
» voir, ajoutai-je, me semblait extrêmement flatteur
» pour lui. Cela, me répondit-il, dépendait du sen-
» timent qui les amenait, et il n'avait pas la vanité de
» croire qu'ils y fussent excités par aucun mouve-
» ment d'admiration pour son caractère et ses talens,
» mais seulement par une curiosité puérile. Que cela
» fût ainsi ou autrement, je ne pus m'empêcher de

» penser qu'il ne se serait pas tant empressé de
» fuir leur examen s'ils eussent été de l'autre sexe,
» et que, dans ce dernier cas, il leur aurait rendu
» leurs regards.

» On aurait de la peine à croire jusqu'à quel point
» se portait la curiosité que toutes les classes de
» voyageurs avaient de le voir, et avec quel empres-
» sement ils cherchaient à recueillir toute espèce
» d'anecdotes relatives à son genre d'être ; c'était le
» principal sujet de leurs questions aux gondoliers
» qui les transportaient de la terre ferme dans la
» ville flottante ; et ces gens, qui sont naturellement
» bavards, ne refusaient nullement de se prêter au
» goût et aux désirs de leurs passagers, et leur ra-
» contaient souvent les contes les plus extravagans,
» les plus dénués de fondement. Ils ne manquaient
» pas de montrer sa maison et d'indiquer ses habitu-
» des, de manière à procurer une occasion de le voir.
» Plusieurs Anglais, sous prétexte de parcourir sa
» maison, dans laquelle il n'y avait aucune peinture
» remarquable ni d'autre objet d'intérêt que lui-
» même, parvinrent à s'y introduire par suite de la
» cupidité des domestiques, et, avec la plus rare im-
» pudence, pénétrèrent jusqu'à sa chambre à cou-
» cher dans l'espoir de l'y trouver ; de là vint en
» grande partie l'amertume avec laquelle il s'ex-
» prima sur leur compte à l'occasion de quelque re-
» marque sans fondement qui avait été faite sur lui
» par un voyageur anonyme en Italie, et il n'est

» pas étonnant que tout ceci ait fortifié le cynisme
» qu'on remarque surtout dans ses derniers ouvra-
» ges, et qui ne lui était pas un sentiment plus na-
» turel que les pensées misanthropiques répandues
» dans ceux qui commencèrent sa réputation. Je suis
» certain de n'avoir jamais trouvé nulle part plus de
» bienveillance que dans Lord Byron.

» Tous les gens de sa maison lui étaient extrême-
» ment attachés, et auraient souffert tout au monde
» pour lui. A la vérité, il était à leur égard d'une
» indulgence blâmable; car lorsqu'il leur arrivait de
» négliger leurs devoirs et d'abuser de sa bonté, il
» les en raillait plutôt que de les en réprimander sé-
» rieusement, et ne pouvait jamais se décider à les
» renvoyer, quoiqu'il les en eût menacés. J'ai été
» témoin, dans une circonstance, de son éloigne-
» ment à employer la rigueur contre un artisan qu'il
» avait puissamment aidé, non-seulement en lui prê-
» tant de l'argent, mais en cherchant à lui être utile
» de toutes les manières. Malgré tant d'actes de bien-
» faisance de la part de Lord Byron, cet homme le
» vola et le trompa de la manière la plus impudente;
» et quand à la fin Lord Byron fut obligé de le tra-
» duire en justice pour le recouvrement de son ar-
» gent, la seule peine qu'il lui infligea, lorsqu'il fut
» condamné, fut de le faire mettre en prison pour
» une semaine, et ensuite de l'en laisser sortir, quoi-
» que son débiteur l'eût obligé à des frais considé-
» rables, en le faisant passer par toutes les différentes

» cours d'appel, et qu'il n'en pût jamais obtenir un
» sou. Il m'écrivit à ce sujet de Ravenne : — Si ***
» est en prison, faites-l'en sortir ; s'il n'y est pas,
» faites-l'y mettre pendant une semaine, afin de lui
» donner une leçon, et tancez-le comme il faut.

» Il était toujours prêt aussi à secourir les mal-
» heureux, et sans mettre la moindre ostentation
» dans ses charités ; car, outre les sommes considé-
» rables données à ceux qui s'adressaient à lui per-
» sonnellement, il soutenait généreusement, par des
» secours envoyés tous les mois ou toutes les se-
» maines, des personnes qui, recevant cet argent
» par des mains étrangères, ne connurent jamais
» leur bienfaiteur. On pourrait ajouter à ceci un ou
» deux exemples où sa libéralité dut paraître peut-
» être mêlée d'ostentation, comme lorsqu'il envoya
» cinquante louis à un pauvre imprimeur dont la
» maison venait d'être brûlée de fond en comble et
» toute la fortune détruite ; mais cette conduite ne
» fut pas sans avantages, car elle força en quelque
» sorte les autorités autrichiennes elles-mêmes à faire
» quelque chose pour ce malheureux, qui autrement
» n'en aurait reçu aucune faveur ; car je ne fais au-
» cun doute que ce fut la publicité de ce don qui
» les porta à accorder à cet homme l'usage d'une
» maison inoccupée appartenant au gouvernement,
» jusqu'à ce qu'il pût reconstruire la sienne, ou ré-
» tablir ses affaires ailleurs. On pourrait citer d'au-
» tres exemples où sa générosité avait une source

» moins noble et plus personnelle ¹ ; mais il serait
» d'une injustice extrême de les rapporter ici comme
» traits de caractère. »

J'ai déjà dit qu'en écrivant à mon noble ami pour
lui annoncer mon arrivée, je lui avais exprimé l'espoir qu'il lui serait possible de faire avec moi le
voyage de Rome, et j'avais eu la satisfaction qu'il
s'était préparé à exécuter ce projet. Cependant, lorsque je connus tous les détails de sa position actuelle,
je crus devoir faire le sacrifice de mes désirs et de
mes jouissances personnelles, et lui conseillai fortement de rester à la Mira. En premier lieu, je prévoyais que s'il quittait Mme Guiccioli à cette époque,
on pourrait le soupçonner de négligence, si ce n'est
même d'abandon, envers une jeune femme qui avait
fait tant de sacrifices pour l'amour de lui, et qui,
placée alors entre son mari et son amant, avait besoin de toute la prudence et de toute la générosité
de ce dernier pour éviter une plus grande honte et
des maux plus grands. Il venait aussi de se présenter une occasion qui me semblait favorable de réparer du moins ce qu'il y avait eu de plus imprudent
dans toute cette affaire, en remettant cette jeune dame
à la protection de son mari, et en lui donnant ainsi
le moyen de conserver dans le monde un rang que
l'éclat de sa démarche avait pu seul lui faire perdre
dans une société aussi indulgente.

---

¹ Il est sans doute ici question de la libéralité blâmable qu'il exerça
envers les maris de ses deux favorites, Mme S*** et la Fornarina.

Cet espoir m'était inspiré par une lettre qu'il me montra un jour que nous dînions tête-à-tête chez le fameux Pellegrino. La comtesse l'avait reçue le matin même de son mari, et le but principal en était, non de lui reprocher sa conduite, mais de lui suggérer qu'elle pourrait bien persuader à son noble admirateur de transmettre à sa garde une somme de 1,000 livres sterling qui, si je me le rappelle bien, était alors déposée chez le banquier de Lord Byron à Ravenne, mais que le digne comte croyait devoir être beaucoup plus avantageusement placée entre ses mains. Il ajoutait qu'il donnerait une garantie et cinq pour cent d'intérêt ; car accepter la somme à d'autres termes, serait, disait-il, un *avilimento*. Quoique chez la femme qui prouva depuis, par le plus noble sacrifice, tout le désintéressement de ses sentimens, un trait d'un caractère si opposé dans son époux dût augmenter encore l'éloignement qu'il lui inspirait, cependant il était tellement important, dans l'intérêt de son amant et dans le sien, de revenir sur l'imprudente démarche qu'ils avaient faite, par l'abandon de cette somme, qui me parut devoir faciliter matériellement un arrangement, que je ne pensai pas que ce fût l'acheter trop cher. Toutefois, mon noble ami différa entièrement avec moi sur ce point, et rien ne pouvait être plus drôle et plus amusant que la manière dont il s'appesantit, dans son nouveau rôle d'amateur d'argent, sur toutes les vertus renfermées dans 1,000 livres sterling, et sur sa résolution de ne pas en donner une seule au comte Guiccioli. Il parlait avec non moins de gaîté et d'originalité de sa confiance dans les moyens qu'il avait de sortir de cette difficulté, et M. Scott, qui vint se joindre à nous après dîner, ayant envisagé la chose sous le même point de vue, il paria avec ce dernier deux guinées que, sans en venir à en débourser autant, il amènerait la chose à bien, et garderait la dame et l'argent.

A la vérité, il est positif qu'il s'était mis en tête, à cette époque, le nouveau caprice (car on ne peut guère lui donner un nom plus sérieux) de surveiller ses dépenses avec l'attention la plus constante et la plus minutieuse. Et, comme cela arrive ordinairement, c'était au moment où ses moyens pécuniaires s'étaient augmentés, que s'était accru aussi en lui le sentiment de la valeur de l'argent. Le premier symptôme que je remarquai de cette nouvelle fantaisie, fut la joie excessive qu'il manifesta quand je lui présentai un rouleau de vingt napoléons que lord Kinnaird, auquel il les avait prêtés dans quelque occasion, m'avait chargé de lui remettre à mon passage à Milan. Ce fut avec l'empressement le plus joyeux et le plus divertissant qu'il déchira le papier, et qu'en comptant la somme il s'arrêta à plusieurs reprises pour se féliciter de son recouvrement.

Quant à la frugalité de son intérieur, je n'en parle que d'après l'autorité des autres; mais il n'est pas difficile de concevoir qu'un esprit inquiet comme le sien, qui se plaisait à lutter constamment contre quelque obstacle, et qui peu de tems auparavant s'était fatigué à apprendre l'arménien, afin, disait-il, que son esprit eût à se briser contre une surface dure et raboteuse, trouvât, faute de mieux, une espèce d'intérêt et de plaisir à contester pied à pied tout superflu de dépense, et à supprimer ce qu'il a appelé lui-même

La plus critique de nos misères humaines, l'enflure des mémoires de la semaine.

En effet, cet éloge de l'avarice qui revient toujours dans *Don Juan*, et la gaîté piquante avec laquelle il aime à s'y appesantir, montre à quel point était sérieuse cette innovation de système, qui lui faisait adopter « ce bon vieux vice des vieillards. » C'était dans le même esprit que, peu de tems avant mon arrivée à Venise, il avait fait faire une boîte, avec une fente au couvercle, dans laquelle il jetait de tems en tems des sequins, et qu'il ouvrait à des époques fixes pour contempler son trésor. Son genre de vie ascétique lui permettait, en ce qui le concernait personnellement, de satisfaire ce nouveau goût d'économie. La carte de son dîner, quand la Margarita vivait avec lui, se composait ordinairement, à ce qu'on m'a assuré, de quatre bec-figues, dont trois étaient mangés par la Fornarina, qui le laissait sortir de table sans avoir satisfait sa faim.

Cependant cette parcimonie (si l'on peut donner

ce nom à la nouvelle bizarrerie d'un caractère auquel il fallait toujours du changement, était bien éloignée de cette espèce que Bacon condamne, comme empêchant les hommes de se livrer à des œuvres de bienfaisance, comme on le voit par les actes de libéralité qu'il fit à cette époque, et dont quelques-uns viennent d'être cités par une autorité des plus authentiques ; on y voit la preuve que tandis que, pour gratifier un caprice, il tenait une de ses mains serrée, l'autre, suivant le mouvement de son cœur généreux, s'ouvrait avec prodigalité pour secourir le malheur.

La veille de mon départ pour Venise, mon noble ami, en arrivant de la Mira pour dîner, me dit, avec toute la joie d'un écolier auquel on vient d'accorder un congé, que, comme c'était la dernière soirée que je devais passer à Venise, la comtesse lui avait permis de la prolonger toute la nuit, et qu'en conséquence, non-seulement il m'accompagnerait à l'opéra, mais que nous souperions ensemble (comme autrefois) dans quelque café. Ayant remarqué dans sa gondole un livre avec un grand nombre de petits papiers pour marquer les feuilles, je lui demandai ce que c'était. « Rien qu'un livre, » dit-il, où je cherche à piller, comme je le fais par- » tout où j'en trouve l'occasion, et voilà de quelle » manière je me suis fait la réputation d'un poète » original. » L'ayant pris pour le regarder, je m'écriai : Ah ! c'est mon vieil ami Agathon ! « Comment !

» répondit-il malicieusement, est-ce que vous m'au-
» riez déjà devancé ? »

Mais revenons aux détails de la dernière soirée que nous passâmes ensemble à Venise. Après avoir dîné avec M. Scott chez Pellegrino, nous allâmes un peu tard à l'opéra, où le rôle principal, dans *les Bacchanales de Rome*, était rempli par une cantatrice dont le principal mérite, suivant Lord Byron, était d'avoir donné un coup de stilet à un de ses amans favoris. Dans les intervalles du chant, il me désigna plusieurs personnes, dans les spectateurs, qui s'étaient rendues célèbres de différentes manières, mais la plupart d'une façon peu honorable; et il me raconta une anecdote, au sujet d'une dame assise près de nous, qui, sans être de fraîche date, mérite d'être rapportée, comme preuve de l'humeur facétieuse des Vénitiens. Il paraît que Napoléon avait déclaré que cette dame était la plus belle de Milan ; mais les Vénitiens n'étant pas tout-à-fait de l'avis du grand homme, se contentèrent de l'appeler *la bella per decreto*, ajoutant, comme les décrets commençaient toujours par le mot considérant, *ma senza il considerando*.

De l'opéra, conformément à notre projet de passer la nuit, nous nous rendîmes dans une espèce de cabaret de la place Saint-Marc; et là, à quelques toises du palais des doges, nous nous mîmes à boire du punch chaud à l'eau-de-vie, en riant aux souvenirs du passé, jusqu'à ce que l'horloge de Saint-Marc eût sonné deux heures. Lord Byron me fit alors monter dans sa gondole ; et la lune brillant dans tout son éclat, il ordonna aux gondoliers de nous diriger sur les points qui présentaient la vue la plus avantageuse de Venise à cette heure. Rien ne pouvait être d'une beauté plus solennelle que tout ce qui nous entourait ; et, pour la première fois, j'avais devant les yeux la Venise de mes rêves. Tous ces détails ignobles qui offensent l'œil au grand jour étaient adoucis par le clair de lune ou perdus dans un vague confus ; et l'effet de cette muette cité de palais qui semblait endormie sur les eaux au milieu du calme brillant de la nuit, était capable de produire l'impression la plus profonde sur l'imagination la moins exaltée. Mon compagnon s'aperçut de mon émotion, et parut se livrer un moment lui-même au même genre de sensations ; et comme nous échangeâmes quelques remarques relativement à ces ruines de la gloire humaine qui étaient devant nous, sa voix, ordinairement si enjouée, avait un doux accent de mélancolie que je ne lui avais jamais trouvé, et que j'oublierai difficilement. Cette disposition toutefois ne dura qu'un instant ; il passa rapidement de là à une raillerie qui le mit bientôt d'une humeur tout-à-fait différente, et nous nous séparâmes sur les trois heures, à la porte de son palais, en riant, comme nous nous étions abordés, après être auparavant convenus que je dînerais de bonne heure le lendemain à sa *villa*, en prenant la route de Ferrare.

J'employai la matinée du jour suivant à achever de voir tout ce qu'il y a à Venise, n'oubliant pas surtout d'examiner ce portrait peint par Giorgone, à l'entour duquel l'exclamation du poète ; « mais » quelle femme [1] ! » attirera long-tems les admirateurs de la beauté. Je quittai Venise, et vers trois heures j'arrivai à la Mira. Je trouvai mon illustre hôte qui m'attendait. En traversant le vestibule, je vis la petite Allegra avec sa bonne, qui paraissait rentrer de la promenade. J'ai déjà dit combien son imagination bizarre se plaisait à falsifier son caractère, et à s'attribuer les défauts les plus étrangers à sa nature : j'en eus dans cette occasion une preuve frappante. Après avoir dit quelques mots en passant à la petite, je fis quelques remarques sur sa beauté ; il me dit alors : « Avez-vous quelque idée (mais je » présume que oui) de ce qu'on appelle tendresse » paternelle? pour moi, je n'en ai pas la moindre. » Et lorsqu'un an ou deux après cet enfant vint à mourir, celui qui proférait alors ces paroles si dénuées de vérité, fut si accablé de cet événement que tous ceux qui l'entouraient tremblèrent à cette époque pour sa raison.

Peu de tems avant le dîner, il sortit de l'appar-

[1] Ce n'est que son portrait et celui de son fils et de sa femme, mais quelle femme ! c'est l'amour en vie ! (BEPPO, Stance 12.)
Il paraît pourtant que cette description du tableau n'est pas exacte; car, suivant Vassari et d'autres, Giorgone ne fut jamais marié, et mourut jeune.

(*Note de Moore.*)

tement, et y rentra une ou deux minutes après, portant à la main un sac de peau blanche. « Regardez, » me dit-il, en me le présentant, ceci vaudrait quel- » que chose pour Murray, quoique vous, j'en suis sûr, » n'en voulussiez pas donner six sous. — Qu'est-ce » que cela? lui demandai-je. — Ma vie et mes aven- » tures, répondit-il. » En entendant ceci, je fis un geste d'étonnement. « Ce n'est pas une chose, con- » tinua-t-il, qui puisse se publier de mon vivant ; » mais vous pouvez le prendre si vous voulez : te- » nez, faites-en ce qu'il vous plaira. » Je le remerciai vivement, en prenant le sac, et j'ajoutai : « Ce » sera un joli legs à faire à mon petit Tom, qui éton- » nera, par cette publication, les dernières années » du dix-neuvième siècle. » Il me dit ensuite : « Vous » pouvez montrer cela à vos amis, si vous croyez » que cela en vaille la peine. » Et voilà, presque mot pour mot, ce qui se passa entre nous à ce sujet.

A dîner, nous eûmes le plaisir de la société de Mme Guiccioli, qui, sur un mot de Lord Byron, eut la bonté de me donner une lettre d'introduction pour son frère le comte Gamba, qu'il était probable, d'après eux, que je trouverais à Rome. Je n'eus jamais l'occasion de présenter cette lettre, qui était ouverte pour que j'en prisse lecture, et dont la plus grande partie avait été, j'imagine, dictée par mon noble ami. — Je ne crois donc pas commettre une indiscrétion en en donnant ici l'extrait, prévenant le lecteur que l'allusion faite au château, etc., etc., est relative à des contes sur la barbarie de Lord Byron envers sa femme, que le jeune comte avait entendu rapporter, et qu'il croyait aveuglément. Après quelques phrases de complimens, la lettre continue ainsi: « Il est en route pour voir les merveilles de Rome, » et personne, j'en suis sûr, n'est plus capable de » les apprécier. Tu m'obligeras et me feras plaisir » en lui servant de guide autant qu'il te sera pos- » sible. C'est un ami de Lord Byron, et qui est beau- » coup mieux instruit de son histoire qu'aucun de » ceux qui l'ont racontée. En conséquence, il te dé- » crira, pour peu que tu lui demandes, la forme, les » dimensions et tout ce que tu voudras savoir de » ce château, où il tient captive une femme jeune » et innocente, etc., etc. — Mon cher Piétro, quand » tu auras ri de tout ton cœur de tout cela, fais » deux mots de réponse à ta sœur, qui t'aime et t'ai- » mera toujours avec la plus vive tendresse.

» THÉRÉSA GUICCIOLI. »

Après m'avoir exprimé ses regrets de ce que je ne pouvais prolonger davantage mon séjour à Venise, mon noble ami me dit : — « Il me semble, du » moins, que vous auriez pu disposer d'un ou deux » jours pour aller avec moi à Arqua. J'aurais aimé, » continua-t-il d'un air pensif, à visiter cette tombe- » là avec vous. » — Puis, reprenant sa gaîté ordi- naire : « Nous ferions un joli couple de poètes pèle- » rins, Tom, qu'en pensez-vous? » Je ne me rappelle jamais sans étonnement et sans me le reprocher amèrement, que j'ai refusé cette offre, perdant ainsi, par ma faute, l'occasion de faire une excursion dont le souvenir eût été pendant le reste de ma vie celui d'un rêve enchanteur. Mais mon but principal, qui était d'aller à Rome et, s'il se pouvait, jusqu'à Naples, dans l'intervalle de tems auquel les circonstances me limitaient, m'empêcha de sentir tout le prix de la partie qui m'était offerte.

Quand le moment du départ arriva, il m'exprima son intention de m'accompagner pendant quelques milles, et ordonnant qu'on fît suivre ses chevaux, il monta dans ma voiture, et revint avec moi jusqu'à Stia. Ce fut là que, pour la dernière fois, combien, hélas! j'étais loin de croire que c'était la dernière, je dis adieu à mon bon, à mon admirable ami.

FIN DU TOME ONZIÈME.

www.ingramcontent.com/pod-product-compliance
Lightning Source LLC
Chambersburg PA
CBHW060236230426
43664CB00011B/1673